현대소설의 서사주제학

현대소설의 서사주제학
—— 문학 모티프와 테마를 찾아서

제1판 제1쇄_2007년 3월 9일

지은이_이재선
펴낸이_채호기
펴낸곳_㈜문학과지성사

등록_1993년 12월 16일 등록 제10-918호
주소_서울 마포구 서교동 395-2(121-840)
전화_02)338-7224
팩스_02)323-4180(편집) 02)338-7221(영업)
전자메일_moonji@moonji.com
홈페이지_www.moonji.com

ⓒ 이재선, 2007. printed in Seoul, Korea

ISBN 978-89-320-1761-7

* 이 책의 판권은 지은이와 ㈜문학과지성사에 있습니다.
  양측의 서면 동의 없는 무단 전재 및 복제를 금합니다.

현대소설의 서사주제학
[문학 모티프와 테마를 찾아서]

이재선 지음

문학과지성사
2007

책머리에

　지난 2002년, 만 40년의 문학 교수 생활을 마감하면서 한 일은 남도의 토말리(땅끝마을) 여행에 이어 안과에 가서 백내장 수술을 받은 일이다. 토말리의 그 땅끝에서 나는 끝이 아니라 새롭게 열리는 바다의 앞자락을 보았고, 수술이 끝난 안과의 문 앞에서 시야에 밝고 환하게 다가드는 모든 사물과 문자와 기호들을 만날 수 있었다. 이 두 차례의 열림은 내게 있어서 매우 소중한 교훈적 경험이었다. 또 다른 시작의 삶을 살고 있는 현재의 나는 원근이 뒤바뀐 시력에 맞추어서 다중 초점인 멀티 포컬 안경을 쓴다. 근시였던 이전에는 안경을 벗고서 책을 읽었는데, 수술 이후로는 반대로 원시 안경을 써야 하는 변화가 일어났기 때문이다.

　이 같은 눈의 광학 현상의 이동과 변화를 경험하면서, 문학 연구나 비평의 방법과 태도 역시 해석적 통찰을 위해서는 시각 교정이나 변화·복합화가 불가피하다고 생각하게 되었다. 한국 문학으로서의 현대소설을 보다 포괄적으로 폭넓고 깊게 통찰하고 해명하기 위해서는, 보는 주체인 해석자의 초점 집중, 확산, 다원화는 물론 멀리 보기, 가까이 보기의 융합과 혼성 등 교정과 노력이 긴요한 것이다.

　이 책이 근본적으로 시도하는 것은 현대소설을 통합적으로 해석하는 방법으로서, 형식의 구조미학으로서 서사시학의 기반과 함께 현대소설의 서사주제학의 방법을 정립하는 일이다. 그래서 이 책은 그 성격에 있어서 수년 전에 출간한 필자의 『현대소설의 서사시학』(2002)의 다른 한 짝이며 자매편이다. 『현대소설의 서사시학』은 이름 그대로 소설의 형태론적인 시학이나 서사학 등 서사시학narrative poetics으로서의 형식이나 구조에 대한 분석과 해석을 지향한 것이다. 그에 비해 이 책은 주로 내용이나 주제 · 모티프 등 내용 미학과 기본 구성소의 탐색과 해명을 지향하고자 한다. 이러한 시각을 이름하여 '서사주제학'이라 일컫는다. 다행히 이와 명칭이 일치하거나 상응하는 narrative thematics나 Erzähltthematik와 같은 용어를 루보미르 돌레첼 및 위르겐 H. 페테르센 등의 글과 책에서 볼 수 있다는 사실이 적지 않게 위안이 된다. 이런 서사주제학과 서사시학의 관점을 융합함으로써 한국 소설의 비평 및 연구 방법을 보다 향상, 고양하고 탄력적으로 활성화할 수 있다고 나는 확실히 믿는다. 현 단계 한국 현대소설의 비평과 연구가 단순하고 가벼운 해설이나 작품 외현에 대한 과도한 편향성, 자기다운 사고의 자취가 담기지 않은 타자 지향의 대입비평과 같은 것으로 자족적인 존재론에 빠져들어서는 결코 안 되기 때문이다.

　서사주제학은 서사 문학 내지 소설을 그 중심 대상으로 하는 문학주제학의 새로운 영역이다. 문학 연구와 비평에 있어서, 이른바 바리새교파인 뉴 크리티시즘과 사두가이파인 작품 내재적 해석Werkimmanente Interpretation에 의해서 밀리고 좌천되고 파문되었던 문학주제학 또는 주제비평은, 이제 그 파문의 상태가 끝나고 오히려 새로운 연구 방법이자 '새로운 복음'으로 재고되어 화려하게 복귀하고 있는 것이 오늘의 세계적 추세이다. 1950년대에 광야에서 외치던 작은 목소리였던 문학주제학은 1980년대에 이르면서부터 새롭게 갱신된 큰 목소리와 모습으로 마침내 복귀한 것이다. 낡은 형태의 옛 소재사Stoffgeschichte 따위의 허물과 한계를 벗어버리고 문학 작품의 본질적인 구성 단위인 테마와 모티프 · 이미지(상징)에 대한 이론적인 검증 작업과 함께 모티프 · 테마 · 상징의 트래킹을 적극적으로 시도한다. 뿐만 아니라 작품 내재적인 표현성 · 심미성과 함께 사회적 · 문화론적 증거에 대한 관념의 촉매 기능도 함께한다. 물론 문학주제학은 현 단계에서 "주관적인 전략과 술어의 논쟁이 따라다니는 미숙한 분야"(브레몽, 랜디, 파벨)로서 방법론적·술어론적으로 미숙한 것이 사실이다. 그러나 그럼에도 개별 작품 해석은 물론 시대적 성격에 대한 의미 해석에의 비전이나, 문학의 당대사와 특수사 서술에 있어서 특별히 고무적인 자극체이며 투시법임은 분명하다. 문학주제학은 현재 완성된 학문 영역이나 체계이기보다는 그런 가능성의 도정으로 새롭게 형성되어가고 있는 해석학 영역이다.

여기에 실린 글들은 모두 정년 뒤 5년 동안에 쓴 것이다. 그사이 서강을 위시한 몇 대학원 강의에 출강하는 가운데, 외국 문학주제학의 새 동향에 각별히 주목하면서 한국 현대소설의 문학주제학 및 서사주제학을 위한 일종의 연구 보고서로서 쓴 글들이다. 질병·이중 자아·변신·거울·탈출·방랑·타자·바다의 근대성·그로테스크·보복 등의 주요 모티프와 테마를 중심으로 한국 현대소설의 서사주제학적인 면모를 케이스 스터디 삼아 심도 있게 해석한 것이다. 문학교수로서의 일생일업을 살아왔고 살아가는 나에게 있어서 이 작업은 학계와 평단에 드리는 내 존재의 증명을 위한 보고서나 다름없다. 이 책이 조금이라도 한국 소설의 해석의 층위를 높이고 넓히는 데 기여하기를 바랄 뿐이다.

이 책을 냄에 즈음하여서, 가장 가까운 곁에서 함께 늙어가고 있는 아내에게 크게 위로와 감사를 해야 하겠고, 이 작업을 진행하는 과정에서 도서관에 작은 '캐럴'을 배려해준 서강대학교 로욜라도서관 당국에도 감사한다. 책의 간행을 기꺼이 허락해준 문학출판의 메카인 문학과지성사에 경의와 감사를 드린다. 그리고 편집부와 원고 정리 등 힘겨운 노고를 아끼지 않은 서강대 대학원 박사 과정의 허윤진에게도 고마움을 전하고자 한다.

2007년 2월
이재선

차례

책머리에 5

제1부 현대소설과 질병의 주제학
제1장 현대소설의 병리 애호의 미학 13
제2장 천연두의 주제학: 종두와 '손님' 18
제3장 1920년대 소설의 광기와 정신적 이상성 48
제4장 결핵의 은유론: 하얀 병과 하얀 죽음──「두견성」에서 「까마귀」까지 63
제5장 각혈의 수사학: 1930년대의 질병문학 90
제6장 박태원의 도시소설과 병약한 지식인의 신체성 116
제7장 「탁류」와 도시 군산의 징후학──매독과 전염성 탐욕의 은유화 현상 150
제8장 「악마」: 임균 전염의 공포와 데모놀로지 178
제9장 최명익과 질병의 서사학──결핵·암·성병의 은유론 192
제10장 나환의 문학주제학──「바위」「등신불」에서 「당신들의 천국」까지 219
제11장 『토지』와 콜레라의 습격 258
제12장 광기의 현대성과 문학적 정신병리학 274

제2부 문학 모티프와 테마 탐색
제13장 한국 소설과 이중성의 상상력──『구운몽』과 이중 자아 모티프 297
제14장 변신의 거울과 거울의 변신 340
  변신의 주제학 / 거울의 비유·상징론
제15장 현대소설의 탈출과 방랑의 모티프 384
  「만세전」과 무덤 빠져나가기 / 「탈출기」와 이중의 탈출 / 「날개」의 비상과 탈출 원망 /
  「광장」의 탈출과 환각의 현상학 / 「난장이가 쏘아올린 작은 공」과 달나라 비행 /
  「배따라기」와 '떠도는 네덜란드인' 모티프 / 「사람의 아들」과 '방랑하는 유대인' 모티프
제16장 타자·그로테스크·보복──이인직과 세기 전환기의 소설 432

에필로그: 세계화 시대의 문학 연구와 문학주제학 456

찾아보기 471

제1부
[현대소설과 질병의 주제학]

제1장

현대소설의 병리 애호의 미학

20세기의 한국 현대소설에서 매우 뚜렷한 특성 중 하나를 지적한다면 질병 내지 병리성에 대한 친근성이 증대된 현상이다. 소설의 공간에서 질병이 만연하고 심신이 아프거나 상한 불건강 상태의 인물들이 많이 출현할 뿐만 아니라, 그들의 질병의 조건이나 상태와 병실 공간이 중요한 서사 내용이나 상징 공간으로서 제시되기 때문이다. 확실히 현대소설은 문학적 상상력에 있어서 질병의 의의가 확대되어가고 있다. 그래서 질병은 현대 문학미학에서 매우 중요한 상징이나 비유 대상이며, 새로운 주제학의 영역에서 상징적 주제의 의미를 분명히 함은 물론 문학적으로 중요한 징표이자 시대사적 징후의 표상으로서 자리한다. TV 드라마에서도 질병과 고통이 빠질 수 없는 항목인 것처럼, 질병은 현대소설에서 중요한 주제임이 분명하다. 삶의 역사는 곧 질병의 역사이기도 한 것이다. 이런 현상은 당대 독일 문학에서 의학·도덕·미학의 상호 연계 관계를 살핀 토마스 안츠Thomas Anz가 그의 저서인 『건강한가, 아픈가Gesund oder Krank?』(1989)에서, 당대 서구 문학의 보편적 특성으로서 지적한 이른바 '병리 애호적 미학 Pathophile Ästhetik'[1] 현상과도 일치한다. 안츠의 이 같은 용어는, 건강과 질병에 대한 문학적 담론이 확대되고 보편화됨으로써 현대문학이 질병에 대한 강한 관심과 친밀성을 미학적 특성으로

---

[1] Thomas Anz, Gesund oder Krank, *Medizin, Moral und Ästhetik in der Deutschen Gegenwartsliteratur*, J. B. Metzlersche Verlagbuchhandlung, Stuttgart, 1989, p. 189.

하고 있음²을 해명하는 의의를 지니고 있다.

현대소설의 공간은 보편적으로 결핵에서 비롯하여 분열증(광기 내지 정신병)·성병(매독)과 임질·암·에이즈에 이르기까지 질병에 대한 병원학적이고 진단학적인 담론이 확대되고 있으며, 따라서 병자의 가치 인상과 병인(病因)적 사회에의 인지를 더욱 분명히 하고 있는 것이 사실이다. 고대소설이나 전근대소설과 현대소설 간의 인식 형태와 미학적 차이 또는 이질화가, 바로 이런 질병이나 병리적인 것에 대한 관심과 친근성 여부에 근거하는 것 같은 양상이다. 현대문학은 확실히 어느 때보다도 미학적으로 질병을 사랑하고 있다. 토마스 만은 질병이 지닌 두 얼굴을 지적하는 글에서 '질병의 천재는 건강의 천재보다도 더 인간적이다'라고 하였는데, 이는 에드먼드 윌슨이 『상처와 화살』에서 예술가의 원형으로서 적시한 필록테테스Philoctetes의 우화와도 상통하는 관점이다. 필록테테스가 악취가 나는 상처나 질병 때문에 버림받거나 격하되면서도, 그가 지닌 신궁의 기예 때문에 오히려 그를 필요로 하는 사람들에 의해서 존경받는다는 이야기이다. 예술이나 예술가에게는 이렇게 초월적인 건강을 위해서 고통이 본질적으로 내재되어 있다거나, 문인(시인)은 '초월적 의사transzendentale Arzt'(노발리스)라는 관념이 함의되어 있는 것이다.

문학, 특히 현대문학은 삶과 인간적 조건의 손상이나 사회적·정치적인 이상 현상의 비유나 상징으로서 질병을 원용하여 질병 현상을 문학화하거나 주제화한다. 말하자면 질병의 비유화 현상이다. 결국 병리 애호의 미학은 문학과 질병의 친화 현상이다. 그래서 상처와 고통, 질병은 현대의 지배적인 주제를 표현하거나 강조하며 현대소설에 있어서 중요한 주제가³ 되고 있는 것이다. 이 같은 질병의 비유화 현상은 비단 문학에 국한되는 것만이 아니

---

2 Thomas Anz, 앞의 책, p. 57, 187.
3 Jeffrey Meyers, *Disease and the Novel 1880~1960*, St. Martin's Press, 1985, p. 1, 12.

라 사회·도덕 정치 영역 등에서도 두루 이용된다. 즉 질병은 타락한 정치·사회·인간성과 부당한 문명을 비판하거나, 제국주의의 식민지 침탈을 비판하는 은유적 수사학의 대상이 되기도 한다. 오늘날 서구 문화권에서 제프리 메이어스의 『질병과 소설』(1985), 아서 프랭크의 『상한 이야기꾼』(1995), 에벨린 카이텔의 『정신병력지』(1986), 릴리언 페더의 『문학에서의 광기』(1980), 토마스 안츠의 『건강한가, 아픈가?』(1989), 샌더 L. 길맨의 『질병과 재현』(1988), 쇼사나 펠만의 『글쓰기와 광기』(1978/ 2003), 로라 오티스의 『막(膜) : 19세기 문학·과학·정치학에 있어서의 침범의 은유』(1999) 등과 같이 문학(소설)과 질병을 연계하는 훌륭한 연구들이 이루어지는 것도 바로 이 까닭이다.

우리가 흔히 알고 있듯이, 질병의 은유화를 가장 본격적이고 대표적으로 시도한 것은 수전 손택Susan Sontag의 『은유로서의 질병 Illness as Metaphor』(1979)이다. 도덕적인 질병 비유에서 19세기의 자연과학적(의학사적) 질병 개념에 이르기까지의 질병의 비유화를 살피고 있는 이 논의는 특히 19세기 이래 질병에 대한 문인·철학자들의 다양한 관심을 검토한 것이다. 여기서 그는 특히 결핵과 암 및 에이즈를 19세기와 20세기의 가장 상징적인 병으로서 간주[4]하고 있는데, 당대의 문학과 질병 간의 관계를 밝힌 많은 논의들에 가장 영향력을 미친 작업으로 평가된다. 그러나 보다 엄격히 지적하면 이보다 앞서 문학에 있어서의 질병의 비유화 작업을 본격화한 것은 클레멘스 헤젤하우스Clemens Heselhaus의 『질병의 은유론 Die Metaphorik der Krankheit』(1968)이다. 헤젤하우스는 이 글의 서두에서 '질병은 현대문학에서 특별히 중요한 대상이 되었다'[5]고 전제하고 질병이 새로운 주제학의 의미로

---

4 Susan Sontag, *Illness as Metaphor, and Aids and Its Metaphors*, Anchor Books, 1979. 수전 손택, 『은유로서의 질병』, 이재원 옮김, 이후, 2002, p. 16, pp. 20~21.
5 Clemens Heselhaus, "Die Metaphorik der Krankheit," *Die Nicht Mehr Schönen Künste*, M. R. Jauß(HG), Wilhelm Fink Verlag, 1968, p. 407.

간주될 수 있음을 시사한다. 그리고 그는 표제 그대로 질병의 비유 양상으로서, (1)성격화(인물화) 매개로서의 질병(카프카) (2)질병과 죄(도스토예프스키) (3)사랑과 질병(토마스 만, 괴테) (4)질병과 예술(파우스투스 박사-타소-렌츠) (5)질병과 존재 (가난한 하인리히와 욥) 등의 5개 은유 영역[6]을 제시하면서 서구 문학에서의 질병의 문학적·현대적인 제시와 은유화 양상을 분석하였던 것이다. 이 글은 질병의 은유화를 위해서 시사하는 바가 매우 큰 글이다.

한편, 독자 지향적 해석학의 새로운 문학주제학의 방법과 방향을 주도하고 있는 홀스트 뎀리히와 잉그리드 뎀리히는 그들 부부의 공저『문학에 있어서의 테마와 모티프 Themen und Motive in der Literatur』(1987)의 '질병 Krankheit' 항에서 질병의 비유 기능을 다음과 같이 11개 항으로 분화하고 있다.

(1)재앙은 신성력이나 섭리의 징표이다. (2)질병은 괴로움을 받는 개인과 사회의 도덕적 성격의 시금석이며 그 숨은 본성을 드러내는 촉매와 도전이다. (3)질병(발병)은 도덕적 또는 사회적 부패의 순환적인 은유이다. (4)집단적 사회적 재난의 비전이다. (5)미리 정해진 운명으로부터 도피할 수 없는 개인적 무력의 징표이다. (6)복합적인 모티프 및 다차원적인 상징, 즉 질병은 인간의 죽음과의 관련성을 표상하며 죽음에의 여러 행동 방식을 의미한다. (7)질병은 예술적 영감의 원천 또는 지적 천재성에의 촉매이며 정서적·지적·도덕적 호기심이나 초월성의 징표이다. (8)질병은 전락이나 추방의 구제 수단이다. (9)질병은 죽음에의 인지를 고양하는 수단이다. 그로 인해서 생의 의미와 복합성과 에너지를 인지한다. 즉 질병은 현 존재 긍정에의 의지를 인간에게 불러일으킨다. (10)인간의 삶에 침투하여 생을 파괴하는 이질적이고 불가능한 힘이다. (11)질병은 수수께끼의 기능을 떠맡으

---

6 Clemens Heselhaus, 같은 책, p. 401~03.

며 미래의 해결에 있어 예리함과 긴장을 높인다.[7]

 이 책은 20세기 전환기를 출발점으로 하여 현재에 이르기까지 근 100년 사이에 한국 소설에서 나타나는 '생의 어두운 쪽nightside of life'(수전 손택)인 질병의 양상 및 이의 비유와 상징의 미학적 기능 등을 탐구해보려는 것이다. 즉 현대소설에 제시되거나 투사 재현된 질병에 대한 문학적 관심, 질병의 비유나 현상을 살핌으로써 질병의 문학주제학이나 근대성의 한 양상을 검증함은 물론, 병리 애호의 미학과 한국 현대소설의 병리적 관점의 추이를 추적해보려는 것이다. 동시에 이는 나아가서 신체성이나 몸의 주제학, 몸의 서사학을 가늠해보는 출발의 차원이 되기도 할 것이다. 문학적 근대성은 의학적 근대성이 제 몫을 하게 된 시기에 같이 태어났다고 지적된다. 한국 근현대소설사에서 가장 두드러지는 질병은 천연두(마마)에서 비롯되어 결핵과 성병, 암, 나병, 콜레라, 정신병 등으로 이어진다. 따라서 이 글은 샌더 L. 길맨의 『질병과 재현』(1988)의 경우[8]처럼 근대 초기로부터 당대에 이르기까지의 질병의 은유와 재현적 이미지를 살피려고 한다.

---

7 Horst S. und Ingrid Daemmrich, *Themen und Motive in der Literatur*, Franke Verlag, Tübingen, 1987, p. 200~06. 영역본으로는 *Themes and Motifs in Western Literature*, Francke Verlag, 1987, pp. 90~91.

8 Sander L. Gilman, *Disease and Representation: Images of Illness from Madness and AIDS*, Cornell UP, 1988.

제2장
천연두의 주제학: 종두와 '손님'

1. 신소설과 천연두를 보는 두 시각: 패러다임의 변화

　20세기 전환기, 즉 현대로의 들머리에 해당하는 개화기의 대표적 서사 양식인 신소설에서 가장 대표적인 질병은 천연두 즉 두창이다. 「구마검(驅魔劍)」 「천중가절(天中佳節)」 「빈상설(鬢上雪)」 그리고 「홍도화(紅桃花)」 등은 모두 천연두가 등장하는 대표적인 신소설 작품들이다. 이들 작품들의 출현은 갑오개혁과 근대적인 의학, 위생 개념의 수용과 종두법의 보급에 의해서 탈신화적이고 반미신적인 지식(과학) 내지 근대적 의학사상이 사회담론으로서 등장한 시대적 상황과 결코 무관하지 않다. 신소설 작품의 하나인 김교제의 「현미경(顯微鏡)」이란 신어(新語)의 소설 표제는 우연이 아니고 분명 1820년대 서구 의학 기술 진보의 산물인 현미경과 관련된 근대 세균학의 정보와 지식을 수용한 감응의 결과로 믿어진다.
　세기 전환기 전후에 홍역과 천연두는 한국에서 창궐한 대표적인 질병이다. 특히 종두법이 "문명개화를 달성하기 위한 통치의 술(術)"[1]이나 "근대의 실험"[2]으로 간주되는 시대에 있어서 천연두는 이 시대에 가장 상징적인 질병으로 간주된다. 완고/개화라는 패러다임의 대립과 전이, 즉 '병든' 완고 시대와 '건강한' 개화

---
[1] 이종찬, 『동아시아 의학의 전통과 근대』, 문학과지성사, 2004, p. 259.
[2] 같은 책, p. 260.

시기의 이분법적인 대립과 이행 현상을 임상학적으로 그리고 비유적으로 드러내는 대표적인 질병으로 지적되기 때문이다.

천연두는 전통적으로 공포의 병으로서, 두창·역질·호역·마마 또는 '손님' 등으로 다양하게 일컬어져오는 일종의 급성 전염병의 하나이다. 여과성 바이러스를 병원체로 하여 접촉 또는 공기로 전염되는데 갑자기 높은 열이 나며 온몸에 발진이 나고, 나은 뒤에 상처가 남아 결국 얼굴이 얽거나 심하면 죽게 되는 병이다. 그러나 자국이 더 이상 악화되지는 않는다. 1798년 영국의 제너 E. Jenner(1749~1823)가 발명한 종두법—우두를 인체에 접종시킴으로써 천연두에 대한 면역성을 기르고 두창을 예방하는 방법—에 의해서 예방과 퇴치가 가능³해졌지만, 그 이전에는 아스텍 문명을 멸망시켜 역사에서 완전히 사라지게 했을 정도로 무서운 위력을 지닌 질병이다. 16~17세기의 한방의서인 『두창경험방(痘瘡經驗方)』(박진희)이나 『두창집요(痘瘡集要)』(허준)에 의하면 태초에는 없었으나 주말(周末) 진초(秦初)부터 비롯되었다고 한다.

우리나라에서는 일찍부터 '호구별성' '마마' 또는 '손님' '서신(西神)'이라 일컬어지며, 이 두창의 병인으로서 이름 그대로 두신의 존재를 인정하는 두신설이 편재되어 있었던 것이 사실이다. 이에 대해서 『패관잡기(稗官雜記)』(중종 명종조, 어숙권)에는 다음과 같은 기록이 전해진다.⁴

---

3 아커크네히트, 허주 역, 『세계 의학의 역사』, 지식산업사, 1987. Edwin H. Ackerknecht, *Geschichte der Medizin*, Ferdinand Enke Verlag, 1979, p. 160, p. 198 참조. 자크 르 고프·장 샤블 수르니아 편, 장석훈 역, 『고통받는 몸의 역사』, 지호, 2000, pp. 215~28. 및 William H. McNeil, Plagues and Peoples, 허정 역, 『전염병과 인류의 역사』, 한울, 1992, Frederick F. Cartwright and Michael Biddiss, *Disease and History*, 1972/1990, 김훈 역, 『질병의 역사』, 가람기획, 2004, pp. 120~59.

4 三木榮, 『朝鮮醫學史及疾病史』, 1962, pp. 36~45 참조 및 김두종, 『한국의학사』, 탐구당, 1961, p. 479, pp. 457~59.

富士川游, 『日本醫學史』, 일신서점, 1941, 제16장 「질병사」 참조.

우리나라의 풍속에는 마마귀신〔痘瘡神〕을 중히 여겨, 제사(祭祀), 초상집 출입〔犯染〕, 잔치, 성교〔房事〕, 외인(外人) 및 기름과 꿀 냄새, 비린내와 노린내, 더러운 냄새 등을 금기하였는데, 이것은 의방(醫方)에 실려 있다. 대개 마마는 누에〔蠶〕와 같이 물건에 따라 변화하기 때문이다. 세상 사람들이 이것을 매우 삼가고 지키며, 그 밖에 꺼리는 일들은 이루 다 적을 수 없다. 어쩌다가 범하면 죽고 또 위태하게 되는 자가 10중 6, 7은 된다. 만약 목욕하고 빌면 거의 죽으려 하다가도 다시 살아난다. 그러므로 사람들은 더욱 그것을 믿고 지성으로 높이고 받든다. 심지어는 출입할 때에 반드시 관대(冠帶)를 하고 나갈 때나 들어올 때에 고하기까지 한다. 앓고 난 뒤 1, 2년이 되어도 아직 제사를 폐지해버리는 사람까지 있다. 대개 마마귀신에 대한 금기가 예전에는 이렇지 않았는데, 근년에 와서 더 심해졌으니 만약 또 4, 5년을 지나면 마침내 어떻게 될지 모르겠다.

이에서 보듯, 그 무서운 창궐 앞에 공포를 느낌이 점점 더 농후해져서 조선조 중종 때에 상하층이 두신을 믿고 이를 기피하기 위해서 일상생활의 제반사가 매우 구속되어 있었던 것이다. 이규경의 『오주연문장전산고(五洲衍文長箋散稿)』의 『두역유신변증설(痘疫有神辨証說)』 또한 이 두신에 제사하는 풍속을 다음과 같이 전하고 있다.

凡疾病 內傷七情 外感六氣而作 安得有鬼神 于於其間也 雖然或稱 癘痘有鬼 史傳時或見焉 醫經間多據者 而其中 痘瘡癘疫 偏以鬼神 〔……〕我東則痘神曰 胡鬼媽媽 又稱 客(神)至嶺南稱西神 兒痘則取淨盤設井華水一椀 每日鐺飯甀餠 以供禱焉 及經痘終 盛其紙楉柵焉 梱載享神之物 以餞之日 拜送

이와 같이 조선 후기에 이르기까지 일반인들이 두신인 호구 마마 또는 '손님〔客〕'의 존재를 귀신과 같은 절대적인 두려움의 대상으로 믿어서, 두신의 벼력을 피하기 위해 두신이 올 때에는 공물을 차려서 빌고 또 갈 때에도 토산물로 제의를 하고 돈으로 배송을 하였다는 내용이다. 여기 '배송'이란 곧 삼가 보낸다는 뜻으로 천연두를 앓은 뒤 13일 만에 두신을 전송한다는 의미인 것이다. 이처럼 병원학적이고, 예방 진단학적인 근대 의학의 해명이 이루어지기 이전 시대에는 천연두란 홍역과 같은 역질과 함께 참으로 무섭고 두려운 유행성 전염병이었던 것이다. '마마' '손님'과 같은 환유적인 금기어로 일컬어지고 있음이 이를 입증한다.

특히 천연두의 역질은 전통적인 무속이나 주술 사고에 의하면, 두신 호구별성(戶口別星)의 소관으로서 믿어지고 이해되어 왔다. 이는 호구별성이 집집마다 찾아다니면서 천연두를 앓게 한다는 역신관이다. 강남(江南)으로부터 특별한 사명을 띠고 거의 주기적으로 찾아와서 두창을 치르게 한다는 봉명사자이며 객성(客星)이다. 즉 '손님'으로서 방문한다는 외래적 역병이다. 따라서 원시적이고 전근대적인 무속공동체에 있어서 천연두는 무당을 통해서 손님인 호구별성을 굿으로 잘 배송함으로써 탈 없이 보낼 수 있고 치유가 된다고 믿는 것이다. 이런 '외부로부터의 방문'이라는 사고는 전염병에 대한 예방의학과 종두법의 과학적 지식이 결여된 전근대적인 사고의 소산이며 근대적 신의학의 지식과는 대립적인 것이 사실이다. 그러나 밖으로부터의 침공(침입), 침투의 관념이 내재한다는 데에서 일치점이 없는 것도 아니다. 문제는 미신/과학 관계는 호구별성의 방문/바이러스(병균)의 침범이라는 차이가 경계를 이루고 있다는 점이다.

한국의학사에서 갑오개혁을 전후하여 서양과 일본의 현대의학이 도입·보급되고 지석영(1855~1935)이 우두 종법을 들여와 실시함으로써 두신의 위험은 마침내 소멸 단계[5]로 접어든다. 두

---

[5] 三木榮의 『朝鮮醫學史及疾病史』(1962)에서는 갑오개혁 이후 조선에서의 종두법의 보급(「우두종법사」)을 기술하고 있다. 그 여명기에 있어서 우두종법의 효시는 정다산(丁

신(호구별성, 손님, 마마) 사유는 천연두에 대한 낡은 과거의 사고방식의 표상이며 비유이다. 따라서 종두의 방법인 백신을 적극적으로 보급하려는 세력 대 반대하거나 무관심하려는 두 세력 간에는 갈등과 대립이 첨예화된다. 즉 천연두 백신 접종/반접종 vaccination/anti-vaccination의 대립 현상이다. 문명개화는 바로 이런 이질적인 가치와 사고로부터 패러다임의 변화[6]를 지향 확인하려는 것이다.

이 시대 언론의 사회적 담론 역시 질병과 미신, 새로운 의학에 대해서 거론하기는 마찬가지이다. 당시 황성신문은 논설을 통해서 재래 미신의 폐단과 함께 새로운 '근대 의학'과 '위생'의 긴요성에 대해서 다음과 같이 주장을 펼치고 있다.

今世之愚昧婦孺人之이 往往被侫於俚野 荒誕之說하야 [……]

茶山)의 『마과회통(麻科會通)』에 의해서 이루어지며, 조선의 제너는 바로 지석영으로 지적된다. 미키는 지석영의 삶과 공적을 소상하게 서술(pp. 261~64)한 가운데 그에 의한 우두법의 시행과 보급은 조선 민중의 수명과 관련됨은 물론 미신 타파나 문명개화를 위한 가장 좋은 선도적 역할을 한 것으로 평가하고 있다. 지석영은 『우두신설』(1885)이란 책을 서술하였는데, 이는 조선 최초의 우두종법서이면서 최초의 순 서양의 학서이기도 하다. 우두종법의 보급사로서 광무 4년(1900) 한성에 종두사(種痘司)가 설치되었으며 동시에 내부령에 의해서 각 지방 종두규식이 반포되고 종계소를 배치하게 된다. 융희 3년(1909) 4월에는 조선 황제가 종두를 맞고, 6월에는 종두 시행이 이루어진다. 이때 각 도의 종두 접종 인원이 1,135명에 이르며 같은 해 5월 인천에서는 최초의 조선인 여자 종두기술원을 양성하게 된다. 당시 전염병 환자 사망표에 의하면 융희 2년 말(1908) 조선인 두창 발병 환자 수는 1,443명인데 이중 377명이 죽고, 융희 3년 (1909)에는 4,260명 중 902명이, 융희 4년(1910)에는 2,425명 중 445명이 사망한다. (『조선의학사』, p. 287 통계 참조.) 김두종의 『한국의학 발전에 대한 구미 및 서남방의 학의 영향』(1960), 한국연구도서관, pp. 82~91에는 서양의학의 수입 및 우두종법의 전래 및 우두국 설치에 대해서 서술하고 있다.
한편, 이종찬의 『동아시아 의학의 전통과 근대』(2004)는 종두법이 수용되는 과정을 서술하는 가운데, 지석영의 기여를 지적하면서도 그의 근대 의학의 수용이 메이지 일본의 세계를 벗어나지 못했음을 비판적으로 지적한다. pp. 258~66.

6 Sheldon Hsiao-Peng Lu, *From Historicity to Fictionality: The Chinese Poetics of Narrative*, Stranford UP., 1994, pp. 53~54, pp. 152~57 참조. Henry Y. H. Zhao, *The Uneasy Narrator: Chinese Fiction from the Traditional to the Modern*, Oxford UP., 1995, pp. 199~200 참조.

巫覡邪婆之類난 至愚至蒙하며 至無識至 瑣陋之閭巷賤婦也라 其所
言이 極甚虛妄하고 其所行이 極甚妖怪也어늘 而大丈夫之家l 往往
惑於此種愚鬼하야 金寶財帛을 酬之不貨하고 祈禱信奉을 認若神明
하니 豈不可怪而이 訝歟이〔……〕嗚呼라 世之見欺於妖誕之術者
라 若推此理 而覺悟則 豈非身家之 幸福歟아[7]

是以로 醫學之發達과 衛生之普及은 邦家濟衆之一大務也이니
〔……〕我國에 漢方之醫術이 由來久矣오 見效非不多矣이로되 診
證施治에 無適用一定之通規하야 一人同病이 一醫異方하야 爲弊不
甚少矣이러니 今之醫學敎科난 於泰西人之窮硏細探하야 診斷之精確
과 施術之奇效가 無不備著故로 爲現世界敎科之一大重要者l 로세[8]

이처럼 당시의 계몽 담론으로서의 신문 논설은 신체상의 질병은 물론 정신적 사회적인 병적 징표로서의 전근대적 사고와 습속에 대해서도 신랄하게 비판함과 함께, 위생 개념의 수용과 서구의 근대 의학 및 과학적 사고로의 지향적인 전환을 주장하고 있다. 따라서 이인직의『혈의 누』(1907)에서 보는 것처럼 '군의관'이란 신분과 직종마저도 긍정적인 권위상이 되고 있는 시대이다. 천연두는 바로 이런 전환기 또는 패러다임의 변화를 지향하는 이른바 문명개화기를 대표적으로 상징하는 비유로서의 질병인 것이다. 이 무렵의 신문 광고란에서 '접종 효험이 현저하오……'란 만전 회춘당약포(萬田回春堂藥舖)의 우두묘(牛痘苗) 광고가 널리 등장하고 있는 현상도 유의해 볼 만하다. 근대적 위생과 근대 의학에의 비전이 전통적인 것으로부터 가치 전도를 일으키는 이 같은 시대 상황과 밀접하게 연관되는 대표적인 반미신 신소설 작품이 바로 열재(悅齋) 이해조의『구마검』(1908)이다.

---

[7] 황성신문 광무 7년(1903) 11월 7일, 1514호,「음양술수(陰陽術數)」.
[8] 위의 신문, 광무 7년(1903) 8월 29일, 1457호,「근의학연구지필요(勸醫學硏究之必要)」.

2. 『구마검』의 기만과 응징의 서사: 두신의 벼락
　　――우두종법

　　이해조의 『구마검』(1908)은 마귀를 몰아내는 칼이라는 의미의 표제 그대로 마귀와 칼이 대칭된, 반미신적 이데올로기를 담고 있는 기만과 응징의 서사로서의 신소설이다. 1870년대 개항 이래 서양 의학이 수용되면서 근대적 의학 체계로 전환하는 시대상이 반영된 작품이다. 장르나 구조적 성격으로 보면 미신을 거부하는 과학적 사고 양식과 불법한 사회적 악행자의 범죄를 징치하는 재판의 양식이 혼성되어 있는 작품이다. 즉 긍정의 서사와 비판의 서사를 혼합하고 재판과 법적 응징을 소설적으로 허구화한 것이다. 이 점에서 개화기 특유의 이념적 오리엔테이션화 현상 내지 계도적인 교화성의 담론이 제시된 작품이다. 그리고 비교문학적 관점에서 보면 중국 만청(晚淸) 시대의 반미신 소설인 장자(壯者: 본명 정봉갑(丁逢甲), 1884～1929)의 「소미추(掃迷箒)」(1905)와 밀접한 친화적 채널 내지 영향 관계를 지닌 작품이며 시기적으로는 종두법의 시행 시기 전후와 관련성을 지닌 시대를 배경으로 한 것이다.[9]

　　이야기는 이렇다. 질병과 재난에 대응함에 있어서 원시적이라 할 만큼 미신적인 사고 가치에 깊이 얽매여 있는 미개의 공동체 노들마을에서 자란 최씨 부인이라는 여인이, 함진해의 삼취 부인으로 결혼하여 들어가서도 국수당 만신인 금방울과 풍수 임지관 등의 황당한 기만의 말만을 믿다가 내외 모두가 마마를 앓던 아들 만득이를 끝내 잃고 가산을 모두 탕진하여 패가 지경에 이른다. 이에 함씨 문중은 종회를 열어서 함종표로 하여금 종가를 잇게 한

---

9 阿英, 『晚淸小說史』, 台邊商務印書館, p. 180. 歐陽健, 『晚淸小說史』, 浙江古籍出版社, 1997, pp. 114～16. 아잉(阿英)의 책에서 장자(壯者)라고만 알려진 작가의 본명이 구양건(歐陽健)의 책에서 정봉갑(丁逢甲: 땅펑지아)으로 밝혀진다.

다. 종표는 새로운 학문을 익혀서 판사가 됨으로써 반사회적인 사술을 부린 무당과 지관을 체포하고 법과 정의의 재판으로 응징한다. 이 법적인 응징 과정에서 신문과 자백의 형식을 통해서 미신의 허망성과 이에 은폐된 기만성이 낱낱이 밝혀지고 폭로된다. 여기서 무당과 지관의 굿이나 풍수 문화는 전근대적이고 반사회적인 위법과 기만과 악행의 표상이다. 이에 비해서 판사는 정의의 조정자이며 심판자인 동시에 사회적 개혁자이다. 이렇게 인물화에 있어서 이념적 가치가 명백히 제시될 뿐만 아니라 속임/속음의 모티프와 서사원리가 작용한다.

우선 『구마검』의 구조는 천연두에 대응하는 두 개의 서로 다른 반응의 담론으로 대비된다. 서술자의 본래 입장과 그가 제시하는 최씨 부인의 반응 간의 이질적인 대비로 구분된다. 병인으로서의 두신설과 과학적 전염설의 대비인 것이다.

우리나라에 의학이 발달 못 되어 비명에 죽는 병이 여러 가지로 되, 제일 무서운 병은 천연두라. 사람마다 으레 면하지 못하고 한 번씩은 겪어 고운 얼굴이 찍어매기도 하며 눈이나 귀에 병신도 되고 종신지질(終身之疾)해서도 얻을 뿐더러 열에 다섯은 살지를 못하는 고로 속담에 '역질 아니한 자식은 자식으로 믿지 말라'는 말까지 있은즉, 그 위험함이 다시 비길 데 없더니, 서양의 학자가 발명한 우두법을 배워 온 후로 천연두를 예방하여 인력으로 능히 위태함을 모면하게 되었건마는, 누가 만득이도 우두를 넣어주라 권고하는 자 있으면 최씨는 열스무 길 뛰며 손을 홰홰 내젓고 "우리 집에 와서 그래 말하지 마오. 우두라는 것이 다 무엇인가? 그까짓 것으로 호구별성(戶口別星)을 못 오시게 하겠군. 우두한 아이들이 역질(疫疾)을 하면 별성 박대한 벌역[버력]으로 더구나 중하게 한답디다. 나는 아무 때든지 마마께서 우리 만득에게 정좌하시면 손발 정히 씻고 정성을 지극하게 들이어서 **열사흘이 되거든** 장안에 한 골 나가는 만신을 청하고, 입담 좋은 마부나 불러 삼현육각(三

絃六角)에 배송 한 번만 적지게 내어볼 터이오. 우리가 형세가 없
소 모자르다오."

하며 사람마다 올까 봐 겁이 나고 피해가는 역질을, 어서 오기
를 눈이 감도록 고대하더니, 함씨의 집안이 결판이 나려는지 최씨
의 소원이 성취가 되려는지 별안간 만득의 **정신이 부집 달듯 하여
정신을 모르고** 앓는데, 뽀얀 물 한술 아니 먹고 늘어졌으니, 외눈
의 부처같이 그 아들을 애지중지하는 함진해가 오죽하리오. 김주
부를 청하여라. 오별제를 불러라 하여 맥도 보이고 화제도 내어 연
방 약을 지어다 어서 달여 먹어라 당부를 하니, 함진해 듣고 보는
데는 상하노소 물론하고 분주히 약을 쉴 새 없이 달이는 체하다가,
함진해만 사랑을 나가면 그 약은 간다 보아라 하고 귀신 노래만 부
르는데, **그렁저렁 삼 일이 지나더니, 녹두 같은 천연두가 자두지족
(自頭肢足)에 빈틈없이 발반(發斑)이 되었는데,** 붉은 반은 조금도
없고 배꽃 이겨 붙인 듯하더니, **팔구 일이 되면서 먹장 갈아 끼얹
은 듯이 흑함(黑陷)이 되며 숨결이 턱에 닿았더라.**[10]

역질이라는 병은 다른 병과 달라 증세를 보아가며 약 한 첩에 죽
을 것이 사는 수도 있고, 중한 것이 경해도 질 터이어늘, 최씨는
약을 비상(砒霜) 국만치 여기고 밤낮 들고 돌아다니는 것이 동의
정안수뿐이니, 이는 자식을 아편이나 양잿물을 타 먹이지 아니하
였다 뿐이지, 그 죽도록 한 일은 조금도 다를 것이 없어 불쌍한 만
득이가 지각없는 어머니를 만나 필경은 세상을 버렸더라. (강조는
필자)

이같이 '면하지 못하고 한 번씩은 겪어야' 하는, 인생필환(人生

---

[10] 인용문에서 필자가 강조한 부분은 전통적인 한방 의학에서 기술한 두창의 증후나 수반
증상과 일치하는 부분이다. 허준의 『두창집요』에 의하면 두창의 주 증후는 발열 3일,
출두(出痘) 3일, 기창(起瘡) 3일, 관농(貫膿) 3일, 수압(收壓: 두창이 말라서 생긴 딱
지) 3일 등 5기로 나뉜다. 그래서 발열 3일을 빼고 출두에서 수압까지의 수미 12일은
두후 12일이라 한다. 이 일정의 기일은 널리 일반에도 알려져 있다. 三木榮, 『朝鮮醫學
史及疾病史』, p. 42 참조.

必患)의 역병으로 알려진 천연두에 대한 두 개의 서로 다른 반응이 대비되어 있다. 외부의 바이러스성 감염으로 보는 근대 의학 지식과 관련된 대응과 두신인 호구별성의 '벼력〔벌역〕'으로 보는 주술 미신적 사고와 관련된 미개한 대응이 그것이다. 제너와 무당의 관점이 서로 대비되어 있는 형국이다. 천연두를 두고 벌이는 우두법과 배송과의 긴장 관계이다. 개화된 서술자는 의학과 우두법을 이야기하고 있지만, 초점화된 인물 최씨 부인은 두신에 대한 신성한 결속을 지니고 경외하는 것이다. '벼력'이란 말은 하늘과 신령이 사람의 죄악을 징계하려고 내리는 벌이라는 뜻이다. 이렇게 『구마검』은 서로 다른 질병관의 대비를 통해서 이전의 무속 사상에 대한 거부 내지 그것의 효력 정지를 주장하려는 것이다. 미신적 사고와 습속은 문명개화를 지향하려는 관점에서 보면 한갓 우매성과 미개성, 낙후성을 지닌 장애인 것이 분명하지만, 그 위력과 영향력 또한 적지 않은 것이 사실이다. 질병에 대한 과학적 지식을 확보하지 못한 전근대적 공동체나 사회 의식에 있어서는 질병이나 불행 및 죽음은 공포의 심리와 정서의 황폐화를 가져올 만한 것이어서 필연적으로 미신적 사고를 고양한다. 이와 같은 습속의 분화에 있어서 질병은 호구별성과 같은 신성성에 대한 모독이나 부정·불경으로 인한 벼력 및 원귀의 장난, 사자의 매장지인 묘지의 풍수관적 형세나 조짐과 관계되어 있다는 반응이 두텁게 투사되어 있는 것이다. 이런 미신의 공간과 밀접하게 연관된 대표적인 인물들이 무당(판수)과 지관(풍수)이다. 그래서 문명개화를 지향 가치로 하는 신소설에 있어서 이들 무당과 풍수가 우매한 사람들을 속이는 주술사나 악행의 권위상으로서 부정되는 것은 일반적인 현상이다. 이때 질병은 신체적인 질병의 단계를 넘어서서 사회적 병폐로까지 지적, 확장되거나 함의되기 때문에 '질병의 정치학'으로서의 의의를 지닌다.

『구마검』에서 국수당 무당 금방울과 지관 임씨 및 최씨 부인의 관계는 속이고 속는 기만의 상대적 관계이며, 무속 공동체에 있어서의 무당과 지관의 점술—예언자 및 치유자로서의 권위는 철저히 부정적인 기만과 사술의 대리가 되어버린다. 그래서 최씨 부인이 이들을 '천신'같이 믿은 뒤 속아서 아들 만득이 천연두로 죽은 뒤에 전개되는 서사 구조는, 크게 분화하여서 무당 금방울의 기만, 임지관의 기만, 양자에 대한 재판과 응징 및 자각이란 3개의 서사 단위나 연속소(시퀀스)에 의해서 구성된다.

제1의 기만자 및 기만행위가 무당 금방울의 기만행위이다. 무당이란 귀신을 섬기고 영매를 통해서 길흉을 점치고 치성을 드리는 의식을 행하는 샤머니즘의 대표적인 존재이다. 그가 행하는 굿의 기능은 일반적으로 공포기제나 위반기제로서의 양면성을 지닌다. 금방울의 역할도 마찬가지다. 만득이가 천연두에 걸려 죽자 우두법의 예방을 반대해온[11] 최씨 부인은 국수당 금방울을 찾는다. 그런데 금방울은 만득의 죽음을 호구별성에 대한 불경 때문이라고 기만하고, 죽은 초취, 재취 부인 등 여귀의 초혼과 배송을 빙자하여 재산을 편취하기 시작한다. 죽은 초취 부인 이씨의 혼이 노자를 달라 한다, 달거리로 굿해달라 한다, 호구별성 몰고 가는 치행에 말원앙을 달아라, 마혁을 달아라, 마량을 달라, 대갈갑을 달라, 요기차 신발차를 달라…… 온갖 기묘한 방법으로 재산을 편취함으로써 끝내 함진해 가(家)를 파산 지경으로 몰아간다. 이와 같이 무당의 연속된 굿에도 불구하고 효험은커녕 함씨가의 우환질고는 떠나지 않고 드디어는 최씨 부인마저 반신불수가 되어버리자, 새로 등장하는 것이 금방울과 악행의 역할을 교대하는 임지관이다.

제2의 악행자 및 기만자는 지관(풍수) 임지관이다. 지관은 원

---

[11] 종두법 시행에는 반대 세력의 저항도 적지 않았던 것 같다. 이 종두법을 실시할 때 두인을 제사하는 무녀는 그 사이에 개입하여 생활의 방도를 얻는 까닭에 무녀들로부터 치열한 반대도 받았으며, 각종 유언비어로 그 실시가 거듭 곤란했다. 고종 19년 임오군란 때는 지석영이 외국으로부터 마술을 수입하여 두신을 축출하는 자로서 체포령이 내려졌으며 종두장은 난민의 방화에 의해서 소실되기도 하였다고 한다. 三木榮,『朝鮮醫學史及疾病史』, 1962, p. 263 참조. 이는 일종의 반접종anti-vaccination 운동이기도 하다.

래 지술, 풍수관에 근거하여 집터나 묘터를 잡는 사람이다. 임지관은 때로는 의원 행세도 하고 또 때로는 이인(異人), 지관 노릇도 하면서 세상과 사람들을 속이고 남의 재산을 편취하며 간계와 사술로 살아가는 인간이다. 그는 온갖 풍수설을 열거하면서 함씨 일가에 우환이 잦은 것은 바로 조상의 산소가 잘못 들어서 그런 것이라 하고 면례[이장]를 강요한다. 면례를 위한 산지 탐사와 얽힌 임지관 등의 사술과 모계에 걸려든 함씨 일가는 그나마 남은 재산마저 모두 탕진하게 된다. 풍수설은 여기서 오로지 재산 편취를 위한 사술의 수단이자 부정적인 방편으로 나타난다.

(1) 산지라 하는 것은 복 있는 사람이 길지를 만난다[福人逢吉地] 하였지만, 산지를 알지 못하고 보면 번연히 이런 자리에다 쓰기 쉽것다.

(2) 〔……〕 그 자리 하나만 사면 그 국내에 또 비봉귀소형(飛鳳歸巢形)한 자리가 있으니 그것도 미리 사서 왕장(王丈) 산소를 면례해보십시다.

(3) 산지라 하는 것은 조상의 백골로 하여금 풍수에 폭로치 아니하고 땅속에 깊이 평안히 계시게 함이 도리어 온당하거늘 풍수의 무서운 말은 곧이듣고 자기의 영귀(榮貴)와 자손의 복록을 희망하여 안장한 백골을 파가지고 대저 명당을 찾아다니니 대저 명당이 어디 있으며 조상의 백골이 어찌 자손의 영귀와 복록을 얻어주리오.

(4) 我朝의 愚俗이 虛誕을 最惑하야 巫覡의 妖語와 〔……〕 其他에 人民을 眩亂하고 風俗을 頹敗하여 生者로 하여금 靑氈을 享치 못하고 死者로 하여금 白骨을 安케 못하는 者ㅣ有하니 卽所謂風水先生者ㅣ是라.[12]

이상은 『구마검』과 당시의 신문 논설에서 제시된 묘지의 풍수관

---

[12] 황성신문, 광무 3년(1879) 4월 7일 「논설」에서.

에 대한 긍·부정의 상이한 관점 대비이다. 풍수관은 음양오행에 기초하여 집이나 무덤의 방위나 위치의 좋고 나쁨이 사람의 화복에 절대적 관계가 있다고 믿는 동양의 전통사상이다. 서양인들은 이를 'geomancy' 또는 'Earthly divination'이라고 일컬으며, 이 푸투안 Yi Fu Tuan과 같은 인문지리학자는 그의 책 『장소애』(1974)에서 장소애 Topophilia의 한 형태로서 또는 현상학적 인문지리학으로서 간주하기도 한다. (1)과 (2)는 『구마검』에서의 임지관의 긍정적인 해명이고, (3)은 『구마검』에 등장하는 함일청의 부정적 비판이다. 그리고 (4)는 동시대의 신문인 황성신문의 논설에 나타난 지관과 풍수관에 대한 부정적인 비판이며 평가이다. 개화 지향적인 인물이나 당시 언론의 논설 담론들은 묘지의 풍수관 자체도 물론이지만 이를 생계의 방편으로 삼아 속임수로 살아가는 지관(풍수)의 행위를 반시대적이고 반사회적인 범죄로 규정하고 있는 것이다.

이제까지 전근대성의 징표로서 미신과 관계된 제1, 제2의 두 기만자의 반복된 사기와 '마귀' 즉 악마 같은 악행은 마지막 구조 단위에서 '칼'에 의해서 마침내 내몰린다. 즉 몰락한 함씨 종가로 새로 입적한 함종표가 정의로운 법관과 재판관이 됨으로써 금방울, 임지관과 같은 사악한 부류들은 법에 의해서 응징되는 것이다. 이는 사회악을 제거하는 응징으로서의 의의를 지닌다. 서사의 결말이 이와 같이 범죄-재판소설(공안소설)의 서사법에 의해서 범죄의 응징과 개과천선으로 귀결됨으로써 결과적으로는 예술적 또는 과학적 완결성의 결여와 함께 이전의 권선징악적 글쓰기와의 변별성이 희박한 것은 사실이다. 그럼에도 『구마검』이 의의 있는 작품으로 긍정적인 평가를 받는 것은, 천연두에 반응하는 버력/종두(백신)로 대응되는 두 개의 상이한 관점의 대비를 통해서, 전근대나 미개 대 개화나 근대의 접촉 지대인 '콘택트 존 contact zone' 또는 세기 전환기의 경계의 시대상을 비유화하고 있다는 사실이다. 이같은 무당의 호구별성굿이나 지관의 풍수설은 동시대의 신소설인「천중가절」「홍도화」「빈상설」등에서도 나타나고 있다.

「천중가절」에서 우두위원으로 등장하는 김숙희는 천연두와 관련된 굿의 미망을 비판하고 근대 의학적인 대응의 합리성을 역설하고 있다.

> 아— 아이들이 역신(疫神)을 시켜야 오래 산다 하여 강남 호구별성 마누라를 위하여 정안수를 떠놓고 빌어라 단 부를 시루를 쪄라 무당을 불러다가 배송을 내어라 여러 가지 헛된 일만 하고 그 아이에게는 열기를 제할 약도 아니 쓰고 소독도 아니 하여 전염하게 하니, 제 자식에게만 해될 뿐 아니라 공중에 대해서도 여독이 적지 아니하오 〔……〕 두역도 전염병의 한 부분이니 만일 우두시키지 아니하시다가 시두를 하면 저 병원으로 가서 치료할 줄 아시오. 구습을 다 고치시오. 의학자들이 역신이 그리 영검할 줄만 알면 빌기만 할 것이지 애써 공부할 것은 무엇이며 〔……〕

「홍도화」는 세대간의 예각적인 갈등과 그 해소를 다룬 것이다. 갈등의 주역인 고부(姑婦)는 역질에 대해 서로 다른 반응을 보인다. 손자가 태어나는 대로 계속 죽자, 완고한 구세대 시어머니는 무녀의 말에 속아 호구별성을 덧들여서 그 버력으로 그렇다고 믿는다. 그래서 아들 심상호가 가져온 약을 모두 쏟아버리며, 신세대인 며느리 태화는 시어머니가 섬기는 잡신을 불살라버린다. 대립적인 대응 방법이다.

두창 또는 호구별성의 버력으로서의 천연두는 우매한 시대인 전근대의 병리화, 즉 병인성(病因性) 사회의 비유로서 자리한다. 여기에 소설에서 '의학' '천연두' '우두법' '예방' '소독' '전염' '전염병' '병원' '의학자' '우두위원' '위생' 등과 같은, 이전에 없었으며 새로 전파된 외래어 및 근대 의학의 신어neologism가 어휘론적으로 빈번히 등장하는 것은 주목되는 현상이다.

이와 같은 천연두는 두신설계(系)의 굿의 시학화와 정치학으로서의 현대소설과, 전염설계(系)의 전염병과 의학적 면역 문화적 매체로서 제시된 소설 등 두 양상으로 제시된다. 두신의 굿과 무속적 비유론인가, 병균의 독기miasma나 근대의 세균학적 비유론인가가 그것이다.

3. 『무정』: 사랑과 인생의 면역을 위한 종두 비유

  마마 또는 천연두의 문학적 비유는 『구마검』에서 한국 현대소설의 출발인 이광수의 장편 『무정』(1917)으로 이어진다. 『무정』은 여러 가지 평가가 있는데, 그 서사 구조는 교육소설과 성장소설의 혼성과 겁탈(정절 훼손)과 기차 여행의 주요 모티프를 이룬 소설이다. 종반부에 홍수로 인해서 기차의 선로가 끊어지기 직전, 차중에서 전개되는 이형식 · 박영채 · 김선형 간의 사랑의 삼각관계 상황을 제시하는 장면에서 서술자는 괴로워하는 김선형을 초점화하여 다음과 같이 천연두에 대한 제시로 논평을 가한다. 면역의 은유로서의 마마이며 천연두이다.

  옛말에 마마는 백골이라도 한 번은 한다는 셈으로 사람 되고는 한 번은 반드시 이 세례를 받는다. 아니 받고 지났으면 게서 더한 행복도 없을 듯하건마는, 그렇거든 사람으로 아니 나는 것이 좋다. 다나 쓰나 변할 수 없는 운명이다. 우두를 놓으면 천연두를 벗어난다. 아주 벗어나지는 못하더라도, 앓더라도 경하게 앓는다. 그러므로 근년에 와서는 누구든지 우두를 놓으며 그래서 별로 곰보를 보지 못하게 되었다.
  정신에도 마마가 있으니까 정신에도 천연두가 있을 것이다. 사랑이라든지 질투라든지 실망, 낙담, 슬픔, 궤휼, 간사, 흉악, 음란, 행복, 기쁨, 성공 등 인생의 만반 현상은 다 일종의 정신적 마마다.

소위 약은 부모들은 사랑하는 자녀의 괴로워하는 양을 차마 보지 못하여 아무쪼록 그네로 하여금 일생에 이 마마를 겪지 않도록 하려 하나, 그것은 사람의 힘으로는 막지 못할 것이다. 우매한 사람들이 마마에 귀신이 있는 줄로 믿는 것은 잘못이 아니라, 이 정신적 마마야말로 귀신이 있어서 지키는 부모 몰래 그네의 사랑하는 자녀의 정신 속에 숨어 들어가는 것이다. 그러므로 자녀에게 인생의 모든 무섭고 더러운 방면을 감추려고 함은 마치 공기 중에는 여러 가지 독균이 있다 하여 자녀들을 방 안에 가두어두는 것과 같다. 그리하여 바깥 독균 많은 공기에 익지 못한 자녀의 내장은 독균이 들어가자마자 곧 열이 나고 설사가 나서 죽어버린다.

그러나 평생에 바깥 공기에 익어서, 내장에 독균을 대항할 만한 힘을 기르면 여간한 독균이 들어오더라도 무섭지를 아니한다. 한번 우두로 앓은 사람은 천연두 균을 저항하는 힘이 있는 것과 같다.

선형은 지금껏 방 안에 갇혀 있었다. 그는 공기 중에 독균이 있는 줄도 몰랐다. 그리고 그는 우두도 놓지 아니하였다. 그런데 지금 질투라는 독균이 들어갔다. 사랑이라는 독균이 들어갔다. 그는 지금 어찌할 줄을 모른다. 그가 만일 종교나 문학에서 인생이라는 것을 대강 배워 사랑이 무엇이며 질투가 무엇인지를 알았던들, 이 경우에 있어서 어떻게 하여야 할 것을 분명히 알았을 것이언마는, 선형은 처음 이렇게 무서운 병을 당하였다.

한마디로 인생필환의 마마나 천연두를 클레멘스 헤젤하우스가 사랑과 질병의 비유, 즉 '사랑과 질병 Liebe und Krankheit' '사랑의 질병 양상' '연애하는 이의 병증 krankheitssymptome'[13]으로 지적한 것과 같은 사랑의 열병 상태로 비유화하고 있다. 이 『무정』에는 천연두와 함께 매독 등 두 개의 질병이 제시되어 있다. 그러나 매독은 스치듯 지나가는 부차적 주변 인물인 기생 계향—

---

[13] Clemens Heselhaus, 앞의 책, p. 415, 417.

이형식이 자살행을 떠난 영채를 찾아 평양에 갔을 때의 안내자 역——의 불행한 후일담의 원인[14]으로서 제시되고 있기는 하지만, 정작 비유로서의 질병의 기능을 하는 것은 천연두이다. 이광수는 박영채의 출현으로 겪게 되는 김선형의 내적 고뇌의 병을 마마와 같이 반드시 겪어야 하는 정신이나 사랑의 숙환으로 형상화하고 있다. 이광수는 여기서 사랑의 문제에 있어서 바로 천연두와 관련된 근대 의학 지식인 '독균 즉 병균(세균)론'과 우두나 종두법의 면역 이론을 끌어들임으로써, 사랑과 세상에의 길에 대한 일종의 사랑과 삶(인생)을 위한 의학적 면역의 비유론을 삼고 있는 것이다. 이런 비유론은 제너는 물론 전염병의 위협에 대한 접종(백신) 개발을 가져온 피로호R. Virchow와 L. 파스퇴르Pasteur, 코흐R. Koch와 같은 학자들에 대한 과학적 또는 생물학적 관심의 결과이다.

이 비유화는 '정신에도 마마가 있다'고 하여 마마를 정신의 영역이나 정신적인 상태로 끌어들임으로써 비롯된다. 이로 인해서 사랑이나 질투, 즉 인생의 만반 현상을 삶과 사랑을 감염시키고 침투, 전염시키는 독균, 즉 세균과 일치시키고 있기 때문이다. 우두에 의해서 천연두 병균에 대한 예방 및 저항과 면역을 갖게 되듯이, 사랑의 열병과 질투 등과 같은 정념인 독균에 대한 항체와 대항력을 기르고 면역을 거쳐야만 한다고 사랑의 세균학적 비유 담론을 제시한 것이다. 이러한 가운데 마마에 대한 이전의 귀신론과 우두론을 원용해 들임으로써, 자녀들의 삶에 미치는 부모의 지나친 권위적 간여의 배제와 자녀 중심적 사고를 시사하기도 한다.

『무정』은 일종의 성장소설이다. 『무정』이 교육-성장소설로서의 면모를 두드러지게 지니고 있는 것은 비단 영채의 경우에서뿐

---

14 "한 가지 불쌍한 것은 형식이가 평양에 갔을 적에 데리고 칠성문으로 나가던 계향이가 어떤 부잣집 방탕한 자식의 첩이 되어 갔다가 매독을 올리고 게다가 남편한테 쫓겨나기까지 하여 아주 적막하게 신고함이니……"

만이 아니고, 선형의 경우에서도 마찬가지이다. 이형식과 관계되어 있는 두 여성 인물은 박영채와 김선형이다. 여기서 험한 세로를 겪은 영채와는 달리 선형은 어린애와 같이 천진난만하고 순진한 상태의 여인이다. 그런데 종반에 이르면서 선형은 앎과 성숙을 위한 '무서운 병'을 타 넘어야 하게 되고, 마치 홍수로 기찻길이 끊어지는 듯한 그의 앞에 놓여 있는 거친 생의 도정을 배우고 익혀가며 어른으로 성장하기를 주문받는다.

『무정』은 선형의 상태를 이렇게 묘사하고 있다.

> 선형은 인생의 학과는 이제부터 차차 종두과에 들려 한다. 사랑을 배우고 질투를 배우고 분노하기와 미워하기와 슬퍼하기를 배우기 시작한다. 사람이란 죽는 날까지 이것을 배우는 것이니까, 선형이가 졸업하려도 아직 멀었다. 이 점으로 보면 영채나 형식은 선형보다 훨씬 상급생이다. 그리고 병욱은 사람들이 조물을 흉내 내어 또는 조물의 생각을 도둑질하여 만들어놓은 문학이라든지 예술이라든지에서 인생이라는 것을 퍽 많이 배웠다.
>
> 사람이란 이러한 과정을 많이 배우면 많이 배울수록 어른이 되어간다. 즉 천진난만한 어린애의 아리따운 태도가 스러지고 죄도 있고 힘도 있고 고립도 있고 뜻도 있고 거짓말도 곧잘 하거니와 옳은 말도 힘 있게 하는 소위 어른이 되어간다.

이 부분은 『무정』이 거듭 겹겹의 이중적 '이니시에이션'의 서사 및 교육적 성장소설의 형태임을 시사한다. '배우기(교육 또는 교화)'와 '되어가기(성장 또는 생성)'가 강조되고 있기 때문이다. 그래서 '탐색 서사quest narrative'[15]로서의 『무정』에서의 천연두는 사랑과 인생의 성장을 위한 면역의 비유이면서, 성장(성숙)과 사회화를 위해서 반드시 넘어가야만 하는 경계적인 문턱으로서의

---

15 Arthur W. Frank, *The Wounded Storyteller, Body, Illness and Ethics*, The University of Chicago Press, 1995, p. 115.

비유이기도 하다. 그것만이 아니다. 이것은 사랑론이며 넓게는 결혼과 인생론이기도 하다. 즉 근대적인 사랑(연애)과 결혼에도 내재되어 있는 여러 가지 독균과 같은 요소들——삼각관계, 질투, 분노, 간사 등등——과 이에의 면역을 위한 접종이라는 은유적인 수사로서의 의의를 지니고 있기 때문이다. 이와 같은 의학적 지식은 이광수의 사회적 효용론으로서의 문학론으로 연결된다. 이광수는 「문사(文士)와 수양(修養)」이라는 글에서 의사와 문사의 유사성을 지적한 바가 있다. 언뜻 보면 '문인(시인)은 초월적 의사이다Der Poet ist also der Transzendentale Arzt'라고 한 노발리스Novalis의 지적과도 유사한 듯하지만, 기실 이광수가 여기서 비유하고 있는 의사와 문사는 불량하고 부족하여 사회에 해독을 끼치는 마이너스적인 대상들이다.

4. 『손님』의 타자와 침범의 은유론

이규태의 『개화백경(開化百景)』(1971) 권3 「전염병」 조에서는 개화 시기의 전염병에 관해 다음과 같이 기술한다.

> 전염병은 돌림병이라 해서 윤질(輪疾)이라고도 불렀다. 이러한 윤질은 모두 사람들이 외래병으로 알고 있었으며 양풍(洋風)이 유행하면서 돌림병에 이 양풍이 묻어온 것으로 알았다. 척화 사상에 의해 이 인식은 충분히 합리화할 수 있었다.[16]

이광린의 『올리버 알 에비슨의 생애: 한국 근대 서양의학과 근대교육의 개척자』(1992)에서도 에비슨이 처음 한국에 왔을 때(1893) 천연두의 상태에 대해서 다음과 같이 설명하고 있다.

---

[16] 이규태, 『개화백경』 3, 신태양사, 1971, p. 181.

이러한 마마에 대해 한의사들은 치료할 수 없는 병으로 간주하고 있었고, 일반 사람들은 귀신의 조화라고 믿는 한편, 그 귀신은 중국에서 왔으므로 '손님'이라 부르고 그 손님에게 치성을 다해야 된다고 하였다.[17]

이렇게 전염병이 외부 즉 서양이나 중국으로부터 도래한 병독이라는 인식의 바탕에는 질병의 '침범의 은유metaphor of invasion'[18]론이 깔려 있다. 침범의 은유란 세균의 발견 이후 질병은 '침략자'로서 외부로부터 신체에 침입하거나 침투(침범)한다는 군사적 은유를 가능하게 한 것이다. 이는 오늘날의 식민주의나 제국주의의 관점에 있어서는 침략의 정치적 은유로서의 성격을 지닌다. 이른바 '질병의 정치학politics of disease'은 외부의 전염성 박테리아가 몸 안에 침투함으로써 몸을 망친다는 과학적인 침범의 공포와 함께 외세가 침범한다는 민족주의적인 공포가 서로 반향하는 현상으로서, 이질체인 외부적 질병과의 마주침이라는 돌림병 민족주의가 작용하는 근거이다.

전염병으로서의 천연두의 문학적 비유는 앞서 지적한 것처럼, 근대 초기의 신소설 등에서 일제 강점기의 시공을 뛰어넘어 채만식의 「역로(歷路)」(1946)와 황석영의 근작 『손님』(2001)으로 이어지면서 중요한 질병의 문학적 모티프로서 순환, 재생되고 있다. 이런 소설에의 천연두(마마) 비유의 이면에는 식민주의colonialism나 제국주의의 정치적 무의식이 놓여 있다. 이들 두 작품은 모두가 외세 또는 타자와 타자적인 것을 '손님' 또는 '마마'란 천연두의 전통적인 환유를 기조 모티프로 삼으면서 침범의 정치적 은유

---

17 이광린, 『올리버 알 에비슨의 생애: 한국 근대 서양의학과 근대교육의 개척자』, 연세대학교 출판부, 1992. pp. 117~18.
18 Laura Otis, *Membranes: Metaphors of Invasion in Nineteenth Century Literature, Science and Politics*, The Johns Hopkins Up, 1999. p. 5 및 부제. 이에 관해서 수전 손택은 그의 『은유로서의 질병』에서 주로 '군사적 은유'라고 지적했다.

론을 제시한 작품들이다.

1945년 해방 이후 미소(美蘇) 군정 체제의 정치적 상황하에서의 삶을 그리고 있는 채만식의 「역로」에는 '마마손님은 떡시루를 쪄놓구 배송을 한다지만, 이 프렌드나 저 북쪽 따와리치들은 어떡허면 쉽사리 배송을 시키누?'라고 말하는 대목이 있다. 여기서 '프렌드'나 '따와리치'는 다 영어나 러시아어로 '친구'라는 뜻이지만, 해방 이후 이른바 '해방자'로서 이 땅에 진주해 들어와 남북으로 해방 조선의 정치적 지도를 이루고 있는 미군 및 소련군과 같은, 밖에서 들어온 외세의 지칭이기도 하다. '친구'처럼 왔다가 '손님'이나 '마마' 같은 점령군으로서 머물고 있는 외세에 대해서, 이들이 나쁜 결과를 가져올지도 모른다는 의심으로 보는 반응이 함축되어 있다. 그래서 마치 천연두 굿에서 '마마'(손님)를 배송하듯이, 침범의 외세화된 '손님'(외세)을 배송하고자 하는 의식과 염원이 타자와 타자적인 것에 대한 의구심과 불신으로 내포되어 있음은 물론, 자아의 독립을 향한 방향 결정의 의식을 투영하고 있는 것이다.

질병에 대한 이러한 신화적 내지 무속적 사고와 반제국주의의 정치적 사고와의 상응적 친밀화에 대한 문학적 시선이 더욱 확대·구현된 것이 바로 황석영의 『손님』에 나타나는 타자론이며 침범의 은유론이다.

『손님』은 표제 그대로 천연두의 두신관을 근거로 한 침범의 비유론을 구현한 작품[19]이다. 그리고 포스트콜로니얼한 관점에서 타자에 대한 강한 타자 혐오xenophobia의 반응과 함께, 건망증의 자아로부터 자기동일성으로의 재구 및 문화적·정치적 자기 지향을 위한 진혼굿의 서사학이다. 그래서 외세 지양의 자아구조

---

[19] 『손님』에 대한 논의와 해석으로 다음과 같은 글들이 있다. 김병익, 「이념의 상잔, 민족의 해원」, 『문학동네』 2001년 가을호. 안남일, 「분단인식의 사유—『손님』론」, 『한국학연구』 16집, 2002. 양진오, 「한반도의 민족 문제에 관한 장기 지속적 성찰—황석영, 『손님』」, 『실천문학』 2002년 가을호.

화를 위한 굿의 시학과 정치학이 독특하게 활용되고 있을 뿐만 아니라, 제 땅이나 제 것으로 돌아오고자 하는 희망이나 바람을 지향하는 향수와 정치적 '노스탤지어'의 소설이기도 하다. 망각이나 기억의 문제와 연결되어 근자의 소설론에서 빈번하게 논의되기도 하는 '노스탤지어nostalgia'는 향수의 일종으로서, 고향 집nostos이나 잃어버린 과거로 돌아가려는 아픔algos 또는 동경이다. 이는 민족적인 동일성의 구성에 어울리는 것이다.[20] 포스트콜로니얼한 재배치와 20세기 소설을 다룬 로즈메리 M. 조지의 『집의 정치학 The Politics of Home』(1999)의 프롤로그와 에필로그에서는 각각 '모든 소설은 향수다,' '모든 향수는 소설이다'라고 규정하고 있다. 여기서 '집Home'이나 본향은 배타적인 것으로서, 주체(자아)의 이념적인 결정소이며 장치의 중핵이다.[21] 그런데 향수는 실패하거나 결핍된 동화의 질병이다. 지리적·정치적·제도적 장벽에 의한 제약의 정신이 내재되어 있기 때문이다. 이런 노스탤지어로서의 향수 내지 제 본향에의 문화론이나 정치학과 친근하게 결속되어 있는 작품이 바로 이 『손님』이다. 고향 찾기 지향의 소설이다. 황석영은 책의 말미에 있는 작가의 말에서 이와 관련하여 다음과 같이 분명히 말하고 있다.

　　기독교와 맑스주의는 식민지와 분단을 거쳐오는 동안에 우리가 자생적인 근대화를 이루지 못하고 타의에 의하여 지내게 된 모더니티라고 할 수 있다. 전통시대의 계급적 유산의 남도에 비해 희박했던 북선지방은 이 두 가지 관념을 '개화'로 열렬하게 받아들였던 셈이다. 이를테면 하나의 뿌리를 가진 두 개의 가지였다. 천연두를 서병(西病)으로 파악하고 이를 막아내고자 했던 중세의 조선 민중

20　Jean Pickering and Suzanne Kehle(eds.), *Narratives of Nostalgia, Gender and Nationalism*, McMillan, 1997, pp. 9~10.
21　Rosemary M. George, *The Politics of Home: Postcolonial Relocation and Twentieth Century Fiction*, UP of California, 1999, p. 2.

들이 '마마' 또는 '손님'이라 부르면서 '손님굿'이라는 무속의 한 형식을 만들어낸 것에 착안해서 나는 이들 기독교와 맑스주의를 '손님'으로 규정했다.[22]

천연두(손님, 마마)가 서방 세계로부터 온 서병이듯이, 우리 근대사의 전개에 있어서 기독교와 마르크스주의를 외부로부터 온 '외래적인 것,' '이질적인 것,' '낯선 것'으로서의 타자적인 것, 즉 밖의 이방으로부터 들어오거나 침공해온 것으로 본다. 그리고 이들이 타의적인 근대화에 기여하기도 하였지만, 그 타자인 '손님'으로 인해서 이 땅이 적대의 피로 적셔진 대학살(홀로코스트)과 배타성의 제물이 되어 무수히 떠도는 원혼과 유령의 땅이 되었음을 떠올린다. 그래서 황막한 이 땅에 떠도는 혼들의 진혼과 화해와 상생을 위한 굿의 문화를 끌어들임으로써 서사 공간을 굿의 공간으로 대치하고 있다. 이는 개화기에는 부정되었던 굿을 새로이 긍정적으로 활용하여 고착된 리얼리즘의 서사문법을 해체해버리는 특이한 서사 방법이다.

  서사 단위가 지노귀굿의 열두 마당과 같은 얼개로 분절화되어 있는 『손님』의 이야기는 기본적으로는 떠난 곳, 고향으로 되돌아가 보는 여행의 서사담이다. 즉 미국에 살고 있는 류요섭 목사가 고향 방문단의 일원으로 40여 년 만에 잊혀진 북한의 고향을 방문하고 다시 미국으로 돌아가기 직전까지의 수일 간의 이야기이다. 이 방문 여행의 제한된 시간 내에서 실제적으로 견문되거나 이루어지는 것은 여행 떠나기 전의 형 류요한의 죽음과 장례, LA의 양로원에서의 박명선 할머니와의 만남, 평양 호텔에서의 조카 류단열과의 만남, 고향인 신천의 전쟁박물관 참관과 생존자들의 목격담 듣기, 사리원에 살고 있는 형수(요한의 아내)와의 만남, 외삼촌 안성만(소메 삼촌)의 집 방문, 고향 찬샘에서 형수가 내

---

[22] 황석영, 『손님』, 창작과비평사, 2001, pp. 261~62.

준 형의 옷 태우기와 미국에서 가져온 형 요한의 뼛조각 매장, 떠나는 새벽 유리창에 희끄무레하게 비친 자신의 모습 바라보기 등이다. 그러나 이와 같이 진행되는 서사적 현재의 과정은 단지 표층에 불과하다. 기억의 서사라 할 만큼 50년이나 망각과 건망증 속에 깊이 묻혀 있던 과거의 사건들과 기억들이 이야기된 시간이 되어서 이들 현재들과 복합적으로 교호하거나 재생되고 있기 때문이다. 과거에 죽은 자의 헛것이 현실이듯 나타나고, 과거가 현재와 병렬되고 죽은 자와 산 자가 한 자리에 모여 이야기를 나누고 있는 굿 공간의 서사 형식이다. 그리하여 근 반세기 동안이나 망각되었거나 매몰되었던 과거의 기억과 사자가 생생하게 불러내어지고 다양한 목소리로 저마다의 경험을 풀어놓는 서사의 굿판을 연행하게 하고 있는 것이다.

이렇듯 『손님』은 서사시학적인 측면에 있어서 매우 특이한 작품이다. 서술 시점이 다양하게 변주됨으로써 다성화하고 과거(기억)와 현재가 순차적 질서를 깨면서 재편성되며 생자와 사자가 시간을 뛰어넘어 함께 한자리에 현현하고 생과 사, 현실과 꿈 또는 환상을 자유롭게 넘나드는 굿의 형식과 무속 공간이 서사미학적인 방법으로 채택되고 있는 것이다. 이것이 바로 굿의 시학적 측면이다. 굿의 시학이란 다양한 목소리voice, 망각과 과거에의 기억, 생자(현재)와 사자(과거)의 혼령과의 만남(동시성) 등과 같은 것들이 연행되는 양상이다. 특히 굿의 형식의 신화시학에서 망각Vergessen과 기억Erinnern이라는, 서사적 시간의 시학을 되찾아내고 있는 점이 『손님』의 서사시학에서 두드러진다. 이에 대해서 작가는 이렇게 밝히고 있다.

이 작품은 '황해도 진지노귀굿' 열두 마당을 기본 얼개로 하여 씌어졌다. 여기서는 굿판에서처럼 살아 있는 사람과 죽은 사람이 동시에 과거와 현재를 넘나들면서 등장하고 그들의 회상과 이야기도 제각각이다. 나는 과거로 떠나는 '시간여행'이라는 하나의 씨줄과,

등장인물 각자의 서로 다른 삶의 입장과 체험을 통하여 하나의 사건을 모자이크처럼 총체화하는 '구전담화'라는 날줄을 서로 엮어서 한폭의 베를 짜듯 구성하였다.[23]

굿의 원형적 형식과 연행성이 소설에서의 기억과 망각의 시간시학, 서사 단위의 분절화와 질서화 및 다원적 시점시학의 모색을 위한 기반이 되고 있음을 시사한다. 굿의 형식을 채택하였기 때문에 피해자이면서 가해자인 인물들의 영혼이 불러내어지며, 그들의 저마다 다른 목소리를 통해서 망각 또는 은폐된 사실들이 밝혀진다. 그리고 이 영매적 굿의 공간에서 서로는 제약된 현실을 초탈하는 소통의 관계를 형성한다. 이런 현상은 메모리아의 시학으로서의 무속이나 굿의 기능의 문화적인 가치 회복 현상인 것이다. 이 점은 한국 현대 소설의 독특한 서사시학으로서 평가되는 부분이다.

『손님』은 서사주제학적 측면에서도 한 세기의 시간적 거리를 둔 신소설 『구마검』과는 대비적인 관계이다. 나(주체)-남(타자)의 관계에 있어서의 지향성이나 가치화에 있어서도 정반대의 위상으로 대비된다. 질병의 배송을 위한 굿의 문화가 '황탄'한 것으로 부정되거나 비판되는 『구마검』과는 달리, 『손님』에 있어서는 굿이 기억의 저장고로서, 이방에서 침입해 들어오는 역병과 같은 외세를 막고 대응하는 방패막이의 에너지로서 그리고 진혼과 화해를 위한 의식적 마당으로서 긍정된다. 이것이 굿의 정치학적 기능이다. 굿이 발휘할 수 있는 정치적이고 사회적인 힘이 곧 굿의 정치학이다. 해원을 할 수 있으며 병의 상태를 조복하고 정상적으로 치유한다는 믿음을 근거로 한 것이다. 『손님』에서 질병 모티프로서의 '손님' 또는 '마마'가 제시된 대목을 예시하면 다음과 같다.

[23] 황석영, 앞의 책, p. 262.

― 아미산 박수님 아니시냐. 아이들 잘 걸리는 손님마마럴 받아 주던 분이니께……

― 얼굴이 흉치게 곰보가 되는 마마에 걸리지 않는다는 얘기에 솔깃하기도 했다.

― 그건 저 먼나라 강남에서 오는 손님 오랑캐 귀신한테 무섭게 보일라구 그런다.

― 손님마마님이 얼마나 무서운지 아네? 요 몇 년 새루 이 골서 두 수백 명 아이덜이 죽어서 살아두 소용없다는대구. 얼굴이 얽어 서 곰보가 됐이니께.

― 손님이 될지 시작하믄 으원은 부재집에나 가지 시골선 판수 두 모시기 힘들어서 거저 무꾸리나 하던 게 고작이여……

― 우리가 어려서부텀 어른들께 들었지마는 손님마마란 거이 원 리가 서쪽 병이라고 하댔다. 서쪽나라 오랑캐 병이라구 하나 양구 신 믿넌 나라서 온 게 분명치 않느냐. 내가 너이 하래비 우로 아덜 을 둘씩이나 손님마마에 보내고 났시니 양구신에 부아가 나겠너냐. 좋다구 믿겠너냐. 사람은 제 근본을 알아야 복을 받을 게다.

『손님』의 '손님'은 천연두(질병)와 타자(객)으로서의 양의성을 지니고 있다. 질병인 '손님마마'가 서쪽 나라의 병[24]이라는 전통

---

[24] 천연두의 유래에 관해서 미키 사카에는 그 발원지가 인도이며, 인도에서 동서제국으로 전파되었다고 보고 있다. 인도에서 흉노의 이동에 부수, 서역 천산 남북로를 거쳐서 중국 서북방에 침입, 연장하여 북중국에서 요동반도나 산동지방에서 조선으로, 다시 불교 전래와 관련하여 조선에서 일본으로 전파되었다는 것이다. 三木榮, 앞의 책, pp. 36~37. 한편, 『질병의 역사 Disease and History』(1972/2002)를 쓴 프레더릭 F. 카트

적이거나 무속적인 사고의 관점을 정치·문화론적 관점과 연결해 보면, 우리의 근대성이나 현대사는 '마마'나 '손님'인 서구의 제국주의와 패권주의에 침범당한 것이고, 그러한 서구는 오직 침범자 invader의 존재로서 지각된 것이다. 이런 질병의 정치적 은유화 현상이 굿의 정치학과 직결된 것이다. 문자 그대로 서구는 병균처럼 밖에서 틈입해 들어온 주인이 아닌 '손님'이며 타자이다. 세균학bacteriology이 식민주의나 제국주의 이데올로기에 봉사하고 있듯이, 역방향으로 '손님마마'의 무속적인 두신관이 민족주의나 배타적인 이데올로기의 정치적·문화적인 정박을 위한 기반이 되고 있는 것이다. 이 외세와 타자적인 것으로서의 '손님'의 환유로 대표되는 것으로서 '손님'은 바로 기독교와 마르크스주의를 지목하고 있다. 이 두 외래적인 힘의 자성과 갈등에 의해서 1950년 한국전쟁 당시 대살육의 현장 신천(信川)에서는, '교단'으로 표상되는 기독교도와 '당'으로 표상되는 공산당 양 진영 간의 학살과 만행, 살육과 복수의 광기가 펼쳐진다. 특히 이 살육에서 기독교가 훨씬 더 가학 세력으로 형상화되어 있다. 이를 대표하는 인물이 가해자로서 결국은 미국행을 해버린 류요한 장로이다. 이 가해자 측은 광신적인 기독교 청년당원이거나 부정적인 지주 계급이다. 이와는 반대로 희생자나 피해자는 순박한 성정의 사람들이거나 소작층이다. 이런 극단적이라 할 만큼의 이념적인 이분법이나 균형을 상실한 한쪽으로의 쏠림 현상은 관점의 객관성이나 중립성이란 점에서는 논란의 여지를 많이 남겨주고 있다. 더구나 화해와 상생의 새 세기를 염원하면서 "사실상 무서운 '손님마마님'은 아직도 미국이 아닌가"란 제국주의와 식민주의에 대항하는 민족 해방의 과제로서 반미적 정치성을 명시적으로 드러내고 있는 점은 타자에의 반응에 있어서 어울리지 않는 편협성이다. 타

라이트 등은 '천연두의 원래 발생지가 인도든 중국이든 그것은 동방에서 고대 실크로드를 따라 유럽에 들어왔다'고 기술하고 있다. 프레더릭 F. 카트라이트, 마이클 뵈드스, 김훈 역, 『질병의 역사』, 가람기획, 2004, p. 132.

자와 서구적 가치에 대한 맹목적인 추종이나 차용도 문제이지만, 극단적으로 타자를 배척하는 폐쇄적인 반응도 문제이다. 타자 혐오는 억압의 정치학을 불러들일 수 있다.[25] 특히 종교(기독교)/사상(마르크시즘)의 대립에서 지주계급과 결탁된 기독교의 범죄를 일방적으로 단죄하고 있는 듯한 관점은 평형이 아쉬운 논쟁점이 된다. 이 점에서 텍스트 속에서 '가해자가 아닌 것이 없다'는 소메 삼촌의 이야기가 진실성의 무게와 함께 이념적인 편향성이 배제된 현실성의 무게를 지니고 있다.

여하간에 『손님』은 이런 편향적인 쟁점이 내재되어 있는 것이 사실이지만, 이 작품에서 우리가 가장 주목하고 있는 인물은 여행의 주체인 주인공 류요섭 목사이다. 그의 고향 여행은 아직은 주인이 되지 못하고 '손님'의 처지에 있는 것이 분명하지만, 그럼에도 마치 굿판에서 무당이 풀이의 주재자가 되고 있듯이, 모두의 죄 씻음과 함께 가해자와 피해자 그리고 억울한 혼령들의 진혼과 그들과의 화해를 주도하는 제사장의 역할을 수행하는 인물이기 때문이다. 그리고 이와 함께 화해적인 포용성으로 진정한 주인 같은 태도를 보이는 소메 삼촌(안성만)이 긍정상으로서 이와 포개어진다. 이로써 병리화된 기억으로서의 향수가 치유나 병리 해소적 향수로 통하기 때문이다.

마치 오디세이아와 같은 수구초심의 인물 류요섭 목사의 생의 원점인 고향으로의 노스탤지어와 회귀는 자기동일성을 향하는 방향 결정의 모험으로서 이해된다. 여행을 끝낸 맨 마지막 장면에서 류요섭 목사가 유리창에 희끄무레하게 비친 자신의 모습을 바라보면서 '세상에서 가장 낯익은 사람의 모습'이라고 지각하는 것은 자기 원형질과의 만남을 뜻한다. 이런 형상화는 바람직한 방향성으로 긍정적 의미를 가진다.

그런 점에서 세계를 오직 향방Heimwelt과 이방Fremdwelt으

---

[25] Gisela Brinker-Gabler(ed.), *Encountering the Other(s): Studies in Literature, History and Culture*, State University of New York Press, 1995, p. 51.

로 분화하여 그 타자와 타자적인 것의 모든 문화는 역병적인 것으로 보고 향방의 것을 지고지선한 것으로 보거나, 이념적으로 어느 한쪽을 폄하하고 다른 한쪽은 편애하면서 계급 이념과 배타적이고 맹목적인 민족 지상주의의 유령을 만들어 그를 섬기면서 굿에의 환원론적 지향만으로 귀속하는 폐쇄적이고 배타적인 길의 가능성은, 공감의 폭을 넓히기에는 장애나 한계가 분명할 수밖에 없다. 향수의 불변적인 상태는 차단을 넘어서 본향으로 돌아가려는 동경인 것이다.

천연두 또는 종두는 이 밖에도 한설야의 「종두」(1939)에서도 제시되어 있다. 그러나 이 「종두」는 의무적 종두제도, 즉 취학 전 종두 시행 통지와 입학과의 제도적 연계 및 신체 장애자가 학교 입학에서 받게 되는 교육적 제약 문제를 다루었다. 1930년대의 일제 말기의 교육 제도에 있어서의 장애자에 대한 사회적 편견과 제도적 결함을 제시한 것이다.

5. 면역과 침범의 은유론

이상에서 살펴본 바와 같이, 천연두는 이해조의 『구마검』(1908)에서 황석영의 『손님』(2001)에 이르기까지 근 백 년의 한 세기를 거치면서 한국 현대소설의 공간에서 중요한 질병의 은유로서 기능하고 있다. 벼락의 호구별성('손님')으로서, 면역을 위한 과학적 종두의 대상으로서, 반외세적 정치의 은유적 대상으로서의 양상이 그것이다. 이 같은 은유 기능은 크게 보아서 두 개의 계열 양상으로 분화된다. 면역의 은유론과 침범의 은유론이다. 전자에 해당하는 것이 이해조의 신소설 『구마검』과 이광수의 『무정』이며, 후자에 해당하는 것이 채만식의 「역로」(1946)와 황석영의 『손님』이다. 이 양자의 입장은 천연두에 대한 대응인 접종/반접종의 두 태도에서 보이는 것과 같은 이질 현상을 내포한다.

면역의 은유론에 있어서는, 서구의 근대 의학적 사고를 수용하면서 천연두의 발병에 대한 이른바 버력의 두신관이 제거되고, 대신에 새롭게 대처하는 종두법이나 면역이 긍정적인 근대적 가치로서 은유화된다. 천연두에 대응하는 종두는 낡은 세계관에 대응하거나 그것을 깨어버리고 대비하는 새로운 근대성의 징표로서, 사랑과 인생을 위한 진화론적 통과의례이며 사회적 독균에 대항하는 보호막으로 표상된다.

이에 비해서 침범의 은유론은 그 원류가 오히려 천연두에 대한 굿과 무속적 사고와 같은 전래 문화와 더 친밀하게 잇닿아 있다. 무속신앙에 있어서 천연두는 '마마'이며 '호구별성'과 같은 이방신인 '서신(西神)'에 의한 버력이며 돌림병이다. 그래서 흔히 남이며 타자인 '손님'으로 은유화되어온 질병이다. 이 '손님〔客〕'과 그를 내보내는 의식(굿)으로서의 '배송' 사상이 오늘의 사상계를 풍미하는 반외세적 제노포비아의 정치학과 만나면서 질병의 정치학과 연관된 민족주의적 '침범의 은유론'을 형성하게 된 것이다.

이렇듯 백 년 동안의 한국 현대소설사에서 천연두는 이에 대응해온 '종두'와 '손님'이라는 두 대립적인 의미론에 의해 면역과 침범의 은유로서 두 갈래의 상이한 은유론을 형성, 지속해온 것이다.

제3장

1920년대 소설의 광기와 정신적 이상성

　　현대문학은 광기의 지각 형태 및 표현 형태와의 친화력을 그 시대의 특유한 시학으로서 의식하게 되었다[1]는 지적이 있다. 이는 요컨대 문학적 근대성의 이해는 광기의 개척과 깊은 관련이 있으며, 또 현대소설에서 이상성insanity에의 강박성과 증식 현상이 그만큼 두드러지게 된 현상을 두고 한 말인 것이다. 그래서 릴리언 페더는 『문학에 있어서의 광기』(1980)에서 문학적 주제로서의 이상성에 이끌리는 문제를 탐색한 바 있다. 그리고 광기나 이상성에 대한 현대적 태도와 관심을 밝힌 미셸 푸코의 연구와 더불어 문학과 정신병학과의 관계 내지 문학에 있어서의 광기에 대한 관심이 더욱 활발해지고 있는 현실이다. 지올코우스키는 『현대소설의 제차원』(1969)에서 20세기 현대소설을 다섯 개의 현저한 역할로 구분하는 테마와 이미지──시간·죽음·30세·범죄성·이상성── 중의 하나로서 '광기'를 제시하고 해부한다.[2] 게오르그 러이흐라인의 『시민사회 정신병리학과 문학: 18세기 말기와 19세기 초 독일 문학에 있어서의 광기 테마의 발견』(1986)이나 제임스 M. 맥글라서리의 『독일 낭만주의에 있어서 광기 테마의 발견』(1995)[3]

---

[1] Thomas Anz, Gesund oder Krank, *Medizin, Moral und Ästhetik in der Deutschen Gegenwartsliteratur*, J. B. Metzlersche Verlagbuchhandlung, Stuttgart, 1989, p. 192.
[2] Theordore Ziolkowski, *Dimensions of the Modern Novel*, Princeton UP, 1969, Chap. 10 "The View from the Madhouse," pp. 332~61.
[3] 게오르그 러이흐라인Georg Reuchlein은 이상성을 18세기 후반 19세기 초의 문학적 주제로 간주한다. Frank Trommler(ed.), *Thematic Reconsidered*, Rodopi, 1995, p. 189.

등은 문학에서 광기 묘사에 대한 증대하는 관심을 입증하고 있는 글들이다. 광기의 테마는 정신과 사회사 간의 얽힌 결합 관계가 밝혀질수록 정신적 과정의 집요하고 새로운 개념을 반영하는 것이다.

한국 현대문학에 있어서 이 같은 광기와 그의 임상적 관점 내지 광인의 담론이 뚜렷하게 나타나는 시기는 1920년대이다. 물론 그 이전에도 전쟁으로 인한 일종의 정신적 외상 후 이상 징후 현상 PTSD 또는 셸 쇼크Shell Shock의 결과로 겪는 정신착란 상태(가령 이인직의 「혈의 누」나 「은세계」에서의 김관일 부인과 최병도 부인의 정신착란 상태 등)가 제시되기도 하지만, 이상성의 징후로서 광기의 묘사 내지 광기의 테마가 작품으로 뚜렷하게 드러난 것은 1920년대 소설에서 비롯된다. 그 구체적인 현상이 소설의 인물화 내지 형상화에서 광기, 즉 정신적인 이상 상태에 대한 일종의 가치 인상의 현상이다. 이는 광인의 가치가 전가치화하거나 긍정되는 아이러니의 기능이다. 어쨌거나 문학에 있어서 이러한 광기나 정신이상의 발견 및 확산과 괄목할 만한 관심은 전에 없던 현상이다. 분명 이는 일종의 '광기의 낭만화Romantisierung der Wahnsinn'[4] 현상이며 광인 보기의 한 징후임이 분명하다.

염상섭의 「표본실의 청개구리」(1921)를 위시해 김동인의 「광화사」 「광염소나타」, 현진건의 「사립정신병원장」(1926), 백신애의 「광인 일기」(1938) 등은 모두 이 시대의 광기가 재현되고 있는 작품들이다. 그 밖에도 최서해, 이익상, 주요섭, 나도향 등의 일련의 작품에서 나타나는 분노의 현상학 속에서의 일시적인 광란 행위의 양상은 사회적 희생자로서 앙분한 분노와 반항의 정신 상태 등과 관련됨으로써, 광기나 환각증과 같은 정신이상 상태로 이어지는 것이 분명하다. 이들은 모두 한국 현대소설에 있어서 광기를 문학적으로 재현하는 초기 단계를 대표하는 현상이다.

물론 릴리언 페더나 지올코우스키 같은 논자가 지적하듯이, 서

---

4 Thomas Anz, 앞의 책, p. 142.

구 문학에서도 광기나 이상성에의 강박 현상이 당대 문학에서만 나타나는 것은 아니다. 이전의 신화와 전설, 성경 등에서도 나타나기 때문이다. 그러나 고대에는 광기가 주로 치유되거나 이해되는 정신적 착란으로서가 아니라, 병적 고통이나 신성의 영향 및 질병 단위로서 주로 인지되었다는 것이다. 미셸 푸코는 광기에 대한 근대적 태도가 비롯된 것은 비세트르Bicêtre의 재감자들이 사슬에서 풀려난 1794년이라고 지적한다. 이는 18세기에 이르러서야 비로소 광기에 대한 새로운 관심이 비롯되었으며, 18세기에 정신병학과 20세기에 정신분석학이 확립되면서 정신병 읽기의 전환점이 이루어졌음을 시사하는 것이다.[5] 이후 광기에 대한 의학적 제 이론들은 문학작품에 반영될 뿐만 아니라, 광기의 비유를 널리 편재화하는 요인이 된다. 그래서 수전 손택은 오늘날 자기 초월이라는 불후의 신화를 전해주는 매개체가 결핵이 아니라 광기라고 지적하는 것이다. 정통적인 동양의 한방 의학에서는 이 정신병을 전광(癲狂) 또는 사귀를 믿는다는 뜻의 사숭(邪崇)이라 일컬었다. 이것은 의학의 영역이 아니라 그 치료법이 무당의 영역에 있음을 뜻하는 것이다.

　1920년대의 한국 현대소설이나 문학적 담론에서 초기적으로 제시되는 광기 또는 정신이상성의 테마Wahnsinnthematik는 대략 다음과 같은 3가지 유형의 양상으로 분화·구분되고 있다.

　하나는 광기의 병리적 징후가 병인학에 있어서 사회 심리적 경험과 관련되어 있다는 것이다. 동시에 그 광기의 상태가, 주체를 미치게 하는 세계나 현실로부터 절연시키거나 벗어나게 하는 자유화의 수단이 된다. 그 상태는 리얼리티에 대한 대조이며 현실이나 사회로부터의 분리를 의미한다. 염상섭의「표본실의 청개구리」가 이 경우에 해당한다.

　둘은 광기란 '천재와 광기'가 관련된 것으로, 병과 예술가의 창

---

[5] Theodore Ziolkowski, 앞의 책, pp. 343~44 및 Lillian Feder, 『문학속의 광기』, p. 3, 6 참조.

조성과의 연계[6] 문제인 병리적 천재 또는 질병의 천재화 Krankheitsgenialisierung[7]의 비유인 것이다. 다시 말하자면 광인에 대한 긍정적 평가이다. 이는 문학 장르로서의 예술가소설을 구성하는 한 요인이 되기도 하지만, 예술적 창조는 천재성을 부여하는 질병(광기)과 범죄 또는 '악마적 현현Teufelerscheinung'[8]의 공유 관계에서 산출된다는 예술관과 관련된다. 천재와 악마가 함께 공생한다는 예술관이다. 광기는 병적인 예술가상의 제시나 일탈적인 인물의 제시를 위한 창조의 비유적 이용의 매개이다. 이런 천재성과 범죄성을 함께 지닌 광기의 예술가상의 전형적인 예는 김동인의 「광화사」나 「광염 소나타」 등이 있다. 여기에는 이상성의 예찬과 광인 예찬의 아이러니가 내재한다. 광인의 미학적 생산에 대한 다소 낭만적인 개념이다.

셋은 주로 1920년대의 경향파소설 등에서 자주 제시되는 주인공의 일시적인 광란 상태나 환각 상태 및 이와 관련된 범죄 현상의 비유화이다. 이는 주로 사회적 희생자로서 억압으로 인한 상심 상태나 분노의 정념과 관련된 격정적인 흥분 및 범죄적 항거와 보복을 위한 비유로 작용한다. 분노와 광기는 자기 결단이나 세계 인지를 위한 구성의 원리이기도 하지만, 이성적인 대응의 참을 수 없는 자기 방어의 한계 형식이기도 한 것이다.

그 밖에 이 시대의 문학에서 제시되는 광기는 주로 수사학적으로 아이러니의 기능을 갖는다. 광기의 가치가 부정되는 것이 아니라 오히려 천재(창조)의 표상이나 시대적인 고뇌의 징표로서 긍정되고 있기 때문이다.

내가 어릴 적 고향 춘산(春山)에는 '대나쟁이'라는 '미친갱이(미치광이)' 걸인 광인 하나가 있었다. 그는 내가 평생에 처음 본

---

6 Thomas Anz, 앞의 책, p. 186.
7 Clemens Heselhaus, "Die Metaphorik der Krankheit," *Die Nicht Mehr Schonen Künste*, M. R. Jauß(HG), Wilhelm Fink Verlag, 1968, p. 421.
8 Clemens Heselhaus, 위의 글, p. 421.

광인이다. 6·25 이전 중학생이 되어 대구 거리에서 '금달래'라는 유명한 미친 여자를 몇 번 본 적이 있지만, 원시인 같은 검은 몰골에다가 남성으로서의 중요한 곳도 채 다 가리지 못한 그가 댓가지와 망태기를 메고 마을 어귀에 나타나면 우리는 너무나 무서워 달아나기에 바빴고, 여름날 그가 물가에서 돌을 저글링하면서 '대나, 대나!' 하고 춤을 출 때면 어김없이 덜렁덜렁 드러나는 남성으로서의 치부가 우리를 웃기기도 했다. 그로 인해 우리는 유년의 두려움과 놀이와 놀림의 대상을 함께 향유할 수 있었다. 그는 우리에게는 꿈속에서도 나타나는, 더 무서울 수 없는 '몬스터'인 동시에 즐거운 유희의 대상이기도 하였던 것이다. 아무도 그의 나이와 고향과 가족을 아는 사람이 없었다. 수수께끼 같은 광인인 그는 자기만의 방언으로 우리가 알아들을 수 있는 어떤 말도 하지 않으면서, 때로는 구걸을 하고 때로는 물가 바위 언덕에서 춤을 추면서 우리의 유년을 위한 광인의 연행을 한껏 보여주면서 오랫동안 우리와 함께 지냈다. 그를 붙잡은 광기와 그의 내력과 정체를 전혀 모르면서, 어른들이 소문으로 전해주는 말은, 그가 어느 부잣집 아들인데 산 공부를 작정하고 도 닦기에 정진하다 그만 뜻을 이루지 못하고 미쳐버려서 정처 없이 떠도는 떠돌이가 됐다는 것이다. 그에 관해서 우리가 알고 있는 것은 이것이 전부이다. 6·25의 총질과 폭력이 고향을 휩쓸면서 초토화시키자 그의 자취도 생사도 알 수 없게 되어버리고 말았지만, 고향의 아지랑이 같은 아득한 기억 속에서 그는 잊히지 않고 그리운 초상이 되어 한구석을 차지하고 있다. 심상 속에 살아 있는 그는 나의 꿈에서 때때로 돌춤을 추곤 한다.

우리 현대소설 초기에서 마치 이 대나쟁이를 방불케 하는 광인의 묘사와 관심 그리고 이미지는 어떠하며, 또 이상성으로서의 광기의 테마는 어떠한가. 이런 광기의 문학적 대나쟁이들을 탐색하려는 것이다. 이는 광기와 천재성의 사이를 방황하는 인물의 행위나 시대적 조건의 구조화의 제시로써 구현된다.

한국 현대소설에서 광기에 관한 문학적 담론이 본격적으로 제기된 것이나 광기에 빠져들기는 염상섭의 「표본실의 청개구리」에서 비롯된다. 그 뒤를 잇는 것이 김동인의 작품이다. 여기에서 비로소 한국 문학은 광기의 예찬이나 가치의 전가치화, 병리학적 해부 및 광기의 시학이 비롯되며, 정신적인 이상성에 대한 문학적 측정이 수행되기 시작하여 미친 지식인·교사와 예술가의 출현이 이루어진다.

　문학적 근대성은 의학적 근대성이 어엿한 존재에 이른 때에 탄생[9]했다는 주장이 있다. 1857년 플로베르가 『보바리 부인』이란 근대성의 첫 실증소설을 출간하였으며, 보들레르는 『악의 꽃』의 시편들에서 초월적인 광기에 대한 해시시를 들이마신 찬사를 출간하였다. 이는 근대성의 탐색에 있어서 광기가 긍정적으로 받아들여졌음을 시사한다. 우리의 경우도 이와 다르지 않다.

1. 「표본실의 청개구리」와 광기의 시학

　염상섭의 작품 「표본실의 청개구리」는 초두에 등장하는 개구리 해부의 환영이 암시하고 있듯이, 한 광인에 대한 병원학적 진단과 해부를 시도하고 있는 작품이다. 표본실 안의 박제된 청개구리와 같이 광인의 집 '삼층집'에 사는 광인 김창억에 대한 의학적 상상력을 투영시킨 이 작품은 우리 현대소설 최초의 광인과 광기의 병리적 해부도인 것이다. '남포의 광인'이라 지목되는 김창억이 그 해부 대상으로서, 광기의 징후가 인물 형상화의 중심 수단이 될 만큼 긍정적인 가치 현상을 이루고 있는 데다가 한 시대의 징후 현상과도 연계되어 있다. '우울'(나)과 '광기'(김창억)라는 두 개의 증상을 안과 밖의 액자로 구조화하고, 주인공이 광인이

---

[9] Allen Thiher, *Revels in Madness: Insanity in Medicine and Literature*, The University of Michigan Press, 2004, p. 205.

되어가는 질병 서사illness narrative의 속 이야기를 통해서 한 시대와 개인의 패솔로지pathology를 그리고 있다. 특유한 액자 구조에서 1인칭 서술 형태와 밖에 있는 '나'와 '나'가 만난 3인칭 서술로 된 김창억은 여타의 다른 등장인물들과는 달리 아프거나 건강하지 않은 비정상 상태의 주체들이다. 이 점에서 양자는 분신 관계로 서로 친화 관계를 이루고 있다.

서술자이면서 인물이기도 한 '나'는 서울에 귀성하고 7, 8개월을 지나는 과정에서 심한 권태와 우울증 상태가 지속된다. 규칙적이지 못한 생활과 알코올과 니코틴에 절어든 일상에다가 무엇인가 양분된 신경으로 인해서 과거에 대한 환영적 기억과 악몽에 빠져서 거의 발광 상태에 이르게 된다. 이런 불안과 우울 상태로부터의 탈출이라도 얻게 된 듯, 어느 날 '나'는 친구에 이끌려서 평양으로 가게 된다. 거기서 다시 남포로 이어지는 연장된 여로에서 '나'는 친구들의 인도로 유명한 광인 김창억을 탐방하게 된다. 여로에서의 특별한 사람과의 이 만남은 동시대 김동인의 「배따라기」의 구조가 그러하듯이, '나'로 하여금 그에 대한 맹렬한 호기심과 함께 강한 이끌림을 갖게 만든다.

이런 김창억이란 인물은 삼 원 오십 전에 삼층집(원두막)을 짓고 스스로 동서친목회를 만들어 세계 평화를 떠드는 분열증 과대망상형 광인이다. 그래서 일행 몇 사람들이 대리하듯이 현실적인 경험 세계의 범속한 사람들로부터 그는 홍소, 휜담, 조소나 받게 되고 한낱 웃음거리가 되는 대상이다. 그러나 '나'의 반응은 전혀 다르다. 기상천외한 일탈의 행태를 지닌 사회적 추방자인 이 광인이 비상한 관심의 대상으로 전가치화된다. '나'에게 광인 김창억은 역설적으로 그를 정신적인 이상성의 심연으로 빠뜨리게 한 시대 상황의 압박이나 고통을 함축하고 있는 존재로서 받아들여진다. 이른바 어두운 시대고(時代苦)의 고뇌를 응축하고 있는 대상으로서 그리고 욕구의 대리적 구현자라는 상징적 대상으로서 이해되는 것이다.

현대의 모든 병적 다크사이드를 기름 가마에 몰아넣고 전축(煎縮)하여 최후의 가마 밑에 졸아붙은, 오뇌의 환약이 바지락바지락 타는 것 같기도 하고, 우리의 욕구를 홀로 구현한 승리와 같기도 하야 보입디다.

이것이 '나'의 반응이다. 은유의 수사학에 의해서 전축된 '오뇌의 환약'이자 '욕구의 승리자'라는 이중의 가치로서 대상화되는 것이다. 이것은 질환으로서의 광기가 바보스러움이 아닌 오히려 아주 당당한 형상이나 고뇌의 결정체로서 가치의 전가치화(轉價値化)로 받아들여지고 있음을 뜻하는 것이다.

그러기 때문에 3인칭의 전지적·주권적 서술 상황에 의해서 서술되는 내부 이야기의 내용은 김창억전(傳)에 해당하는 일대기의 형식이거나 정신병력지psychopathography로서 상감되어진 것이다. 이 일대기에 의하면 그가 광인이 될 수밖에 없었던 몇 가지 중요한 이유가 제시되어 있다. 그중 가장 중요한 요인이 되는 것이 본문 가운데 '불의의 사건'으로 명시되지 않은 사건과 연계된 4개월 간의 감옥 생활이라는 수수께끼 같은 암시이다. 이 '불의의 사건'이란 수수께끼는 작품 내재적 현실성 내지 서사텍스트 구조 자체로서는 해석이 불가능할 뿐 아니라 서사 전개의 체계적인 유기성도 없다. 이 수수께끼는 작품 내재성의 영역을 넘어서 작품 초월적 현실성이라는 작가의 개인적 경험 영역과 연계됨으로써 그 풀이가 가능해진다. 즉 3·1 운동과 관련된 작가 자신의 실재적 투옥의 경험이 투사된 자전적 반사 내지 이중적 자아 반사 현상이다. 이러한 이른바 흐리기어법 내지 불투명성의 수사학은 작가로서의 능력 문제라기보다는 통제된 식민지 시대의 자유롭지 못한 상황 아래에서 정면으로 사실을 다루지 못하는 제약에서 연유하며, 동시에 경험적인 자아의 서술이기도 하다.

다른 또 하나의 요인은 개인과 가족적 요인이다. 거듭되는 죽음과 배신과 갈등에 의한 심리적인 억압 현상이 김창억으로 하여금 정신병의 망상형 상태로 내몰리게 한 것이다. 릴리언 페더는 그의 책 『문학 속의 광기』(1986)에서 "신화와 문학의 주제로서의 광기는 항상 정치적·사회적·문화적 압력을 포함하는 환경적 영향에 대한 개인적 반응을 다루어왔다"[10]고 전제한다. 광인도 다른 사람처럼 홀로 존재하는 것이 아니라 그와 연계되어 있는 것들을 반영하고 영향을 받는 것이다. 내부 액자에서 제시되듯이 김창억의 광기 역시 단순히 개인적인 것에서 연유하기보다는 그가 살고 있는 사회나 시대는 물론이고 가족 관계와도 밀접하게 연관되어 있다. 방탕한 아버지와 일찍 타계한 어머니, 초혼한 아내의 죽음, 투옥과 배신, 아내의 부정한 탈가, 장소 부재placelessness로서의 집의 상실과 부재 등이 이중 삼중으로 작용하면서 김창억은 정신적인 병으로서의 광기에 빠져든 것이다. 그리하여 김창억은 그를 불행하게 한 현실을 잊고 현실 초탈적인 자유민의 망상 세계에 안주하게 된 것이다. 이와 같은 광인 예찬론은 광기나 미친 예술가의 개념을 창조의 본성 및 정신적인 건강으로 간주한 니체의 주장이나 관념이 이 시기의 문학에서 적지 않은 영향을 미치고 있는 증좌인 것이다.

한편, 광인 김창억이 지었다 불살라버리는 '삼층집'은 매우 의미 있는 비유적 공간이다.

…… 삼 원 오십 전으로 삼층집을 짓고, 유유자적하는 실신자(失神者)를— 아니오, 아니오, 자유민을 눈앞에 놓고 볼 제, 나는 놀라지 않을 수가 없었소.

광인이 삼 원 오십 전으로 원두막처럼 얽은 '삼층집'은 정상적인 사람들에게는 한갓 웃음거리의 건물이다. 그러나 광인에게 동

---

[10] Lillian Feder, 앞의 책, xi.

정적인 증인인 서술자에게는 실신자가 아닌 자유민으로서의 광인이 유유자적하는 자유와 안주의 공간으로 지각되고 있다. 왜 그러한가? 그것은 이 초라하기 그지없는 건축이 광인 김창억에게 있어서는 현실적으로 잃어버린 집에 대응되는 자유롭고 안락한 공간으로서의 의미를 갖고 있기 때문이다. 현실적인 주거 공간의 박탈이 광인으로 하여금 유유자적할 수 있는 집을 만들게 한 것이다. 현실적인 집이 내포하는 갈등의 현주소와는 달리 광인의 이 삼층집은 '동서친목회'라는 지적이 암시하고 있듯이, 자유와 화해와 친화의 공간이다. 사회적 현실과는 격절된 자유민으로서의 광인의 집이다. 이런 삼층집이 불빛 밝은 '유곽'과 대비되어 있는 것 또한 참으로 아이러니한 분위기를 만들고 있다.

이렇듯, 현대문학 최초의 정신병 읽기 텍스트인 「표본실의 청개구리」는 약간은 '과학적'인 배려로 광인 내지 광기의 현대적 초상을 제시하고 있는 점에서 의미 있는 작품이다. 이는 참담하고 우울한 시대적인 고뇌의 표상이면서 현실을 벗어나려는 초탈적인 욕망의 비유로서의 성격을 아울러 지닌다. 그러나 이 작품은 구조적 짜임새에 있어서의 산만성, 소설 언어의 관념어 남용 등과 같은 약점이 적지 않음도 사실이다. 이 밖에도 염상섭은 유종(乳腫: 유방암, 「만세전」), 늑막염(「너희들은 무엇을 얻었느냐」) 등에 대한 관심을 보임으로써 질병의 상상력을 드러내기도 한다.

2. 김동인의 광기 애호의 미학

「광염 소나타」(1929)와 「광화사」(1935)에서 보는 것처럼, 김동인은 동시대의 어느 작가보다도 광기에 대한 관심이 강렬한 작가이다. 정신적인 병리 현상인 광기와 예술과의 친화성과 공생을 중시하면서 작곡가, 화가 등 미친 예술가상을 제시하고, 예술과 병과의 창조성의 연계[11] 내지 광기의 미학화를 강조한 작가인 것이다. 이른바 병의 천재화Krankheitsgenialisierung라는 예술관을 문학적 기반으로서 견지하고 있다. 이들 작품에 등장하는 백성수나 솔거는 모두 정신적인 질환(이상)이나 천재적 재능과 열정을 지닌, 가치가 인상되거나 전가치화된 광인 예술가들이다. 그리고 이들은 질병의 천재화와 더불어 새로운 예술의 구성 경험이나 영감을 얻기 위해서 악마의 수태Dämonische Empfängnis, 즉 악마적 현현[12]으로서의 범죄성을 드러내기도 한다. 이는 토마스 만이 '예술가는 범죄자와 광인의 형제'라고 지적한 것과 상통하는 현상이다. 김동인은 이들 두 작품에서 광인의 랩소디와 광인의 그림을 제시한다.

「광염소나타」는 작곡을 위한 영감을 얻기 위해서 반복적으로 범죄를 행하는 음악가의 이야기이다. 광기의 예술적 창조성과 범죄성이 함께 공생하고 병렬되어 있는 구조이다. 천재적 재능과 광포한 야성을 겸비한 작곡가 백성수는 한 곡 한 곡 작곡을 완성할 때마다 방화, 사체 모독, 시간(屍姦), 살인 등 악마적인 소행과 온갖 범행을 서슴없이 저지른다. 이런 일련의 끔찍한 범행을 저지르는 데에서 영감을 받아 마침내 몇 편의 작곡을 완성하는 것이다. 그러니까 예술가(음악가)이면서 동시에 범죄자인 백성수의 광기는 천재적 창조성의 핵이면서 동시에 반사회적인 범죄의 요인이기도 한 것이다.

이러한 「광염 소나타」의 이야기는 예술의 창조 또는 창조성은 예술가의 정신적인 상태나 개성에서 연유한다는 관념에 근거하고 있다. '창조적이고 천재성을 부여하는 병'으로서의 광기의 미학을 고양시키는 이런 현상은 미(美)에 대한 광포한 동경이나 '선도 미인 동시에 악도 미'라고 주장한 바 있는 김동인 자신의 독특한 탐미적 예술관과도 일치한다. 그것은 곧 광기가 창조적 천재성을 고무한다는 사실을 구현하는 것이다.

---

11 Thomas Anz, 앞의 책, p. 185.
12 Clemens Heselhaus, 앞의 글, p. 429.

따라서 이 작품은 처음부터 윤리(사회 교화자)/미학(음악평론가)을 대비하는 가운데, 병리적인 천재성(창조성)에 대한 변호와 비판이라는 양면적이고 대조적인 구조로 포치된다. 윤리의 관점에서 보면 백성수는 범죄자에 불과하다. 그러나 미학의 관점에서 보면 창조자가 된다. 작가의 퍼스펙티브는 물론 이 양가 가운데서 악마적 수태 현상으로서의 범죄보다는 병의 천재화 또는 천재를 부여하는 병을 긍정하고 옹호하는 입장이다. 광기와 예술과의 친화성이란 주제마는 김동인의 심미적 악마주의의 예술관[13]의 핵심이며 기반이다. 천재의 이상성을 다룬 「광염 소나타」는 문학과 음악과의 관계 및 서사 구성과 소나티네 악식(樂式)간의 상호성에 대한 고구를 요하기도 한다.

「광화사」 역시 제목대로 미친 화가의 이야기이다. 정신이상을 지닌 화가로서의 예술가상이 제시된 작품이다.

> 수일 후부터 한양 성내에는 괴상한 여인의 화상을 들고 음울한 얼굴로 돌아다니는 늙은 광인(狂人) 하나가 생겼다. 그의 내력을 아는 사람이 없었고 그의 근본을 아는 사람이 없었다.

후일담 같은 결말의 한 부분이다. '광인'이란 사람이 후미에서 초점에 맞추어진 이 구성법은 동일 작가의 「배따라기」의 경우라면 도입 액자에 해당될 부분인데, '괴상한 여인의 화상'인 그림과 이를 그린 광인 화가가 연계되어 있다. 이단적인 화도를 지향하면서 죽은 어머니에 대한 강한 모성 고착증을 지닌 추남 화가 솔거는 기억과 의식 속에 미화된 망모의 미인도를 완성하려고 열망한다. 그는 오랜 탐색 끝에 마침내 모델이 된 소경 처녀를 발견하고 집으로 데려오게 된다. 이들은 환상적인 미를 꿈꾸고 갈망하는 내면성에서 서로 일치한다. 그러나 미인도 완성의 직전 전야,

---

[13] 이재선, 『현대소설의 서사시학』, 학연사, 2002 참조.

화가는 소경 처녀에 대한 에로스의 격정 때문에 그 처녀를 애욕의 대상으로 삼아버린다. 이튿날 아침, 그녀에게서 전에 없이 애욕의 눈을 가진 변모한 여인을 발견하는 순간, 솔거는 그만 난폭한 광인이 되어서 여인을 죽이고 만다. 이 살인의 소동이 벌어지는 순간에 뒤집어진 벼루에서 튄 먹물 방울이 미완성이었던 망모의 미인도의 눈에 기묘하게 동자를 찍음으로써 의외의 그림이 완성된다. 어쩌면 즉흥적인 행위예술을 연상시키는 장면이다. 여기서 중요한 것은 광기와 살인 행위의 범죄가 병렬되면서 그림을 완성한다는 점이다. 그리고 고사성어인 '화룡점정(畵龍點睛)'——용을 그린 뒤 마지막으로 눈동자를 그려 넣었더니 그 용이 홀연히 구름을 타고 하늘로 날아올라갔다는 고사——의 용 그리기에서의 점 찍는 듯한 완성이 절묘한 우연에 의해서 이루어진다는 사실이다. 그러니까 패러디성을 지닌 이 미인도의 완성은 정확히 천재성, 광기, 기적적인 우연의 소산이라고 할 수 있다. 살인 범죄가 결과적으로 '괴상한' 예술작품을 탄생시키기 때문이다.

그렇다면 주인공인 화가 솔거는 어떤 인물인가. 신라의 화가인 솔거와 동일하게 이름 붙여진 그는 추남이다. 추남이기 때문에 야행성 행동을 주로 하고 두 번의 결혼 생활에 실패하여 강한 여성 기피증misogyny에 빠진 인물이며, 부성 원리인 스승의 전통 화론에 반발하는 광기의 천재성을 소유한 인물이다. 그리고 놀라운 격정을 지닌 성격의 인물이기도 하다. 이런 야행성과 여성 기피증, 격정의 천재 화가는 미적 구현의 원천 대상으로 보아온 소경이 밤사이에 변모하자 범죄자가 되어버린다. 이 범죄의 요인은 소경에게서 미의 갈망이 아니라 애욕의 갈망을 보았기 때문이다. 두 사람의 갈망의 대상에 대한 분열된 영혼의 결과나 이질화의 결과인 것이다.

여기서 간과할 수 없는 것은 예술의 가치가 삶의 가치에 우선한다는 점이다. 예술을 위해서는 사람을 죽일 수도 있으며 결과적으로 예술의 창작 과정에다 광기를 개입시키고 있는 광기 애호의 지향성이다. 광기로 인한 살인 행위가 '괴상한 여인의 화상'이란 미인도를 완성시키고 있다. 병적인 천재성과 범죄의 공생으로 완성된 것이다. 이처럼 김동인에 있어서 예술가의 초상은 광기의 천재성과 사회의 도덕적 관습을 일탈하는 범죄의 병렬화에 의해서 이루어지고 있다. 따라서 광기는 창조성의 비유인 것이다. 그리고 예술이란 미학적 전통의 표준을 깨면서 이상한 천재적 자아의 분출 현상이라는 예술관을 내포한다. 이런 양식의 소설은 김동리의 「무녀도」와 이문열의 「금시조」로 이어진다.

한편 1920년대의 최학송, 이익상 및 현진건 등 일련의 경향소설 등에서 제시되는 정신착란적 발광 상태의 광기는 범죄와 병렬되는 양상이 뚜렷하다. 사회적인 희생자로서 억제된 분노와 항거를 범죄 행위로써 대응케 하는 것은 정신적 일탈 상태의 일시적 광기에 의해서 이루어진다. 자신을 내모는 사회적 규범, 제도, 억압으로부터 벗어나게 하는 일시적인 정신 상태인 것이다. 그리고 여기의 광인들은 희생자, 보복자로서의 기능적 자질을 갖고 있다. 이와 연관되어서 또 하나 주목하게 되는 것은 광기의 내면화 현상인데, 광기가 내면적인 자아를 드러내는 역할을 한다는 점이다. 나도향의 「벙어리 삼룡이」 등에서 나타나는 광기의 낭만적인 검증이 그것이다. 광기는 분명 낭만주의의 하나의 테마인 것이다. 그 밖에도 광기의 주제는 백신애의 「광인일기」(1938)에서도 제시된다.

이미 앞에서도 지적하였듯이, 전단계적인 현상으로서 신소설 「혈의 누」나 「은세계」 등에서 정신적 이상 상태가 부분적으로 제시되었던 것이다. 청일전쟁과 같은 전쟁이나 학정으로 인해서 여인들이 가족과 유리되거나 잃어버리게 됨으로써 외상을 입거나 traumatized 일시적으로 미친 상태 또는 이상 상태가 되어버리는 경우이다. 신소설에 나타나는 여성적 정신이상female insanity 현상이다. 이는 여성성과 광기의 연관성에 대한 여성학적, 심리학적 고구의 문제를 제기한다.

그러나 1920년대의 문학에 있어서의 광기나 광기의 주제는 시대적 불안의 투영인 염상섭의 광기의 시학, 예술적 생산으로서의 김동인의 광기의 미학 외에 정신의학적인 분석이나 이해의 측면에 있어서는 한계를 지니고 있다. 그것은 이 시대 소설에서 제시되는 광기 개념이 지극히 단순하다는 점이다.

끝으로 지적하고자 하는 것은 비록 광기의 현상이나 상태까지는 아닐지라도, 1920년대 소설의 차원에서 결코 간과해버릴 수 없는 현저히 중요한 특징은 심리적 또는 정신적 이상성에 대한 병리학적 관심의 가치 인상 내지 증대 현상이다. 의학적 병리학적 상상력의 편재 현상이다. 이광수, 염상섭, 김동인, 나도향, 현진건 등의 일련의 작품들, 「혈서」「표본실의 청개구리」「옛날의 꿈은 창백하더이다」「환희」「약한 자의 슬픔」「사립정신병원장」등과 박영희의 「이중병자」(1924), 이동원의 「염인병환자」(1925) 등에서 제시되고 있는 정신병, 염인증(이인증), 불면증, 앙분된 정서, 히스테리, 신경쇠약·절망감, 허무감, 분노, 우울증, 죽음에의 충동, 격정 등과 같은 정서적·정신적 이상성이나 병리학에 대한 문학적 담론화가 이 시대의 한 성격으로서 두드러지게 편재화되어 있는 것이다. 이들 이상성의 상태는 단순한 개인의 심리적 이상 현상으로서가 아니라, 비록 소박한 것이긴 하지만, 식민지 시대의 병과 연관된 사회적·문화적 병리학으로서의 의미를 함축하고 있다. 그리고 내면적 공포를 투사하고 의식이나 정신적 재현에 의한 시대적 조건을 내면화하는 의의를 지닌다. 이 점은 미학과 사회학적 관점의 근거 위에서 병리학적 소설비평으로서의 주제비평의 대상이 되기에 충분한 현상이다.

제4장

결핵의 은유론: 하얀 병과 하얀 죽음
──「두견성」에서 「까마귀」까지

    수전 손택이 그의 『은유로서의 질병』(1978)에서 19~20세기의 '은유로서의 질병'의 중심 대상으로 삼은 것이 결핵이다. 바로 이 결핵이 우리 근대문학에서 미학적 관심의 대상으로 처음 자리하게 된 것은 1920년 전후이다. '결핵'이란 이름의 질병이 최초로 등장하는 작품은 번안 신소설 「두견성」과 나도향의 「환희」(1923)이다. 이를 잇는 것이 염상섭의 「너희들은 무엇을 얻었느냐」(1923~24)와 이태준의 「까마귀」(1930)이다. 이들은 세균 사냥꾼인 로베르트 코흐 Robert Koch(1843~1910)에 의해서 결핵균이 발견(1882)된 지 약 20~30년의 시간적 거리를 두고 있는 시기의 작품들이다. 이를 출발점으로 하면서 결핵은 이후 한국 근대문학과의 관련성을 강화하면서 문학적 이미지로 편재되는 것이다.

    이렇게 결핵이 문학적인 관심의 대상이 된 것은 현실적으로 결핵에의 두려움이 그만큼 컸기 때문이다. 아직도 적극적인 치료의 요법이 개발되지 않은 상태에서 인체에 전염하여 생명을 소진, 파괴시키며 치유도 힘든 결핵은 삶을 도둑질해가는 무섭고 교활하고 무자비한 질병으로 받아들여졌고 실제로 많은 젊은이들의 목숨을 앗아간 것이다. 제2차 세계대전이 끝난 이후 결핵을 퇴치할 수 있는 스트렙토마이신(1943), 파라아미노살리실산(파스지드, 1946)이나 이소니아지드(1952) 등의 약물과 치료에 의해서 결핵의 위험성은 현격하게 감소된 것이 현실이다.

    그런데 이 결핵은 특히 천재적인 예술가들의 삶과 관련됨으로써 질병의 미화 현상, 즉 결핵의 미적 양상이 진작 강화되었던 것이다. 이것이 폐결핵을 본질적으로 로맨틱한 것으로 미화하는 19세기의 풍습을 부추기는 역할을 했던 것이다. 우리 문학과 예술에 있어서도 이른바 '결핵계 문학'이라 하여 이와 같은 결핵의 징후들이 나타나고 있다.

헨리 지거리스트Henry F. Sigerist는 그의 『문명과 질병 Civilization and Disease』(1942)의 「질병과 문학」 장에서 결핵과 낭만주의 문학을 관련지어 다음과 같이 지적한다.

> 낭만주의 작가가 중세 시대가 아닌 당대의 소재를 이용해서 작품을 쓰고자 할 때에는 결핵이나 위황병(萎黃病)과 같이 쇠약하게 만드는 질병들을 선호했다. 〔……〕 이 질병에 걸린 사람은 시인의 마음을 끌어당기는 창백한 표정의 연약한 여성이었다.
>
> 결핵은 사회 계층을 가리지 않고 발생했으며 낭만주의 작가들 중에도 결핵에 걸린 경우가 많았다. 당시 결핵은 서서히 발병하는 유전성 질병으로, 결핵 환자는 삶 그리고 섹스에 대한 애착이 강한 모습으로 그려졌다. 그러나 결핵 환자는 필연적으로 비극적 운명을 맞았다.[1]

그리고 프레더릭 F. 카트라이트와 마이클 비디스는 『질병과 역사 Disease and History』(1972/2000)에서 결핵으로 죽은 낭만주의 시인 존 키츠의 삶과 결핵을 연결하여 다음과 같이 지적하기도 한다.

> 그의 이야기는 결핵이 가족 내에서 전염되기 쉬운 질병이라는 특성을 지녔다는 점을 강조해줄 뿐만 아니라 폐결핵을 본질적으로 로맨틱한 병으로 미화하는 19세기 풍습을 부추기는 역할을 했다는

---

1 헨리 지거리스트, 이희원 옮김, 『질병은 문명을 만든다』, 몸과마음, 2005, pp. 278~79.

점에서 한층 더 적절한 예가 될 것이다. 소설과 오페라, 그림과 시에서 우리는 안색이 창백한 주인공과 그보다 더 창백한 여주인공을 거듭거듭 만나며 그들의 얼굴은 세월이 흐를수록 점점 더 신비로운 빛을 발산한다. 그러나 그런 상앗빛 아름다움은 사랑의 열병을 통해서뿐만 아니라 역설적이게도 정화하는 기능을 하는 육체적 붕괴의 무자비한 진전을 통해서 그들의 결핵 증세를 드러낸다. 우리는 그런 로맨티시즘에 취해서 베르디의 비올레타나 푸치니의 미미가 겪는 소설적인 운명에 눈물을 흘리기도 했지만, 존 키츠가 생애의 마지막에 겪었던 병의 무자비한 현실과 직면했을 때 좀더 깊은 감동을 받게 될 것이다.²

이렇듯 소모로서의 결핵은 창백하거나 하얀 얼굴로서의 몸의 수사학으로 제시되는 것이다.

그렇다면, 한국 현대소설에 있어서 결핵에 대한 문학적 반응 및 이미지와 은유적 성격은 어떤 것일까. 우리 현대소설에 있어서의 하얀 병, 하얀 죽음으로서의 결핵의 은유론을 살펴보고자 하는 것이 이 글의 주안점이다.

1. 결핵의 문학적 침입:「불여귀(不如歸)」와「두견성(杜鵑聲)」

선우일(鮮于日)의 신소설「두견성」은 일본의 도쿠도미 로카(德富蘆花, 1868~1927)의「불여귀(不如歸)」(호도도기스, 1897~1899)의 중개적인 번안소설이다. 어댑테이션, 즉 각색과 개작의 의미를 지닌 번안이란 변칙적인 번역 행위를 뜻하는 것이다. 외부의 텍스트가 대상 문화의 이념과 문학적 표준에 맞게 하기 위해

---

2 Ferederick F. Cartwright, Michael Biddiss, Disease and History(1972/2000), 김훈 옮김,『질병의 역사』, 가람기획, 2004, pp. 266~67.

다시 씌어지는 것이다. 모두 상중하 3편과 62장절로 된 원작의 서사 구성과 서사 분절이 그대로 번안작의 장절이 되고 문장의 많은 부분들이 원작을 그대로 번역하기도 하고, 인명·지명(장소), 그 밖에 원작을 변형하는 문장 등 혼성적 형식으로 이루어져 있다. 원작인 「불여귀」에 대해서 도널드 킨Donald Keene은 '일본 메이지시기에 여성이 받았던 불공평한 대우를 중심 주제'³로 한 여인 애화의 멜로드라마적 작품으로 지적한다. 선인군(群)과 악인군의 이원적인 배치가 뚜렷하고 전쟁과 사랑이 제시되고 있기도 하다. 한편 『일본 근대문학의 기원』(1990)을 쓴 가라타니 고진(柄谷行人)은 「병이라는 의미」 장에서 이 작품에 대해 다음과 같이 평가하고 있다.

도쿠도 미로카의 「불여귀」는 결핵으로 죽어가는 나미코를 여주 인공으로 등장시키고 있다. 나미코는 자신의 어머니를 역시 결핵으로 잃었고, 성격이 드센 계모의 구박 속에 자란다. 그 점에서 이 소설은 예전부터 전해오는 '의붓자식 괴롭히기' 이야기 패턴을 답습하고 있다. 〔……〕

하지만 주목해야 할 것은 나미코를 죽게 만든 것이 계모나 시어머니 또는 그 밖의 악역들이 아니라 결핵이라는 점이다. 남편 다케오가 그녀에게 가까이 가기 어렵게 만드는 것은 결핵이다. 인간과 인간 사이의 갈등 '내면'이 그녀를 고독하게 만드는 것이 아니다. 말하자면 눈에 보이지 않는 결핵균이 그녀와 세계 사이에 거리를 만들어낸 것이다. 이 작품에서 결핵은 일종의 메타포이다. 그리고 이 작품의 주안점은 나미코가 결핵에 의해 아름답게 쇠약해져가는 데 있다.⁴

---

3 Donald Keene, *Dawn to the West: Japanese Literature of Modern Era*(Fiction), Holt Rinehart and Winstan, 1994, p. 228.
4 가라타니 고진, 박유하 옮김, 『일본 근대문학의 기원』, 민음사, 1997, p. 134.

가라타니 고진의 이 같은 지적은 「불여귀」가 바로 일본 문학과 결핵을 연계한 최초의 작품, 즉 결핵을 메타포로 만든 출발임을 시사하고 있다.

바로 이 작품과 비교문학적인 트랜스내셔널한 문학 채널 관계에 있는 우리 작품이 「두견성」이다. 번역·번안에 있어서 「불여귀」의 타깃 텍스트target text인 이 작품 역시 여주인공 왕혜경이 시어머니의 학대와 구박을 겪는 가운데 결핵으로 죽어가는 이야기이다. 비록 창작이 아니고 번안작이긴 하지만 결핵이 우리 문학 작품에 처음 등장하는 것이다. 즉 「불여귀」의 주인공 나미코(浪子)와 마찬가지로 왕혜경 역시 결핵에 의해서 아름답게 쇠약해지면서 죽어가는 것이다. 물론 병으로는 콜레라(호열자)도 등장하고 있지만, 주된 병은 혜경이 앓고 있는 폐결핵이다. 그래서 결핵균이라는 외부의 전염성 박테리아가 건강한 몸속으로 침범하듯이, 우리 문학 속에 결핵이 침범자로서 침범해 들어온 최초의 현상이다. 이로써 결핵이 우리 문학에서 처음으로 이른바 '침범의 은유metaphor of invasion'[5]를 이루고 있는 것이다. 이렇게 결핵 은유가 동일한 한 작품의 원작과 번안이라는 밀접한 관계에서 이루어지는 것은 20세기 초의 한일 양국의 문화와 문학 간의 관계 교차와 상호 침투성의 채널 문제를 보여주는 미묘한 현상이다. 원작이든 번안작이든 두 작품은 모두, 로베르트 코흐(1843~1910)가 결핵균을 발견(1882)하였으나 스트렙토마이신(1943)이나 파라아미노살리실산(1946), 이소니아지드(1952)와 같은 효율적인 결핵 치료약이 개발되기 이전의 작품들이다.

결핵은 결핵균의 침입에 의해서 생기게 되는 폐의 질환이다. 우리나라에서 서양 의학에 근거한 근대적 개념으로서 결핵이라는 병명이 사용된 것은 19세기 말 서양인들과 일본인들에 의해서 서양에서 발전된 과학적 신문화가 도입되어서 서양 의학이 소개된

---

[5] Laura Otis, *Membranes: Metaphors of Invasion in Nineteenth Century Literature, Science and Politics*, The Johns Hopkins UP, 1999.

후부터이다. 이전의 『향약집성방』이나 『동의보감』 등 전통 한의학에서나 중국 의서에서는 로노채(癆瘵), 노점(癆漸), 또는 허로(虛勞), 노수(勞嗽), 부족증(不足症)이라 일컬어졌으며, 전염하여 멸문을 가져오는 악성 질환으로 알려졌던 병이다.[6] 1939년 조선일보 출판부가 간행한 총 928쪽의 『조선가정의학전서』 소재 의학박사 장경(張慶)의 「폐결핵과 그 요법」에서 제시되고 있듯이, 1930년대만 하여도 결핵의 치료는 겨우 안정 · 대기 · 영양요법 정도이고 인공기흉법이나 보조적 약물요법이 고작이며 그 약물은 단지 보조요법에 불과하며 아직도 적확한 약은 발견되지 못하였다[7]고 지적되는 여건이었던 것이다. 결핵은 사형선고 같은 불치의 병이었으며 결핵에 대한 공포는 대단하였던 것이다.

소모증이라 불리는 결핵은 실제로 혼잡한 도시의 빈민들에게 최악의 피해를 입히고 주로 햇볕과 신선한 공기가 없이 살아가는 청소년, 영양결핍자, 과로자 등을 희생자로 삼는 무서운 병이다. 그러나 은유화된 결핵은 이와는 달리 가치 인상이 이루어지게 된다. 수전 손택의 『은유로서의 병』에 의하면, 서구에서 18세기 중엽까지 결핵은 이미 낭만적인 연상을 획득한 상태였으며 결핵에 걸린다는 것이 세계를 낭만적으로 보는 관념으로 편재되었다[8]고 지적한다. 그래서 결핵이란 질병은 낭만화되고 불운한 천재의 전유물이 되었던 것이다. 폐결핵의 문학적 제시는 18세기 중반 및 19세기 이후 서구 문학에서는 널리 확산된 현상이다. 『질병과 소설: 1880~1960』을 쓴 제프리 메이어스도 역시 19세기 초 서구의 작가들은 특별한 질병인 결핵을 창조성(창조력)과 결합해왔다[9]고 지적한다. 질병에 대한 이 같은 낭만적인 태도나 이론 속에서

---

6 三木榮, 『朝鮮醫學史及疾病史』, 1962. 「질병사」 3장 1절 「폐결핵」 pp. 86~87 참조.
7 『조선가정의학전서』, 조선일보출판부, 1939. 의학박사 이갑수가 교열한 이 책은 조선 의학계 권위 150여 명의 의사들에 의해 집필된 방대한 책이다. pp. 167~74.
8 Susan Sontag, *Illness and metaphor and AIDS and its Metaphors*, Anchor Books, 1979/1990, p. 26, 32, 69.
9 Jeffrey Meyers, *Disease and Novel*, 1880~1960, St. Martins's Press, 1985, p. 4.

결핵은 흔히 특별함, 소모적인 열정, 천재, 아름다움, 세련성 등의 징표가 되어온 것이다. 토마스 만의 『마의 산』에서처럼 생의 세련성으로서의 징표이기도 했다. 최근의 로라 오티스의 콜로니얼리즘의 관점에 의하면, 결핵, 성병 등 질병은 침범의 은유이기도 한 것이다.

질병을 둘러싼 이와 같은 은유의 전성기에 획기적인 전기가 된 것은, 피르호Rudolf Virehow(1821~1902)가 세포이론을 창안한 1850년부터 '세균 사냥꾼' 루이 파스퇴르Louis Pasteur(1822~95) 및 코흐Robert Koch(1843~1910)[10]가 결핵균을 발견한 1882년 사이의 일이다. 이런 발견으로 인해서 질병의 원인이 신체 내부가 아닌 외부에 있다는 인식을 갖게 한 것이다. 결핵 치료사에 있어서 코흐는 결핵균을 발견하였으며 '투베르클린' 치료(1890)를 시도했으나 실패했고, 1906년 칼메트와 게렝이 BCG 백신을 보급함으로써 결핵의 발생이 줄어들었으며 왁스먼이 스트렙토마이신을 발견(1926)하여 비로소 퇴치가 가능하게 되었다.

그러나 우리나라 소설사에서는 질병사나 비유사에 있어서 번안소설인 「두견성」 이전에는 결핵의 등장을 거의 찾아보기가 어려운 형편이다. 결핵이 소설에서 처음으로 나타나는 것은 「불여귀」를 번안하거나 국산화한 두 작품 「두견성」과 「유화우(榴花雨)」이다. 이들 상호간의 대비를 통해서 동시대 한일 간의 문화적·문학적 콘택트 존contact zone의 문제를 살펴보는 것도 흥미 있을 것으로 믿어진다.

동시대의 여타의 신소설 작품들이 공통적으로 지닌 문명개화적이고 교훈적인 정론성과는 달리 「두견성」은 그 구성이 대중 지향

---

10 코흐가 우리나라에 소개되기 시작한 것은 1930년대 전후이다. 1937년 4월 『조광』지에서 코흐의 업적이 간단히 소개되었으며 1938년 우리나라 최초의 시나토리움인 해주 구세요양원에서 간행한 결핵 예방과 요양을 위한 월간잡지 『요양촌』 16집(1940년)은 「결핵균 발견과 로베르트 코흐 박사 특집」으로 간행된다. 여기에는 코흐의 약력, 코흐를 주인공으로 한 영화 Emil Jannings als Robert Koch: Der Dekampfer des Todes의 내용이 소개될 뿐 아니라 『로베르트 코흐 박사전』이란 전기소설이 게재되어 있다.

의 멜로드라마적인 정감소설이다. 서술된 이야기 전체가 잔약하게 태어난 주인공 왕혜경이 시어머니의 구박을 받는 가운데 결핵에 걸리고, 그 때문에 남편 이붕남과의 이연(離緣), 즉 관계가 끊어진 가련한 상태로 죽어가는 짧은 삶의 과정을 그린 것이다. 이 작품에서 결핵이 제시되거나 묘사된 직접적인 대목을 추려서 예시해보면 다음과 같다.

(1) 의원이 와서 볼 적마다 분명히 말을 아니 할지라도 증세가 현저히 침중하여진 것을 보고 여러 가지 약을 쓸지라도 다시 효험이 없어 날마다 골수로 들어가는 혜경의 병증은 삼월 초생부터 확실한 폐병의 증세로 들어가더라…… 시어머니도 현재 눈앞에서 혜경의 혈담 배앝는 것이 한두 번이 아닌 것을 보고는 마음이 놀라울 뿐 아니라 전염된다는 말이 더욱 두려워서 의원이 권하신 대로 상당한 간호부를 안동하여 혜경을 강화 영종도에 있는 왕부장의 별장으로 보냈더라.

(2) 이애 나의 말을 좀 들거라. 혜경이가 아직은 좀 나았는지 모르겠다마는 내가 의원에게 들으니까 그 병은 한때에 좀 나았다가 또 복발하고 추운 때와 더운 때는 번번 복발할 뿐 아니라 폐병이 폐결핵까지 되었다가 다시 쾌복(快復)한 사람은 하나도 없다고 의원이 그렇게 말하드라더라…… 이다음에 또 복발할 것이 정녕하고…… 그동안에 너에게 전염될 것이 정녕하다…… 그러면 혜경이뿐 아니라 이 집 주인이 되는 너 또 너의 아들까지 폐병쟁이가 되어 다 죽어버리면 이 집은 어떻게 되나?

(3) 혜경은 지나간 이월 초생이 이모와 같이 서울을 가서 뜻 아니한 선고를 들은 그 이튿날부터 병세는 더욱 침중하여 정신을 차리지 못하고 가슴을 베어내는 듯한 핏덩어리를 무수히 배앝으니 의원은 아무 말도 아니하고 온 집안은 경황이 없고 자기는 아침저녁

으로 죽기를 기다리는도다.

(4) 이태나 되는 병에 무한히 파리한 몸은 더욱 파리하여 살이란 살은 다 빠지고 뼈라는 뼈는 다 드러나서 외꽃 같은 얼굴 가죽 광대뼈에 걸려 있고 오직 감태 같은 머리만 여전히 번지르르한 것이 베개 위에 흩어 있고 흰옷 입은 간호부가 얼음에 탄 포도주를 때때로 붓 끝에 찍어 혜경의 입술을 적시며…… 방 안은 고요한데 다만 홀연히 급해지고 홀연히 가늘어지는 혜경의 호흡은 소리만 들릴 뿐……

(5) 입술이 잠깐 빙긋하는 듯하더니 순식간에 눈살이 내리덮이며 자는 듯이 숨이 끊어지더라. 무심히 들어오는 달빛은 꽃 같은 얼굴에 비치우고 입술에는 아직도 빙긋하는 행적이 있는 듯하나 그러나 혜경은 이 세상을 영히 하직함이더라.[11]

이에서 보는 것처럼 '폐병' '폐결핵'으로 명명된다. 「두견성」은 흔히 노채로 알려져온 결핵에 관한 명칭의 이 같은 변경에서 시작하여 상당한 정보가 수용되어 있다. (1)은 결핵이 치유 불능의 악성 질환으로 사망률이 높은 병, 기침과 혈담이 생기는 증상의 병, 병균에 의한 침투와 전염의 두려움이 있는 병이며, 격리와 대기요법으로서의 전지요양이 필요하다는 것이 그것이다. 특히 결핵의 전염 문제, 즉 병균에 의해서 한 사람에서 다른 사람으로 병이 옮겨간다는 전염성에의 두려움은 코흐의 결핵균 발견(1882) 등 1880년대의 전염성 박테리아 이론에 대한 지식과 무관한 것이 아니다. 이렇게 문학과 과학의 관계가 상호 반응과 암시 감응의 부합 관계가 된 것은 19세기 문학에서의 결핵과 과학의 세균학적

---

11 이들 문맥들을 원전인 「불여귀」의 문맥과 대조해본 결과 (1)(2)(4)는 일치도가 강하고, (3)은 전혀 다르고 (5)는 비유 상태가 상당히 이질적이다. 德富蘆花, 『明治大正文學全集』 13권, 春陽堂版, 1930 참조.

합동 관계로서 뒷받침된다. 그러나 코흐가 균의 발견으로 결핵 치료의 진전을 예고한 1880년대나 1890년대에도 유럽에서는 수천 명이 결핵과 콜레라로 계속 죽어가고 있었고, 일본이나 조선에서도 사정은 마찬가지로 죽음과 직결된 무서운 병이었던 것이다.

(2)는 혜경의 시어머니가 아들 이봉남에게 혜경의 결핵을 두고서 부부의 이연(이혼)을 요구하는 대화의 한 장면이다. 기본적 관점은 역시 결핵의 침윤, 감염의 전염성과 불치성에 대한 두려움이다. 전염성에의 지식은 환자를 정상적인 관계로부터 배제, 격리시킨다. 자손의 질병으로까지 이어지는 전염—유전적 전이의 불안까지도 작용한다. 결핵을 불치나 멸문의 효과로 받아들이고 있다. 가라타니 고진이 「불여귀」를 두고 지적한 그대로 가와시마 다키오(川島武男)와 나미코(浪子)를 이혼케 하는 것은 결핵 그 자체가 아니라 결핵에 관한 지식이라고 지적[12]하고 있듯이 그 번안의 타깃 텍스트target text(T_t)인 「두견성」의 이봉남과 왕혜경의 이혼에 결정적인 요인이 되는 것도 원전source text(T_s)에서의 경우와 마찬가지로 역시 결핵에 관한 새로운 지식이다. 전염성 있는 외부의 병균이 침투함으로써 몸을 해치게 된다는 1880년대 의사들의 사고가 전파됨으로써, 봉남과 그의 아들로의 전염의 두려움 때문에 왕혜경은 쫓겨난 것이다. 결핵이 곧 이혼의 수단이요 축출의 도구가 되는 것이다.

(3)은 진단과 환자의 두렵고 불안한 심리 상태, 담과 각혈과 같은 병증의 진행 상태에 대한 제시이고, (4)는 결핵의 증상이 환자의 얼굴을 현저히 창백하게 하고, 호흡 곤란을 일으키며 피골이 상접한 상태로 신체를 소모시키며 아름답게 쇠약해지는 상태를 묘사한다. 결핵은 흔히 부족증이며, 소모의 의미를 지니고 있다. 여기서 '파리한 몸은 더욱 파리하여'는 바로 소모의 신체적인 양상이다. 결핵으로 혼절한 바이런은 어느 날 친구인 슬리고에

---

[12] 가라타니 고진, 박유하 옮김, 『일본 근대문학의 기원』, 민음사, 1997, p. 139.

게 '거울 앞에 서보니 나는 창백하다. 폐결핵으로 죽을 것 같다'라고 고백한다. 역시 폐결핵으로 죽은 키츠는 그의 시 「나이팅게일 부(賦)」에서 '창백, 유령 같은 여윔, 죽음 pales and specter-thin, and dies'이라고 표현하고 있는데, 이것은 소모로서의 결핵에 대한 시적 투시 현상인 것이다. (5)는 주인공 왕혜경의 요절한 죽음을 묘사하고 있는 대목이다. 나미코의 경우만큼 비유적인 묘사가 제시되어 있지는 않지만, '꽃 같은' '얼굴' '달빛' '빙긋한 입술(웃음기)' 등의 이미지에 의해서 결핵에 의한 죽음이 미화되고 있는 것이다.

가라타니 고진은 도쿠토미 로카의 「불여귀」에 나타나는 나미코의 결핵을 일종의 메타포로 규정하고 있는데, 그 주안점이 된 것이 '나미코가 결핵에 의해 아름답게 쇠약해지는 데 있다'[13]고 지적한다. 그리고 '이런 나미코의 모습은 전형적으로 낭만파의 것'[14]이라고 지적한다.

비교문학적으로 원작에서 자유로울 수 없는 번안작인 「두견성」에서 왕혜경의 결핵도 나미코의 '아름답게 쇠약해짐'이나 결핵에 걸린 사람으로서의 '이미지의 귀족성'과 동일하거나 유사할 수밖에 없는 것이다. 낭만파에 있어서 결핵은 무섭고 치유할 수 없는 질병으로 이해되면서도 시인— 창조성의 박차로서의 특권과 연결되는 결핵 숭배의 경향을 지니고 있으며, 결핵에 걸렸다는 것이야말로 낭만적이고 품위 있고 우아하며 섬세하다는 지표[15]가 된다. 결핵은 세계를 낭만적으로 보는 데에 도움을 준 질병이다. 이것이 18세기 중반부터 퍼지기 시작한 결핵의 낭만화 현상이다.

나미코와 마찬가지로 왕혜경의 결핵 역시 낭만화된 비유로서의 병이다. 젊어서 요절하는 주인공의 죽음에 대한 담론은 전혀 '추한 죽음 häßliche Tod'이 아니다. 젊은 나이로 죽어가는 '아름다

---

13 가라타니 고진, 앞의 책, p. 134.
14 위의 책, p. 135.
15 Susan Sontag, 앞의 책, Doubleday판, p. 26, 28. 『은유로서의 질병』(이재원 역), p. 46.

운 죽음schöne Tod'으로 그림으로써 병의 낭만화 현상이 두드러지고, 두려우면서도 결핵을 신화화하고 있다. 그만큼 약질의 여주인공 혜경의 이미지가 창백하지만 귀족성이 부여된 이미지로 제시되는 것이다.

어쨌거나 일본의 소설 「불여귀」가 번안됨으로써, 한국 현대문학에 있어서 결핵과 문학이 결합하는 요인과 양상이 비롯된 것이다. 그리고 「두견성」에 있어서의 결핵이나 왕혜경의 죽음은 나미코와 거리가 멀지 않다. 혜경을 죽게 만든 주역은 계모나 시어머니 또는 그 밖의 악역들이 아니라 결핵이다. 다만 결핵에 대한 지식이 이혼의 원인이 되고 있는 것은 사실이며, 보다 중요한 요인인 고부갈등이 혜경의 결핵으로써 그 명분을 더 갖고 있다 할 것이다. 작품 「유화우」는 이와 대동소이하다.

2. 은유로서의 결핵: 나도향·염상섭·이태준

1) 『환희』의 비극적 낭만성

비유적으로 지적하면, 나도향으로 하여 우리 현대소설에서 처음으로 결핵(T.B)의 침윤과 활동성이 마침내 본격적으로 시작된다. 결핵의 희생자로서 그야말로 '상한 이야기꾼'[16]인 나도향은 장편소설 『환희』(1923)와 『피 묻은 편지 몇 쪽』(1926)에서 그 자신이 앓고 죽게 된 결핵을 투사시켜 번안이 아닌 창작으로써 우리 소설에서 결핵의 서사 효과를 처음으로 거두고 있기 때문이다. 그래서 김윤식은 그의 논문 「메타포로서의 결핵」(1994)에서 다음과 같이 백조(白潮)파와 나도향에 대해서 언급하고 있다.

환각으로서의 문학이 현실 저쪽에 화려한 모습을 드러내었을 때,

---

[16] Arthur W. Frank, *The Wounded Storyteller: Body, Illness and Ethics*, The University of Chicago Press, 1995에서 표제어 및 xii 참조.

여기에로 망설임 없이 달려간 젊은이들이 백조파였다. 그 대가가 결핵으로 표상되는 죽음이었다. 환각으로서의 결핵이었던 것. 이런 점에서 보면 나도향을 죽음에로 이끈 결핵은 죽음 그 자체의 메타포이기엔 너무 강렬하다. 문학의 소멸을 악마로 가리킴인 까닭이다. 결핵이 '메타포로서의 병'으로 인식되는 단계로 이르게 하는 입구에 나도향과 백조파가 파수병처럼 서 있었다. 결핵이 메타포로서의 기능을 하게 되는 단계가 나도향을 통해 결핵을 본 이태준에 의해 시작되었음은 이로 보면 조금도 이상한 일이 아니다.[17]

이런 김윤식의 해석은 수전 손택의 은유로서의 질병의 관점을 한국 현대소설에 적용한, 의미 있는 작업이다. 작품의 예시가 없이 나도향과 결핵과의 개인사적 친밀성을 지적하는 글인데, 나도향과 백조파는 은유로서의 질병의 인식 단계로 이르는 출구 정도이며 결핵이 은유로서 시작되는 것은 이태준이라고 평가하고 있다. 그러나 이 글에서 나도향과 백조파의 작품 내재성에 대한 세심한 검토와 분석이 없기 때문에 결핵을 '적빈의 메타포'로 규정하고 있는 점은 다소 무리한 해석이다.

나도향의 문학은 그를 일찍 죽게 만든 결핵에 대한 친밀성과 강한 관심을 반사시킴으로써 우리 현대소설에서 결핵의 의미와 은유화가 시작되는 출발의 의의를 지닌다. 결핵의 문학적인 의미 부여가 확실해진 것이다. 그리고 그가 속했던 『백조』의 성격 또한 질병이나 결핵에 대한 낭만적 관념의 구현을 분명히 하고 있는 것이다. 박영희의 시 「월광으로 짠 병실」도 병실의 이미지를 낭만화한 것이다. 괴테가 '낭만적인 것은 병적이다'라고 규정한 것과 일치되는 병리 애호적 미학화 현상이다.

나도향의 장편 『환희』(1922~23)는 결핵의 문학적(미적) 양상에 관심을 두고 있는 최초의 작품이다. 1922년 11월 21일부터 이

---

[17] 김윤식, 「메타포로서의 결핵」, 『90년대 한국 소설의 표정』, 서울대출판부, 1994.

듬해 3월 21일까지 동아일보에 연재되었던 소설이다. 각각 사랑을 잃어버린 두 이복 남매의 사랑의 이야기를 주축으로 하여 병렬·교차의 방법으로 이루어진 애정소설이다. 경성의 유명한 재산가인 이상국은 젊은 시절에는 매우 향락적인 삶을 살았으나 노년에 이르면서 죽음이 두려워지자 기독교 신앙을 갖게 되고 아들에게도 신앙생활을 강요한다. 그러나 외아들인 이영철은 이를 거역하여 가출한다. 부친이 젊어서 강압적으로 소실을 삼았던 동대문 밖 서모, 즉 아버지의 첩의 집에서 이복 여동생인 신여성 이혜숙과 함께 지내며 술에 침몰된 나날을 살아간다.

어느 날 영철은 그의 가난한 친구로서 동경 유학생인 문학청년 김선용을 만나 누이 혜숙에게 소개한다. 같은 때에 중앙은행 사장의 아들로서 방종한 바람둥이 생활에 이끌리는 백우영이 등장함으로써 혜숙, 김선용, 백우영, 이들 간에 사랑의 삼각관계가 형성된다. 혜숙을 진심으로 사랑하면서 선용은 다시 일본으로 떠나고 김선용과 백우영 사이에서 마음의 그네를 타던 혜숙은 우영의 유혹에 이끌려서 겁탈을 당하고 그로 인해 어쩔 수 없이 그의 아내가 되어버린다. 이 소식을 전해 들은 선용은 혜숙으로 인한 실연을 비관하여 자살을 감행하나, 미수에 그쳐서 병원에 입원한다. 이런 선용의 안타까운 소식을 접한 영철은 진실한 친구인 선용의 치료를 위해 회사에서 돈을 빌려 선용에게 보내준다.

한편 동창 사이인 백우영과 함께 명월관에 갔다가 설화라는 기생을 알게 된 이영철은 돈을 초월하여 진실한 사랑을 갈망하는 설화를 깊이 사랑하게 된다. 백우영이 다시 여기에 삼각관계의 상대로 개입한다. 이렇듯 영철과 설화는 지극한 사랑의 결합 관계를 이루지만, 영철의 동생 혜숙이 기생 설화에 대한 오빠의 지순한 사랑을 이해하지 못하고 개입하며 속임수를 쓴다. 이로 인해 실연하게 된 설화는 자학적인 비감 끝에 사랑의 병이 깊어져서 끝내 비극적인 자살을 결행한다. 혜숙의 결혼 생활 역시 예견된 대로 불행하다. 겁탈에 의해서 억지로 이루어진 결혼 생활은 난봉꾼인 남편 백우영의 거듭되는 반도덕적인 행태로 인해서 심각한 불화 상태에 빠져든다. 급기야 혜숙('정월'로 개명)은 폐결핵을 앓는 불행한 여인이 된다.

회복된 김선용은 일본에서 돌아와 혜숙(정월)의 병든 상태를 보게 되나, 이 세상에서 참다운 사랑을 이룰 수 없다고 생각하고 다시 일본으로 가버린다. 혜숙(정월)은 오빠 영철과 함께 요양을 위해서 백제의 고도 부여를 여행하는 중, 자기 때문에 죽은 설화에 대한 죄책감과 참된 사랑의 상실 및 병 때문에 백마강에 투신해버린다. 삼천 궁녀가 꽃처럼 떨어진 낙화암 그 자리에서이다. 백제의 비극적 멸망사와 정월의 투신이 등가화되는 비극적 결말이다.

『환희』는 미숙한 대로 멜로드라마적 상상력에 의해 이루어진 대중소설이다. 사랑 속의 죽음Liebestod[18]의 구조를 이루는 이중적인 죽음의 모티프(설화와 정월의 자살)와 플롯의 동력이 되고 긴장이 실린 갈등 관계, 이중적인 사랑의 삼각형(혜숙-김선용-백우영, 설화-영철-백우영), 버려지는 여인, 도덕적 특히 성적인 억제가 풀린 바람둥이libertine[19]의 모티프, 유혹·겁탈·질투·선과 악, 돈의 지배와 위력 등 온갖 모티프가 서사 요소로 얽히면서 이루어진 서사 구조이다. 거기에다 낭만파가 지닌 정감의 주관성이나 정서가 노출된 문체와 수사가 한몫을 하는 사랑eros과 죽음thanatos의 서사이다. 이런 현상은 근대소설이 이전의 소설인 신소설이나 이광수의 문학에서 과도하게 이용되던 토론과 연설, 또는 설득·계몽과 같은 교화주의의 담론이 정지되고 오락적인 극화 양상으로 전환된다는 점에서 소설사적 의의를 충분히 지니는 것이다. 비록 표제와 같이 몽환적이고 감상적인 요소의 과잉 현

---

18 Jean-Charles Seigneuret, *Dictionary of Literary Themes and Motifs*, Greenwood Press, 1988, pp. 768~71. 사랑 속의 죽음, 죽음 속의 사랑, 사랑의 죽음, 연인들은 삶에서의 결별보다 죽음 속에서의 결합을 좋아한다.
19 위의 책, pp. 759~68. 도덕적, 특히 성적 자제력이 풀린 돈 후안 같은 인물, 성적 난교의 인물.

상이 있지만, 관심의 초점이 되고 있는 결핵에 걸린 젊은 여인의 초상을 제시하고 결핵의 비유론을 처음으로 가능케 하고 있는 점에서, 소설과 질병의 상상력과의 관련성에서 간과해버릴 수 없는 가치를 지닌 작품이다. 주인공 정월(혜숙)의 발병과 죽음에 이르기까지의 서사 경과에서 결핵과 관련된 대목을 뽑아보면 다음과 같다.

정월이는 작년 겨울에 감기를 앓은 후 알지 못하게 폐병이 발생하여 피를 토하고 기침을 하며 몸이 점점 허약하여짐을 깨달으면 깨달을수록 더욱더 감상과 비애가 그를 못살게 굴었으며 죽음이라는 장래가 괴롭게 하였다. 그러나 그는 울면 울수록 더욱 울고 싶었고, 죽음이 두려운 것을 깨달으면 깨달을수록 더욱 죽음을 맛보고 싶었다.

그의 얼굴은 몹시 창백하여졌다. 화색 있고 불그레하던 두 뺨은 어느덧 여위어버리고 대리석의 그 빛같이 희고 누르고 푸르렀다. …… 소복한 천녀(天女)가 하늘에 죄를 짓고 땅 위에 내려와 넓고 넓은 광야를 헤매며 부르짖는 듯한 비애와 통한의 그들이 그를 쫓아다니는 듯한 것이 선용이를 몹시 가슴 타게 하였다.

이정월은 두 다리를 모으고 정그리고 앉아 얼굴이 새파랗게 질려 자꾸자꾸 기침을 재쳐 한다. 그러다가는 입을 가린 흰 비단 수건에 빨간 핏덩어리가 묻어 나왔다.

선용은 정원의 병실로 들어갔다. 공중색 양회를 바른 고요하고 정결한 병실이 너무 가볍게 쓸쓸하다. 방 안에는 약 냄새가 가득 찼다…… 방 안에 놓여 있는 모든 것이 다 자기를 원망하고 애소하는 듯하고 모두 죽음으로 향하여 가는 듯하였다. 하얀 침상에 누워 있는 정월은 무엇을 명상하듯 눈을 감고 가만히 죽은 듯하게 누워 있었다.

　모두가 서술자의 전지적인 심리 해석과 시선을 통해서 제시되고 포착된 결핵의 증상이다. 나도향은 그 자신을 죽음에 이르게 한 결핵에 대해 흥미로운 시선을 보내면서 이를 그의 문학에서 긍정적 가치로 받아들이고 있다. 이는 결핵이 문학적 재능에 작용하여 발생시키는 효과에 대한 낭만주의적 이론의 영향과도 무관하지 않다. 이 『환희』의 서술자는 관찰자의 역할을 수행하면서 결핵에 대한 발병과 진행 상태, 고칠 수 없는 두려움, 파리하고 창백해지는 얼굴과 수척해지는 신체적 조건 및 각혈, 하얗고 죽은 듯한 병실 풍경 등과 환자의 반응, 감상적인 연민을 드러내는 주변 인물의 정경 등을 비유의 수사학으로 묘사하고 있다. 도먼디 T. Dormandy나 르네 뒤보René Dubos의 지적처럼 결핵은 '하얀 죽음'이고 '하얀 돌림병'으로서 창백한 흰색의 병이다.[20] 그런데 이런 병실이나 환자의 용태에 관한 묘사에서 특이한 것은, 진단과 치료를 담당하는 의사의 역할이 배제되면서 병세의 현저한 악화 과정과 죽음을 두려워하는 환자의 반응 및 이에 대한 주변 인물들의 연민의 반응만이 특별히 강조된다는 점이다. 이것은 결핵은 고칠 수 없는 병이며 두려움이 생의 끝이라는 의식이 내포되어 있음을 반증한다. 그러한 가운데서도 결핵을 앓는 용모는 희고 창백한 '소복의 천사' 같은 기품 있는 이미지로 낭만화되며, 추루하지 않고 애련 속에서 아름다운 죽음으로 이끄는 인력을 가진 것으로 지각된다. 그리하여 마침내 결핵은 죽음의 개념을 두려움과 음미 대상으로 양가화하게 된다. 즉 공포로 받아들이는 동시에 행복한 예감으로 받아들이기도 한다.

　결핵은 18세기 중반부터 세계를 낭만적으로 보는 데에 도움을

---

20 Thomas Dormandy, *The White Death : A History of Tuberculosis*, Hambledon, 1999. René Dubos, Jean Dubos, *The White Plaque, Tuberculosis, Man and Society*, Gallanez, 1953.

준 질병이라고(수전 손택)²¹ 지적되고 있듯이, 이 『환희』에 있어서도 결핵이 때로 적빈 또는 가난과 열악한 환경과 결부되는 병으로서 지각되는 경향파적 시각과는 달리 아름다움과 고결함의 징표라는 환상이 투영되어 있는 것처럼 보인다. 그것은 결핵이 가인박명(佳人薄命)이나 아름다운 여인의 요절을 위한 인물화의 매체로 이용되는 점에서 그러하다.

나도향 소설에서의 결핵은 곧 죽음의 표상이며, 죽음의 비유 그 자체이다. 그것도 추한 죽음이 아니라, 낙화암에 떨어지는 삼천 궁녀의 꽃 같은 죽음과 시공을 초월하여 함께 포개어지는 정월의 죽음처럼 아름답게 미화된 죽음이다. 동시대 이상화의 시 「나의 침실로」나 박영희의 「월광으로 짠 병실」에서의 '아름답고 오랜' 상태나 환상적인 경지와 상응한다. 따라서 결핵은 곧 그런 아름다운 죽음의 전조이면서 그 통로의 출입구인 것이다. 다만 소설의 구조적 성격으로 보면, 『환희』의 질병 서사는 질병의 저류 속으로 빨려들어감으로써 '회복의 서사'가 아니라 아서 프랭크가 일컫는 회복의 가능성이 부정되고 죽음과 대면한, 이른바 '카오스(혼돈)의 서사'²²에 해당된다.

나도향은 「피 묻은 편지 몇 쪽」에서도 역시 결핵을 제시한다. 1인칭 서사 방법의 하나인 서간체로 이루어진 작품이다. 생명을 잠식해 들어오는 결핵 때문에 사랑하는 대상이 있음에도 불구하고 마음속에만 간직하다 그 곁을 떠나가는 이야기이다. 사랑의 고뇌를 제시하는 가운데, 눈물과 감정이 많이 노출되어 있는 서사적 동일성을 갖긴 하지만, 건강/병, 즉 건강한 사람과 치유될 수 없는 결핵 환자를 이원적으로 대비한다. 또한 서술자이면서도 주인공이기도 한 후자(남자)가 '죽음이 가까운 사람이 어찌 영옥의 생활까지 침범하려는 대담한 마음을 갖겠습니까'라고 고백함으로써, 사랑하는 존재로서의 고뇌 상태를 드러낸다. 이러한 건강

---

21 수전 손택, 앞의 책, p. 103.
22 Arthur W. Frank, 앞의 책, pp. 97~98, 115.

한 대상으로부터의 자기 격리는 혹시라도 병을 상대에게 침범, 전염시킴으로써 상대를 파멸시켜버릴지도 모른다는 전염적 병균론의 경계와 사랑의 배려에 근거한 것이다. 여기에는 '침범,' 즉 침범의 비유로서의 결핵의 질병 비유가 역행적으로 기능한다. 결말에서 사랑하기 때문에 떠나가는 낭만적 아이러니의 상황은 병을 상대에게 침범시키지 않겠다는 사랑의 정신과, 치유될 수 없는 병으로 해서 죽음의 위험 상태에 있는 삶이나 몸의 한계로부터 멀리 벗어나고자 하는 욕망의 투사이기도 하다. 육체란 인간과 영혼 사이를 가로막고 있는 막에 불과한 것이다.

결핵과 직면해서 살았던 나도향의 문학에 있어서 결핵은 이렇게 사랑과의 공존 관계를 이루고 있다. 헤젤하우스가 일컫는 질병—사랑 모티프요 비유론이다. 그리고 결핵에 걸린 젊은이들을 반드시 죽게 만들거나 병으로 운명하기 전에 스스로 죽게 하고 멀리 사라지게 한다. 그리고 사랑하는 존재나 대상은 으레 결핵이라는 병적 징후[23]를 지니고 있고 이 결핵이 사랑의 운명에 관여한다. 또 이런 사랑의 질병 양상은 죽음이 두렵기도 하지만, 끝내는 아름다움으로 전화한다. 여기서 그의 병으로서의 사랑의 비유와 사랑의 죽음 비유나 모티프가 파악된다. 파괴적 식민지적 궁핍이라든가 또는 결핍으로서의 결핵 메타포라는 지적은 나도향 작품의 내재적 현실성에 있어서는 그다지 관련성이나 설득력이 없어 보이는 것이다. 나도향은 두려운 결핵을 사랑과 미적 양상으로 전이시킨 것이다.

2) 『너희들은 무엇을 얻었느냐』의 사랑을 앓는 병

이른바 결핵계의 문학으로서, 그 시작인 나도향의 『환희』를 시간적으로 가장 가깝게 이어받는 작품이 염상섭의 『너희들은 무엇을 얻었느냐』(1923~24)이다. 이 작품은 『환희』의 연재에 이어서

---

[23] Clemens Heselhaus, 앞의 책, p. 412, 417.

같은 동아일보(1923. 8. 27~1924. 2. 5)에 연재된 염상섭의 첫 장편소설이다. '연애' '연애론' '자유결혼' 등과 같은 새로운 연애의 담론과 엘렌 케이, 입센(「인형의 집」의 노라) 등의 신여성론과 자유사상이 소설을 구성하는 중요한 언어가 되고 있을 정도로, 연애론과 여성성에의 지향이 강하고, 연애와 사랑이 중심 테마를 이루고 있는 작품이다. 따라서 이 작품에서는 여러 개의 '사랑의 삼각형'이 발현된다. 이는 연애의 욕망이 자신들의 사랑을 찾기 위한 힘으로 작용함으로써 필연적으로 연인들을 압도하기 때문일 것이다. 이 사랑의 삼각형, 즉 애정의 삼각관계에서 가장 대표적이고 중요한 삼각형은 나명수-안석태-이마리아의 관계로 구성된다. 여교사인 이마리아를 가운데에 두고 나명수와 안석태가 벌이는 사랑의 관계이다. 이 관계는 결국 안석태와 이마리아의 결혼에서, '사랑의 홍보석(紅寶石)'을 가슴에 지닌 나명수가 배제되는 것으로 끝난다.

그런데 주목되는 현상은 나명수가 이 연애의 고뇌 과정을 통해서 환자가 되고 그 병이 깊어지면서 끝내 죽음에 이르게 된다는 사실이다. 그의 병의 상태가 묘사되는 곳을 인용하면 다음과 같다.

> 명수의 병은 그예 늑막염이 되고 말았다는 진단을 받았으나, 증세를 보면 단순한 늑막염 같지도 않았다. 신열이 떠날 때가 없다든지 해소증이 있다든지 가슴이 뜨끔거리는 것은 물론이지마는 전신의 피로가 나날이 심하여가고 신경이 극도로 흥분을 하여 밤이면 헛소리를 하여가며 여간 변고가 아니다. 그 수척한 몸에서 온밤 새도록 요가 근근이 젖을 만치 허한을 흘리고 나면 그 이튿날은 갱신을 못할 만치 맥이 풀리지만 그래도 낮이면 정신이 반해지는 바람에 나다니기는 하지만……
>
> 눈을 무섭게 뜬 그의 얼굴은 파랗게 질리고 꼭 다문 입가는 경련적으로 켕기는 것을 자기도 깨달았다. …… 얼굴이 빨개지며 기침

이 터지어서 뒤재주를 쳐가며 콜록거리다가 일어나 앉고서야 겨우 진정이 되었다. 머리맡에 놓았던 종이를 집어서 배앝는 침에는 붉은 담이 섞이었다. …… 찢은 종잇조각은 피침이 쌓인 휴지 위에 후르륵 던진 뒤에……

그러나 '늑막염'이라는 병명 이외에, 증세로 보아 단순한 늑막염 정도가 아니라는 암시적 지적밖에, 결핵이나 폐병과 같은 다른 어떤 병명도 현시화되어 있지 않다. 나도향의 『환희』에서의 명시적인 결핵과는 다른 점이다. 그러나 나명수의 병의 상태는 이보영이 그의 「시적 창조와 질병」[24]에서 분명히 '폐환자' 또는 '폐병환자'라고 지적하고 있는 것처럼 폐결핵이며, 그는 중증의 폐결핵 환자인 것이다. 암시적이긴 하지만 '해쓱한 얼굴' '납 촛덩어리같이 파랗게……'란 하얗고 창백한 상태, 허한(虛汗), 피침(각혈) 등의 증상과 징후로써 충분히 유추할 수 있기 때문이다. 이와 같이 결핵은 나명수에게 있어서는 사랑의 병으로서 끝내 자기 궤멸에 이르도록까지 하는 낭만적인 현상이다. 사랑과 결핵은 밀접한 상호관계를 지니고 있을 만큼, 사랑은 결국 일종의 병이며, 결핵은 사랑을 앓는 병인 것이다. 그리고 『너희들은 무엇을 얻었느냐』에서 또 하나 주목되는 사실은 젊은이들의 사랑의 병(중병)을 제시하는 서사 방법에 있어서 편지 쓰기, 즉 서간 형태의 유효성이다. 이 작품은 엄격한 의미에 있어서 완전한 서간체 소설 epistolary fiction은 아니다. 그러나 그 시대의 소설에서 서간의 형태가 이만큼 중요한 서사 형식이 된 경우는 드물다. 서간의 형태나 서간체는 사랑의 심리나 무드를 재현하는 소통의 방법으로서는 어울리는 형식이다. 서간체는 인물로서 작가로서 여성에게 목소리를 부여하기 위한 매우 중요한 문화적 매개물이라고[25] 지적되고 있듯

---

[24] 이보영, 『이상의 세계』, 금문서적, 1998/2003, p. 155, 157. 김경수, 『염상섭 장편소설 연구』, 일조각, 1999, 참조.
[25] Thomas D. Beebee, "Epistolary Novel", *Encyclopedia of the Novel*, Paul Schellinger

이, 사랑의 자기반사적이고 주관적인 감정 상태 등을 고백하고 토로하거나 이월시킬 수 있는 문학적인 도구가 될 수 있음을 예증해준다는 의의를 지니고 있다. 『너희들은 무엇을 얻었느냐』는 서사론적으로 그만큼 편지 쓰기와 받기의 소통 기능이 사랑의 서사 방법으로서 효율적임을 보여주고 있는 것이다. 이를 이어서 이광수의 「혈서」(1924), 「H군을 생각하고」(1924)에 의해서 결핵(폐병)은 다시 사랑의 병으로서, 아름다운 요절로서 미화된다.

3) 이태준의 「까마귀」의 세련성과 하얀 죽음

한편 이태준의 단편소설 「까마귀」(1936)의 등장은 '결핵계문학'[26]의 출현이라는 지적처럼, 한국 현대소설에서 병리 애호 미학이 본격적으로 출현했다는 의의를 지니고 있는 것이 사실이다. 그야말로 나도향이 신호탄이라면, 이태준은 획기적 시작이며 출발이다. 이는 시기적으로도 조선결핵예방협회가 창립(1936)되고, 결핵 예방과 요양기관인 해주구세요양원이 세워지면서 월간지『요양촌』(1938년 5월 창간~1940년 3월 16호)을 발간한 시기와 일치한다. 또 이 시기에 월간잡지『조광』은 의학박사 27명으로 하여금 결핵예방독본을 집필케 함으로써「결핵예방특집」(1937년 4월)호를 발간하고, 결핵균 발견과 로베르트 코흐의 프로필을 소개하기도 한다. 결핵 예방과 퇴치 운동이 활발히 전개되던 시기이다.

이런 시대를 배경으로 하고 등장한 이태준의 「까마귀」는 질병의 서사로서 결핵의 미학화를 절제된 구성 형태에 의해서 짜고 있는 전범적인 단편소설이다. 액자소설 틀 짜기의 상감 형식을 '신간서의 장정'이라는 책의 표지와 내용으로 대치시킴으로써 그 속에 담은 내용을 읽어가게 하는 듯한 특색 있는 서사 방법이다. 분위기와 상징의 효용성을 예스러운 고답미와 새로운 신선미의 배합으로 세련성을 십분 발휘한 작품이다. 동시에 병과 죽음에 대한

(ed.), Fitzroy Dearborn Publisher, 1998, pp. 386~87.
26 김윤식, 앞의 책.

애호의 미학화 현상이 역연하게 드러나는 작품이다.

우선 「까마귀」는 표제부터 상호텍스트성으로서의 연계성을 지니고 있다. 즉 '인용의 시학'에 근거함으로써 표제의 상호성과 시 구절의 인용이 수행되기 때문이다. 프리텍스트 또는 원천 텍스트는 에드거 앨런 포(1809~49)의 시 「까마귀 The Raven」(1845)이며, 이태준의 이 동명의 소설 「까마귀」는 인용 텍스트이며 타깃 텍스트이다.[27] 그래서 두 작품의 인물 포치 관계는 '포(피로한 서생)—레노어Lenore' / '그—그 여자'로 연계 관계를 이룬다. 이 점은 비교문학적인 검토를 요하는 대상이다. 포는 결핵을 '병적인 천사적 특질'로 묘사한 바가 있는 것이다.

가난하고 괴벽한 문체의 독신 작가인 '그'는 추성각(秋聲閣)이란 현판이 붙은, 매우 고풍스럽고 음습한 친구의 별장을 빌려서 머물게 된다. 그는 남포의 불을 돋우고 오직 읽고 생각하고 살면서 글만을 생각하는 이곳에서의 생활을 행복해한다. 또 친구인 까마귀 소리를 들으면서 어둠을 기다리는 생활을 향유한다. 어느 날 아침 그의 시야에 산책을 하고 있는 한 여자의 그림자가 잡힌다. '누굴까?' 그는 장정(裝幀) 고운 신간서에 대해 느끼는 것처럼 호기심을 갖게 된다. 장정은 곧 책의 의장이다. 국어사전에 의하면 장정은 표지, 배문자(背文字), 커버, 케이스 등의 체재로부터 제본 재료의 선택에 이르기까지 책의 형식을 조화롭게 꾸미는 기술을 뜻한다. 그의 여인에 대한 지각이 이렇듯 고운 장정의 책으로 은유되고 있다. 이러한 여인과 장정을 결합시키는 제본이나 제책의 은유적 방정식은 호기심과 함께, 그 여인이 지니고 있는 우아하고 섬세한 삶의 이미지라는 외적 세련성을 암시하는 기능을 한다. 장정은 어디까지나 외피이며 형식이지만, '신간서'가 함축하고 있는 기품 있는 내용과 그 가치도 이해할 수 있게 하는 것

---

27 본문에 "포의 슬픈 시 「레이븐」을 생각하면서 '레노어?' '레노어?' 하고 포가 그의 애인의 망령을 부르듯이……"라는 구절이 있다. Heinrich E. Plett, *Intertextuality*, Walter de Gruyer, 1991, p. 8, 135 참조.

이다. '그'는 별장 정자지기의 제보에 의해 의상이나 신체 비유에 있어서 고결한 예모와 자긍심이 있어 보이는 장정 같은 그녀가 폐병을 앓아서 이곳에 와서 요양 중임을 알게 된다. 서술자는 '그'의 충격적인 반응을 인물에 대한 동화적 서술 태도로 다음과 같이 제시한다.

폐병! 그는 온전한 남의 일같지 않게 마음이 쓰였다. 그렇게 예모 있고 상냥스러운 대화를 지껄일 수 있는 아름다운 입술이 악마 같은 병균을 발산하리라는 사실은 상상만 하기에도 우울하였다.

'악마 같은 병균'이라 지적하고 있듯이, 이 「까마귀」에서 '병균'이란 단어가 세 번이나 등장한다. 외부의 '악마'와 같은 것으로 비유된 세균의 침범에 의해서 아름답고 건강한 몸이 전염된 상태에 있으며, 그 몸이 병균의 발산체로 동일화되고 있다는 지각이며 반응이다.

— 그의 체온과 그의 병균과 함께 남기고 간 날 밤, 그는 몹시 우울하였다.
— 오래전부터 병균과 싸워온 그대에게 확실히 애인이 있을 수 없을 게다.

이런 반응은 코흐 이래 결핵과 같은 전염병은 미생물에 의한 것이며 접촉에 의해서 전파된다는 세균(병원균) 이론에 기본적으로 근거하고 있다.

그다음 날부터 '그'와 '그 여자'는 각각 건강/병의 대리자로서 대화를 위한 대응의 관계가 된다. 그는 그 여자를 위로하려고 하고, 그 여자는 '전염병'이기 때문에 근접을 사양한다. 그러나 그의 친밀한 근접의 노력에 의해서 양자는 서로가 대화나 토론의 상대가 된다. 여기서부터 서사 분절에 있어서 핵심적 단위가 된다.

대화의 내용은 까마귀에 대한 양자의 전혀 상이한 반응에서부터 그 여자의 죽음과 병에 대한 강박적인 반응, 시간적 역전 방법에 의해 제시된 여자의 애인(건강 상태)과 그 여자의 삶과의 차이(도서관 연구/상여·무덤의 대비) 등에 대한 반응 등에 이르기까지 문답과 반응과 괴벽 등의 대화적 담론으로 이루어진다. 이 대화 속에 내포되어 있는 문제는 건강과 병 사이의 현저한 관점의 거리화이다. 특히 병자인 그 여자는 까마귀에 대한 공포와 발병의 초기에는 아름답고 행복한 것으로 몽상했던 죽음에 대해서 공포가 강하다. 그래서 여자에 대한 관찰자로서의 기능이 더 강한 그는 그녀에게서 까마귀에 대한 공포를 근절시키고 그와 연결된 죽음에 대한 공포를 줄여주기 위해서 까마귀를 잡아 생체 해부를 하여 그 뱃속에 귀신이 없으며 까마귀가 다른 새와 조금도 다름이 없음을 보여준다. 여기서 두 사람의 세계는 '공포의 어스름의 세계' 대 '해부와 증명의 추리적 세계'로 대비되기도 한다. 어쩌면 이 대비는 환자와 의사의 관계와도 상통한다. 여자가 그렇듯 무서워하는 까마귀는 상징론에서 효성이나 장수 등 긍정적인 상징이기도 하지만, 부정적인 측면에서는 악이자 악마이며, 죽음이며, 불안·불운이며, 부패의 상징이기도[28] 한 것이다. 그 여자의 까마귀에 대한 반응은 바로 이런 부정적 상징들과 연결됨으로써 극도로 까마귀 공포증의 상태에 빠져 있는 것이다. 이것은 곧 그녀의 불길과 죽음에 대한 강박관념을 의미한다. 그녀는 분명 죽음을 두려워하며 그렇기 때문에 역설적으로 죽음을 미화하려고 하는 것이다.

양자가 대화를 나눈 후, 시간 단축의 기법으로 제시한 얼마의 진행적 시간의 전개 뒤에 그가 마주치는 것은 그녀의 죽음이다. 싸락눈이 내리는 날, 그 여자는 마침내 죽어서 그녀가 그리도 원

---

[28] Ad de Vries, *Dictionary of Symbols and Imagery*, North-Holland Publishing. co., 1974, pp. 391~92. Jean Chevalier, Alain Gheerbrant, *A Dictionary of Symbols*, Blackwell, 1994, p. 289.

했던 '하얀 말 여럿이 끌고 가는 하이얀 마차'를 끝내 타지는 못하고 상여와 더불어 보기 싫어하던 '금빛 영구차'에 실려서 함박눈의 공간 속으로 덮이며 운구되어 간다. 이렇게 작품 「까마귀」는 죽음에 이르는 병든 삶의 끝자락을 그리고 있는 것이다. 결말은 까마귀 소리로 끝을 맺는다.

  까마귀들은 이날 저녁에도 별다른 소리는 없이 그저 까악까악거리다가 이따금씩 가르르 하고 그 GA 아래 R이 한없이 붙은 발음을 내이곤 하였다.

  까마귀 소리의 음산한 상징과 울림 효과로 끝나는 「까마귀」에 있어서 여인이 앓는 결핵은 결핵=죽음이라는 등식 관계를 이룬다. 그리고 이 죽음은 까마귀의 부정적인 이미지로 환기되고 있듯이 두려움이면서 동시에 '꽃빛'의 이미지로서 몽환적인 아름다움이라는 양면성을 지니고 있다. 작가는 고운 장정의 책 속에 죽음의 두려움과 아름다움을 함께 상감하여 담아낸 것이다. 그러니까 「까마귀」에서 병리 애호의 미학은 죽음의 미학화를 지향한다. 그것은 여전히 낭만적인 관념과 일치되는 현상이다. 결핵의 죽음은 언제나 이처럼 젊은 죽음이다. 젊은 죽음이어서 더 두렵고 더 아름다운 것이다. 그야말로 하얀 질병이고 하얀 죽음이다. 결핵으로 죽어가는 '예모' 있는 젊은 여인의 죽음이란 죽음의 미적 승화가 아니겠는가. 하얀 함박눈에 덮이는 영구차와 여인이 소망하던 '하이얀 마차'는 조금도 다름없는 아름다운 장송의 표상인 것이다. '눈' '하이얀' 등 색채가 모두 희다. 그래서 여인이 앓다가 죽게 되는 「까마귀」에서의 결핵이 곧 '세련성의 메타포' 그 자체가 아니라 할지라도 결핵을 앓고 있는 그 여인의 외양이 세련된 기품의 이미지 효과를 발휘하는 것은 사실이다. 어쨌거나 결핵과 환상을 통해서 죽음은 미화되고 있는 것이다.

  「까마귀」는 분위기의 소설이다. 시각적인 이미지와 청각적인 이미지가 공감각적으로 조응하여 만들어내는 분위기를 통해서, 기품 있고 아름다운 결핵 서사의 본격적인 진면목을 보여주고 있는 것이다.

  이렇듯 근대 초기로부터 1930년대로 넘어서는 단계까지, 한국소설에서 제시되는 결핵문학은 사랑과 죽음과 연계된 비극성을 함유한 낭만적인 반응으로서 병리 애호의 미학으로 그 성격이 규정된다.

제5장
각혈의 수사학: 1930년대의 질병문학

> 결핵은 문명의 본질적 질병이며, 근대성에로의 참된 통과의례이다.
> ─ S. 라일 커밍스

> 지금은 거울에 담겨진 기도와/소름조차 말라버린 얼굴/
> 모든 것은 이렇게 두려웁고나/기침은 누님의 간음(姦淫)
> ─ 고은, 「폐결핵」에서

1. 『요양촌』과 근대적 사나토리움

　1930년대만 하여도 결핵은 치료가 거의 불가능한 가장 무서운 질병으로서, 두렵고 무서운 신체적인 현실로 인지되거나 받아들여졌던 시대이다. 결핵은 질병이면서 곧 죽음의 동의어이기도 했다. 코흐가 균을 발견한 이후에도 스트렙토마이신, 파스지드 및 이소니아지드 등 결정적인 치료제가 개발되어 퇴치가 이루어기 이전에는 주로 안정, 대기, 영양으로 대응할 수밖에 없었다. 결핵은 여전히 현실적으로 사형선고나 죽음과 등가화되고 이른바 '청춘의 적'으로 인식되는 무섭고 두려운 병이었다. 빈곤의 병적인 징후로 받아들여진 이 결핵은 진작부터 역설적으로 낭만화됨으로써 고상한 귀족적 기품, 소모적인 열정, 아름다움, 창조성, 천재의 전유물로서 이해되거나 비유되곤 했던 것이 사실이다.
　마크 해리슨Mark Harrison은 『질병과 현대세계 *Disease and*

the Modern World』(2004)에서 결핵에 관해 다음과 같이 기술하고 있다.

결핵은 낭만적 특질을 가지고 있었으며 창백하고 젊은 여인 및 섬세하고 예술적인 젊은 남자를 널리 연상하게 했다. 시인 키츠는 23세란 어린 나이에 결핵으로 죽은 것으로 유명하며, 질병은 역시 독일 극작가 프리드리히 폰 쉴러의 삶을 가로챘다. 이들의 삶은 결핵과 천재 간의 밀접한 관련이 예술에서 일반적인 주제임을 의미했다. 위고의『레미제라블』, 디킨스의『니콜라스 닉클비』, 브론테의『폭풍의 언덕』, 베르디의「라 트라비아타」등은 결핵에서의 죽음을 그린 많은 당대 작품들이다. 결핵은 약함(나약), 순진, 탈속성을 상징했다. 그 희생자를 에드거 앨런 포는 '병적으로 천사적인 특질morbidly angelic quality'로 묘사했다. 이러한 지각은 결핵의 징후인 빈혈에 많이 돌려졌고 결핵환자의 창백한 안색은 '하얀 전염병' 또는 '하얀 죽음'으로 이름 붙여진 질병으로 이끌었다. 〔……〕서서히 이 질병을 둘러싼 낭만적인 이미지는 소멸되었다. 결핵은 더 이상 고양된 감성을 연상시키지 않았으며 가난과 도시의 더러움을 연상시키게 되었다.[1]

프레더릭 F. 카트라이트 및 마이클 비디스도『질병의 역사 Disease and History』(1972)에서 다음과 같이 지적한다.

소설과 오페라, 그림과 시에서 우리는 안색이 창백한 주인공과 그보다 더 창백한 여주인공을 거듭거듭 만나며 그들의 얼굴은 세월이 흐를수록 점점 더 신비로운 빛을 발산한다. 그러나 그런 상앗빛 아름다움은 사랑의 열병을 통해서뿐만 아니라 역설적이게도 정화하는 기능을 하는 육체적인 붕괴의 무자비한 진전을 통해서 그들의

---

[1] Mark Harrison, *Disease and the Modern World: 1500 to the Present Day*, Polity, 2004, pp. 124~25.

결핵 증세를 드러낸다. 우리는 결코 그런 로맨티시즘에 취해서 베르디의 비올레타나 푸치니의 미미가 겪는 소모적인 운명에 눈물을 흘리기도 하지만, 존 키츠가 생애의 마지막에 겪었던 병의 무자비한 현실을 직면했을 때 좀더 깊은 감동을 받게 될 것이다.[2]

1930년대에 있어서 결핵의 발병율과 환자의 사망률은 상당히 높았다. 그래서 30년대 조선의 현실 상황이나 질병사에 있어서 결핵은 의학 분야에서 어느 질병보다도 먼저 예방과 퇴치(치료, 박멸)를 요하는 대표적인 질병이었던 것이다. 당시의 비공식, 공식적 기록들에 의하면 조선의 결핵 환자의 수는 40∼60만에 이르고 있다. 또 다른 기록에 의하면 결핵 환자의 수가 '매 10호(戶)당 1인'[3] 즉 열 가구당 한 사람이 발생하는 가공할 만한 현상이라고 지적한다. 『한국결핵사』(1998)에 의하면 30년대 조선에서 1년에 결핵 사망 실수는 4만 내지 4만 5천 명에 달하며 환자 수는 그 10배로 추정된다.[4] 따라서 이렇듯 무서운 결핵에 대한 예방, 치료, 요양에 대한 대책 문제는 국가적, 사회적 차원에서 긴요한 사업이요 과제가 아닐 수 없었다. 특히 가난하고 위생 조건이 열악한 도시 빈민의 결핵 만연 상태는 심각한 사회문제이기도 했다. 당시 결핵은 잠재적 매독, 기생충병과 함께 '3대 민족독(民族毒)'으로 규정되곤 했던 것이다. 이러한 상황이었기 때문에 1930년대 중·후반기는 조선에 있어서 결핵예방운동이 촉진되는 시기였다. 이 시기 결핵 예방 및 퇴치와 관련된 중요 활동이나 동향을 지적하면 다음과 같다.

2 프레더릭 F. 카트라이트·마이클 비디스, 김훈 옮김, 『질병의 역사』, 가람기획, 2004, p. 207.
3 이 숫자는 다음의 글들과 문헌을 근거로 한 것이다. ① 이정우, 「폐결핵 강좌」, 『요양촌』 13집, 1939, p. 6. ② 이갑수, 「결핵 예방 특집 발간호에 제하야」, 『조광』 1937. 4. pp. 256∼57. ③ 동아일보 1936. 4. 8. "전 조선 결핵 환자 40만, 1년간 사망자 4만 명……" ④ 대한결핵협회, 『한국결핵사』, 1998. p. 249 참조.
4 대한결핵협회, 『한국결핵사』, 1998, p. 250.

우선 먼저 이 시기를 전후하여 서양 감리교 선교사에 의해서 세워진 국내 최초이면서 유일한 근대적 결핵 요양원(사나토리움)인 해주구세요양원(1928)이 설립된다. 이는 한국 결핵사에 있어서 서양의 근대 의학과 관련된 매우 중요한 상징적 사건이다. 결핵 치료에서 근대적 요양원 요법이 비로소 출현한 것을 상징하기 때문이다. 참고로 서양에서 사나토리움이 구성된 것은 1890년대부터이다.

1928년 영국인 하락(賀樂), 즉 셔우드 홀Sherwood Hall(1893~?)[5]을 원장으로 해서 해주 남산에 세워진 우리나라 최초의 요양원 해주구세요양원은 2만 5천 평이 넘는 면적에 총건평 825평의 붉은 벽돌 건물로 지어진 현대식 결핵 요양원이었다. 본관, 여자관, 특별관, 산상관(山上館), 산하관 등 신축 중인 것까지 모두 9동(양옥 4동, 조선식 일본식이 5동)으로 이루어져 있고, 요양실은 모두 71실이 1인 1실 체제로 부엌이 딸려 있었다. 부속 건물로는 기숙사, 예배당, 매점 농목관(農牧館), 사무실 등이 있었으며 부속 시설로는 엑스레이실, 암실, 병실, 조제실, 치료실, 대합실, 의사 집무실 등을 갖추고 있었다. 치료를 위해서는 엑스광선실, 인공태양 등 자외광선 욕실이 갖추어졌으며 인공기흉실을 시술하였고, 미국 마크 데이비스 회사의 보폐강장제 파라톨을 수입해 쓰는 등 이 나라 최초의 근대적 결핵 요양시설이었던 것이다.[6] 이는 토마스 만의 소설 『마의 산』(1924)에 등장하는 다보스의 베르크호프 사나토리움 Davos Berghof Sanatorium이나 1880년대에 생긴 프랑스 최초의 결핵 요양도시 아르카시옹에 비견될 만한 것으로, 이로 인해서 한국도 근대적 치료와 요양을 위한 위생적인 시설과 공간이 처음으로 갖추어진 것이다. 이는 국립 마산요

---

5 그에 관한 소상한 설명은 『한국결핵사』(1998) 중 「항결핵 운동의 선구자 셔우드 홀」, pp. 214~40 및 298~99 참조.
6 동아일보 중 『해주 요양원을 찾아서』, 1934. 8. 19 및 잡지 『요양촌』 광고를 참조하여 작성한 것이다. 『한국 결핵사』 pp. 217~29 참조.

양원(1946)에 앞서는 시설인 것으로, 한국의학사에 있어서 중요한 상징적 의미를 지니고 있는 것이다. 『한국결핵사』는 이 요양원에 대해서 "한국에 설립된 최초의 결핵 요양시설로 진료실과 입원실을 갖춘 현대적 요양원"[7]이라고 평가한다.

이 해주구세요양원의 활동 중에서 우리가 문화적으로 특별히 유의하거나 주목할 수 있는 것은 결핵의 예방과 요양을 위한 최초의 질병 월간지 『요양촌』의 발간[8]이다. 1938년 5월부터 1940년 3월까지 발간(총 발행 통권 16권)된 이 『요양촌』은 잡지사에 있어서는 특수잡지로서 결핵환자들에게는 치료와 요양 지식을, 일반 독자들에게는 예방 지식을 주입시키고자 한 것이다. 현재 서강대학교 로욜라 도서관에 모두 4권만이 소장되어 있을 뿐이지만, 이를 통해 이 잡지가 결핵의 상식, 예방, 치료, 간호를 위한 유효한 의학적 정보를 제공[9]한 것이 확인된다. 결핵균의 발견자인 로베르트 코흐 박사 특집을 기획하여 그의 전기, 영화, 전기소설을 통해서 코흐의 일생과 업적을 소상하게 소개하고 피르호, 파스퇴르, 브레멜, 포라니니 등 병리학자들이 병균·전염·침투의 이론을 소개함으로써 결핵에 관한 과학 지식을 전파하는 효과적인 기능을 한 것이다. 이 해주구세요양원은 폐결핵 박멸 급 예방운동 후원회를 조직하기도 하였으며 조선에서 최초로 크리스마스 실 발매 운동을 시작(1933. 11. 27)하기도 하였다. 그 밖에 우리가 각별히 주의하는 것은 박태원, 임화 등의 문학작품과 환자들의 투병 작품을 게재함으로써 『요양촌』이 작게나마 결핵문학의 문원으로서의 역할[10]을 하고 있는 점이다. 근대적인 사나토리움과 결핵

---

7 대한결핵협회, 『한국결핵사』, p. 220.
8 이 『요양촌』에 대한 현재까지의 언급은 『한국결핵사』에서 "서우드 홀과 공동으로 해주구세요양원에서 1938년부터 1940년까지 『요양촌』이라는 요양 잡지를 발행하였으며" (p. 236)라는 간단한 논급이 그 전부이다. 이 『요양촌』은 현재 서강대학교 도서관에 4권이 소장되어 있다.
9 요양원 주임의사 이정우(李廷雨)의 「폐결핵강좌」(3회 연재), 「기침과 담」, 경성제대 의학부 미생물학 교수 허규(許逵)의 「결핵균에 대하여」, 신태성(申泰聖)의 「폐결핵 예방법」, 이국주(李國柱)의 「결핵성 관절염」 등의 글.

잡지와 결핵의 문학, 이는 1930년대 문학의 시대사적 기반으로서 결코 간과해버릴 일이 아니다. 그리고 이것은 조선에 있어서 근대적 결핵 치료사의 시작을 의미한다.

한편 1930년대에 결핵 예방을 위한 캠페인을 주도한 것은 대중 정보 매체인 신문과 잡지이다. 특히 조선일보와 동아일보 등 신문의 역할이 컸다.[11] 조선일보 출판부가 발간한 월간잡지 『조광』은 1937년 4월 초에 「결핵 예방 특집」을 계획하면서 결핵 예방 독본을 만드는 가운데, 결핵균 발견과 로베르트 코흐를 간략히 소개하고 조선의사협회 회원 가운데서 결핵 전문인 26명의 의사들로 하여금 각 과별로 결핵 예방 지식을 집필케 한 것이다. 모두 94쪽의 이 독본은 결핵과 그 예방에 대한 의학적 정보와 지식을 제공한 의의를 지닌다. 결핵으로 죽은 이상(1910~1937)의 일련의 작품이 이 시기에 조선일보사가 간행하는 『조광』지에 발표되었다는 것은 결코 우연이 아니다.

동아일보는 1936년 전후에 전개된 결핵 예방 관계의 운동과 행사에 대한 보도를 자주 사설화 또는 기사화한다. 특히 동아일보는 해주요양원에 대한 탐방 기사 「해주요양원을 찾아서」(1934. 8)와 그 원장 하락(셔우드 홀)의 「폐결핵에 제일 효력 있는 신식 인공 기흉법」(1932. 7)을 연재한다.

물론 이 시대의 결핵 예방 퇴치와 항결핵 운동이 서양 선교의사들의 활동과 신문 잡지에 의해서만 이루어진 것은 아니다. 식민지 통치 권력의 상징인 총독부에 의해서 주도된 정책적 측면도 있었다. 예컨대 조선결핵예방협회의 설립(1936), 결핵 예방 주간과 결핵 예방의 날을 선정하여 결핵 예방 운동을 전개한 것이 그것이다. 이런 총독부의 시책은 일제 말기 전시 체제(1937 중일전쟁, 1941 태평양전쟁)와 관련되면서 국민 개개인의 건강 증진보다는

---

10 서강대 도서관이 소장하고 있는 『요양촌』에 게재된 작품은 이태준, 한희남, 임화 등의 글이다.
11 『한국결핵사』, pp. 276~80 참조.

'건전한 신체' '건전보국'의 부국강병과 징병 정책으로 국민의 체력을 전력으로 간주하는 정치적 책략을 그 기반으로 하였던 것이다.

이와 같은 복합적인 시대 배경으로 보아 이상, 박태원, 최명익 등 1930년대 작가들의 작품 세계에서 나타나는 질병 모티프로서의 결핵에의 관심 및 이의 증대 현상은 결코 우연이거나 우발적인 현상이 아닌 것이다. 이를 결핵 만연의 현실적 심각성과는 상관없이, 단순히 낭만주의 이래의 결핵의 문학적 미화나 신화화 현상과 연계한다면 그것은 피상적인 관점이다. 1930년대 소설에서 결핵이 나타나는 모습은 당대의 현실성, 작가 자신의 건강 상태 및 문학의 미학화(비유성) 경향이란 세 가지의 복합적인 요인에 의해서 혼성적으로 생성된 것이다.

첫째로 당대의 질병 서사가 작가 자신들이 경험적으로 앓고 있는 육체의 상태를 징후의 언어로 표현한 문학이란 점이다. 즉 아픈 '신체—자아'의 구현으로써 실제 환자로서의 작가 자신들이 스토리텔러가 되어 자신을 묘사하거나 서술하고 있는 점이다.

둘째로 현실적으로 결핵 환자가 많아서 결핵의 두려움이 강조되고 항결핵운동의 캠페인이 두드러지게 전개되는 식민지의 사회적 현실 자체에 내재하는 이상성과 병리 현상이 투영되고 있는 것이다.

셋째로 메타포로서의 결핵이다. 결핵이 문학에서 은유화되거나 미화되어온 문학적인 전통 및 현상과의 비교문학적인 영향을 비롯하여, 모더니즘의 문학이 그 특징의 하나로 삼고 있는 신체적 이상성에 대한 강박성, 즉 병리 애호 미학적 성향의 작용이다.

1930년대 문학에서 질병의 담론이나 테마 중 결핵의 문제는 개인 · 사회 및 문화의 상호 관계나 영향 등 복합적인 요인들에 의해서 형성된 것이다. 이런 결핵에의 관심 및 비유화나 미학화 현상은 나도향의 『희』, 염상섭의 『너희들은 무엇을 얻었느냐』, 이태준의 「까마귀」를 거쳐서 30년대 문학의 중요한 모티프로 자리 잡게 되며, '결핵문학'[12]이란 장르 명명화를 제기하게 되는 것이다. 이상, 박태원, 최명익의 작품 세계가 대표적인 경우이다. 바로 이 시대에 김유정(1936. 3), 이상(1937. 4), 박용철(1938. 5)과 같은 작가, 시인이 모두 폐결핵으로 죽는다. 이 점은 작가 연구나 작품 연구에 있어서 병적학(病跡學, pathography)의 조명[13]을 요하는 문제이기도 한 것이다.

폐결핵은 1930년대 한국 문학과 가장 친화성을 지닌 질병이다. 그만큼 '고통의 문화'가 문학적으로 존중되고 있는 시대이기도 한 것이다. 결핵의 시대인 1930년대에 있어서, 이 시대 문학을 대표하고 있는 이상(李箱) 파톨로지pathologie의 핵심은 바로 결핵이다. 결핵은 그에게 있어서 모든 글쓰기의 조건이었으며, 시적 방법론poetischen Verfahrensweisen[14]의 주역이기도 했다.

2. 이상의 병리 애호와 각혈의 수사학

1930년대에 폐결핵으로 죽은 이상의 문학은 한국 현대문학에서 병리시학과 기술시학Technopoetics의 이중 성격을 가장 독특하게 지니고 있는 점에서 주목되는 문학이다. 병리적인 담론의 편재화 현상과 더불어 기하학(수학), 생물학, 물리학, 천문학, 열역학, 건축학 기타 텔레커뮤니케이션의 테크놀로지 등 현대과학과 기술에 대한 지식과 관심의 수용 현상이 보기 드물게 나타나고 있기 때문이다. 이 기술시학, 즉 테크노포에틱스[15]로서의 이상 읽기 및 그런 현상에 내재하고 있는 근대성의 징표의 해호(解號) 작업

---

12 김윤식, 『이상 연구』, 문학사상사, 1987, p. 109.
13 「國文學, 解釋과 鑑賞」, 「病跡からみた作家の軌跡」(長谷川泉)을 발간했다. 소화 58년 4월호, 至文堂.
14 Thomas Anz, *Gesund oder Krank? : Medizin, Moral und Ästhetik in der deutschen gegenwartseiteratur*, J. B Metzlersche Verlagbuchhandlung, 1989, p. 189.
15 이 용어는 Donald E. Theal, *James Joyce's Techno-poetics*, University of Toronto Press, 1997에서 따온 것이다.

은 이제부터의 중요한 과제이다. 그런데 이제까지의 병이나 병리적인 것으로서의 이상 문학의 성격 해명은 결핵문학[16]으로 규정하는 작업으로 정리되고 있다. 즉 이상—파토그라피pathographie는 결핵이며 각혈인 것이다.

확실히 이상 문학은 한국의 현대문학에서 질병과 과학 의학에 의한 문학적 담론화의 확장을 가져온 문학이다. 그럼으로써 이른바 '병리 애호의 미학'과 '질병의 은유화'를 가장 보편적으로 실현하고 있다고 평가될 문학인 것이다. 결국 기술 지향적인 테크노포에틱스도 이와 무관한 것이 아니라 유기적이고 상보적인 연계 관계를 이루고 있다.

그런데 보다 먼저 주목되는 사실은 이상 문학의 글쓰기가 본질적으로 자전적이란 점이다. 경험적 자아 드러내기에 대해서 특별한 애정을 갖고 있다는 뜻이다. 거의 모두가 실제적이고 경험적인 자아가 투사되는 형태의 자전적인 글쓰기인 것이다. 이상의 문학 양식은 전체적으로 보아 서사적 정체성에 있어서 '나'의 문학이며 작가의 '자아원점'Ich-origo[17]에 근접하는 문학이다. 이 '나'로서의 이상 자신이 바로 '상한 이야기꾼'[18]이기 때문에 자기 병력지Autopathographik와 문학적 병력지가 서로 상응하는 것

---

16 대표적 논의는 다음과 같다.
- 김윤식, 「결핵의 속성과 결핵문학」, 『이상 연구』, 문학사상, 1987, pp. 109~38.
- ———, 「메타포로서의 결핵」, 『90년대 한국 소설의 표정』, 서울대 출판부, 1994.
- 이경훈, 「모더니즘 소설과 질병」, 『어떤 백 년, 즐거운 신생』, 하늘연못, 1999.
- ———, 「종생기, 철천의 수사학」, 「이상의 또 다른 질병에 대하여」, 『철천의 수사학』, 소명, 2000.
- 이보영, 『이상의 세계』, 금문서적, 1998/2003, pp. 150~76.
- 김주현, 『이상 소설 연구』, 소명, 1999.
- 임병권, 「1930년대 모더니즘 소설에 나타난 은유로서의 질병의 근대적 의미」, 『문학이론과 비평』 17집, 2002.

17 'I-origo'(Ich-origo). Käte Hamburger, *Die Logik der Dichtung*, Ernst Klett Verlag 및 영어판 *The Logic of Literature*, trans., Marilynn J Roce, Indiana UP, 1973, pp. 67~68.

18 이 용어는 Arthur W. Frank의 책 『*The Wounded Storyteller: Body, Illness and Ethics*』의 중심 용어이다.

이다. 달리 말하면 서사적 정체와 자기 동일성에 있어서 모두 '나'의 이야기로서의 성격을 지니고 있기 때문에, 이상의 산문은 자전적인 '질병 서사'이다. 그리고 현대의 시대적 사회적인 병리를 신체적인 병리로 치환하고 은유화함으로써 질병의 문학적 의미화를 가장 본격화한 문학이다.

우선 그의 질병이나 의학에 대한 문학적인 관심의 깊이와 넓이는 다양한 언어나 비유 및 표현 방법으로 이루어진 의학—병리적 현상의 문학화로서 구체화된다. 이상 문학에서 두드러지는 것은 수학과 수사학으로서의 질병의 발견이다. 이는 거듭 말하지만, 비유로서의 질병의 가치나 병리 애호적인 표현이나 암시가 그의 현대미학의 토대를 이루고 있음을 뜻하는 것이다. 그리고 이전의 나도향이나 이태준과는 달리 앓는 주체가 여성이 아닌 남성인 데다 그것이 바로 작가인 이상 자신이다.

이경훈이 『어떤 백 년, 즐거운 신생』(1999)에서 간략히 잘 뽑아낸 의학 및 질병 용어[19]에서 보는 것처럼, 이상 문학의 세계를 만드는 언어는 거의가 의학 언어나 질병 언어로서의 징후 언어로 이루어짐으로써, 그의 담론은 다분히 지적인 동시에 징후적이고 진단적이거나 치료학적 성격을 드러낸다. 이러한 현상의 신체적 징후나 임상적 조건의 묘사와 연계된 언어의 폭넓은 이용과 파장만으로도 그의 인지, 표현 방법은 병적인 상태와의 친화성을 뚜렷이 하는 것이다.

이야기꾼으로서의 이상을 상하게 하고 죽게 한 질병은 주지하다시피 바로 폐결핵이다. 여기에 다시 그다지 명예롭지 못한 결핵성 뇌매독이란 견해[20]도 추가되고 있지만, 그것은 병발 현상이며 그가 폐결핵의 희생자임은 분명하다. 이상에게 있어서 폐결핵은 곧 죽음의 공포인 동시에 실존적 위협인 것이다. 시 「아침」에

---

[19] 이경훈, 『어떤 백 년 즐거운 신생』, 하늘연못(1999)의 pp. 137~38. 여기서 이상 작품에 등장하는 의학 및 질병 관계 용어를 뽑아 열거하고 있다.
[20] 이경훈, 『철천의 수사학』, 소명, 2000, p. 173.

서 '캄캄한 공기를 마시면 폐에 해롭다. 폐벽에 끌음이 앉는다'에서 보듯 폐결핵 환자로서의 이상 자신의 병든 자아나 앓는 주체를 확인할 수 있게 된다. 이런 '각혈의 아침'과 같은 결핵 상태로 인해서 이상의 많은 시편들은 죽음의 모티프로 점철되거나 죽음의 공포가 작용한다. 결핵은 확실히 그의 자기 병력지인 동시에 시적 방법론이다. 소설 형태의 글로서 결핵 상태가 가장 구체화되고 있는 것이 「봉별기(逢別記)」(1936)이다.

자전적 요소가 강한 이 「봉별기」는 이상이 결핵으로 총독부 기사직을 그만두고 그의 나이 스물세 살 때 친구인 구본웅과 더불어 배천온천에 요양을 갔다가(1933) 그곳에서 금홍이를 만나 이후 동거 생활을 한 사실을 그려낸 것이다. 「봉별기」는 '단도직입의 서술'(김현)이나 '깃발처럼 내세우기'(김윤식)의 수사학으로 평가된 유명한 "스물세 살이오—삼월이오—각혈이다"[21]로 시작되는 작품이다. 기상천외한 도입이요, 시작으로서의 열림이다. 여기서 우선 주목되는 것은 '각혈'이란 말이 지닌 상황이나 상태이다. 각혈이란 피를 뱉거나 토한다는 뜻으로 곧 폐결핵의 징표이며 전조적인 예보의 상태이거나 현재 진행 상태를 의미하는 단어이다. 그런데 이상은 이 '각혈'이란 단어를 쓰는 대신에 '결핵'이란 말을 거의 쓰지 않고 기피하고 있다. 두렵기 때문에 아마도 그와 같은 현시적이고 직접적인 병명의 기호법을 피하고 있는지도 모른다. 「공포의 기록」, 「실화(失花)」(1939), 「봉별기」 등에서 각각 두 번씩 또는 한 번 '각혈'이란 단어를 쓰고 있다. '각혈'은 곧 죽음과 등가화된 결핵의 환유이다. 이상에게 있어서 각혈은 죽음의 공포이며 '나'의 실존에 대한 위협이다.

---

21 서술의 시제 개념에 있어서 본문의 시제는 모두 '서사적 과거시제episches Präteritum'인 데 비해서, 이 부분만이 현재형Präsens이다. 그리고 공간화에 있어서도 B라는 온천을 '여기'라 하지 않고 '게서'라고 제시한다. 따라서 이 명제적 전언과 서사의 본체 간에는 시공적 분절 현상이 있다.

― 제2차 각혈이 있은 후 나는 어슴푸레하게나마 내 수명에 대한 개념을 파악하였다고 스스로 믿고 있다.
― 각혈하는 도수도 훨씬 뜨고 또 분량도 줄었다.
― 스물세 살이오―삼월이오―각혈이다.
― 못난 소린 듯하나 사랑의 힘으로 각혈이 다 멈추었으니까.
― 각혈이 여전하십니까?

수명의 개념이나 소모적 열정의 징표로서 피의 테마인 이상의 각혈의 수사학은 이렇게 시작한다. 「봉별기」의 서사 구조는 급행 단축의 시간 구조 속에서 표제 그대로 거듭 반복되는 만남과 이별의 서사이다. '나'인 이상과 요양지에서 만난 금홍(錦紅)이라는 동기 출신 작부인 한 여인과의 거듭되는 만남과 헤어짐이 서사 경과의 전부이다.

이상의 다른 소설의 서두에서 흔히 보이는 프롤로그나 아포리즘의 수사학과 마찬가지로 '각혈'이란 징후와 진단을 고시하는 '스물세 살이오―삼월이오―각혈이다'라는 서두가 단연코 돋보인다. 세 자리의 의미론적인 간명한 기호로 짜인 시간과 각혈의 수사학이다. 주어가 모두 생략된 세 개의 단문을 한 문장인 것처럼 간결화하고, 점층적 배열을 함으로써 시적 긴장 효과를 극대화하고 있는 독특한 수사학적 표현 방법이다. '스물세 살'―'삼월'로 이어지는 ㅅ 음과 ㄹ 음 운율의 반복과 그다음에 이어지는 '각혈'이란 강세적 어음과의 충돌에 의해서 일종의 단절 효과를 이루고 있다. 의미론적 차원에 있어서도 '스물세 살'이란 젊고 좋은 사랑의 나이 및 해〔年〕, '삼월'이란 봄이 시작되는 신생의 좋은 계절 및 달〔月〕, 이와는 단절되는 불운한 '각혈'이라는 신체적 조건과 날〔日〕의 상황은 분명 건강/질병이 병렬, 대비되는 상황적인 아이러니를 유발하는 수사 효과를 지닌다. 동시에 이런 아이러니를 이루는 신체적 징후 상태의 언어인 '각혈'은 '나'의 신체적 자아로서의 병든 주체 Kranke Subjekt를 구현하는 역할을 하거나 동시에 이런 병든 주체의 생존의 총 시간(23년 3개월)에 시한을 두는 역할을 하기도 한다. 이상의 자기병역지로서의 캘린더이다.

3개의 가시적 인터벌(간격)로 리듬이 구획되고 3이나 '삼월,' '~세 살'이라는 숫자와 시간의 단위가 상징적 역할을 하고 있듯이, 이 구문은 결국 이십삼 년하고도 삼 개월을 살아온 '나'의 젊디젊은 삶이 좋은 때에 불행하게도 결핵에 걸리고 말았다는 긴 말을 아주 간결하게 압축하거나 축약화한 삶의 계산서 또는 파토그래픽한 결산의 진단서로서 의미를 지니는 것이다. 그래서 자아와 각혈(결핵)은 등가화된 관계이거나 동일화된 관계이다. 자신이 수사학적으로 만든 자기 자신의 '이상―파토그라피'이다. 각혈은 곧 병든 주체로서의 나인 동시에 스물세 살의 삼월을 살고 맞는 나의 신체적 현실이며 나의 죽음(또는 수명의 한계를 짐작하는)의 예증인 것이다. 그리고 「공포의 기록」에서 보듯이 이 각혈은 죽음을 예고하는 공포의 근원이며 서사에 있어서 소모되고 탕진되어 가는 삶에 대한 미래가지적(未來可知的) 예시 기능이기도 하다.

각혈을 경험한 '나'는 안정과 전지요양을 위해서 약 한 제 지어들고 B(배천)라는 신개지 한적한 온천으로 떠나가게 된다. 이 떠남은 무모하고 가망 없는 계획이라기보다는 죽음의 공포로부터의 이탈이나 신체적인 구제에 대한 희망을 전제로 한, 결핵 환자에게는 당연하고 필수적인 전지요양으로서의 여행이다. 그런데 '나'는 처음부터 이 요양지에서 두 개의 다른 유혹에 빠져든다. 그것은 질병에 대한 두 개의 전혀 다른 태도와 반응인데, '게서 나는 죽어도 좋았다'와 '약탕관을 붙들고 늘어져서는 날 살리라고 보채이는 것'이 그것이다. 죽으려는 또는 죽음을 받아들이는 마음이나 절망의 표백과, 어떻게든 살려는 의지와 집착, 즉 죽음에의 수용/삶에의 집착(죽음의 거부)이라는 상반된 인력이 작용한다.

그런데 '나'는 곧 약을 집어치우고 절제의 요양 시간보다는 금홍이라는 여인의 중력에 이끌리는 성적 몰입에 빠져든다. 이러한 소모적인 사랑의 선택은 '나'로 하여금 일시적으로는 각혈을 멈추게 하지만[22] 결과적으로는 질병을 더욱 촉진, 심화시키고 악화시키는 작용을 하는 것이다. 공포를 벗어나려는 이러한 관능적 사랑의 소모적이고 자기 방기적인 행위는 신체의 파괴요 죽음에의 유혹에 이끌리는 것에 다름 아닌 행위인 것이다. 결핵 환자에게 있어서 통제를 잃은 과도한 성행위는 끝내는 생명을 소모시키고 쇠잔, 파괴시키는 행위와 다름없다. 그럼에도 재생보다는 죽음과 연계된 사랑에만 골몰하는 상황은 분명 패러독스, 즉 역설이다.

그리고 '나'와 금홍 간의 소모적이고 절망적인 사랑의 관계에는 「날개」의 경우에서와 마찬가지로 사랑과 매춘이 공존한다. '나'와 금홍 간의 사랑에 빠지기에는 '노름채'라는 거래의 돈이 전혀 개입되지 않는 상태이지만, 부유한 유야랑 우(禹)나 **변호사 C**와 금홍이와의 매춘 관계에 있어서는, 돈의 본질 속에 매춘의 본질이 있다는 짐멜G. Simmel의 『돈의 철학』에서의 지적과 마찬가지로, 거래를 표상하는 돈이 유용하게 개입하거나 작용하고 있다. 매춘부에게 있어서 돈은 교환가치의 유용한 매체인 것이다. 그래서 '주는 사람──지급되는 돈──받는 자'의 관계가 분명하게 제시된다. 그런데 '나'는 작부인 금홍을 사랑하면서도 몸을 파는 그녀를 우(禹)와 C에게 매춘 대상으로 권하여 열성적으로 이끌어들임으로써, 상품으로서의 금홍이가 몸을 파는 돈벌이에 중개자로서 공조하고 의존자가 된다. 여기서 사랑과 결혼의 비정상적인 도착 구조는 물론, 돈의 변칙적인 거래에 얽힌 이득과 수익과의 공생 관계라는, 이상 문학에 있어서의 남과 여 또는 부부 관계의 특이한 파행 공식이 다시 제기된다.

사실 이상의 문학에서 여인과의 관계는 「날개」나 「봉별기」 등에서 보는 것처럼 남성적 마조히즘male masochism 현상과 기둥서

---

[22] 본문에서 이 상황은 '못난 소린 듯 하나'라는 조건절이 전제되어 있다. 수전 손택의 『은유로서의 질병』에서도 '사람들은 결핵에 걸리면 정욕이 넘쳐나게 되고……'나 '오늘날 몇몇 사람들은 한때 결핵 치료법으로 성교가 권장된 것과……「비둘기의 날개」를 보면 결핵에 걸린 여주인공 밀리 시인의 의사가 그 치료법으로 연애를 권유하는 장면이 나온다'는 지적이 있기는 하다.

방처럼 방조하고 기대어 사는 의존성과 함께 매춘과 돈의 조정 기능으로 중심을 이룬다. 무능한 지식인 남자/돌보는 여자의 배치 관계에 있어서의 대칭구조――그래서 절름발이나 파행(跛行)으로 흔히 모티프화하거나 비유되는――이다. 이런 구조 아래에서 남성은 사랑하는 여성의 보호 아래 있으며 의존과 쇠약이라는 조건에 있는 남성은 생식력virility의 감축화 내지 거세 현상을 보이게 된다.

「봉별기」는 허무한 남녀 관계의 본질이 그 주제이다. 떠남(외출)의 모티프와 돌아옴의 모티프가 반복되고, '아내'이며 동거하는 내외로서의 가족이면서도 정조의 도덕적 의무나 현상이 배제되어 있는 전도된 상태의 관계이다. 따라서 「봉별기」에서 거듭되는 결별의 결정적인 이유는 각혈하는 병자/몸을 팔아야 하는 창부라는 관계 및 '나'의 무능력/금홍이의 창부(매춘부)로서의 생태성이라는 어긋나는 관계 구조 속에 본질적으로 내재되어 있다. 서울에서의 동거 생활이 시작됨으로써 만남과 헤어짐의 관계도 시작된다. 금홍이는 동거 관계의 '아내'나 '내외'라는 비경제적 관계 또는 돌봄 상태에서 '오락'과 '사업'으로 대칭되는 매춘을 지향하는 행위로 이끌리거나 옮겨가고자 하는 것이다. 부부나 가족 시스템의 해체 현상이다.

매춘부의 욕망이란 매춘을 통한 금전적 거래에의 욕망이 일차적인 것이다. 작부 출신인 금홍이의 삶을 이루는 공간 모티프는 '안(가정)'과 '밖(매춘 공간)'의 이중 공간이며 그녀는 이 '안과 밖'의 세계를 거듭 왕래하는 것이다. 금홍이는 늘 잠만 자는 '나'와 동거하는 생활에 염증을 느끼고 다른 남자와 함께 가출해 버리고 돌아오고 다시 가출하고 마침내 '나'와 헤어진다. 남녀 관계란 이렇게 허무한 것이다. 이에 비해서 잠만 자고 무력한 상태의 '나'는 금홍이에 대해서 유아적으로 도착된 상태이다.

금홍이는 겨우 스물한 살인데, 서른한 살 먹은 사람보다도 나았다. 서른한 살 먹은 사람보다도 나은 금홍이가 내 눈에는 열일곱 살 먹은 소녀로만 보이고 금홍이 눈에 마흔 살 먹은 사람으로 보인 나는 기실 스물세 살이오. 게다가 주착이 없어서 똑 여남은 살 먹은 아이 같다.

어른 같은 여자와 아이 같은 남자의 불균형한 동거 관계이다. 아이 같은 남자는 어른 같은 여자가 벌어다 먹여 살려야만 하는 의존적 존재이고, 남자는 먹고살기 위한 여자(금홍)의 사업(매춘)에 편의를 돕기 위해서 내 방까지도 개방하고 여자의 외출(외도)을 묵인하고 방조하는 기이한 공조적 관계인 것이다. 이런 양육의 관계는 경우에 따라서는 환자-간호사의 관계로 치환되기도 한다. 이런 공조적 관계에서 만남-헤어짐을 반복하던 양자는 끝내 헤어짐으로 끝나고, 이야기는 생활 전선에서 금홍이의 불 지르고 싶다는 정서적인 방화(放火)의 노래로 끝맺음한다.

결핵이라는 현실 앞에서 '사랑하는 금홍이' '금홍이를 사랑하는 데만 골몰' '사랑의 힘' 및 '참 사랑했다' 등의 남발된 표현처럼 '사랑'이라는 소모적이고 위안적인 형태인 몸의 삶에만 매달림으로써 결국 철저히 소모적인 개인인 '나'는 병이 호전되거나 회복되기커녕 시간의 흐름과 더불어 '중병'이 되고 '생존'이 불가능할 정도로 황폐하여 생을 탕진하고 낭비해버리고 있는 것이다. 여기에서의 결핵은 문자 그대로의 소모 consumption이며 탕진이다. 삶도 건강도 이렇게 소모되는 것이다. 그래서 결론적으로 지적해서 이상 작품에서 각혈이나 결핵은 생의 실존적 위협인 동시에 근대적 삶에 내재하는 소모성의 은유이며 시적 방법론이다. 좀 더 구체적으로 지적하면 각혈은 이상에게 죽음의 공포로 작용하는 실존적 위협이며 1930년대 식민지 조선의 육체이며 병든 사회와 허약해진 남성성의 은유이다. 그리고 병리적 경험의 근거 위에서 창조적 충동으로 이끌게 하는 시적 방법론이다.

이러한 이상의 각혈이나 결핵의 의미를 초기 자본주의의 소모적 마이너스적 측면을 드러내기 위한 방법론적 메타포로서[23] 해석하는 관점이 상당히 일반화되는 추세이다. 이상 문학의 본질로서 결핵을 주목한 이런 해석은 분명 의미 있는 해석이다. 그러나 '초기 자본주의의 마이너스적인 측면인 낭비, 소모의 메타포'라는 이 같은 지적이나 평가는 수전 손택의 『은유로서의 질병』의 동일한 논리를 그대로 수용하거나 따른 것인지, 독자적인 해석인지 그 예증과 증명의 근거가 분명하지 않다. 그리고 '이상에 있어서의 결핵은 방법론으로서의 결핵'이라고 지적함에서 '방법론'이 구체적으로 무엇을 지칭한 것인지 모호하기는 마찬가지다.

— 결핵은 **방법론으로서의** 결핵이었던 것이다.
— **방법으로서의 결핵**, 그것이 이상 문학의 본질이다. 이상 문학이 **방법으로서의 문학**이라 할 때 거기에는 결핵이 놓여 있다.
— 이상 문학의 **방법론**이 19세기식 초기 자본주의의 마이너스적 측면에 관련된 것으로 파악된다는 사실이다. (강조는 필자)

'방법론으로서의 결핵'은 무엇이며 또 '방법으로서의 문학'은 무엇인가. '방법론'은 무엇이고 또 '방법'은 무엇인가. 이는 독자들로 하여금 말장난 같은 개념의 착종 현상에 빠져들게 한다. 이 점에서 차라리 막연한 '방법론'이기보다는 수사를 위한 '시적 방법론'이나 인지 표현 형태로 규정되는 것이 더 온당할 것이다.

「봉별기」에서 우리가 끝까지 주목하게 되는 것은 각혈의 상태를 전제로 하고 매춘·돈·매춘부와 동거하는 병들고 무력한 남자의 상황과 그것들이 형성하는 왜곡된 관계의 의미 작용이다.

이상에 있어서 각혈 또는 결핵의 수사학은 각혈로 인한 자신의 실존적 위협의 징표로서는 물론 결핵이 만연된 1930년대 식민지

---

23 김윤식, 「메타포로서의 결핵」, 『90년대 한국 소설의 표정』, 서울대 출판부, 1994, p. 148. 수전 손택은 『은유로서의 질병』에서 "결핵은 19세기의 경제적 인간이 저지르는 부정적 행위 즉 쇠잔, 낭비, 에너지의 탕진을 요약해놓은 듯한 상징을 통해 묘사됐다"고 지적한다. p. 95.

시대의 자기 소모적이고 비정상적이며 의존적인 삶의 병리 상태와 신체적 병약성의 암시를 위한 시적 방법론과 은유로서의 기능을 지니고 있다. 결핵은 이제 더 이상 미화된 하얀 병이 아니다.

3. 김동리의 「두꺼비」—역설과 반전의 수사학

각혈에 대한 친화력은 30대 작가인 이상이나 최명익의 경우에 더욱 역연한 것이 사실이지만, 「무녀도」(1936), 「황토기」(1939)의 작가로서 시대성보다는 초시대성을 지향한다고 평가되는 김동리의 작품 세계에서도 각혈에의 병리 애호적 미학을 마찬가지로 찾아볼 수 있다. 김동리의 동시대 작품에서 각혈의 증상을 수용하고 있는 것이 「두꺼비」(1939)[24]와 「오누이」(1940)이다. 이 가운데 「두꺼비」는 해방 후의 작품인 「윤회설」(1946)과 서사적 지속의 연계 관계를 지니고 있어서 동리 문학이 지닌 시대성을 조명하는 중요한 단서나 근거가 되는 작품이다.

「두꺼비」는 서사 구조에 있어서 두꺼비와 각혈을 연계 짓는 시작과 결말의 환상(環狀) 구성으로 이루어진다. 하나의 뱀이 꼬리를 물고 있는 또 하나의 반복적인 똬리 형국의 구성인 것이다.

> 능구렁이에게 먹히는 두꺼비의 이야기를 듣던 날 종우(宗祐)는 처음으로 각혈(咯血)이란 것을 하게 되었다. (시작 부분)
>
> 그의 머릿속에 왕래하는 것은 정희도, 그의 삼촌도, 누이동생도 아무도 아니요, 눈에 보이지도 않는 어떤 검은 수레바퀴였다. 수레바퀴에는 문득 붉은 피가 묻어 돌아갔다. 그 피에서는 결핵균을 가득 가진 두꺼비 새끼들이 무수히 준동하고 있었다. 벌건 능구렁

---

[24] 『조광』 1939년 8월호. 작가는 검열에 의해서 삭제, 소실된 것으로 판단하고 1962년 재집필하여 『꽃이 지는 이야기』에 수록.

이를 코끝에 들이대며 '어제 이놈 죽어서 마디마디 두꺼비 새끼가 나오는걸입쇼. 아주 불개미 떼같이 가맣게 나는뎁쇼' 하던 강서방의 목소리를 지금도 오히려 귀로 들으며 그는 그 길고 캄캄한 골목에서 정희의 검정 치마만 보고 질질 미끄러지는 것이었다. (결말 부분)

이에서 보듯이, 두꺼비와 능구렁이 이야기는 민속적인 하나의 속신(俗信) 사고에 근거하고 있다. 두꺼비는 능구렁이에게 잡아먹힘으로써 그 마디마디가 다 새끼가 되어 후손을 번식시킨다. 민간의 속설적인 믿음이다. 이런 속신 사고나 집단적 지식 체계는 김동리의 「까치 소리」(1966)에서도 아침 까치 소리(길), 저녁 까치 소리(흉)로 활용되지만, 이런 속신 체계를 전경화하거나 끌어들여서 서사의 종말론적 구도를 짜는 것이 김동리다운 서사적 상상력 내지 마술적 리얼리즘의 특이함이다.

이런 능구렁이나 두꺼비 이야기를 강서방한테서 듣는 날로부터 발단된 주인공 종우의 각혈 상태는 서사적 진행 과정에서 여러 번 반복된다. 그런데 특이한 것은 이 각혈에 대한 종우의 반응이다. 종우는 결핵이나 각혈을 무서워하거나 두려워하는 것이 아니라 오히려 즐기거나 향락하거나 황홀한 쾌감으로 받아들이고 있는 것이다. 그리고 각혈을 휴식과 해방의 징표로 받아들이기도 한다.

흰 수건이 별안간 새빨간 피로 젖었을 때, 이때의 그의 즐거웠던 감격은 그의 일생을 두고 또 다시없는 생명의 은총으로 내내 기억되었다.

그는 그 각혈로 말미암아 참으로 여러 해 동안의 몸부림과 아픔에서 어떤 의미의 휴식과 해방을 얻을 수 있었고……

그는 그의 삼촌 집에서 돌아오자 또 부지런히 피를 토해내었다.

그것은 이제 그에게 있어서 아픔과 같은 향락이었다. 처음으로 자기의 흰 수건이 그 붉은 것으로 젖을 때 그것을 보던 때의 그 황홀한 쾌감, 자기의 구구한 죄악이 홀연히 다 씻기는 듯하던 그 감격과 은총 대신 이제는 다만 눈에도 보이지 않는 그 어떤 부자연—기실 자연이라는—에 대한 조소와 저주로서의 향락이 있을 따름이었다.

이렇듯 각혈을 공포가 아니라 황홀한 쾌감이나 향락으로 받아들인다. 이 역설을 이해하려면 먼저 주인공 종우가 처한 상황이나 정신적 상태를 이해할 필요가 있다. 감옥에서 죽은 민족주의자 아버지로 인해서 종우는 누이동생과 함께 삼촌의 집에서 기식하고 있는 각혈 상태의 청년 지식인이다. 그는 그즈음 그가 일을 보고 있던 학원이 인가 취소되고 이와 전후하여 그의 벗들이 사상 전향을 하자 일시에 생활의 이데아가 뒤집힘을 겪으면서 아픈 멍에를 깨닫고 술을 퍼먹고 구르는 상태에 침몰해버린다.
이에 더하여 열렬한 민족주의자(소승주의자)이자 예수교인으로서, 옥사한 형의 뒤를 잇는 작업에 정진하던 삼촌이 전향하여 시국에 영합하는 위선적 박애주의(대승주의자)로 변신해버리자 종우는 견디기 어려운 허탈감에 빠져든다. 이러한 상태에서 술집 매음부인 정희를 만나며 종우의 센티멘털리즘은 그녀를 구출하는 일로 이어진다. 정희로 하여금 타성적 죄악에서 벗어나게 하려고 삼촌의 동의를 얻은 뒤 신변의 모든 것을 긁어서 정희가 조용하게 늙을 수 있을 만큼의 돈을 만들어주어서 고향으로 내려보낸다. 그러나 그렇게 재생의 길을 열어주었던 정희는 다시 상경하게 되었고, 종우는 계속 부지런히 피를 토하면서 거기서 아편과 같은 황홀한 향락을 느끼던 단계에서 정희 때문에 체면과 명분만을 생각하면서 정희로 하여금 카페 여급도 못하게 이면적으로 술책과 위협을 하는 삼촌의 허영과 위선에 당면하는 단계에 이르기까지 각혈에 저주와 조소로 반응하는 것이다.

작품의 시대적 배경은 창작 시기와 일치하는 1930년대 말이다. 본문의 경성역두(驛頭)를 진동시키는 '만세' 소리, 삼촌의 손에 잡힌 '일장기'와 같은 서사 요소로 미루어보면 분명 이 시기는 동아 침략 전인 1937년 중일 전쟁을 전후하여 일제의 식민지 정책이 전시 체계로 파시즘으로 전화하던 시대이다. 작가는 본문에서 이런 시대의 행태적 성격을 '전향'[25]으로, '생활의 이데아가 뒤집히는' 전도의 시대로 규정한다. '전향'은 사상적인 전회이며, 지향의 변화를 의미한다. 협의의 개념에서는 공산주의 운동을 중단함을 뜻한다. 그래서 친구들이 전향을 하고, 민족주의자였던 삼촌이 시국에 영합하는 친일적 대중주의자로 전향한다. 말이 좋아서 전향이지 분명 그것은 자기 상실이며 변절인 것이다. 주인공 종우가 체험하는 시대적 상황은 바로 이 같은 가치의 전복과 함께 붕괴와 파멸의 종말론적인 상황이다. 종말론 또는 종말의식이란 현실적으로 체험하는 상황에 대한 철저한 절망감이나 몸부림과 아픔의 확인이다. 이러한 상황에서 종우는 건강해지기보다 스스로 결핵을 불러들이고 각혈을 황홀한 쾌감과 저주로서의 향락으로 받아들인다. 이것은 역설적이게도 질병으로서의 각혈 상태가 부패한 건강보다 더 건강할 뿐 아니라 인간적인 현상을 더 고귀하게 귀속시킨다는 사유에 근거하고 있는 것이다. 토마스 만이 영혼과 지성의 확실한 달성은 질병과 불건강성 없이는 불가능하다고 한 견해와 일치한다. 이는 아픈가? 건강한가?의 질문에서 건강한 것이 불건강한 것이고 불건강한 것이 오히려 건강하다는 기묘한 역설적 해답이다. 이 구도는 종우와 삼촌의 서로 다른 삶의 대립과 갈등 양상에서 구현된다. 삼촌과 종우는 철저히 상호 대립되어 있다. 특히 종우에게 있어서 변절한 삼촌이라는 존재는

---

25 이 전향에 대한 논의로는 다음과 같은 글이 있다.
- 김동환, 「1930년대 한국 전향소설 연구」, 서울대 석사논문, 1987.
- 이경훈, 「전향소설론」, 『청하 성기조 선생 화갑 기념 논문집』, 신원문화사, 1993.
- 후지이시 다카요, 「1930년대 후반 한국 전향소설 연구」, 서울대 국문과 석사논문, 1997.

의혹의 대상이며 불신과 혐오의 대상이다. 그래서 삼촌은 자신의 전향이 결코 변절이 아니라 정당한 발전이라는 걸 확인시키려 하지만, 종우는 삼촌에 대한 멸시와 반발 때문에 악마와 같은 배짱으로 향락해보려고 하고 또 허영과 위선에 찬 삼촌의 실리적 상식을 저주하려고 한다. 그런데 전향한 삼촌은 건강하지만, 그와 대립되는 소승적 견지를 지니고 암울한 상황에 반응하는 종우는 각혈을 하는 것이다.

그는 그의 삼촌 집에 돌아오자 또 부지런히 피를 토해내었다. 그것이 이제 그에게 있어서 아편과 같은 향락이었다. 처음으로 자기의 흰 수건이 그 붉은 것으로 절었을 때 그것을 보던 때의 그 황홀한 쾌감, 자기의 구구한 죄악이 홀연히 다 씻기는 듯하던 그 감격과 은총 대신 이제는 다만 눈에도 보이지 않는 그 어떤 부자연—기실 자연이라는—에 대한 조소와 저주로서의 향락이 있을 따름이었다.

여기서 각혈의 의미는 분명해진다. 각혈은 종우와 등가화됨으로써 동시대의 형태의 동향은 변절한 건강한 삶에 대립되는 아픈 고뇌와 양심적 행태의 징표로서 의미를 갖게 되는 것이다. 이는 아픔의 징후를 자극하는 것, 그것이 더 인간적이고 가치 있는 것이란 의미의 함축이다. 각혈은 대자적인 쾌감과 함께 대타적인 복수로서의 양의성을 지니고 있는 것이다.

그런데 이 「두꺼비」에서 우리가 결코 간과해버릴 수 없는 것은 현실 절망 상태와 실존적인 종말로부터의 반전의 비전이 암시되고 있다는 점이다. 이것이 두꺼비나 능구렁이에 관한 속신적 사고 체계를 알레고리로 도입하는 근본적인 이유인 것이다. 이 속신에는 상황의 반전(反轉)이 전제되어 있다. 두꺼비가 능구렁이에게 먹혀 죽는 것은 분명 일차적으로는 파멸이고 죽음이다. 그러나 이 죽음을 통해서 오히려 무수한 두꺼비가 재생된다는 사실은 반전의 상황이다.
 이 반전의 비전이 마지막에서 종우의 환영이나 환각을 통해 전화된다. 환시와 환상에 의한 반전 현상이다.

 눈에 보이지도 않는 어떤 검은 수레바퀴였다. 수레바퀴에는 문득 붉은 피가 묻어 돌아갔다. 그 피에서는 결핵균을 가득 가진 두꺼비 새끼들이 무수히 준동하고 있었다.

 여기서 초월론적인 지평을 지향하는 시간의 궁극적인 반전에의 비전이다. 여기서 능구렁이와 등가화되는 '수레바퀴'는 변전과 소멸, 생성과 유린의 원리와 냉엄한 법칙성을 지닌 역사의 순환적인 수레바퀴인 것이다. 그리고 '결핵균'은 병균이 아니라 종우와 같은 존재를 유전하고 있는 후속적 개체들을 위한 비유적 의미를 띠고 있다. 그래서 해방 뒤의 작품으로서 이「두꺼비」의 연속편인「윤회설(輪廻說)」의 시작은 역사의 순환 원리가 다음과 같이 암시된다.

 두꺼비를 잡아먹은 능구렁이는 과연 죽었다. 그러나 그 죽은 능구렁이의 뼈마다마다 생겨난 그 수많은 두꺼비의 새끼들은 그 형제들은, 또 서로 싸우고 서로 미워하기 시작했다고 생각하였다.

 김동리는 이같이 죽음과 질병의 모티프에 특별한 집착을 갖는다. 그의 작품「우물 속의 얼굴」(1970)은 아이들에게 가장 흔한 질병인 홍역을 제시한다.

 ## 4. 김유정의 결핵: 가난의 표상으로서의 결핵

 이상과 김유정은 동시대의 작가로서 기묘하게도 폐병으로 비슷한 시기에 요절한다. 그러나 이 두 작가의 작품에서 제시되는 결핵은 동시대임에도 불구하고 전혀 다른 모습이다. 김유정의 작품에서 결핵이 등장하는 것은 「만무방」(1935)이다. 여기에는 결핵을 지적하는 '폐병'이나 '결핵' 또는 '각혈'이라는 용어가 전혀 등장하지 않고 『동의보감』과 같은 한방의 옛 이름인 '노점'으로 제시된다.

그러나 이 병이 무슨 병인지 도지 모른다. 의원에게 한 번이라도 변변히 뵈본 적이 없다. 즉 안다는 사람의 말인즉 노점이니 어렵다 하였다. 돈만 있다면야 노점이고 염병이고 알 바가 못 될 거로되 사날 전 거리로 쫓아 나오며
"성님!"
하고 팔을 챌 적에는 응오도 어지간히 급한 모양이었다.

여기서 '노점(癆漸)'은 결핵의 전통의학 명칭이다. 노채(癆瘵) 또는 허로(虛勞, 부족증)라고도 일컫는다. 그것마저도 병자의 증상이 병원에서 의사에 의해 바르게 진찰된 상태가 아니고 민간적 추찰에 의한 것이다.

「만무방」은 김유정의 단편 가운데 가장 긴 작품으로, 윤지관이 '소작인의 참상, 지주와의 갈등, 이농의 현실, 노름 따위의 당대 농촌 사회의 모습을 비교적 총체적으로 포착'[26]하고 있다고 적절히 지적한 것처럼 문학사회학적인 관점에서 식민지 시대의 농민의 궁핍한 삶에 대한 총체적 발견이란 점에서 의의 있게 주목할 작품이다. 식민지 농업정책하에서 몰락해버린 농민의 일그러진 모습을 응칠, 응오 형제의 대비적 삶에다 초점화한 이 작품에서, 착실한 농민으로 제시된 응오의 병든 아내는 민간의로서 안다는 사람의 말로는 '노점'의 상태이다. 이런 병자의 모습은 '가쁜 숨

---

26 윤지관, 「민중의 삶과 시적 리얼리즘」, 『김유정 문학의 전통성과 근대성』, 전신재 편, 한림대학교 아시아문화연구소, 1997, p. 227.

소리' '색색하다가 아이구 하고는 까부러지게 콜록거린다' '가래가 치밀어 몹시 괴로운 모양' '병약한 아내' '방바닥에 늘어져 꼬치꼬치 마른 반송장' 등의 상태로 묘사되고 있다. 이것은 결코 낭만화된 결핵의 이미지가 아니다. 아름답거나 우아하거나 고결하거나 탈속적이거나 창백, 세련된 것으로서의 이미지도 아니다. 돈이 없고 가난하기 때문에 의사의 진단도 받지 못하는 상태의 추루화된 빈민의 질병인 것이다. 이런 노점 또는 부족증의 증세는 그의 작품 「따라지」에서도 제시된다. 따라서 김유정 작품에서 결핵은 부자나 지식인 또는 세련된 젊은 여성들에게서보다는 가난한 사람들에게서 흔하게 나타나는 질병이다. 이것은 결핵이 더 이상 고양된 감성들과 연계되는 것이 아니고, 오히려 가난과 영양 및 환경적 열락성과 연계됨을 드러낸다. 즉 결핵은 궁핍의 질병적 비유인 것이다. 결핵을 둘러싼 낭만적으로 미화된 환상이 깨어진 상태인 것이다.

　사실, 식민지 치하에 있어서의 농촌 사회의 궁핍화 현상을 노름·수탈·매춘·일확천금의 꿈 등으로 모티프화하거나 주제 양상으로 압축하고 있는 김유정의 작품에서 보편적인 조건은 가난의 조건이다. 이 조건이 모든 민중의 행동양식과 행태를 규정하며 제한하고 가두는 요인이 된다. 그래서 가난의 서사학인 김유정의 작품 세계는 근원적으로 속는 순진 바보 열전의 세계이면서 웃음과 희화적으로 그려진 사회적 병리성의 세계이다. 식민지 치하의 농촌 사회에 내재한 사회적 병리성을 기존의 독특한 해학의 미학에서 떨어져서 투명하게 응시하고 있는 것이 이 「만무방」이다. 아이러니의 구조와 함께 전대 문학이 제시한 인간상으로서의 의적(義賊) 또는 반항자 모티프의 잔영이 투사되기도 한 이 작품에서 그러한 가난의 사회적 병리성의 한 양상을 신체적으로 형체화corporality한 것이, 검진도 치료도 되지 않는 상태인 응오 아내의 '노점' 즉 결핵의 전염 상태인 것이다. 작자인 김유정은 바로 이 결핵으로 운명한다.

이처럼 1930년대 우리 작품에 뚜렷이 나타난 신체성의 징후 현상 가운데 하나가 결핵이다. 그리고 이 결핵은 초기의 낭만적인 이미지나 은유와는 아주 다른 가난한 현실의 징후학적 상징으로서 반응하는 것이다.

한편, 이북명(李北鳴)의 「요양원에서」(1936)는 표제 그대로 요양원의 병실과 각혈 현상이 제시된 작품이다.

— 계순은 두 번이나 각혈을 하였다.
— 계순은 Y에서 들어오자 두 번씩이나 각혈을 하였다.

1930년대의 통제와 검속 하에서의 비밀스러운 사회주의 운동을 서사화한 이 작품에서 주인공인 계순의 각혈 상태는 더 이상 하얀 사랑병의 수사학으로 제시되지 않는다. 생활의 빈궁과 물질적인 결핍 현상에 대한 가장 현실적인 이미지나 은유성을 지니고 있다.

제6장
박태원의 도시소설과 병약한 지식인의 신체성

1. 도시소설의 일상성과 보행의 수사학

박태원의 중편소설 「소설가 구보씨의 일일」(1934)은 이른바 고현학(考現學)[1]을 위한 도시 보행의 모더니스트 도시소설인 동시에 소설가소설이다. 그의 장편소설인 『천변풍경』(1936~37)과 함께 한국 현대소설의 영역에 있어서 모더니스트적 글쓰기에 의해서 제시된 일종의 도시소설이며, 1930년대 식민지의 일상성의 대표적 지도상인 '경성'을 그린 도시 서사 텍스트의 대표적 모형이 되는 작품이다. 그래서 보행이나 어슬렁거림(배회)의 행위가 중심을 이루는 산책 또는 소요 peripatetic[2]의 서사이기도 한 것이다.

---

1 이 '고현학(考現學)'이란 용어는 고고학에 대척적인 개념의 현대학으로서 '눈앞에 보이는 생활 가운데 있는 사상사상과 풍속을 대상으로 하여 기록 고찰한다'는 의미를 지닌다. 가라타니 고진의 글 「考現學的志向」과 「地域文化考」에 의하면 이 명칭과 유래는 令和次郎 吉田謙吉 편저의 『考現學採集』(모더르노로지오)(建設社) 『考現學總論』 및 『考現學』(모더르노로지오)(春陽堂)에서 비롯된 것이다. 이에 의하면 1927년(소화 2년) 가을 新宿의 紀伊國屋 서점에서 田邊茂一이 이끄는 고현학 전람회가 열린 것이 고현학이란 명칭 사용의 시작이다. 日本文學新史(現代) 長谷川泉편 至文堂 平成 3년, pp. 369~75 참조. Modernologio는 고현학의 에스페란토 용어이다. 이 용어가 바로 박태원의 이 소설에서 다음과 같이 인용된다. '모데르노로지오를 게을리하기 이미 오래다.' 「소설가 구보씨의 일일」, 문장사, 1938, p. 246. 김윤식이 이를 의식하고 「고현학의 방법론—박태원 중심으로」(1989)에서 '고현학'을 논의한 것이 국내 논의의 단초가 되었다.

2 Peter Barta, Bely, Joyce and Döblin : Peripatetics in the City Novel, UP of Florida, 1996, preface 및 p. 1. Anne D. Wallace, Walking, Literature and English Culture : The Origins and Uses of Peripatetic in the Nineteenth Century, Clarendon Press, 1993, pp. 11~16. 이들은 '산책자,' '배회자'를 아리스토텔레스 학파들이 소요하 그리

걸으면서 생각하고 보고 관찰하며 이야기하는 행위들의 조합에 의해서 세계와 자신을 바라보는 태도, 즉 '소요적'인 관점을 만들어 내는 것이다. 신체적으로 발과 눈이 강세화되고 보행의 신체적-감각적 경험 회복을 실현[3]시키는 서사 형식이다.

클라우스 쉐르페에 의하면 서구에 있어서 도시 서사는 크게 4개의 양상으로 분화된다. 첫번째 양식은 시골 이상향/도시 악몽 간의 외상적인 대립에서 연유한다. 이전의 평화로우며 주관적인 정체성이, 발달하는 산업 문화에 위협을 받는 현상과 관련되는 양상이다. 두번째 양식은 19세기의 사회비판적 자연주의 소설에 의해서 입증되고 있는 것처럼, 시골-도시 간의 대립이 계급 갈등에 굴복하고 도시의 삶과 경험이 개인과 대중(대수) 간의 대립으로 축소된 것이다. 세번째 양식은 모더니스트의 글쓰기에서 발견되는 현상으로서, '파리의 산책자 flâneur의 숙고적 동작'이 '도시 경험의 상상적 잠재성'을 지적하거나 '미적 주체의 응시 속에 대상을 고정, 확보하면서 자발적으로 파악'하는 것이 그것이다. 넷째 양식은 '기능적 구조적 서사'[4]의 양식인데, 이는 도시가 그 상품과 인간 동향의 역동적 흐름과 관련하여 '제2의 자연'으로서 새롭게 구성되며, 시공간의 자족적이고 보완적인 모형에 따라서 나타나는 것을 말한다. 달리 말해서 도시가 대리의 역할을 하며 텍스트에서 산만하게 서술된다. 쉐르페의 이 같은 분류법은 두 양식이 모두 모더니즘의 징표를 공유하고 있는 셋째와 넷째의 양식 간의 구별에 있어서 비판적인 의문이 제기된다. 그러나 18세기 이후 서구의 사회 역사적 발전에 반응하면서 이루어진 도시 서사

스 peripatos에서 연유된 것으로, 소요학파(학자)라고 명명한다.
3 Maria Kublitz-Kramer, *Frauen auf Straßen: Topographien des Begeherens in Erzähltexten von Gegenuwarts-autorinnen*, William Fink, Verlag, 1995, p. 115. 이를 우리말로 옮기면 '거리 위의 여인들: 당대 여성작가들의 서사텍스트에서의 욕망의 지형도'라는 뜻이다.
4 Klaus R. Scherpe, "The City as Narrator: The Modern Text in Alfred Döblin's Berlin Alexanderplatz" in Annorreas Hoyssen, David Bathrick(eds.), *Modernity and Text: Revisions of German Modernism*, New York: Columbia UP, 1989, pp. 165~67.

의 전개 즉 목가(시골-도시의 대립)→리얼리스트(계급 갈등)→모더니스트(미적 숙고)로의 역사 발전 단계가 체계적으로 함축되어 있는 것도 사실이다. 이런 쉐르페의 단계적 모형을 비서구형의 문학 현상에 그대로 적용하거나 대입시킬 때는 보다 세심한 고려가 따라야 하겠지만, 이런 현상이 1930년대 한국 소설에서도 함께 공존하고 있는 것은 분명한 사실이다. 도시소설『천변풍경』과 함께 식민지 도시 '경성'이란 곳과 그 도시의 일상성을 고현학적·지형학적으로 새기거나 읽는「소설가 구보씨의 일일」은 대표적인 모더니스트 도시 서사로서 세번째 양식이나 네번째 양식과 유사하거나 일치한다. 특히 도시 지각과 경험을 가장 구체적으로 제시하고 있는 작품인「소설가 구보씨의 일일」은 도시와 보행자가 함께 소설의 주인공으로 기능하며 도시의 일상과 거기에 내재하는 징후적 조건의 진단을 함께 제시한 작품이다.

도시 거리 위의 보행은 도시라는 공간 경험의 의미 있는 형태이며 모더니스트 소설의 주요 문학적 주제로서 평가되고 있다. 발터 벤야민의 '거리 산책자 flâneur 이론'을 비롯하여 미셸 드 세르토의 공간적 실행으로서의 '도시 보행론'[5]에 이르기까지 거리 걷기는 도시를 지각하고 경험하며 이해하는 불가결의 방법이나 형태로서 이론화된 것이다. 그래서 피터 바아타는 안드레이 벨르이의 『페테르부르크』, 제임스 조이스의 『율리시스』 그리고 알프레드 되블린의 『베를린 알렉산더 광장』 등 현대 유럽의 모더니스트 도시소설을 규명하면서 이 보행에 중점을 두어서, 현대 도시소설에서 소요학파 peripatetic 또는 소요하는 인물 peripatetic hero이란 용어를 출현시킨다. 이는 아리스토텔레스가 파리파토스 주변

---

[5] 이 용어는 Walter Benjamin의 「Das Paris des second Empire deis Baudelaire」(1938) 등에서 비롯되었음. Michel de Certeau, "Practice of Space" in Marshall Blonsky(ed.), *On Signs*, Johns Hopkins UP, 1985, p. 27. 및 "Walking in the Street" in Simon During(ed.), The Cultural Studies, Routledge, 1993, pp. 151~60. Deborah Epstein Nord, *Walking the Victorian Streets: Woman, Representation and the City*, Cornell UP, 1995, pp. 1~15.

을 걸어 다니면서 제자 등을 가르친 것에서 연유한 것이다. 앞서의 앤 윌리스의 경우에서도 마찬가지이다.「빅토리아 시대 거리 걷기」(1995)를 쓴 데보라 E. 노드Deborah Epstein Nord 역시 19세기 도시문학에서의 어슬렁거림, 산보자(rambler, stroller)의 상(像)을 분석하고 있다.

「소설가 구보씨의 일일」은 바로 우리 현대소설에서 이런 도시 보행의 미적 가치가 펼쳐진 작품으로서, 1930년대의 식민지 수도 경성의 일상성이 각인된 것이다. 따라서 이른바 연속성의 성격을 지닌 '일상생활 소설Novel of everyday life'[6]에 해당하는 작품이다. 즉 일상의 경험이 제시된 소설이다. 일상생활 또는 일상성이란 프로이트의「일상적 삶의 정신병리학」, 르페브르의「현대세계에서의 일상적 삶」 및 드 세르토의「일상적 삶의 실행」 등에서 논의되는 것처럼 그 개념이 다원적이어서 단일화하기가 매우 어렵기는 하지만, 반복적이고 범속화된 삶의 일과(관례)이거나 상품 자본주의의 단조롭고 무의미한 반복 속에 자리하는 도시적 삶의 '나날dailiness'[7]을 의미한다. 이런 일상생활 또는 일상성은 르페브르가 지적하는 것처럼 나날의 끊임없는 연속을 통한 단조함을 포착하기 때문에 그런 일상의 조건의 연속성을 특징으로 하는 것이다. 그렇듯이 표제인「소설가 구보씨의 일일」에서 '일일'은 단 하루를 이야기하는 것이 아니라, 의미론적으로 연속성을 지니고 있는 도시적 삶의 일상으로서의 부수적 나날들을 함축하고 있으며, 구보씨의 입장에서는 권태와 연결되기도 한다.「소설가 구보씨의 일일」은 이와 같은 도시의 일상생활 내지 일상성이 한국 현대소설에서 중요한 조직적 범주로 나타남을 드러내주는 의의를 지닌다. 그래서 도시·일상·권태의 주제와 함께 보행이 주제나 구조에 있어서 중요한 중심적인 기능을 한다. 이런 작품이기 때

---

[6] 이 용어는 Laurie Langbauer, *Novels of Everyday Life: The Series in English Fiction 1850~1930*, Cornell UP, 1999의 중심 용어에서 연유되는 명칭이다.
[7] Laurie Langbauer, 위의 책, p. 5. pp. 129~31.

문에 이 작품에 기울인 해석 차원[8]도 다양하며 또 후대 작가들에 의해서 동명의 작품들이 패러디로 반복되고 있다. 최인훈의「소설가 구보씨의 일일」(1991), 주인석의「소설가 구보씨의 하루」(1995), 오규원의 연작시「시인 구보씨의 일일」등이 그것이다.

2. 문학적 산보자의 등장

'장거리 문장'과 31개의 독특한 서사절로 구성된「소설가 구보씨의 일일」은 무엇보다도 산책자, 배회자 또는 산보자 또는 소요하는 인물 peripatetic hero, 즉 문학적 산보자 literarische spaziergänge[9]를 제시하고 도시적 삶의 일상성과 욕망의 지형도를 그린 작품이란 점에서 그 성격을 뚜렷이 한다. 구보씨는 그야말로 한국 현대소설이 만들어낸 전형적인 문학적 산보자이다. 따라서 무엇보다도 우선 주목되는 것은 이런 문학적 산보자 또는 배회자의 보행이 갖는 구조적이고 주제적인 기능과 의미이다. 보행이나 산보가 중심적인 주제인 점에 있어서는 안드레이 벨르이의『페테르부르크』, 제임스 조이스의『율리시스』및 알프레드 되블린의『베를린 알렉산더 광장』과 동궤의 도시소설이며, 발과 눈이 환유적으로 강조되는 보행의 수사학으로 이루어진다. 한 손에는 단장을, 다른 한 손에는 노트를 들고 식민지 수도 경성의 거리 위를 이리저리 걸으면서 관찰하는 26세의 남성 청년 작가 구보는 분명 전형적인 도

---

8 대표적 논의는 다음과 같다. 김윤식,『김윤식 선집 2 소설사』(1996). 최혜실,「「소설가 구보씨의 일일」에 나타난 산책자 연구」(1988). 나병철,『1930년대 후반 도시소설 연구』(1989). 안숙원,『박태원 소설과 도립의 미학』(1996).
9 Maria Kublitz, 앞의 책, p. 115. '산책자(flâneur)'는 발터 벤야민이「보들레르에 있어서의 제2 제정의 파리」(1938),「보들레르의 몇 가지 모티프」(1939)에서 처음으로 등장한 용어이다. 17세기 후반에 도시의 성장과 함께 등장, 19세기에 두드러진 현상으로 나타난다. 이를 한국 현대소설의 해석에서 적용한 것은 최혜실의「「소설가 구보씨의 일일」에 나타난 산책자 연구」(1988)에서 비롯된다. 이 산책자는 논자에 따라서 배회자 또는 소요자, 산보자, 만보자로 명명되기도 한다.

시의 산보자이다. 보는 자이거나 때로는 엿보는 자인 그는 이른바 문학적인 산보자가 지니고 있는 보편적인 여러 자질들을 충분히 갖추고 있다. 우선 그는 남자이며 시간이 많고 교양 있는 지식인으로서 상업적·관료적 또는 산업적 일에 참여하지 않고 있다. 관찰되는 대상과의 거리를 유지하며 방외자(方外者)로서 서두르지 않고 배회하며 고립을 선택한다. 세부적인 것들을 보면서 호기심에 가득 차서 돌아다니고 알고 이해하고자 하는 욕망에 차 있으며 관찰에서 '레종 데트르(존재 이유)'를 찾는다. 즉 군중과 건물, 반짝이는 불빛들 뒤에 감추어진 도시의 낮밤에서 그 의미의 원천을 찾아내고자 한다. 그는 물질주의 시대에서 더 이상 안온함을 느끼지 못하고 세상에 속해 있지 않는 개성이 강하고 고립된 관찰자로서, 사회 도덕적 문제에 있어서 다소 풍자적인 어조를 띠고 있다. 그리고 자신을 세속적인 다른 사람들과 다르며 우월하다고 생각하며, 병약함에도 불구하고 자신은 다른 사람들에 비해서 건전하다고 생각하고 있다. 거리 산보자인 그는 작가이며 지식인이다.

　이런 도시 보행자로서의 구보의 보행의 궤적 내지 공간 이동의 지도는 다음과 같이 이어진다. 집-광교-천변길-종로네거리-화신상회(백화점)-전차(안)-종묘-대학병원-약초정-본전통-조흥은행 앞-장곡천정(長谷川町)-다방-활동사진관-부청 대한문(大漢門)-서소문정-남대문-경성역-조선은행-다방-종로경찰서-대창옥(大昌屋)-황토마루-다방-낙원정(樂園亭) 카페-종로네거리-집으로 이어진다. 이러한 도시의 지명과 거리 명칭, 교통수단 및 지각 대상으로서의 건물 등을 제시하면서 경성 풍경의 도해적 스케치이자 지형도가 이루어진다. 구보는 거리 산보를 통해서 거리의 많은 군중과 근대적인 교통수단과 도로망의 네트워크 및 변이가 이루어지는 도시의 건물 등 여러 상황과 만나게 된다. 시각적 현실에 대한 관심은 다양하다. 백화점 승강기를 기다리며 네댓 살의 아이를 데리고 있는 젊은 내외, 안전지대에서 전차를 기다리는 군중들, 차중에서 선보았던 여인과의 우연한 마주침, 두 무릎 사이에 양산을 끼고 앉은 젊은 여자 엿보기, 남녀의 근대적 공유 공간인 다방에서 본 근대적 고아(高雅)함을 모르는 군인들, 포도 위의 그 사내, 식민지 도시의 관청 건물인 부청(府廳) 맞은편에 있는 빈약한 옛 궁전 대한문, 영락한 옛 동무와의 마주침, '도시의 항구'이며 현관인 경성역 삼등 대합실의 군중──노파, 중년의 시골 신사, 병든 노동자──과 개찰구에 서 있는 낡은 파나마에 모시 두루마기, 노랑 구두를 신은 무직자, 끽다점에서 본 비속하고 교양 없는 전당포집 둘째 아들, 월미도로 쾌락을 즐기러 가는, 황금에서 행복을 찾는 남녀, 구두닦이, 시인이면서 신문사 사회부 기자인 벗을 보거나 마주친다. 이들은 모두 낮 시간에 마주친 정경들이다. 그리고 그다음은 관찰과 지각이 낮과 밤으로 교차한다.

황혼이 되면서부터 다료에서 건강하고 화미한 여자와 마주 앉아 인단용기(仁丹容器)와 로오도(깔대기) 목약(目藥)과 같은 새 상품에 매혹된 네오필리아의 청년을 엿보기도 하며, 황혼의 어둠과 더불어 종로네거리에 나온 매춘부, 즉 '노는계집'들의 무리들과 그들의 세상살이에서 불안정한 걸음걸이를 보기도 한다. 이때 여성의 몸이 '다리'로 분편화되어 제시된다. 그래서 구보씨의 관찰은 때로 관음증적인 엿보기의 성격을 지니기도 한다. 도시 다방에서 무지하고 방약무인한 선배인 생명보험회사 외판원을 만나기도 하며 친구와 함께 밤거리를 걷고 여급 대모집 광고가 붙은 카페에서 생활고로 인한 극빈 상태에서 전락의 계기에 선 소복한 아낙네, 그 안의 여급들과 어울리다 구보는 밤늦은 오전 두 시에 비로소 '나의 생활'인 좋은 소설 쓰기를 다짐하면서 어머니가 있는 집으로 발길을 돌린다. 구보의 도시 엿보기에서는 특히 여성 읽기가 두드러진다. 결말은 결국 거리가 아닌 어머니, 즉 모성 에로의 보행이며 작가로의 귀환이다. 산보로서의 도시 보행은 이로써 마침내 마감된다. 이렇듯 구보는 보행과 관찰의 지각을 통해 도시 공간에서 도시인의 온갖 일상적인 삶의 생태와 풍경들과 여인들을 만나면서 낮과 밤(야간)의 생활을 함께 경험하는 것이다. 특히 스쳐 지나가는 매춘부 등 거리 여인들의 이미지는 거의 덧없거나 영속적인 결함이 있는 도시 생활의 이미지와 부합된다. 그리고 남성들은 물질 지향적이다.

3. 경성, 그 식민지 수도의 교통과 건물

구보의 보행에서 관찰되거나 제시되는 대상은 사람들만이 아니다. 도시를 이루고 있는 교통수단과 건물(건축)이 도시의 상(像, 아이콘)을 제시하는 긴요한 역할을 하고 있기 때문이다. 근대 도시적 네트워크로서의 교통 형태와 관계되는 것이 전차와 전차 선로와 방향들, 경성역(개찰구, 대합실)이며 건축물은 화신상회, 종로백화점, 경성운동장, 조선은행, 부청(府廳), 대한문, 경성역, 종로서, 도청, 체신국, 조선호텔, 그 밖에 총독부병원, 대학병원, 다방(다료), 카페, 신문사 등이다. 모두가 도시의 근대적인 변화와 전이를 표상하는 지도적 장소화의 사항들이다.

우선 경성 시가의 새로운 교통수단인 전차의 경우, 시가 전차는 근대적인 도시로 변모하는 1930년대 식민지 도시 경성의 교통 체계를 제시하는 중요한 일렉트로—메커니컬한 네트워크의 징표이다. 전차는 도시의 변화와 팽창, 시민들의 삶의 이동 동선 그리고 연계성을 표상하는 것이다. 1898년 첫 개통 이래,[10] 전차는 경성의 1920년대 이후 도시의 유동성을 표상하는 현저한 다중적 교

---

10 조선총독부가 간행한 『조선』 102호(1923) 「교통발달호」에 의하면 전차는 1898년 초에 외인 계획하에 자본금 겨우 30만 원의 회사에 의해서 전등, 가스사업과 함께 경영되기에 이르렀다. 당시 종로를 중심으로 동은 동대문을 거쳐 청량리로, 서는 서대문을 거쳐 경교(京橋)에 이르는 단선 궤도의 포설을 착수, 동년 4월 운전을 시작하였다. 경영 당시는 소형개방식 37인승 겨우 37대에 불과했으나, 점차 개선을 도모하여 1923년에는 50인승 94대, 37인승 30대 등 124대를 운전하기에 이르렀다. p. 241.

통 형태가 되었다. 「소설가 구보씨의 일일」은 바로 이런 전차가 다니는 도시의 도로와 도시 풍경을 제시함으로써, 도시 생활과 관계된 도시 군중들의 이동과 함께 방향, 정보, 위치, 연계와 공간적 접속을 지도화하고 있을 뿐만 아니라, 변모되는 도시 장면을 스케치한다. 그래서 구보씨는 단순히 거리 위를 보행만 하고 있는 것이 아니라 때로는 전차에 승차를 하면서 도시의 교통 형태와 도시를 관찰한다. 전차의 교통 행태는 도시적 일상생활의 지배적 특징인 것이다.

또 하나의 지각의 대상으로서의 건물(건축)은 근대적 경성의 지배적 경관을 상징하며 전근대로부터 서구 건축 기술의 도입에 의한 근대적 도시화 과정을 보여주는 구체적인 대상이다. 분명 「소설가 구보씨의 일일」에서의 건축 환경이나 상황은 이전과는 다른 것이다. 「소설가 구보씨의 일일」에 제시되는 현대적 건축이나 건물의 파사드로 대표적인 것은 화신(백화점), 부청, 조선호텔, 그리고 경성역, 조선총독부이다. 1930년대의 모더니스트 소설에서 흔히 등장하는 미쓰코시(三越) 등 백화점은 현대 도시의 상품 유통이나 소비로 상징되는 도시의 대표적인 건물이다. 상품과 소비와 구득으로 상징되는 백화점은 동시대의 작품인 이상의 「날개」나 강경애의 『인간문제』 등에도 등장한다. 승강기가 있는 백화점은 도시인의 가족이 함께 거리 나들이를 하고 쇼핑을 하고 식당에서 오찬을 즐길 수 있는 쾌락하고 행복한 근대적 공간이나 장소로 표상된다.

그는 우선 부청(府廳) 쪽으로 향하여 걸으며…… 어디로—구보는 한길 위에 서서, 넓은 마당 건너 대한문을 바라본다. 아동 유원지 유동의자(遊動椅子)에라도 앉아서…… 그러나 그 빈약한, 너무나 빈약한 옛 궁전은, 역시 사람의 마음을 우울하게 하여주는 것임에 틀림없었다.

왜 건물인 대한문이 관찰자인 구보로 하여금 우울한 마음을 갖게 하는가. 그것은 경성의 구조적인 극단 및 엄청난 변화가 만들어낸 대조와 단층적 대립 현상에 대한 감회 때문이다. 어제의 건물인 '대한문'과 오늘의 도시적 건물인 '부청'은 너무도 현저하게 대립됨으로써, 어제의 건물을 격하시키면서 솟은 근대화의 변화 앞에서 전근대의 구시대성에 관한 경험을 떠올리게 하기 때문이다. '대한문'이 옛 조선의 환유인 반면, '부청'은 식민지 수도의 상징이다. 고현학적인 관심에 있어서는 옛 건물의 인상이 빈약할 수밖에 없을 것이다. 그러나 옛 건물에 대한 이런 관심은 또 하나의 다른 의미를 함축하기도 한다. 주권적 주체를 표상하던 옛 대한문과 식민지적 타자로서의 새 부청의 미묘한 마주 보기 vis-a-vis 현상은 이질감과 함께 우울감을 주기에 충분한 여건인 것이다. 그것은 왕조의 몰락 전후기에 등장한 옛 시조들에서 '흥망이 유수하니…… 어즈버 태평연월이……' 하던 처연한 정서와도 상통하는, 나라와 전통의 소멸과 상실을 함축하는 현상이다. 이 '처연한' 대한문과의 대좌를 이루는 경성부청은 1926년, 조선호텔은 1913년 4월부터 1914년 9월까지 각각 건축된 것이다.[11]

다음은 경성역이다. 「날개」의 이상과 마찬가지로, 도시 산보자인 구보 역시 빠지지 않고 경성역으로 간다.

약동하는 무리들이 있는 곳으로 가고 싶다 생각한다. 그는 눈앞에 경성역을 본다. 그곳에는 인생이 있을 게다. 이 낡은 서울의 호흡과 또 감정이 있을 게다. 도회의 소설가는 모름지기 이 도회의 항구와 친하여야 한다. 그러나 물론 그러한 직업의식은 어떻든 좋았다.

도시적 삶의 전형이 대량적인 인구의 유동이라면, 이러한 거주

---

11 한국건축가협회, 『한국의 현대건축 1876~1990』, 기문당, 1994 참조.

의 장소가 아니라 대량의 인구 유동이 가장 활발하게 이루어지는 공간이 바로 정거장이다. 그래서 정거장은 유입과 떠남의 '현관'이나 '항구'로 비유되거나 도시의 중심 상징이 된다. 이 경성역은 1923년의 총독부 잡지 『조선』의 「압록강 교량, 조선호텔 및 경성역의 건조에 즈음하여」[12]에 의하면, 1922년 4월에 기공, 1923년 8월에 준공 예정이었으나 전해의 수해와 동경의 대지진으로 재료 배급의 지장이 있어 준공이 다소 연기됨으로써 2년 뒤인 1925년 9월에 준공된 것이다. 이런 경성역은 이상의 「날개」에 나타나는 것처럼 1930년대의 모더니스트 도시소설에서 근대성의 장소로서 경성의 중심 도시 풍경으로 재현된다. 「소설가 구보씨의 일일」은 바로 이런 경성역을 배경으로 하여 냉담한 인간관계, 무직 상태, 질병, 탐욕의 정경 들과 같은 일상성을 읽어내는 것이다. 그 밖에도 이 작품은 전례 없이 총독부청사, 조선호텔, 도청, 조선은행, 체신국 등 현대적인 건물의 외관을 제시함으로써 이 거리와 건물들의 뒤에 감추어진 삶과 식민지의 도시적 조건의 의미를 함축하는 의의를 지닌다. 뿐만 아니라 다료(다방)와 카페 등과 같은 근대적 사교 공간을 통해서 당대 도시의 남성적 사교 형태, 섹슈얼리티, 매춘 등의 문제가 암시되기도 한다. 특히 여성의 삶에 있어서 전락의 계기인 매춘은 당대 생활고의 그림자와 연계되어 있는 것이 사실이다. 이와 같은 건물 묘사는 환경에 대한 민감한 반응의 결과[13]인 것이다. 이렇듯 「소설가 구보씨의 일일」은 특이하게 도시의 건축적 배경이나 건물에 대한 특별한 관심을 수용하고 있다.

 그런데 도시의 거리를 걷고 있는 구보의 관심이나 의식과 태도에서 주목되는 사실은 양면성이다. 이 양면이 바로 '행복'과 '고

---

12 나카노 신(中野深)의 글, 『조선』 102호 교통발달호, 1923년 10월 1일, 조선총독부, pp. 235~38 참조. 경성역의 당시 총공사비는 약 420만 원이며 50척 위에 스테인드글라스의 돔, 1·2·3등 대합실, 계상 끽다점 귀빈실, 최신 방법의 전기 시설, 난방 위생 장치, 수세식 화장실 등 승강기 등 규모와 내용이 대단한 것으로 소개되어 있다.
13 Warren Hunting Smith, *Archetecture in English Fiction*, Archon Books, 1970, p. 3.

독'이다. 「소설가 구보씨의 일일」을 이루는 중요한 기간적 단어가 '행복'과 '고독'이라 할 정도로, '행복'이란 단어가 35번, '고독'이란 단어가 15번 정도 반복, 남용되었을 정도로 구보의 행복론, 고독론 또는 행복의 테마, 고독의 테마가 함축되어 있다. 거리에 나선 구보는 군중들을 관찰하면서 행복을 찾으려 하고 그들의 삶이 행복한지를 타진하려 한다. 그런 점에서 구보의 보행은 행복 추적의 의미를 지니기도 한 것이다. 그런데 구보가 타진하고 있는 행복의 조건이나 의미론적 상태는 가족(집), 결혼(여인), 시간, 일, 금전 들과 같은 퍼스펙티브와 관련되어 있다. 즉 행복의 여부와 조건이 이들 다섯 가지의 조건과 밀접히 연관된 것으로 파악한다. 그리고 이 조건은 구보가 거리에서 만난 두 부류의 행복 찾기 양태와 연관되어 있다. 그중 결혼이나 가족과 연계된 행복 찾기는 긍정적인 행복으로 투사되는 반면, 주로 돈과 거리의 성과 연관된 행복 찾기는 부정적인 것으로 파악된다.

이러한 행복의 조건으로부터 배제된 도시 배회자 구보는 고독한 존재이다. 그래서 이 고독은 지식인으로서의 자아를 지각하는 일종의 소외효과Entfremdung effekt이다. 이른바 그만큼 '고독이 빚어내는 사상'에 빠져 있는 것이다. 그런데 모더니스트로서 구보의 이와 같은 고독의 상태는 모호성을 지니고 있는 것이 사실이다. 그는 고독이나 고독한 상태를, 한편으로는 자신을 지적·정적으로 구별하는 상태로 받아들이면서도, 실제로는 그 고독을 두려워하거나 무서워함으로써 외로움과 불안에 빠져 있기 때문이다.

일찍이 그는 고독을 사랑한 일이 있었다. 그러나 고독을 사랑한다는 것은 그의 심경의 바른 표현이 못 될 게다. 그는 결코 고독을 사랑하지 않았는지도 모른다. 아니 도리어 그는 그것을 그지없이 무서워하였는지도 모른다. 그러나 그는 고독과 힘을 겨루어 결코 그것을 이겨내지 못하였다. 그런데 구보는 차라리 고독에게 몸을 떠맡기어버리고, 그리고 스스로 자기는 고독을 사랑하고 있는 것이라고 꾸며왔는지도 모를 일이다……

이렇게 사랑의 대상인 동시에 무서움의 대상으로 인식되는 구보의 고독은 분명 모호한 이중적 상태다. 고독은 구보로 하여금 지식인으로서 자족의 상태를 갖게 하기도 하면서, 동시에 끊임없이 고립으로부터 벗어나 상호작용을 갖게 하는 근거도 된다. 구보는 무지하거나 돈만 아는 탐욕적인 부류의 사람들에게서 자신을 고립시키면서도 또 한편으로는 친구를 찾고 J. 조이스와 사토 하루오(佐藤春夫)를 떠올린다. 어쨌거나 마지막에게서 '생활'을 갖기로 다짐하면서 구보의 보행은 집과 어머니에게로 향하고 있다. 여기서 어머니에게로의 귀환은 물론 모성 회귀라는 상징적인 의미로도 해석될 근거가 있지만, 서사 논리에서 보면, 작품 서두에서 제시되는 어머니의 아들에 대한 두 개의 욕망, 즉 직업(월급쟁이)과 결혼에 대한 적응의 염원을 함축하는 의미이다. 그리고 '생활을 가지리라'고 다짐하는 '생활'은 작가에게 있어서는 좋은 소설을 쓰는 행위인 것이다. 이렇듯 관찰과 엿보기로 시작된 구보의 보행이 정주와 창작 행위 자체로 마침내 끝나는 것이다. 이것은 구보가 보행과 관찰을 통해서 행복에 대한 검증과 관찰이 끝났으며 자신의 행복관이 정립되었음을 의미한다. 동시대 이상의 소설 「날개」의 마지막에서 '날자'가 박제 상태에서 벗어나 남성적인 활력virility을 지향하는 발화이듯이, 「소설가 구보씨의 일일」에서 '생활 갖기'에의 지향 역시 모호성을 지니고 있기는 하면서도 건강성에 대한 지향임이 분명하다.

4. 길거리에서의 기억—과거로의 시간적 보행

한편 「소설가 구보씨의 일일」에서의 보행은 비단 장소 내지 공간의 위상에서뿐만 아니라 시간의 위상에서도 이루어진다. 이른바 기억공간Räume der Erinnerung으로의 문학적 여행[14] 현상이 그 것이다. 기억의 미학을 이루는 회상 공간으로의 이행 또는 과거로의 의식의 보행이 중요한 시간의 서사 방법을 이루고 있기 때문이다. 도시의 거리가 잊혀진 과거의 기억을 돕는 무대 기능을 한다. 보행은 현실의 지각과 기억의 발견을 위한 동인인 것이다. 「소설가 구보씨의 일일」은 모두 31개의 서사절Erzählschnitte이 시간 차원에 있어서 현재와 의식의 저쪽에 있는 과거가 거듭 교차하는 서사 구조이다. 조르주 풀레는 '19세기의 위대한 발견은 기억의 발견이다'라고 지적한다. 그렇듯 기억의 발견으로서의 회상 기법이나 기억의 추적이 역연한 작품이 바로 이 작품이다.

'일일'이라는 표제가 시사하듯이 서사 시간은 하루라는 짧은 시간으로 나타나지만, 서술된 시간은 하루에 제한되지 않고 과거와 현재를 넘나듦으로써 시간과 공간의 몽타주 현상을 드러내는 구성이다. 이와 함께 의식의 회상적 양상인 '의식의 흐름'과 영화의 수법을 적극적으로 수용함으로써 시간 구조가 소설 미학에 있어서의 새로운 가치로 평가되곤 한다.

이미 정현숙, 우한용 및 안숙원 등의 연구[15]에 의해서 이 같은 서사 모델의 현상이 어느 정도 지적되고 해석되기도 하였지만, 박태원의 서사텍스트의 시학 가운데서 현저한 것이 기억과 문학텍스트와의 관계 그리고 문장, 문체 및 서사적 장절 구분 체계이다. 구보는 바깥세상인 거리에 나와 배회하면서, 경성의 여러 곳을 돌아다닌다. 그래서 집과 천변, 차중(전차), 백화점, 은행, 다방, 경성역, 호텔, 술집, 네거리 등 보행의 공간적인 지형도가 작성된다. 마찬가지로 구보가 걷는 길은 시간적인 회상의 길거리die

---

14 Maria Kublitz-Kramer, 앞의 책, p. 179.
15 서준섭, 『한국모더니즘 문학 연구』, 일지사, 1988, pp. 183~94.
  정현숙, 『박태원 문학 연구』, 국학자료원, 1993, pp. 143~45.
  우한용, 「박태원 소설의 담론과 기법의 의미」, 『박태원』, 새미, 1995, p. 71.
  안숙원, 『박태원 소설과 도립의 시학』, 개문사, 1996, pp. 191~201.
  오경복, 「박태원 소설의 서술기법 연구」, 이화여대 박사학위 논문, 1993.

straße der Erinnerung가 됨으로써 과거와 관련된 '회상적 그림책의 지형도'를 형성하고 있는 것이다. 문학적 산보자인 구보씨는 공간에서는 물론 기억과 생각을 통해서 회상 공간으로의 길 가기를 동시에 하고 있는 것이다. 발터 벤야민은 그의 「산보자 Der Flâneur」에서 '길은 산보자를 잃어버린 과거로 이끈다'고 지적한다. 이와 관련된 의식의 흐름은 기억의 운반체로서 과거와 현재를 끊임없이 연계시키는 것이다. 그 대표적인 경우가 여덟번째 서사절 '일찍이'와 열아홉번째 '여자를,' 스무번째 '다료에서,' 스물한번째 '이곳을'의 네 서사절이다. 서사적 역전 Rückwendung, analepsis 현상이 두드러진다.

일찍이…… 구보는 벗의 누이에게 짝사랑을 느낀 일이 있었다. 어느 여름날 저녁 그가 벗을 찾았을 때 문간으로 그를 응대하러 나온 벗의 누이는, 혹은 정말, 나어린 구보가 동경의 마음을 갖기에 알맞도록 아름답고, 깨끗하였는지도 모른다. 열다섯 살짜리 문학 소년은 그를 사랑하고 싶다 생각하고 뒷날, 그와 결혼할 수 있다 하면, 응당 자기는 행복이리라 생각하고, 자주 벗을 찾아가 그와 만날 기회를 엿보고, 혹 만나면 저 혼자 얼굴을 붉히고, 그리고 돌아와 밤늦게 여러 편의 연애시를 초(草)하였다. 〔……〕 그러나 구보가 그것에 대하여 아무런 대책도 강구할 수 있기 전에, 여자는 참말 나이 먹은 남자의 품으로 갔다. 열일곱 살 먹은 구보는 자기의 마음이 퍽 괴롭고 슬픈 것같이 생각하려 들고 그리고 그러면서도 그들의 행복을 특히 남자의 행복을 빌려 들었다. 〔……〕

이번 봄에 들어서서 구보는 벗과 더불어 그들을 찾았다. 이미 두 아이의 어머니인 여인 앞에서 구보는 얼굴을 붉히는 일 없이 평범한 이야기를 서로 할 수 있었다. 〔……〕

구보는 가만히 한숨짓는다. 그가 그 여인을 아내로 삼을 수 없었던 것은, 결코 불행이 아니었다.

26세의 현재에서, 이전의 어느 여름날로 시간을 거슬러 올라가서 소년 시절을 재구성하는 회상을 제시하는 대목이다. 친구의 누이에 대한 첫사랑의 연정의 경험, 과거와 현재 상황 간의 이질적인 관계 및 이 시간을 배경으로 회상하는 자아의 상태와 변화가 단축적으로 그려지고 있다. 이렇게 현재와 과거를 연계하는 매개는 전차 속에서 양산을 두 무릎 사이에 놓고 있는 젊은 여자이다. 연상적 접촉점인 그 여자를 통해서 과거에 자기가 짝사랑한 친구의 누이를 떠올리는 것이다. 이른바 연상적인 회상 방법으로서는 연대기적 질서가 아닌 회고적 역전이라는 다소 고전적인 방법이긴 하지만, 과거와의 연계 제시라는 서사 방법으로서는 간과해버릴 수 없는 현상이다.

그러나 회상 기법이 보다 새로운 방법으로서 제시된 것은 19, 20, 21 서사절의 경우다. 이는 현대적 회상 기법으로서의 서사적 자질을 갖고 있다. 작가인 박태원 자신이 「표현·묘사·기교」의 13 '이중 노출' 장에서 자기 작품 「소설가 구보씨의 일일」을 예증으로 들면서 의식의 흐름 수법, 오버랩overlap에의 흥미와 시험[16]을 고백한 바 있는 것이다.

시간적 배열에 있어서 과거와 현재, 기억과 현실이 병렬되고 교차한다. 그래서 시간 구조는 다음과 같이 공식화된다.

(19) : G-V-G- (20) : G-V-G-V-G-V-G-V-G
(21) : G-V-G-V-G-V-G-V-G- (22) : G-V-G[17]

19 서사절(중간 이후) : 눈이 갑자기 빛났다. 참 그는 그 뒤 어찌 되었을까. 비록 어떠한 종류의 것이든 추억을 갖는다는 것은 사

---

[16] 박태원, 「표현·묘사·기교」, 조선중앙일보, 1934. 12. 31. '현재와 과거의 교섭, 현실과 환상의 교차, 그러한 것을 우리 기교적으로 또 효과적으로 표현함에 이 수법은 분명히 필요하다.' 김윤식 편, 『한국현대 모더니즘 비평선집』, 서울대 출판부, 1999, pp. 61~62 참조.
[17] (V) : 과거Vergangenheit (G) : 현재Gegenwart. 숫자는 서사절의 번호.

람의 마음을 고요하게 또 기쁘게 하여준다. (현재)

동경의 가을이다. 간다〔神田〕 어느 철물전에서 한 개의 네일 클리퍼(손톱깎이)를 구한 구보는 진보초〔神保町〕 그가 가끔 드나드는 끽다점을 찾았다. 그러나 그것은 휴식을 위함도, 차를 먹기 위함도 아니었던 듯싶다. 오직 오늘 새로 구한 것으로 손톱을 깎기 위해서만인지도 몰랐다.

그를 구석진 테이블, 그중 구석진 의자, 통속 작가들이 즐겨 취급하는 종류의 로맨스의 발단이 그곳에 있었다. 광선이 잘 안 들어오는 그곳 마룻바닥에서 구보의 발길에 차인 듯, 한 권 대학노트에는 윤리학 석 자와 '임(姙)'자가 든 성명이 기입되어 있었다. (과거)

다료의 주인이 돌아왔다. 아 언제 왔소. 오래 기다렸소. 무슨 좋은 소식 있소. 구보는 대답 없이 자리에서 일어나, 노트와 단장을 집어 들고 저녁 먹으러 나갑시다. 그리고 속으로 지난날의 조그만 로맨스를 좀더 이어 생각하려 한다. (현재)

20 서사절: 다료에서 나와 벗과 대창옥(大昌屋)으로 향하며 구보는 문득 대학 노트 틈에 끼어 있었던 한 장의 엽서를 생각하여본다. (현재)

물론 처음에 그는 망설거렸었다. 그러나 여자의 숙소까지를 알 수 있으면서도 그 한 기회에서 물론 피할 수는 없었다. 그는 우선 젊었고, 또 그것은 흥미 있는 일이었다. 〔……〕 현관에 나온 노트 주인은 분명히…… (과거)

그들이 걸어가고 있는 쪽에서 미인이 왔다. 그들을 보고 빙그레 웃고 그리고 지나갔다. (현재)

그러나 그는 이 여자보다 좀더 아름다웠던 것이 틀림없었다.
(과거)

어서 옵쇼. 설렁탕 두 그릇만 주어. (현재)

구보가 노트를 내어놓고 자기의 실례에 가까운 심방(尋訪)에 대한 변해(辨解)를 하였을 때, 여자는 순간에 얼굴이 붉어졌다. 모르는 남자에게 정중한 인사를 받은 까닭만이 아닐 게다. 어제 어디 갔었니. 요시야 노부코. 구보는 문득 그런 것들을 생각해내고 여자 모르게 빙그레 웃었다. (과거)

맞은편에 앉아, 벗은 순가락 든 손을 멈추고 빠안히 구보를 바라보았다. 〔……〕 구보는 생각의 비밀을 감추기 위해서 의미 없이 웃어 보였다. (현재)

좀 올라오세요. 여자는 그렇게 말하였었다. 〔……〕 여자는 총명하였다. 〔……〕 그래 구보는 바지 주머니에서 수건을 꺼내어 그것을 씻지 않으면 안 되었다. (과거)

여름 저녁에 먹은 한 그릇 설렁탕은 그렇게도 더웠다. (현재)

21 서사절: 이곳을 나와 그러나 그들은 한길 위에 우두커니 선다. 역시 좁은 서울이었다. 동경이면 이러한 때 구보는 육교 긴자〔銀座〕로라도 할 게다. (현재)

사실 그는 여자를 돌아보고 긴자로 가서 차라도 안 잡수시렵니까 그렇게 말하고 싶었다. 그러나 순간에 〔……〕 어디 이 근처에서라도 차나 먹고…… (과거)

참 내 정신 좀 보아. 벗은 갑자기 소리치고 자기가 이 시각에 꼭 만나야 할 사람이 있음을 말하고 그는 미안한 표정을 지었다. (현재)

여자가 주저하며 그만 집으로 돌아가겠다고 구보를 곁눈질하였을 때에도, 역시 그러한 표정이었던 것임에 틀림없었다. (과거)

우리 열 점쯤 해서 다방에서 만나기로 합시다. 열 점. 응. 늦어도 열 점 반. 그리고 벗은 전찻길을 횡단하여 갔다. 〔……〕 벗의 뒷모양을 바라보면서 (현재)

어인 까닭도 없이 이슬비 내리던 어느 날 저녁 히비야〔日比谷〕공원 앞에서의 여자를 (과거)

구보는 애달프다 생각한다. 아 구보씨는 막연히 〔……〕 결코 사람의 마음을 고요하게도 기쁘게도 하여주는 것은 아니었다. (현재)

여자는 그가 구보와 알기 전에 이미 약혼하고 있었다. 사내의 문제를 가져 구보의 결단을 벌였다. (과거)

어느 틈엔가 황토마루 네거리에까지 이르러 구보는 그곳에 충동적으로 우뚝 서며 괴로운 숨을 토하였다. 아아 그가 보고 싶다. (현재)

22 서사절: 그 멋없고 넓고 또 쓸쓸한 길을 아무렇게나 걸어가며 (현재)

또다시 너무나 가엾은 여자의 뒷모양이 보였다. 레인코트 위에 빗물은 흘러내리고 우산도 없이 모자 안 쓰는 머리가 비에 젖어 애달프다. (과거)

이에서 보듯, 19·20·21 서사절은 소설과 회상의 결합이 가장 역연하다. 현대적 회상기법으로서의 의식의 흐름 현상이 가장 구체적으로 드러나는 절들이다. 현재와 과거가 교차적으로 대비되면서 생에서 밀어젖혀진 상태의 과거가 의식의 상기력에 의해서 재생되는 것이다. 이는 제시의 서사기법적 영상에 있어서 이른바 회상기법 Erinnerungstechnik 또는 회상관점이다. 그런데 이런 회상기법의 중심 주제는 볼프강 뒤싱 Wolfgang Düssing이「회상과 자기 동일성 Erinnerung and Identität」(1982)에서 지적하고 있듯이, 과거와 현재가 대비된다. 그리고 이 양자를 계합시키는 것은 유추의 놀라움 Wunder einer Analogie으로서, 과거와 현재 상황 간의 유사한 관계뿐만 아니라 자아(주체)[18]의 과거적 상태와 현재적 상태 간의 관계이기도 한 것이다.

그런 점에서「소설가 구보씨의 일일」은 비교문학적인 채널 상에 있어서, 제임스 조이스나 마르셀 프루스트 등 이른바 '의식의 흐름,' 내적 독백의 기법에 적잖은 영향을 받고 있다. 연대기성(순차성)에 반발하는 시간의 이야기와 의식이라는 내적 시간과 경험을 새로운 시간의 서사 방법으로 시도하려고 한 것이 분명하다. 그리하여 '기억의 미학'을 실현한 것인데, 이를 위해서 박태원은 과거와 현재를 연계하는 방법으로서, 연상적 회상기법을 구사한다. 즉 기억 경과나 기억 상에 있어서의 닮음이나 유사성에 대한 지각을 근거로 하는 방법이다. 포도 위로 사라져가는 벗의 '뒷모양'이 동경의 히비야 공원에서 헤어진 가엾은 여자의 '뒷모양'과 연계된다. 또는 다료에서의 고적한 상태가 구보로 하여금 동경의 가을에 있었던 추억 속으로 이끈다. 이럴 때마다 현실의 구보는 경성이라는 물리적 공간에 있는 것이 아니라 기억 속에 있는 옛날 동경이라는 마음 또는 의식의 공간에 있게 된다. 그러니까 시간

---

[18] Wolfgang Düssing, *Erinnerung und Identität*, Wilhelm Fink Verlag München, 1982, p. 239.

과 더불어 공간도 이중화하는 것이다. 구보에게 있어서 거리는 그를 회상공간Erinnerungsräume으로 가게 하는 기반이기도 한 것이다.

이렇게 「소설가 구보씨의 일일」에 있어서 보행(걷기)은 현실의 지각(도시의 일상적 읽기, 고현학적 기록과 고찰 및 풍속지 작성)과 더불어 과거의 기억을 재생하거나 재발견하는 시간 여행의 비유라는 의미를 함께 지니고 있다. 그런데 이러한 회상이나 기억의 대상이 되는 것은 모두 여성이다. 이것은 구보의 쓰기와 가기(보행)가 여성 찾기와 깊이 관련되어 있음을 반증하는 현상이다. 이런 여성을 바라보는 구보의 시선에는 관음적인 시선이 상당히 들어 있을 뿐만 아니라 '부란(腐爛)된 성욕'으로서의 에로틱한 욕망을 드러내기도 한다.

5. 변증법적 대립의 구조: 지적인 것/물질적인 것

이렇게 보행과 만남 또는 보기를 통해서 이해되거나 작동되는 생의 의미와 가치는 분명히 변증법적인 대립의 구조로 그 분화가 이루어진다. 이는 두 유형의 인물 내지 인물군 간의 대립 현상으로 압축된다. 지적 지향성과 물질적 지향성의 두 세계가 바로 그것이다. 전자를 대표하는 것이 소설가-관찰자이며 거리의 배회자인 구보이며, 후자는 주로 구보가 경성역 개찰구 앞에서 만난 중학 시절의 열등생 친구인 금광 브로커와 생명보험회사의 외판원 사내 그리고 다료에서 본 여자를 동반한 물질적 주물성의, 한 개의 인단용기(仁丹容器)와 로도(깔대기) 목약을 가진 것조차 철없이 자랑하는 청년이다. 전자가 지적·정신적 가치나 이상에 끌리면서도 사회적 조건에서는 무능하거나 우울한 지식인임에 비해서, 후자들은 지적 숙고가 전혀 배제되고 물질적인 가치나 삶에 이끌리는 부르주아적 속물성을 지닌 인간들이다. 이런 대립적인 형상화를 통해서 작가는 1930년대의 지적 불모화 시대와 사회에 대한 강한 반(反)부르주아적 태도를 드러내거나 부르주아 문화를 비판하고 공격한다. 특히 그 대표적인 대상이 황금광이다. 이는 현실의 경성을 지배하는 욕망의 논리이며 부패한 현대의 물질주의적 징후 현상이다.

황금광시대의 욕망의 지형도: 서술자는 1930년대의 시대 성격을 시인, 평론가 등 문인마저도 황금광으로 나설 정도로 문화적 위기가 고조되는 '황금광시대(黃金狂時代)'로 규정한다. 이것은 물질 지향성의 과대 현상이나 사회의 병리성에 대한 진단적 성격을 함의한 규정이다. 황금은 부와 항구 불멸성의 표상이면서도 세속적인 보물이거나 금전적 가치나 경제적 재화이다. 그렇기 때문에 '……광시대'란 규정은 물질적인 욕망에의 지향이나 시대적인 징후가 황금에의 강박관념에 의해 극을 이루는 시대를 일컫는 병적 징후성과 도덕적(윤리적) 질병 상태의 의미를 지니고 있는 것이다. '광산' 또는 '금광'은 1930년대 한국 사회에 있어서 욕망의 대표적 징표이다. 그것은 벼락부자의 근거인 동시에 운명의 블랙홀이기도 하다. 우리의 경우는 낭만주의 문학의 사회사적 맥락을 다룬 시어도어 지올코우스키가 『독일 낭만주의와 그 제도』(1990)에서 밝히는 광산에의 낭만적 강박관념인 '영혼의 이미지'와는 전혀 궤를 달리한다.[19] 1930년대 금광을 찾아 전국의 산을 찾아 나서는 이러한 황금광, 즉 '골드러시'의 시대상을 작품은 다음과 같이 묘사하고 있다.

황금광(黃金狂)시대.[20] 저도 모를 사이에 구보의 입술은 무거운

---

19 Theodore Ziolkowski, *German Romanticism and Its Institutions*, Princeton UP, 1990, p. 18.
20 이런 용어는 동시대의 잡지인 『삼천리』에서도 등장한다. '황금광시대에 경성이 울린다,' 『삼천리』 7권 1호, 1935, 신년호, p. 90. '골드럿쉬의 금광시대를 출현,' 『삼천리』 8권 6호, 1936, p. 81. 부패한 시대적 증상이다. 이에 대한 논의로 전봉관, 『황금광시대』(살림, 2005)가 있음.

한숨이 새어 나왔다. 황금을 찾아, 황금을 찾아 그것도 역시 숨김 없는 인생의 분명히 일면이다. 그것은 한 손의 단장과 또 한 손에 공책을 들고 목적도 없이 거리로 나온 자기보다는 좀더 진실한 인생이었을지도 모른다. 시내에 산재한 무수한 광업소(鑛業所), 인지대 백 원, 열람비 오 원, 수수료 십 원, 지도대(地圖代) 십팔 전…… 출원 등록된 광구, 조선 전토의 칠 할, 시시각각으로 사람들은 졸부가 되고 또 몰락하여갔다. 황금광시대. 그들 중에는 평론가나 시인 이런 문인들조차 끼어 있었다. 구보는 일찍이 창작을 위하여 그의 벗의 광산을 가보고 싶다 생각하였다. 사람들의 사행심, 황금의 매력, 그러한 것들을 구보는 보고 느끼고 하고 싶었다. 그러나 고도의 금광열은 오히려 총독부 청사 동척(東拓) 최고층 광무과(鑛務課) 열람실에서 볼 수 있었다.

문학과 이른바 제도institution 간의 맥락이 확연할 만큼, '노다지'의 광업(금광) 열기의 효과가 이 시대 사람들의 마음과 행위 및 사회적 체계에서 작용하는 양태를 여실히 제시한 대목이다. 확실히 이 시기는 조선총독부가 조선광업령을 만들어 광무과를 두어 일본 재벌과 자본을 진출시켜서 광업 개발을 부추기고 산금(産金)과 금탐광의 광업열을 팽창시킴으로써 조선 전체에 광산 열기가 고조되던 시기이다. 그런데 이 무렵(1935년 전후) 조선 내에서 광구와 광업권을 가지고 있는 수많은 회사와 자본가는 거의가 일본의 자본가 및 광업회사들이다.[21] 조선 사람으로서 광구를 가지고 있는 대표적인 사람은 최창학, 방응모, 김태원, 방의석, 박용운 같은 사람들이다. 그리고 1936년 집계된 전조선 광산 총액 1억 1천4백95만 2천1백1십 원 중에서 금(사금 포함) 생산이 7천2백67만 1천9백85원인 것이 산금 조선의 면모[22]이다. 동척(東拓)

---

[21] 1937년 창간된 월간지 『광업시대』 제1권 제1호 소재 「조선광업의 투자 상황」(김평국), pp. 56~62에는 회사명, 본점 소재지, 공칭자본금, 소속 가행(稼行) 광산, 소속 광구 수 및 회사 대표명이 소상히 제시되어 있다.

이 광업 금융에 착수하기도 한다. 이 때문에 조선 천지는 금광의 탐광, 출원, 시굴을 위한 황금광의 시대가 전개되면서 이를 둘러싼 황금몽의 허욕, 사행심으로 온갖 탐욕스러운 행태가 야기된 것이다.『삼천리(三千里)』나 이 시기에 발간된 월간『광업시대』 (1937. 5월 창간)의 희화적 만필「황금몽을 깨자」에 의하면 이와 관련된 시대적 상황을 엿볼 수가 있다. 1938년에는 잡지『광업조선』이 발간되기도 한다.

조선의 금광열은 산금입국정책의 강행과 또는 세계 산금 정책 사조에 반영되어 그야말로 욱일승천의 세로 '꼴드럿쉬'의 금광시대를 출현하고야 말았다. 이래서 금광열이란 이 시대 이 강산을 풍미하고도 남음이 있는 바이며〔……〕뻘건 흙투성이 되어 빈손으로 헤매는 사람이 좋은 광산을 얻기만 하면 일약 수백만 수천만의 장자가 되어 문화주택을, 일류 신사를 명망가를 사업가를 문화 사업을 마음대로 도득(圖得)할 수도 있고 이 땅의 인사로서 최고 수준에 올라갈 수도 있다. 어제까지 냉시하던 우리들도 그에게 고개를 숙이고 다정한 말을 던지고 문전성시가 되는 때이다. 누가 이 같은 영예(?)를 꿈꾸지 않으며 바라지 않겠는가? 그래서 누구든지 금광 금광 하며 처참하달 만치 금색을 바라고 대행진을 계속하게 됐다.[23]

오늘날 조선 안에는 너무나 광업가가 많다. 어느 누가 참말 광업가인지 알지 못할 만큼 그 수가 많다. 가까운 서울 각 여관 숙박부를 놓고 보라. 숙박한 손님 중에는 그 8할 이상이 직업란에 광업가라고 버젓이 써 있지 않은가. 그나 그뿐이랴. 혹시 오래간만에 만난 친구를 대하야 자네 요사이 무엇을 하는가고 물어보면 그는 얼른 서슴지 않고 명함을 내놓는다. 그 명함에는 모 광산 사무소 광업가 모라고 큰 활자로 박혀 있다. 아마 내가 가지고 있는 이러

22『광업시대』제1권 제1호, 1937, p. 19 및 p. 33 참조.
23「東拓에서는 金鑛에 얼마나 貸出해주나?」,『삼천리』1936년 6월호, p. 81.

한 명함만 하여도 수십 매는 달한다. 이러고 보니 참말 그가 광업 가인지 또는 광산을 경영하는지 알지도 못할 만큼 머리가 아프다. 어쩐지 요사이의 광업가는 마치 야시장의 싸구려 물건 같아서 정말 귀한 맛이 없다. 물론 표면적일지나마 무직자가 없어진 것만은 다행한 노릇일까 한다.

그러나 이들 금을 캐랴는 사람들 중에는 어느 누구를 물론하고 노다지의 꿈을 꾸지 않는 사람이 없을 것이다. 자기들 주머니 속에 있는 5만분지 1 지도 한 장과 광구 출원에 관한 서류만 가지고도 당장에 그들은 노다지가 생기는 것같이 꿈을 꾼다.

그들은 산에서 노다지를 찾고 광산을 경영하고 있는 것이 아니요, 서울 장안 여관 속에서 광산을 경영하고 있으며, 장안거리에서 노다지를 찾고 있는 사람들이 많다.〔……〕언필칭 몇 백만 원 하고 그야말로 당장에 제2 최창학(崔昌學)이가 될 것같이 말한다.[24]

그래서 1938년에 잡지『광업조선』이 발간되고 금(노다지)과 광산은 1930년대의 소설에서 매우 중요한 욕망의 모티프가 된다. 「소설가 구보씨의 일일」은 물론 김유정의 소설 「노다지」(1935), 「금」(1935)과 「금 따는 콩밭」(1935), 채만식의 「금의 정열」(1938), 이태준의 「영월영감」(1939)이 모두 이런 황금광의 병적으로 들뜬 시대성을 반영하는 작품이다. 박태원의 「골목 안」(1939) 역시 금광 이야기가 제시된다. 이들은 모두 '황금광시대'의 대표적인 서사이다. 특히 김유정 문학에서 금광에의 강박 현상은 문학텍스트 해석을 제도사적으로 맥락화하는 데 중요한 근거가 된다.

금시계와 공책의 대비: 이러한 황금광의 시대적 삶과 일치되는 인물로 형상화된 것이 구보의 중학 시절의 열등생이다. 전당포집

---

24 김수남, 「황금몽을 깨라」, 『광업시대』 제1권 제1호, 1937, p. 51. 이러한 만필·만문은 조선일보 1931년 11월 29일자에도 게재되어 있다. 이글에서 보듯 조선에서 금광으로 부자가 된 대표적인 사람은 최창학과 방응모이다. 『삼천리』 1935. 9월호. pp. 97~99 참조.

의 둘째 아들로 태어나 금광 브로커가 된 그는 철저히 경제적 욕구와 물질적인 가치만을 지향하는 인물이다. 그가 지닌 라이프스타일은 금시계가 환유하듯이 부르주아적인 속물성으로 일관된다. 그는 교양이 없는 언행과는 달리 끽다점에서 '가루삐스(칼피스)'와 '아이스크림' 등 근대 소비 상품에 매혹되는 모습을 보이고, 상식적으로 부를 표상하는 금시계에 대한 페티시즘(물신 숭배)을 과시한다. 그런 데다가 구보의 관찰과 짐작으로 보아 그는 여자를 동반하고 하루를 묵을 계획으로 월미도에라도 놀러가는 행색이다. 이것은 그의 삶이 물질 지향적일 뿐 아니라 여성에 대한 호색적인 욕망과 돈에 의한 순간적 쾌락Augenblicksfreude에 이끌림으로써 몹시 방종하다는 것을 의미한다. 그에게 있어서 여성의 성과 몸은 돈의 소비consumption와 교환에 따른 상품화나 상업화의 대상인 것이다. 그래서 이른바 '연애'나 '행복'의 개념 역시 물질화·상업화된다. 돈이 자본주의 사회에서 사회적 힘의 최고 수단이며 탐욕과 열망의 대상이 되고 있음을 시사한다. 돈과 성이 교환되는 매춘의 테마가 구체화된다.

> 남자는 여자의 육체를 즐기고 여자는 남자의 황금을 소비하고 그리고 두 사람은 충분히 행복일 수 있을 게다.

거리로 나오거나 상품화되는 여성들, 즉 '노는계집'들에 대한 시선 역시 마찬가지이다. 여기서 황금과 재력을 탐내는 여성의 성과 도시적 삶의 물질적 부패 및 도덕적 질병과의 결합이라는 주제가 제기된다. 광산 브로커와 마찬가지로 생명보험회사 외판원 역시 동궤의 인간이다. 차를 마시는 사람들 속에서 몇 병씩 맥주를 마시며 부르주아적인 소비와 우월의 증표를 드러내지만, 그는 '구포씨'라 발음할 정도로 지적으로 불모하고 결여된 무식 상태인 것이다. 이것은 서술자와 탐색자의 반응과 태도가 이 시대의 물질주의적이고 부르주아적인 삶과 문화에 대한 비판적 공격성을 함축하고 있음을 뜻한다.

　분명히 구보는 금광 브로커 및 외판원과는 이원성이나 양극성을 가진 관계이다. 여성이나 여성의 몸에 대한 지향성이 사뭇 다른 것이다. '공책,' '대학 노트'로 환유되는 지식인 소설가 구보는 쾌락과 탐욕 또는 허식으로 자기 삶을 이끌어가고 있는 인간 부류들과는 달리, 생에 있어서 지적 지향 및 욕망과 윤리적인 의식을 함께 지니고 행동하는 인간이다. 건강하지도 유족하지도 못한 스물여섯 살의 청년 작가인 그는 도시 거리 위의 소요자이자 배회자이며 또한 관찰자로서 홀로 걸으면서 생각하고, 관찰하면서 도시를 읽고 군중과 빌딩과 불빛 뒤에 감추어진 도시적 삶의 총체와 일상의 의미를 찾으려는 욕망에 사로잡혀 있다. 물질주의가 지배적인 시대에 안주하지 않고 고립된 관찰자이며 부르주아 기득권층에 대적하는 지식인의 입장에 있으면서 끊임없이 글쓰기를 욕망한다. 그는 때때로 빈약해지는 '옛 궁전'과 구차한 '내 나라'를 보고 생각하면서 마음이 어두워지기도 한다. 이것은 식민지 시대에 문화적 위기와 물질주의가 편만해진 사회 상황에 대한 반응과 태도의 각인화 현상이다.

　한편, 이 도시에서의 삶의 유형인 금/공책의 환유적 대립은 20세기 초의 '근대성'의 경험을 살피고 유형화하는 일과도 연계되거나 맥락화된다. 전자가 '부르주아 근대성'이라면 후자는 '문화적 근대성' 또는 '미적 근대성'이다. 전자가 주로 자본주의가 휩쓰는 경제적 사회적 변화의 소산이며 근원적으로 부르주아적 가치와 물질적 문화를 우상화하는 반면, 후자는 반부르주아적이고 예술적인 근대의 관념과 결합된 자아의식의 가치를 제시한다. 「소설가 구보씨의 일일」은 이런 두 개 유형의 근대성이 제시되어 있다. 금 지향의 물질문화에 대한 묘사나 제시가 부르주아적 근대성과 바로 관련된다. 그리고 1930년대의 미적 근대성과 양상은 서구 미학 지향적이거나 타자 지향적이라 할 정도로 제임스 조이스의 『율리시스』, 다쿠보쿠의 시, 아쿠타가와 류노스케(芥川龍之

介) 등에 대한 상호텍스트성의 층위 생산과 인유, 그리고 서사의 회상적인 시간 제시 기법의 새로운 시도로 나타나는 것이다.

6. 병약한 예술가의 신체성과 사회 진단적 담론

'거리의 텍스트'라 일컬을 수 있는 「소설가 구보씨의 일일」에서 특히 우리가 주목하게 되는 현상은 지식인 또는 예술가(소설가) 상의 병리적 현상과 함께 아픔의 상태를 '차별화나 가치 인상의 방법'[25]으로서 유용화시키고 있다는 점이다. 즉 아픈 지식인으로서의 작가는 지배문화가 병들어 있는 1930년대란 당대적 특성의 화신으로서, 그리고 사회적 문화적 고통의 대리자나 희생자로서 비유하거나 상상함으로써 일상의 사람들이 사는 삶과 구별하고 있는 것이다. 지식인상은 신체적으로 허약하거나 병들어 있는 상태이다. 이상, 박태원, 최명익의 작품 세계가 모두 그러하다. 이와 함께 도시적 삶의 불건강한 증상이나 조건들을 질병이나 불건강 및 징후적 상태에 연결시키고 있다. 이른바 병든 도시와 삶에 대한 진단적 담론화 현상이다.

도시의 일상적인 삶에서 나름대로의 삶과 행복을 영위해가고 있는 많은 다른 사람들과 이를 살피는 주인공 구보와는 인물 공간의 성격에 있어서 경계가 이루어져 있다. 특히 황금광(黃金狂)인 동창생과 방약무인한 생명보험회사 외판원과의 관계가 그러하다. '예술은 고독의 찬양'이라는 베케트의 지적이 연상될 정도로, 구보씨의 상태는 우선 고독하거나 고립된 상태인 데다가 허약하고 질병의 잠재력을 많이도 지니고 있는 고독한 관찰자로서의 개인이다. 작가 특유의 병약함에 대한 그리기 현상으로서, 앞서 지적했듯이 고독과 소외는 구보씨의 삶의 중심적인 테마가 되어 있는

---

[25] Thomas Anz, *Gesund oder Krank? Medizin, Moral und Ästhetik in der deutschen Gegenwartsliteratur*, J. B. Metzlersche Verlagsbuchhandlung, Stuttgart, 1989, p. 200.

것이다. 그런데 이 고독은 때로 '두려운' 고독이기도 하다.

이런 구보씨는 길 위에 나서면서부터 격렬한 두통을 유발시키는 신경쇠약neurathenia의 상태에 시달리고 또 시각과 청각에도 각각 이상을 지니고 있는 문약한 작가이다. 소설가-관찰자로서 기록·고찰을 위해서 하루란 시간을 도시를 걷고 보면서 배회하고 소요하는 그는 내부 공간인 집에서 외부 공간인 한낮의 거리 위에 나서면서부터 두 번씩이나 격렬한 두통을 느낀다. 심한 신경쇠약증에서 오는 증후이다. 그리고 연하여서 만성 습성화된 중이 질환, '중이가답아(中耳加答兒, 즉 중이카타르catarrh)'로 인한 왼쪽 귀의 기능에 대한 의혹과 함께 오른쪽 귀의 난청 상태도 감지한다. 뿐만 아니라 대낮에도 전혀 자신을 가질 수 없이 쇠약해진 'R4L3' 상태의 시력을 염려하고 있다. 그야말로 병리 애호의 미학이 만들어낸 쇠약한 예술가의 초상으로서, 인물화의 전형적 현상이다. 이런 현상은 작가 자신에 대한 병적학(病跡學)의 과제를 지니고 있는 문제이기도 하다.

한낮의 거리 위에서 구보는 갑자기 격렬한 두통을 느낀다. 비록 식욕은 왕성하더라도 잠은 잘 오더라도 그것은 역시 신경쇠약에 틀림없었다. 구보는 떠름한 얼굴을 하여본다. 〔……〕 그가 다니는 병원의 젊은 간호부가 반드시 '삼비스이'라고 발음하는 이 약은 그에게는 조그마한 효험도 없었다.

구보는 자기의 왼편 귀 기능에 스스로 의혹을 갖는다. 〔……〕 한 덩어리의 귀지를 갖기보다는 차라리 사 주일간 치료를 요하는 중이염을 앓고 싶다 생각하는 구보는 그의 선언에 무한한 굴욕을 느끼며 그래도 신경질하게 귀 안을 소제하였다.

그러나 부실한 것은 그의 왼쪽 귀뿐이 아니었다. 구보는 그의 오른쪽 귀에도 자신을 못한다. 〔……〕 비교적 건강한 그의 오른쪽 귀마저 또 한편의 난청 보충으로 그 기능을 소모시키고 그리고 불원한 장래에 '듀케르' 청장관(聽長管)이나 전기 보청기의 힘을 빌리지 않으면 안 될지도 모른다.

그리고 다음 순간 구보는 이렇게 대낮에도 조금의 자신을 가질 수 없는 자신의 시력을 저주한다. 그의 코앞에 걸려 있는 24도의 안경은 그의 근시를 도와주었으나 그의 망막에 나타나 있는 무수한 맹점(盲點)을 제거하는 재주는 없었다. 총독부 병원 시대의 구보의 시력 검사표는 그저 우울한 안과 재래(眼科在來)의 책상 서랍 속에 들어 있을지도 모른다.

모두가 구보의 신체적 건강 상태를 묘사하거나 제시하고 있는 대목이다. '문체는 몸이다Le style est le corps'라는 말처럼 구보는 보고 듣는 감각기관이 모두 부실하거나 불건강한 상태이다. 그런데 이런 구보의 건강 상태는 우선 원초적으로 소설과 불가분의 밀착 관계를 갖고 있다. 운명적일 정도로 소년 때부터 소설책을 읽음으로써 결정적으로 시력이 손상되기 시작하였으며 소설가가 된 현재는 두통, 신경쇠약, 4주간의 치료를 요하는 중이질환, 난청, 망막 맹점을 지닌 고도근시로 인해서 그 스스로가 '이 머리를 가져 이 몸을 가져 대체 얼마나한 일을 나는 하겠단 말인가'라고 탄식할 정도로 남달리 신체성corporeality이 병약하거나 허약한 상태이다. 시력과 청력의 신체적 조건과 '머리'로 환유되는 정신과 마음이 모두 건강하지 않은 상태에 있는 병약한 지식인이요 예술가상이다. 병과 예술가의 창조 간의 연계[26] 현상의 일환인 것이다. 특히 구보의 신경쇠약증이나 신경 피로 상태가 문제인데, 작가는 아마도 이를 근대 작가의 본질적인 병으로서 인지하고 있는 것처럼 보인다. 즉 작가는 신경쇠약증을 폐결핵과 함께 이 시대

---

[26] Thomas Anz, 앞의 책, p. 186.

작가의 조건이나 지적인 유행병으로서 간주하고 있다. 작가는 1927년 3월에 쓴 수필 「병상 잡설」에서 세기와 현대적 삶의 질병인 신경쇠약에 대해서 다음과 같이 언급한 바가 있다.

> 신경쇠약은 20세기 유행병이라 한다. 일명 문명병 또한 신체의 외부에 아무런 변화도 없거니와 외견 아무런 고통도 제3자에게는 인식되지 않는 까닭으로 말미암아 「하이칼라」 병이라고도 한다. 그 요법으로는 전지요양, 적당한 운동, 독서 집필 일체 폐지, 3B수 복용 등이 일가 의가의 말하고 있는 바이다. ……그러나 이 신경쇠약도 이미 시대에 뒤떨어진 병이니 필자가 이 병의 환자가 아니고서는 예술을 같이 논할 자격이 없는 것 같아야 지금 생각하면 어리석기 한량없는 이야기지만 은근히 이 병에 바란 것도 1925년의 일이었다.[27] (밑줄 필자)

신경쇠약증상에 대한 박태원의 이런 남다른 관심은 「소설가 구보씨의 일일」에서 작가의 문학적 자전인 구보의 증상으로 치환될 뿐 아니라 작가인 최서해에 대한 반응으로도 연결시킴으로써 신경쇠약은 예술가로서 반드시 앓아야 할 병[28]으로 간주한다.

> 양지(洋紙)로 반자를 발라버렸던 서해도 역시 신경쇠약이었음에 틀림없었다고

이와 같이 작가는 구보로 하여금 난청 · 난시 · 두통 · 신경쇠약 등의 병증을 지니게 함으로써 작가의 글쓰기 또는 예술 창조와 질병 또는 고통 간의 잠재적 관련성을 시사하고 있는 것이다. 작가에게 있어서 고통이나 병은 본질적인 것이며 이런 아픔과 병은 현대문학에서 지배적인 테마[29]인 것과 일치되는 현상이다.

---

27 「病床雜記 長壽 短命 詩歌 思索」, 『조선문단』 1927년 3월호, p. 57.
28 Jeffrey Meyers, *Disease and the Novel 1880~1960*, St. Martin's Press, 1985, p. 2.

그런데 여기서 우리가 간과해버릴 수 없는 것은 이러한 작가의 병리화pathologisierung 현상이 병인성 사회와 관련되어 있다는 점이다. 즉 시대·사회적 병리가 신체적 병증으로 전치된 것이다.

― 변비·요의빈수(尿意頻數)·피로·권태·두통·두중 森田正馬 박사의 관련요법…… 그러한 것은 어떻든 보잘것없는 아니 그 살풍경하고 또 어수선한 태평통의 거리는 구보의 마음을 어둡게 한다.

― 어느 틈엔가 구보는 그렇게도 구차한 내 나라를 생각하고 마음이 어두웠다.

권태, 두통, '어두운 마음'의 상태나 증상은 근본적으로 신경증상 내지 신경쇠약증과 관련된 증상이다. 그런데 이런 신경쇠약이나 마음의 어둡고 우울한 상태가 단순히 구보 자신의 허약하고 소모적인 상태나 혼자의 만성적 고통뿐만 아니라 식민 시대의 외부적 조건과도 연관되어 있다. 즉 외부 공간인 '태평통'의 '내 나라'의 불건강함이 신체 체계를 황폐화시키는 데 있어서 감염 효과로 작용하고 있는 것이다. 고통은 개인적이면서도 문화적인 것이다. 정신적 삶과 불가분의 관계를 지니고 있는 구보는 거리 위에서 '어수선한 거리'와 '구차한 내 나라'에서 시사되는 것처럼 건강치 못한 식민지 현실의 조건에 대해서 민감한 반응을 드러낸다.

한편 도시에 대해 어두운 관점을 지닌 구보는 도시의 도처에서 만나는 온갖 사람들이 병자이거나 정신병리적인 증후를 지녔다고 진단한다. 이는 의학 서적인 『현대의학 대사전』 제23권을 인용하여 유례가 드물 정도로 제시되고 있는 질병 또는 병증 언어의 열거로써 반증되는 것이다.

---

29 임병권, 「1930년대 모더니즘 소설에 나타난 은유로서의 질병의 근대적 의미」, 『문학이론과 비평』 제17집, 2002, p. 12.

문득 구보는 그의 얼굴에 부종(浮腫)을 발견하고 그의 앞을 떠났다. 신장염, 그뿐 아니라 자기 자신의 만성 위확장(胃擴張)을 새삼스러이 생각해내지 않으면 안 되었다. 그러나 구보는 매점 옆에까지 갔었는데, 그는 그곳에서도 역시 병자를 보지 않으면 안 되었다. 사십여 세의 노동자, 전경부(前經部)의 광범한 팽륭(澎隆), 돌출한 안구, 손의 경미한 진동, 분명한 바제도씨병, 그것은 누구에게든 결코 깨끗한 느낌을 주지는 못한다.

그리고 그것도 역시 정신병이냐고 구보에게 물었다. 그것은 기주증(嗜酒症), 갈주증(渴酒症) 또는 황주증(荒酒症)이었다. 얼마 전엔가 구보가 흥미를 가져 읽은 『현대의학 대사전』 제23권은 그렇게 유익한 서적임에 틀림없었다.

갑자기 구보는 온갖 사람들을 모두 정신병자라 관찰하고 싶은 강렬한 충동을 느꼈다. 실로 다수의 정신병 환자가 그 안에 있었다. 의상분일증(意想奔逸症), 언어도착증(言語倒錯症), 과대망상증(誇大妄想症), 추외언어증(醜猥言語症), 여자음란증, 지리멸렬증, 질투망상증, 남자음란증, 병적기행증, 병적허언기편증(病的虛言欺騙症), 병적부덕증(病的不德症), 병적낭비증(病的浪費症)……

그러다가 문득 구보는 그러한 것에 흥미를 느끼려는 자기가 오직 그런 것에 흥미를 갖는다는 것만으로도 이미 한 개의 환자에 틀림없다.

이 밖에도 음주불감증, 당의즉답증, 다변증이 첨가된다. 이처럼 구보는 일종의 환자이면서 동시에 진단하는 의사로서 동시대 도시 사람들의 질병, 부종과 신장염의 병자, 안구가 돌출된 노동자 바제도씨 병에서 비롯하여 생태적이고 정신적인 징후를 진단하고 있다. 동시대의 모든 사람들을 정신병자로 관찰하고 싶다는, 병리적 현상에 대한 진단적 충동은 시대성의 불건강성 내지 1930년대의 도시적 삶의 일상에 내재하고 있는 심리적인 이상성에 대한 지각과 보고적 압축의 의미를 지니고 있다. 건강치 않은 사회의 진단서인 것이다. 건강치 않은 사회는 피로 · 권태 · 우울 · 고달픔 · 괴로움 · 쓰라림의 원천이 된다. 그리고 짓눌린 지식인(작가, 시인)과 대척 관계에 있는, 탐욕과 쾌락을 추구하는 속악한 부르주아(금시계를 찬 황금광 인간, 보험 외판원)의 삶들 역시 불건강성의 표상이다. 이는 한국 모더니스트 문학이 제시하는 신체성의 양면적 대립의 징후 현상이다. 결과적으로 임병권의 지적처럼 구보는 경성 곳곳을 배회하면서 당대 사회의 건강성보다는 불행과 불건강성을 지각하고 확인한다.[30] 구보의 거듭 반복되는 고현학적인 도시 관찰과 보행으로 체득 · 제시되는 병리적 진단의 담론은 당대의 식민지 사회의 도시인 경성의 건강치 못한 일상성과 내면에 대한 비판적 경험의 반사 현상이다. 식민지 자본주의에 의해서 병든 사회인 경성의 일상성에 대한 병리학적인 진단인 것이다. 도시는 근대화의 질병을 위한 환유이며 병이 습격한 현대사회의 예증으로서 충만하다는 관점이 수긍된다. 그리고 1930년대 한국 모더니즘 소설에서 남성 지식인의 신체성은 전체적으로 허약하고 병든 상태로 제시된다.

  여기에 첨언하자면, 병과 관련된 용어 사용의 문제이다. 의학계에 있어서는 'illness, disease, sickness(질병, 질환, 병)'를 개념적으로 각각 구별하여 사용하고 있다. 그러나 이 글의 입장은 이러한 의학적 용어상의 변별에 있는 것이 아니라, '질병(병)'을 건강 이상 상태를 지칭하는 아픔을 포함한 보다 포괄적인 범위로 쓰고자 한 것이다.

---

30 임병권, 앞의 글, p. 100.

제7장

『탁류』와 도시 군산의 징후학
―― 매독과 전염성 탐욕의 은유화 현상

1. 은유로서의 매독

일레인 쇼월터 Elaine Showalter는 그의 글「매독, 섹슈얼리티, 그리고 세기말 소설」의 초두에서 19세기 말 소설과 현대의 공포인 매독과의 관계에 대해서 다음과 같이 지적하고 있다.

> 수전 손택의「은유로서의 질병」에 의하면, 결핵과 암이 19세기와 20세기의 상징적인 질병이 되었듯이, 매독은 확실히 19세기 말의 상징적인 질병이었다. 성적 위기의 시기에 정서적 오탁의 공포를 암시하면서, 매독의 도상학은 세기 전환기에 있어서 영국 소설에 편재하게 된다.[1]

19세기 말의 영국 소설에 매독의 불건강성이 편재하게 된 현상을 지적한 대목이다. 'Civilization and Syphilisation(문명과 매독화)'이라는 대비처럼 흔히 문명이나 악을 지칭하는 은유로, 소름끼치는 병 또는 위신을 떨어뜨리는 상스럽고 타락한 질병으로 이해되곤 하였던 것이다. 매독은 르네상스기에는 영혼의 질병으로서의 종교적 비유로, 왕정복고 시대에는 국가의 질병으로서 정치적 비유로, 세기말에 있어서는 가족의 질병[2]으로서 각각 기능했

---

[1] Elaine Showalter, "Syphilis Sexuality and the Fiction of the Fin-de-siècle," *Reading Fin-de-siècle Fiction*, ed., Lyn Pykett, Longman, 1996, p. 166.

던 것이다. 특히 근대 초기 서양 의학에 페스트와 함께 깊은 영향을 준 질병인 매독은 쇼월터의 지적처럼 1890년대 서구소설에서 가장 중심적인 상징의 역할을 한 것이다. 수전 손택 역시 이 이전에 『은유로서의 질병 Illness as Metaphor』에서, 매독이 은유로서 가장 흔하게 이용된 질병이라고 지적하면서 도덕적 타락과 신체적 쇠약을 가져오는 은유로 쓰인 몇몇 경우를 적시하고 있다. 그러면서도 그녀는 결핵과는 달리 매독이 은유로 쓰이기에는 한계가 있을 수밖에 없는 제한된 사유로서, 공포가 가득한 질병이지만 신비로운 질병은 결코 아니라고 규정³했다. 매독은 인간의 죄 때문에 신이 내린 재해 또는 성적 문란과 타락 및 부도덕의 징표로서 이해되기 때문이다. 이렇듯 매독은 고통스럽고 혐오스러운 증상 때문에 죄악과 오염의 징표가 되는 것이다. 이탈리아 의사 프라카스 토리우스가 1530년 '시필루스'라는 가상적인 양치기 이름에서 Syphilis라고 명명하여 그 병명이 유래된 매독은 역사의 진로에 있어서 참으로 엄청난 영향을 미친 병이다. 병의 근원지를 어느 나라로 보느냐에 따라서 '프랑스병' '나폴리병' '폴란드병' '광동병' '중국병' 등으로 일컬어지기도 하는 이 매독은 인류의 원형을 보여주는 표본이라 할 수 있는 남태평양 원주민을 멸종시키고 권좌에 앉았던 뛰어난 정치가, 예술가, 시인, 학자들을 파멸시킨 재앙의 유행병이었던 것이다.

서구의 경우, 정신분석학 이론이 발전된 1885~1914년 사이에 유럽의 의사들과 각국 정부는 전염병 특히 매독에 대한 캠페인을 활발하게 전개함으로써 이른바 '강박적인 프로파간다'의 시대를 이루었다. 이때 프랑스의 의사 알프레드 푸르니에 Alfred Fournier 는 「매독의 유전에 관해서」를 통해 유전적인 매독의 위험성과 그것이 결혼 파괴, 인구 감소, 부르주아의 퇴화를 가져온 것을 강조

---

2 Elaine Showalter, 앞의 책, p. 167.
3 Susan Sontag, *Illness as Metaphor: Aids and Its Metaphor*, Anchor Book, Doubleday, 1990, pp. 59~60. 이재원, 『은유로서의 질병』, pp. 89~91.

하고 경계했다.

1905년 베를린에서 프리츠 샤우딘(Fritz Schaudinn, 1871~1906)과 그의 동료 P. E. 호프만에 의해서 '스피로헤타 팔리다' 또는 '창백한 실'이란 뜻의 병원체인 트레포네마 팔리둠Treponema pallidum이라 명명된 매독균이 처음으로 발견되었으며, 현미경이 사용된 1906년 무렵에는 쉽게 균을 관찰할 수 있게 되었다. 1909년과 10년, 파울 에를리히(Paul Ehrlich, 1854~1915)가 전신 멸균제 '마법의 탄환'인 '606호' 즉 살발산과 914호, 1206호 같은 네오 살발산과 같은 치료약을 발명함으로써, 그리고 이후 영국 세균학자인 A. 플레밍(1881~1955)이 페니실린이라는 항생물질을 발견함으씨 어둠의 독 스피로헤타의 공포로부터 해방될 수 있었던 것이다.[4] 이런 매독은 토마스 만의 작품 『파우스트 박사 Doktor Faustus』(1947)의 주인공인 에이드리언의 상태와 깊이 관련되어 있다. 니체의 삶에 근거한 에이드리언의 편두통에 대한 임상적 묘사는, 스피로헤타가 뇌를 파손하여 생기는 매독성 마비 현상이다. 토마스 만이 묘사한 이 같은 질병은 나치 독일의 카오스적 쇠잔이나 문화적 이념적인 병리성을 은유적으로 제시하는 것으로 해석되고 있다.

근자에 데보라 헤이든Deborah Hayden은 그의 저서 『Pax: Genius, Madness and the Mysteries of Sypilis』(2003)[5]에서 현대까지의 매독의 역사를 서술하고 19~20세기의 저명한 인사들 특

---

[4] Laura Otis, *Membranes: Metaphors of Invasion in Nineteenth-Century Literature, Science and Politics*, The Johns Hopkins UP, 1999, pp. 127~28. Frederick F. Cartwright, Michael Biddis, Disease and History, 김훈 옮김, 『질병의 역사』, 가람기획, 2004, pp. 121~24. Sheldon Watts, *Epidemics and History: Disease, Power and Imperialism*, Yale UP, 1997, pp. 126~33 참조. Edward S. Golub, *The Limit of Medicine: How Science Shapes Our Hope for the Cure*, The University of Chicago Press, 1994, pp. 168~73 참조. 아노 카렌, 권복규 옮김, 『전염병의 문화사 Man and Microbes』, 사이언스북스, 2001, pp. 190~97 참조. 예병일, 『현대의학, 그 위대한 도전의 역사』, 사이언스북스, 2004, 3장, pp. 79~84 참조.

[5] 데보라 헤이든, 이종길 옮김, 『매독』, 길산, 2004.

히 음악가, 정치가, 화가, 시인, 소설가들이 겪은 매독의 병적학적 추적을 세밀하게 밝히고 있다. 여기에 예로 든 문인은 보들레르, 플로베르, 모파상, 니체, 오스카 와일드, 제임스 조이스 등이다. 음악가와 화가는 베토벤, 슈베르트, 슈만, 고흐, 정치가로는 링컨, 히틀러 등이다.

한편, 동양 의학 내지 한의학에서 매독은 성병, 즉 화류병의 일종이다. 조선의 전통 의서에서는 창(瘡), 천포창(天疱瘡) 또는 양매창(楊梅瘡)이라 일컬어지며, 호색에 의한 악성의 음창으로 규정한다. 이수광이 쓴 『지봉유설』 권17에 의하면 이의 전파 경로가 다음과 같이 제시되어 있다.

本國醫方曰天疱瘡 正德年後 始自中國傳染而來 中朝亦舊無此疾 出自西域則病之出後世者亦多矣

중종 원년~16년(1506~1521) 이후 처음 중국에서 전염되어 들어왔으며, 중국에서도 이전에는 이런 질환이 없었으므로 이는 서역(광의의 서양)에서 들어왔다는 것이다.[6] 『치포방(治疱方)』 『동의보감』 『산림경제』와 같은 전통 의서에는 병인과 증상, 요법이 다루어져 있다. 그 병인은 숭음호색(崇飮好色), 즉 남녀의 음외(淫猥)와 음사(淫邪) 등 불결하고 문란한 성적 교접이라고 규정함으로써, 이 병은 상스러운 것이며 다른 곳으로부터 옮겨온 것으로 간주했다. 그리고 이름은 '매독'으로 통용되었다. 그 후 성병 전염원인 유녀들에 대한 대책으로 1928년 9월 10일부터 「화류병 예방법」이 실시된다.

이와 같은 성병으로서의 매독은 결핵 및 임질과 더불어 1930년

---

[6] 三木榮, 『朝鮮醫學史及疾病史』, 堺市, 1962, pp. 77~83 참조. 김두종, 『한국의학사』, 탐구당, 1966, p. 505 참조. 한편 수전 손택은 '매독은 영국인들에게는 프랑스 발진이었으며, 파리 사람들에게는 '독일 질병,' 플로렌스 사람들에게는 중국 질병이었다'라고 지적한다.

대 조선의 질병을 대표하는 병이었다. 그러나 50~60만의 환자
가 있고 해마다 5~6만 명이 죽어가는 결핵과는 달리, 매독은 30
년대에 이미 에를리히가 개발한 살발산, 606호란 유효한 치료약
이 보급·사용되고 있어서 결핵만큼 무서운 질병은 아니었다. 이
는 결핵 예방과 요양을 위한 동시대의 월간지『요양촌』13집
(1939)에 실린 해주 요양원 주임의사 이정우의「폐결핵강좌 1」의
문맥에서도 다음과 같이 입증되고 있다.

현재 조선에서도 (5, 60만의 결핵환자가 있어서) 연년 5, 6만의
결핵 사망자가 있는 것을 생각하고 또 우리의 목전에서도 유위의
청년, 전도양양한 젊은이, 꽃과 같이 예쁘고 가련한 소녀가 무수
히 이 결핵으로 인하여 쓰러지는 것을 볼 때에 결핵의 무서움을 알
수가 있다. 매독에 살발산 주사와 마라리아(말라리아)에 염산 기
니네(금계랍)와 같은 특효약이 우리에게 발견되지 않는 동안 결핵
으로 인한 비애를 근절키는 어려울 것이다.[7]

그러나 역시 성병으로서의 매독 역시 당시에도 무서운 질병으로
간주된 것이 사실이다.『조선가정의학전서』에 실린 세브란스의학
전문학교 이영준 교수의「매독」에는 이 병의 무서움과 전염 경로,
전개 과정(제1기~제4기)과 치료 방법('살발산'이라는 속칭 606호)
이 자세히 기재되어 있다. 유전적 소인이나 신경계 침투에 대한
내용이 그것이다.

매독은 이환된 환자만을 해할 뿐 아니라 그 자손에게까지 유전하
여 육체와 정신을 침해하여 폐인이 되게 하는 무서운 병이다.
이 병은 '스티로헤타—파리다'라고 하는 병균의 감염으로 발생
한다. 이 병균은 매독 환자의 발견, 혈액, 내장, 타액, 정액, 골,

---

[7] 결핵 잡지『요양촌』제13집(제3권 제1집), 1939, p. 6.

흉, 척추 구강 등에 있다가 다른 사람에게 전염된다. 가장 많이 전염되는 것은 성교할 때에 음부로 되는 것이나 접문, 주배, 면도, 타올 등으로도 전염이 될 수 있다.[8]

이러한 매독, 즉 트레포네마 팔리둠의 도상학이 타락과 불건강성의 은유로서 우리 현대문학에서 가시적으로 제시된 것은 화류병인 성병의 전염과 퍼짐이 현저하게 나타나는 1930년대의 소설에서이다. 이 시기의 신문과 잡지에는 성병에 대한 공적인 담론이 두드러지게 제시된다. 그 대표적인 작품이 바로 채만식의 장편소설 『탁류』(1938)와 이효석의 소설 「장미 병들다」(1939) 등이다. 그 밖에도 현진건의 「고향」(1926), 이광수의 『무정』(1917), 『재생』(1924~25), 『흙』(1932~33), 심훈의 『상록수』(1935~36), 『직녀성』(1934~35) 등에서도 매독이 제시된다.

> 육체의 일부에 돌연히 변조가 생기기 시작한 것은 다음날부터였으나 첫 경험인 현보는 다따가의 변화에 하늘이 뒤집힌 듯이나 놀랐고 첫째 그 생리적 고통은 견딜 수 없이 큰 것이었고, 몸에는 추잡한 병증이 생기며 용변할 때의 괴로움이란 살을 찢는 듯도 하여 이루 헤아릴 수 없었다.

화류병을 연상시키는 표제인 「장미 병들다」에서 인용된 것이다. 이 경우 병증의 원인이 매독Treponema pallidum인지, 임균Neisseria Gonococcus인지가 분명치 않다. 7년간이나 친하케 지내온 여인 남죽의 변절과 기만된 삶에 속아온 남주인공 현보가 성병을 얻고 당혹하는 이야기이다. 아름답던 꽃이 병들고 좀이 먹었음을 표상

---

[8] 『조선가정의학전서』, 조선일보 출판부, 1939, p. 676. 이갑수 교열로 된 이 책은 조선일보사가 당시 조선의학계 권위 150여 명의 의사들의 글을 모은 것으로, 생리위생, 병리약리, 내과, 외과, 소아, 산부인, 피부, 화류병, 안과, 이비인후과, 치과, 가정간호 기타 편으로 편성된 방대한 가정의학전서이다.

하는 사랑에 내재하는 성병의 병리성을 검증하는 담론이다.

『탁류』⁹는 이름 그대로 흐리고 탁한 물 흐름을 비유적 공간으로 하여, 거기에 떠다니는 병균이나 독소적 질환과 같은 인간들의 생태와 그들의 탐욕 및 그 전염의 연쇄 과정과 효과를 제시하고 있는 매우 독특한 소설이다. 매독은 '미두'의 투기 열풍이 일고 있는 군산이라는 신흥 도시의 사회적 광기의 유행적 질병 상태를 위한 은유로서 기능하고 있는 것이다. 결코 청정하지도 건강하지도 않은 탐욕한 욕망이 바이러스처럼 식민지 쌀의 도시에 정박함으로써 매독 같은 탐욕이 특정 공간에서 전염·전파되어가는 상황을 그려내는 것이다. 이는 독자와의 가장 첫번째의 만남인 『탁류』라는 징후학적인 표제에서부터 이런 암시를 주고 정보를 시사하는 것이다. '물은 탁하다'거나 '흐리다'는 초두의 강물의 상태가 표제와 더불어 처음부터 도시의 사회적 징후성을 암시하고 있다. 따라서 이 글에서는 문학 형태와 의학적 담론의 상관하에서 『탁류』의 재해석을 시도해보려고 한다.

2. 쌀의 도시·탐욕의 도시 군산

1) 지리시학과 '미두장(米豆場)' 주변

1937년 10월 12일부터 1938년 5월 17일까지 198회에 걸쳐서 조선일보에 연재된 『탁류』는 우선 그 서사 방법에 있어서 문학적 관상법, 상호 인물성, 생의 정보 등의 인물 서사학[10]과 함께 독특

---

9 『탁류』에 대한 근래의 대표적 논의로는 다음과 같은 글이 있다.
홍이섭, 「채만식의 『탁류』」, 『창작과비평』, 1973년 봄.
김윤식, 『채만식』, 문학과지성사, 1984.
우한용, 『채만식 소설 담론의 시학』, 개문사, 1992.
국어문학회편, 『채만식 문학 연구』, 한국문화사, 1997.
문학과시장연구회, 『채만식 문학의 재인식』, 소명, 1999.
방민호, 『채만식과 조선적 근대문학의 구상』, 소명, 2001.
김홍기, 『채만식 연구』, 국학자료원, 2001.

한 지리시학geopoetics이 특성을 이루고 있는 작품이다. 지도 제작법cartography을 연상시키는 부감적 이동 시점에 의한 지도 그리기 도법, 지명학toponymy의 활용에 의한 항구 도시 군산 시가지의 사실——경험 공간의 지형도topography 제시, 일본인의 이주에 의한 식민지로서의 변화와 거류의 지대적 편성의 대비, 시가지——주변 외곽의 신구 도시 형태론의 구분 및 분화 현상을 지도적으로 재현하고 있기 때문이다. 토포그래피의 전형을 보여주는 작품이다. 그리고 서사 공간은 군산과 경성(서울) 등 두 도시로 이어지기도 한다.

지형 묘사를 위한 이동의 관점이 산맥과 물줄기를 훑어 내리면서 금강을 거쳐서 마침내 식민지 조선의 대표적인 쌀 수출 신도시인 군산 시가지에서 초점이 고정·집중되는 제시 방법이다.

이것이 군산이라는 항구요 이야기는 예서부터 실마리가 풀린다.

예의 이 군산은 조선 제일의 넓고 기름진 곡창인 전주평야와 강경평야를 근접 배경으로 하고 있는 금강 유역의 쌀의 집산지이며, 목포 개항(1897)에 이어서 무역항으로 개항된(1898) 신개지 항구이다. 개항 이래 일본의 오사카(大阪)와 면미 교환(綿米交換)이 활발히 이루어지면서 식민지 조선 제일의 쌀 무역항이요 쌀의 도시가 된 곳이다.[11] 1900년 일본 목포 영사관의 분관이 설치되면서 감리서, 경찰서, 세관, 우체사, 전보사 등의 근대적 시설이 설치되고, 일본인들의 자유로운 왕래와 더불어 일인 거류 민단 제도가 만들어짐으로써 일본인 거류지가 형성된다. 이때부터 군산은 『탁류』에서 제시된 지리적 현장의 분화와 마찬가지로 일인들이 사는 전주통, 본정통의 중심부와 가난한 조선 사람들이 집단

---

10 이재선, 『현대소설의 서사시학』, 학연사, 2002, pp. 302~19.
11 高岐宗司, 『植民地朝鮮の日本人』, 岩波新書, 2002/2003, p. 133 참조 및 한국도시거리학회편, 『한국의 도시』, 1999, pp. 92~93 참조..

적으로 모여 사는 개복동, 구복동 둔뱀이〔屯栗里〕등의 외곽적 주변부로 나누어지게 된 것이다. 이들 양 지역은 사회 시설, 위생 시설 및 문화에 있어서 '한 세기'의 차이를 지니고 있다. 이런 군산은 1920년대 이래로 쌀의 수·이출과 관련된 무역, 중개, 상업, 금융 업무의 근거지요, 식민지 자본 침투와 유통의 기능성과 경제성을 사회적 삶에서 가장 우선시하는 신흥 도시로 자리 잡게 되는 것이다. 작품은 바로 이 시대의 사회사로서의 욕망의 도시 군산을 현실적인 배경 공간으로 한다. 그리고 거리거리가 토포그래피화되기도 한다. 이런 신개항지로서의 군산의 정황을 이해하는 근거로 그로부터 57년이 지난 뒤, 조정래가 소설 『아리랑』(1994)에서 그리고 있는 군산 묘사를 인용하면 다음과 같다.

금강 포구의 왼쪽을 따라 해변으로 이어지고 있는 군산은 온통 왜색으로 뒤덮여 있었다. 곧게 뻗은 새로 난 길이며, 그 길을 따라 새로 지어진 높고 낮은 집들이 하나같이 일본식이었다. 예로부터 조선 사람들의 초가집은 해변에서 멀찍이 떨어져 앉아 있었는데, 개항이 되면서 일본 사람들은 그 비워둔 해변가를 다 차지했던 것이다.

날이 풀리기 시작하면서 군산 포구를 드나드는 배들이 부쩍 늘어났다. 파도가 거센 겨울 동안에는 줄어들었다가 날이 풀리면서 파도가 잔잔해지기 시작하다 다시 작년 가을처럼 몰려들고 있었다. 그 배들은 거의가 일본인들의 장삿배였다.
그 배들이 실어 나르는 것은 하나같이 소비 상품이었다. 광목을 비롯해서 석유, 성냥, 남포등, 잡화 같은 것들이었다. 그 물건들은 날이 갈수록 조선 사람들 사이에 넓게 퍼져나가고 있었다.

그런 소비 상품을 실어온 배들은 그냥 돌아가지 않았다. 배마다 쌀을 가득가득 싣고 떠나갔다. 결국 남폿불이 환하게 타오르는 것은 쌀을 태워 없애는 것이나 마찬가지였다. 그러나 돈푼깨나 있는 사람들은 눈앞의 편리와 돈의 과시욕에 취해 그런 것쯤 아랑곳하지 않았다. 날로 배가 불러가는 것은 일본 장사꾼들이었고, 없이 사는 사람들의 춘궁은 더욱 가혹해질 수밖에 없었다.

군산 포구에 밀려드는 일본 장삿배들은 소비 상품만을 부려놓는 것이 아니었다. 일본 사람들을 몇몇씩 떨구어놓고 떠나갔다. 그 숨어들 듯 묻어들 듯하는 일본 사람들로 날이 갈수록 군산은 인구 비율마저 뒤바뀌고 있었다.

이렇게 일본의 식민지 지배에 앞서서 개항기의 일본 소비 상품의 유입, 경제 지배와 일본 거류민의 이주 문제가 제시되고 있다. 이에 비해서『탁류』는 이미 식민지가 되어버린 1930년대의 군산을 인식의 공간으로 하고 있는 것이다.
이와 같은 군산의 대표적인 삶의 양태를 압축하고 있는 대표적인 공간적 환유가 바로 '미두장'이며, 서사적 핵기능을 촉매하는 것은 '미두(기미)'의 투기 행위이다. 미두장을 생업의 중심으로 삼아서 경제활동과 관계가 얽혀서 그 소용돌이 속에서 살아가는 군산 사람들의 이야기인 것이다. 이 미두장은 그의 희곡「당랑의 전설」에서도 다음과 같은 풍경으로 제시된다.

미두장(米豆場)(＝米豆取引所＝期米場)은 군산의 심장이요, 전주통(全州通)이니 본정통(本町通)이니 해안통(海岸通)이니 하는 폭넓은 길들은 대동맥이라 이 대동맥 군데군데는 심장 가까이 여러 은행들이 서로 호응하듯 옹위하고 있고 심장 바로 전후좌우에는 중매점(仲買店)들이 전화줄로 거미줄을 쳐놓고 앉아 있다.

중심 시가지의 도시 경관과 구조를 이렇게 전경화해서 묘사하고 있다. 군산의 개항사에 있어서 개항 이후 상황적인 큰 변화가 일어나고 있는 도시 공간의 지형도를 신체 조직이나 네트워크 조직 상태에 비유한다. 마치 골드러시와 같은 쌀 거래와 수·이출의 소용돌이 상태 속에 살면서, 그 속에서 벌이는 인간군들의 경제적 욕구의 생태 및 쟁투의 행태를 서사화하고자 한 것이다. 항구도시 군산은 쌀 무역과 더불어 변화에 따른 새로운 상품 문화의 대두와 함께 '물화(物貨)와 돈과 사람' 이 세 가지가 한데 집결되어 생명력 있게 움직이는 도시이자, 욕망의 도시가 된 것이다. 오늘날의 주가처럼 미가(米價)가 일본의 '대판시세(大阪時勢)'에 의해서 절대적으로 영향을 받거나 좌지우지되는 식민지 투기 자본의 유입과 교역 경제의 현장이다. 한마디로 『탁류』에서 그려지고 있는 군산은 실재의 군산처럼 쌀과 돈과 미두를 매개로 하는 생업과 욕망의 지향처이자 집결지이며 현주소인 것이다. 그 중심 공간은 '도박꾼의 공동조계(共同租界)요 인색한 몬테카를로'로 비유되는 '군산미곡취인소'라는 미두장의 공간이다.[12] 따라서 미두장은 군산 사람들의 삶과는 환경적 인과성이 밀접한 공간이기도 하다. 이는 1930년대 사회에 만연한 투기의 대리이기도 하다.

조금치라도 관계나 관심을 가진 사람은 시장이라고 부르고 속한(俗漢)은 미두장이라 부르고, 그리고 간판은 '군산미곡취인소(群山米穀取引所)'라고 써붙인 공인 도박장, 집이야 낡은 목제의 2층으로 험수룩하니 보잘것없어도 이곳이 군산의 심장임에는 갈데없다.

미두장은 도시 형태론에 있어서 매우 상징적인 장소로서, 도박과 노름의 성격을 지닌 일련의 비정상적 경제행위로서의 미두, 기미, 투기 등 '겜블링 게임'의 현장이다. 불법과 합법을 떠나서 투기 열풍이 사회적, 경제적 양상으로서 널리 퍼지고 또 받아들여지고 있음을 뜻하는 공간인 것이다. 이 공간은 미두라는 전염성

---

[12] 군산부청, 『군산역사』(1935)에 의하면 미곡상조합이 창설된 것은 1910년이며 미두취인소(米豆取引所), 즉 미두장이 설립된 것은 1932년 1월이다. pp. 182~83 참조.

탐욕이 발생, 감염, 확산되는 투기와 사행적 거래의 바이러스 공간이다. 이런 '투기의 병disease of speculation'은 환경의 병인론이라는 추상론보다는 기본적으로는 개인적이고 사회적인 경제적 취약성과 파산 상태에 근거하고 있는 것이다. 국어사전은 이들 '미두' '기미' 및 '투기'의 개념 및 대상과 행위를 각각 다음과 같이 규정한다.

> 미두: 현물 없이 미곡을 거래하는 일. 현실의 거래를 목적으로 하는 것이 아니고 미곡의 시세를 이용하여 거래하는 일종의 투기 행위.
> 기미: 선물거래(先物去來)의 한 가지. 실제로 주고받지 않고 구두로 시세에 따라 돈을 거래하는 쌀.
> 투기: 기회를 엿보다 큰 이득을 보려는 것. 곧 불확실한 이익을 예상해서 행하는 사행적 행위. 시가의 급격한 변동을 예기하고 그 차익을 얻기 위하여 행하는 매매 거래행위.

그런데 이 쌀(기미)의 투기와 광산 투기에의 파장 내지 전염병은 비정상적인 경제적 가치의 원천으로 1920~30년대를 뒤덮은 사회적인 동향이 된다. 이 투기는 투자와는 비교된다. 제프리 프랭클린은 조지 엘리엇George Eliot의 『미들마치 Middlemarch』 (1872), 안소니 트롤로프의 『공작의 아이들 The Duke's Children』 (1880) 등 다수의 중요한 빅토리아조(朝) 소설을 대상으로 하여 노름의 성격을 밝히고 있는 바, 투자investment가 '단순히 현명하고 부유한 인물이 하는 것'으로 상정됨에 비해서 투기speculation는 '바보같이 몰락하는 귀족이나 탐욕스러운 졸부들이 하는 것'[13]으로서의 차이를 지적한다. 이런 비유가 함축하듯이, 요컨대 투기는 탐욕스럽고 비정상적인 경제 행위인 것이다. 투기에 의해서

---

13 J. Jeffrey Franklin, *Serious Play: The Cultural Form of the Nineteenth-Century Realist Novel*, University of Pennsylvania Press, 1999, p. 72.

얻어지는 돈은 나쁜 행위에 의해서 이루어진 것이기 때문에 도덕적인 가치가 결여된 것이다. 그래서 이 투기는 노름과의 유추적 상관관계 또는 상관성을 갖게 되는 것이다. 운에 의존하는 노름은 1920년대와 30년대의 사회와 문학작품에 편재되어 있는 투기의 징표이다.

2) 투기 도박과 환경의 병인학: 욕망과 성병

위험 부담률이 내재한 사회·경제적 행위로서의 미두, 즉 투기는 돈의 가치를 운이나 기회의 징표 아래 둔다는 점에서 '갬블링' 또는 노름(도박)과 일치하는 거래 행위이며, 돈을 확보하는 빠른 방법의 하나이자 금전적인 모험이 개입된 사행적인 행위이다. 노름은 기미의 투기와 유사한 상관관계나 상관성을 지닌다. 그리고 미두장 주변은 돈 걸기와 싸움이 필수적인 도박의 공간이다. 한수영이 「비판적 리얼리즘의 성격과 1930년대 후반 채만식의 소설미학」에서 "채만식이 노리는 것은 미두장 자체보다도, 그 주변을 서성대면서 의제자본의 운동 과정에 기생하면서 턱없이 일확천금을 꿈꾸는 수많은 인물들의 자본주의적 욕망이다"[14]라고 한 지적은 매우 적절하다. 그만큼 미두장 주변은 식민지 자본주의의 통제할 수 없는 조건과 경쟁적인 이기주의, 도박 행위가 팽만되어 있는 병리학적인 환경이다.

그래서 『탁류』에 등장하는 인물들은 거개가 군산의 토박이나 원주민이 아니고 타지로부터 이주해 오거나 유입된 인물들이다. '명일(明日)이 없는 사람'들로서 요행이나 바라고 수월하게 돈을 벌거나 돈 버는 기회를 잡기 위해 투기 열풍에 이끌려 들어온 사람들이거나, 최소한 외지에서의 삶이 어려웠던 사람들이다. 그렇지 않다면 개항 이후 새롭게 달라진 것들인 양약국, 병원, 은행, 미두장 들과 직업적으로 관계된[15] 인물들이다. 미두꾼에서 하바

---

14 한수영, 「비판적 리얼리즘의 성격과 1930년대 후반 채만식의 소설 미학」, 문학과사상연구회, 『채만식 문학의 재인식』, 소명, 1999, p. 134.

꾼으로 전전하는 정주사(丁主事)를 비롯해서 제중당 양약국의 박제호 내외, 은행원 고태수, 중매점의 바다찌[場立]인 꼽추 장형보, 기생 행화, 병원 조수 남승재 등 모두가 외부로부터 옮겨 온 사람들이다. 다만 미곡상인 탑삭부리 한참봉 내외만이 분명치 않을 뿐, 이들은 대부분 군산의 돈과 재화의 일의 자력에 이끌려서 정착했기 때문에 이들의 삶은 미두장으로 압축된 군산의 경제적 기능이나 환경, 사회적 조건들과 직간접적으로 연계되어 있는 것이다.

전체적 이야기의 중심 내용인 여주인공 정초봉의 가족을 위한 자기희생과 비극적인 전락의 운명 역시 노름꾼과 같은 이들이나 조력자와의 얽힘으로 비롯되고 또 끝나게 된다.

정주사, 고태수, 장형보는 모두 '미두'라는 투기 갬블링 거래 행위가 지닌 전염성 탐욕의 바이러스에 깊이 중독된 인물들이며 인물 유형성에 있어서는 노름꾼 상(像)들이다. 이들은 모두 투기요 일종의 도박인 기미 행위에 몰두함으로써, 정직한 상업과 일을 추구하기보다는 돈과 부에 이르는 손쉽고 모험적인 경제적 도박 행위의 이상 열병에 빠져 있는 무능력자이거나, 타락하고 방탕한 난봉꾼이며 불법적인 범죄자들인 것이다. 중독과 탐욕 및 범죄적인 침투가 확산되는 과도한 투기(도박)로 점철된 식민지 현장의 사회적 효과[16]는 이들 인물들을 반사회적이고 도덕적인 부패로 이끌거나 가족 체계와 안락마저도 상업화시켜버리는 것이다.

거듭되는 신분 몰락의 과정을 거치면서 살길을 찾아 시골에서 군산으로 이주한 이래 미두장의 불법 거래자인 하바꾼이 된 정주사는, 애송이로부터도 봉변을 당할 만큼 파산 상태로 전락한 존재이다. 그런 가운데서도 그는 자본의 상징적인 장소인 미두장

---

15 김치수, 「역사적 탁류의 인식: 채만식의 『탁류』와 「태평천하」」, 『현대 한국문학의 이론』, 민음사, 1972, p. 334.

16 Jan Mcmillan(ed.), *Gambling Cultures: Studies in History and Interpretation*, Routledge, 1996, p. 14 및 Thomas L. Clark, The Dictionary of Gambling & Gaming, Lexik House, 1987, xii-xiv-xv 참조.

주변을 떠나지 못한다. 허황된 돈을 확보하기 위해 잘못된 기대를 갖고 미두라는 노름(도박)의 투기 행위를 그 수단으로 삼아 거기에 의지하며, 미두장의 도박에 이미 병적으로 중독되었기 때문이다.

이렇게 욕망의 도시 군산의 미두장은 도박의 욕망을 생산해내는 장소이며 도박을 질환화하는 곳이다. 그래서 정주사는 돈을 얻을 수 있다는 허황된 기대 때문에 첫째로 초봉이를 타락한 난봉꾼인 은행원 고태수와 결혼시킨다. 이 경우 결혼은 자발적인 사랑의 근거가 완전히 배제된, 타락한 아버지의 선택에 의해서 이루어지는 극단적으로 위험스러운 도박에 불과하다. 분명 이것은 아버지에 의해서 자행되는 상업적 교환과 '결혼 도박matrimonial gamble'[17]의 전형인 것이다. 노름과 투기와 연결된 '나쁜 결혼'이다. 딸 하나를 인신 공양의 희생 제물로 던져서 몇천의 금전적 장사 밑천을 얻기 위한 계책과 투기에 의해서 이루어지는 결혼이기 때문이다. 물론 미래가 불확실하기 때문에 모든 결혼 자체가 투기나 도박의 성격을 잠재적으로 지니고 있는 것은 사실이다. 그러나 돈과의 교환에 대한 기대가 있기 때문에 이 초봉이의 결혼은 도박과 구조적으로 분리될 수 없는 것이다. 물론 정주사의 가난이나 경제적 하강의 징표가 개인의 몰락뿐만 아니라 식민지화 현상과도 연계되어 있는 것이 사실이지만, 그럼에도 딸의 결혼을 돈을 얻을 기회로 여길 만큼 노름의 상업적인 교환 수단으로 이용하고 있다는 점에서는 분명 부성(父性)의 타락화 현상을 보인다. 달리 지적하면 부패해버린 부성이며 상실된 부성이다.[18] 물론 딸 초봉이의 불행한 운명은 초봉이 자신의 성격에서 비롯되는 점도 적지 않은 것이 사실이지만, 가장인 정주사의 타락한 선택과 기대에 일차적인 요인이 있는 것이다. 처음부터 위험부담이 잠재했던 정주사의 결혼 도박은 결국 딸을 희생시키는 대신 기대했던 운

---

17 J. Jeffrey Franklin, 앞의 책, p. 56.
18 방민호, 『채만식과 조선적 근대문학의 구상』, 소명출판, 2001, pp. 80~85참조.

을 가져와주지도 못하게 된다.

은행원 고태수는 직업은 은행원이지만, 뒤로는 미두에 간여하는 사기꾼이며 호색의 탕자이다. 서울(경성) 본점 근무 시에는 탈 잡을 곳 없는 모범 행원이었던 그는 쌀과 미두의 도시 군산에 오면서부터 성병을 보유할 정도로 탕자가 된다. 타락한 퇴행적 성병 환자이다. 그리고 장형보와 야합하여 미두에 간여하면서부터 사기 횡령과 소절수 위조 등의 온갖 금융 부정을 저지르고 부도덕한 간통으로 성적 난교 상태에 빠져드는 인물이다. 탁한 물에 휩쓸리게 됨으로써 끝내는 형보의 간계와 배신 밀고에 의해서 아내 초봉을 겁탈당하게 하고 또 밀통의 간부로서 한참봉에게 응보의 죽임을 당하게 된다. 돈을 향한 탐욕의 좌절, 그로 인해서 파괴적이고 폭력적인 행태를 보임으로써 그 역시 미두장을 중심으로 벌어지는 전염성 탐욕에 의해서 철저히 파멸하는 인간이다. 초봉이의 결혼 도박을 가장 불행한 선택으로 이끌어가는 결정적인 인물이다.

다음은 장형보의 경우이다. 도상학으로 그로테스크한 꼽추로서의 외양이다. 그는 미두 중매점의 '바다치〔場立〕'로서 고태수를 철저히 이용하는 이중적인 태도와 괴물 같은 자아를 지닌 '독초' 같은 악행의 소유자이다. 그는 돈만을 유일한 기회로 삼고 온갖 사술과 악행을 써서라도 돈을 확보하려고만 한다. 그만큼 반사회적이고 범죄적인 투기꾼이다. 뿐만 아니라 신체적인 열등감과 사회적인 멸시 때문에 세상에 대한 복수와 적대적인 앙심으로 순진한 여인 초봉을 겁탈하고 그 가정을 파괴시키는 악행도 주저치 않고 저지르며 그런 여인에게 거듭 가학적인 폭력을 행사하는, 용서받을 수 없는 악인이다. 때문에 희생자인 초봉으로부터 끝내는 응보의 보복 살해를 당하게 된다. 우리 현대소설에서 보기 드문 악인형의 인물이다.

이렇게 미두의 투기는 전염성 질병과도 같이 사람들로 하여금 도덕적인 동요를 일으키게 하고 탐욕에 휩쓸리는 전염성 강한 바이러스를 발생, 전파시킨다. 이로 인해서 기만과 부정과 범죄,

악행 등 삶의 여러 가지 부정적인 양태가 편재하게 함으로써 도시 전체를 탐욕의 '탁류' 상태로 공간화하고 서사적인 질병으로서의 매독이 중요한 병리적 은유의 기능을 하게 하는 것이다. 따라서 『탁류』에서 아주 현저하게 제시되는 사회적 죄악과 오염의 징표로서의 매독성 불건강성의 문제는, 바로 일본 식민지 투기 자본의 유입으로 인해 과도하고 무절제한 투기(미두) 행위의 침투와 확산이 사회나 경제의 정상적인 규범을 침해하고 파괴한다는 암시 및 반투기적 담론을 함축하고 있는 것이다. 이것은 성병이나 매독성 불건강성이 전염과 부도덕성의 징표로서, 불건강한 사회의 이상 생성물이라는 지적[19]과 상동하는 현상이다. 매독이 주로 혼외 관계에 의해서 결혼의 결속을 해치고 허물어버리는 질병인 것과 마찬가지로, 일본의 변칙적인 투기 및 자본의 유입과 탐욕이 정상적이고 건강한 삶과 욕망과 경제적 거리를 허물어뜨리고 전염시키고 혼탁하게 하는 식민지 사회의 사회적 질병임을 은유화하고 있기 때문이다. 분명히 이는 사회병리학의 관점에 근거한 것이다. 매춘과 함께 매독의 전파는 도덕적인 해이의 직접적인 결과이자 사회적 퇴폐의 씨앗이며 사회의 오염균인 것이다. 그런 점에서 채만식의 리얼리즘은 병리학적 리얼리즘을 지향하고 있다.

3. 질병/건강의 이중 세계와 대립 구조

1) 건강한가 병들었는가

사실 『탁류』의 근본 서사 구조는 마치 강의 이쪽과 저쪽의 양안(兩岸)처럼 대립을 짝으로 하는 두 개의 관찰 방법을 채택하여 이중화된 대립 구조의 세계로 이루어져 있다. 즉 서사적 커브가 그것이다. 이는 인물군이 두 개의 방향으로 배치·분류되면서 건

---

[19] Elaine Showalter, 앞의 책, p. 177.

강/질병의 의미론적인 자장으로 대비·체계화되는 현상과, 서사의 주요 배경 공간이 전후의 질서에 의해서 군산-서울로 이중화하거나 공간 이행하고 있는 현상이다.

『탁류』의 인물들은 가치론적 관점에 있어서 두 부류로 분화되어 있다. 토마스 안츠가 현대문학의 질병, 도덕, 미학에 대한 문제를 제기하면서 건강한가 병들었는가Gesund oder Krank?[20]란 가치 평가적 이분법의 문제를 제기하는 관점과도 상통하는 현상이다. 남승재, 정계봉 등이 건강의 축선에 자리한 긍정적이고 건강 지향적인 인물인 반면, 정주사, 한참봉 내외, 고태수, 장형보, 박제호 등이 질병의 축선에 위치한 부정적이고 질병 지향적인 이상성의 인물들이다. 주인공 초봉이의 운명은 바로 두 부류의 사이에서 그들 양측의 견인력에 의해서 운명적인 부침(浮沈)의 궤적을 이루어가게 된다. 또 인물 공간에 있어서도 전자는 서울을, 후자는 군산을 삶의 주도적 결정 공간으로 한 것이 대비적이다.

우선 젊은 남승재는 현재는 의사도 전문의사도 아닌 공의(公醫)와 비슷한 의사수련생이다. 그러나 공의는 분명히 아니다. 미셸 푸코의 『임상의학의 탄생』(1963) 제5장 「병원의 교훈」에 나오는 제도인 '위생관officier de santé'과 같은 존재이다. 위생관이란 전문의사와는 달리 의학에 대한 적은 이해를 가지고 있기 때문에, '원초적 사고'와 '단순한 가벼운 병' 따위[21]만을 처리하도록 허가(묵인)되었으며 그것마저도 시험에 통과하도록 요구됨으로써 경험적으로 수련하고 지각·치료의 제한적 순행을 하게 되어 있는 것이다. 그래서 푸코는 위생관이 행하는 의학 실습이란 다분히 '통제된 경험주의'의 성격을 띠는 것으로 '의학적 시선이 대상을 관찰한 후에야 지식은 무엇인가를 행할 수 있는 문제이므로,

---

20 Thomas Anz, *Gesund oder Krank?: Medizin Moral und Ästhetik in der deutschen Gegenwark-literatur*, J. B. Metzlersche Verlagbuchhandlung, Stuttgart, 1989, p. 19, 55.
21 Michel Foucault, *The Birth of Clinic: An Archaeology of Medical Perception*, Vintage Books, 1975, p. 81.

의학적 경험이란 지각과 기억, 반복의 층위 즉 예증의 층위에서 비로소 통합될 수 있다[22]고 지적한 것이다. 의료 행위의 서열에 있어서 정규교육을 받은 일반 의사와는 달리 위생관은 노동자들을 전담 대상으로 한다. 플로베르의 『보바리 부인 Madame Bovary』의 시골 의사 샤를은 바로 이런 위생관[23]이다.

소박한 휴머니스트인 남승재는 의료 행위의 주체로서는 이 시대와 사회 제도에 있어서 위생관의 위상과 일치되는 존재이다. 고아 출신인 그는 외가 편 일가인 한 개업의의 진찰실과 제약실에서 자랐으며 중학을 마친 뒤 3년 동안 주인의 조수 노릇을 하였고, 군산 금호병원으로 와서는 의사 시험을 치러서 의사 면허장을 얻으려는 수련 단계에 있는 청년이다.

> 승재가 금호의원으로 와서 있기는 재작년 정월인데, 그동안 그는 작년 5월과 10월에 두 번 시험을 쳐서 반 넘겨 패스를 했다. 이제 남은 것은 제1부의 생리와 해부 제2부의 병리(病理)와 산부인과 제3부의 임상(臨床) 이 다섯 가지 과목이다. 그 나머지만 준비가 덜 된 것인데, 어쨌거나 금년 10월이나 명년 5월이 아니면, 10월까지에 시험을 치르기만 하면 넉넉 다 패스가 될 형편이다. 〔……〕 금호병원의 주인의사 윤달식은 승재의 임상이 능란한 데 안심하고 거의 병원을 내맡기다시피 했다.

이렇게 남승재는 공의(公醫)가 아닌 의사의 사적인 조수로서 그의 후원하에 수련을 받으면서 의사가 되기 위한 시험에의 중간 통과 과정에 있으며, 현재 다섯 과목의 의학 과목을 공부하는 중이다. 뿐만 아니라 그를 방해하는 무당과 같은 민간 치료인이나 돈이 없어 치료를 못 받는 가난한 환자들의 심각한 처지도 목격하

---

22 Michel Foucault, 앞의 책, p. 81.
23 Lawrence Rothfield, *Vital Signs: Medical Realism in Nineteenth-Century Fiction*, Princeton UP, 1992, p. 20.

면서 분간 있게 인생을 보고 그들에 대한 연민을 가지며 돌봄은 물론, 야학에서 가르치고 경제적인 갈등을 체득하기도 한다. 불행한 사람은 돈도 받지 않고 치료해주고 불행한 사람들의 존재를 인식하는, '본 다음에 행할 것을 아는' 사람이다. 분명 그는 단순한 의사 지망자가 아니고 이 사회의 위생관으로서의 기능을 수행한다. 이 같은 남승재의 상황에는 서사 프로그램 상에 있어서 '발육'으로 표현된 이른바 '형성Bildung'의 개념이 잠재되어 있다. 즉 그가 사회에 대한 '옹근' 의사가 되어가고 있는 성장의 도상에 있는 존재라는 점과, 분명 그가 의사가 된다는 미래 예시성이 그것이다. 이러한 형성의 단계에 의해서 『탁류』가 남승재의 성장소설적 성격을 지닌다고 이해될 수 있기도 하다. 그런 단정에는 난점이 있는 것이 사실이지만, 반복적인 '발육'이란 말의 의미가 내포하는 바 남승재의 면허에서 개업으로 이어지는 의사로서의 개인적인 성장사가 제시된 것만은 분명하다. 그리고 이 사실이 결과적으로 소설의 공간을 군산에서 서울로 전환·이행하는 근거가 되고 있는 것이다. 이른바 '성장 플롯'으로서의 남승재의 삶의 성장을 위해서는 서울로의 공간 이행 현상이 필연적일 수밖에 없다. 서울은 승재에게 있어서 공간현상학적 관점에서 의사로서의 지향적 행동 공간인 것이다. 연애와 사랑의 대상이 된 계봉이 머물고 있는 곳이며 실비 병원을 개업함으로써 군산에서 본 바를 의사로서 행할 수 있는 곳이기 때문이다. 이 점은 언니 초봉과는 전혀 다른 계봉의 경우도 마찬가지이다. 자기 주관대로 살아가고 있는 계봉은 "신경도 제 건강과 한가지로 건실하다. 그렇기 때문에 그는 현대적인 지혜를 실한 신경으로 휘고 새기고 해서 총명을 길러간다"라고 묘사되듯이 건실하고 건강하다. 역시 '길러간다'는 성장과 성숙의 개념을 내포하고 있다.

 이와는 달리 돈을 위한 노름 중독에 걸린 고태수와 장형보는 괴물 같은 탐욕의 독소들이다. 식민지 자본주의의 통제되지 않는 욕망의 조건에 엮여 있는 이들은 모두가 인식론적인 수사(修辭)

에 있어서 병균이나 '독초'인 것이다. 한참봉 역시 이들과 동궤의 부정적인 인물이다. 이들 미두꾼들 모두는 미두장 주변의 환경의 병인학(病因學)에 의해서 병들어 있는 상태인 것이다.

4. 매독의 은유론

『탁류』는 이런 전염성 탐욕의 진단적 은유로서 매독을 차용하고 있다. 그만큼 매독이나 매독성 불건강성이 유례가 드물 정도로 제시되고 있다. 본문 텍스트에서 표현의 제약이나 절제 때문에 명시하지 않고 ×표로 숨기거나 삭제해버린 금기 표현의 부분이 특히 많다. 이 부분은 거의가 이 질병이나 독약과 관련된 것이 아니면 욕설이다. 페미니즘의 관점에서 보면 매독은 주로 남성의 악덕과 타락의 소산이요 상속력 쇠퇴의 상징이며 순진한 여성의 함정 빠뜨리기와 희생화를 재현하는 것이라고 할 수도 있다. 그러나 여기서 보다 중요한 점은 매독이 미두장을 중심으로 휩쓸고 있는 투기라는 식민지의 외인성 바이러스가 퍼뜨리는 전염성 탐욕의 전파와 확산을 은유화하거나 상징하고 있다는 점이다. 매독은 어차피 사회의 도덕적 규범을 어기고 전복시키는 괴물 같은 욕망이나 타락한 행위로서의 의미와 효과를 지니고 있기 때문이다. 거기에다 군산은 '유흥'과 '계집'이 개방되어 있는 데다 신흥동과 개복동 같은 지대는 인간을 동물로 역행시키는 '구렁창'인 '유곽'과 '모를 부은 듯 색주가가 난립'하고 있어서 성병인 매독의 전염원을 이루고 있는 상태이다. 군산은 이렇듯 탐욕의 탁류와 함께 성(性)의 탁류가 되어 있기도 하다. 현실적으로 해상 운송의 빈번화에 의한 물화와 인간의 유입은 동시에 전염병균의 유입과 전파를 촉진시키고 매음과 성병을 신속히 보급 확대시키게 된 것이다.

접촉 전염의 전파 상태로 보아서 트레포네마 팔리둠, 즉 매독균의 최초 보균자는 싸전을 하는 탑삭부리 한참봉이다. 명분으로는 자손을 보겠다는 욕심에 첩을 얻은 한참봉은 자손 대신에 그 첩으로부터 매독을 전염받은 뒤 아내인 김씨에게로 전염시킨다. 아들을 갖고자 하는 턱없는 욕심과 음욕에서 비롯된 김씨와 고태수 간의 불륜의 사통 관계는 성적으로 난잡스러운 고태수에게로 다시 전염되고——그와 관련이 있는 기생 행화도 보균자다——다시 태수는 결혼한 초봉이에게로 전염시킨다. 성적 난교 상태의 남성은 이렇게 아내인 초봉에게 무서운 질병을 전파하게 되는 것이다. 초봉이의 매독 상태는 남편 태수가 비명에 죽은 뒤 첩살림의 남녀 관계가 된 약사인 박제호에게로 다시 전염된다. 이렇게 명시적으로 서술된 전염의 경로나 연쇄 고리는 박제호에게서 일단 멈춘다. 그러나 지칠 줄 모르는 이상 정욕의 소유자로서 유곽 출입이 심하고 그의 성적 제물이 되어온 초봉이에 대해서 가학을 휘두르는 곱추 장형보가 결코 정상적일 수는 없다. 장형보의 가공할 만한 성적 탐욕 그 자체가 매독성 광포에 다름이 아니다. 또한 계봉의 입을 통해서 '독초'로 지적되는 것으로도 그는 매독성·불건강성을 잠복 상태로 지니고 있거나 불현성(不顯性) 매독을 지닌 인물임이 분명하다. 이런 전염의 띠와 사슬, 즉 관계와 결합, 연결의 서사적인 연속소(시퀀스)의 효과가 암시하는 것은 전염과 확산의 은유로서의 기능이다. 성적인 탁류로서의 오탁의 흐름과 전파 현상인 것이다.

  이 작품에 묘사되는 매독에 관한 부분 몇 군데를 지적하면 다음과 같다.

> 그동안 김씨는 남편이 어느 첩한테서 긴치 않게 전염을 받은 ××을 나뉘어 가졌다가 그놈을 다시 태수한테 모종을 해주었다. 그 덕에 태수는 단단히 고생을 했고, 치료는 했어도 뿌리는 빠지지 않고 말썽이 되어 요새도 술을 과히 먹거나 실섭을 하면 도로 도져서 병원 출입을 해야 했었다.

―"×? ×?" 승재는 짐작으로 한 바이지만 의사답지 않게 소리를 지른다.

―바로 며칠 안이면 초봉이와 결혼할, 소중한 그 초봉이와 결혼을 할 네가 천하에 고약하고 더러운 ××을 앓다니……!

―승재는 농을 받은 유리 조각을 알코올 불에 구워서 '메틸렌 브라운'으로 착색을 해가지고 현미경을 900배로 맞추어 들여다본다.
초점을 맞추어가는 대로 파스스름하게 나타나는 신장형(腎臟形)의 반점은 갈데없이 ×균이다.

―망연히 서서 있던 승재는 태수가 다시 현미경을 들여다보는 동안 진찰실 한옆에 들여 세운 책상에서 금자박이의 술 두꺼운 책 한 권을 꺼내다가 활활 넘겨 이편 진찰탁 위에 펴놓는다. ×균이 현미경의 원색대로 삽화가 있는 대목이다. 이윽고 태수가 이편으로 오기를 기다려 승재는 펴놓았던 책의 삽화를 짚어가면서 ×균의 형상부터 시작해서 그 성장이며 전염 경로·잠복·활동·번식 그리고 병리와 ××이 전신과 부부 생활과 제2세랄지 일반 사회에 미치는 해독이며, 마지막 치료와 섭생에 대한 설명을 아주 자세하게 들려준다.

―"윤희를 보내구 나서는 인해 다른 여자와는 도무지 상관을 한 일이 없었는데. 허허 그것 참…… 이…… 글쎄 ×× 기운이 있단 말야! ……허허 제기랄 것. 늙은 놈이 이리 망신이지?…… 아무튼 그 사람 고무엇이란 친구가 초봉이한테 골고루 못할 일을 하구 죽었어!"
이렇게까지 말을 해도, 초봉이는 충분히 그 뜻을 알아듣지 못했다. 제호가 그래서 ××이라는 것에 대해 한바탕 기다랗게 강의를 하니까, 그제야 초봉이 고개를 숙이고 들지 못했다.

몇 경우를 추려본 것이지만, 모두 매독에 관한 의학적·도덕적인 담론이 제시되어 있다. ××표시가 된 부분은 모두 '매독'이란 말을 작가 스스로가 검열하여 은폐한 것이다. 위에 인용된 글들은 접촉 전염의 처음부터 마지막까지와 관련된 것으로, 한참봉에서 박제호까지의 전파 상태 및 수련의 남승재의 입산적 검사 장면을 그린 것이다. 매독균의 전파·전염 과정, 전염과 유전으로 인한 2세와 사회에 미치는 생물학적인 책임과 죄, 매독 공포, 과학적이고 임상적인 검사, 결혼 전의 매독의 위험과 매독의 도덕적인 추루성과 응보, 매독과 여성의 관계 등 병원학적 진단학적인 담론과 더불어 매독 불건강성이 지니고 있는 사회 도덕적 병리성까지가 포괄적으로 제시되어 있는 것이다. 남승재는 현미경을 통해서 병균을 눈으로 직접 보고 검진하기까지 한다. 왓세르만 반응 진단 등과 온갖 과학적인 검사 방법의 문학적 제시이다.

이렇듯 『탁류』가 매독의 상태를 우리 문학에서 그 선례가 드물 정도로 대담하고 폭넓게 제시하고 있는 이유는 무엇일까. 그것은 매독과 같은 성병이 성행하고 있는 시대상을 그대로 반영하고 재현하는 시대 반영성도 충분히 감안할 수 있는 현상이다. 그러나 보다 중요한 것은 이 번져가는 현저한 이미지인 성병을 전염병처럼 전파·확산되는 일확천금에의 탐욕 및 그로 인한 도덕적인 파탄과 응보성을 설명하기 위한 은유나 상징의 수사학으로 활용하고자 함에 포인트가 있는 것이다. 여기에 의학적 병리적 현상을 주제화하고 문학화하는 면모가 드러나게 된다. 그리고 또 하나 주목되는 현상은 매독, 보균자(희생자), 치료자란 3요소가 얽혀 있다는 사실이다. 이는 가치론적 체계에 있어서 작품 전체의 주제적 구조와 밀접히 연관된다. 탁류의 상황은 의미론적으로 전염병으로서의 상징적인 가치를 함유하고 있는 것이다. 매독은 기표이며, 그 기의는 탐욕의 전파와 확산이다.

5. 사회적 건강성의 정치학

『탁류』는 이와 같이 쌀의 도시 군산의 미가의 등락과 조작이 오사카(大阪)의 시세에 의해서 좌지우지될 정도로, 일제 자본이 주도하는 식민지 자본주의와 정치 경제력의 지배와 확산적 전파에 대한 암묵적인 비판을 형상화한 리얼리즘의 작품으로 해석할 근거와 자질을 충분히 가지고 있다. 바이러스의 침해와 관련된 이른바 '침범의 은유'로서의 해석이 그것이다. 그러나 더 세심하게 작품의 내재적인 현실성을 읽어낼 경우, 『탁류』의 특성은 기미로 상징되는 전염성 탐욕의 은유화 현상과 더불어 응보의 서사학과 변증법적 교체의 서사학이 함께 구조화되어 있다. 그래서 탐욕이나 악행과 관련된 인물들(김씨-고태수-장형보 등)은 모두 스스로가 저지른 부정적 욕망인 탐욕과 과오에 대한 죄와 벌의 응보로서 비명에 죽게 된다. 응징의 플롯화 punitive plot 현상이다. 이들 모두는 세상을 탁류화시키거나 그 탁류에 서식하는 독초와 독균 같은 자기 방종의 존재들이다. 이 점이 『탁류』를 대중소설적인 통속성을 갖게 하는 요인이며 양상이다. 그러나 더욱 주목해야 할 점은 '군산→서울'로의 공간의 단면화 내지 교차 현상에 따르는 분기 구조의 위상적 암시이다. 어차피 『탁류』란 표제는 흐름과 이동을 내포한 의미가 아닌가. 공간이 전이되면서 이전의 면역 결핍적 징후의 인물들의 세계로부터 후반 이후의 서사 세계를 주도하는 것은 남승재나 계봉이와 같은 자기 절제적이고 긍정적인 욕망을 지닌 인물들의 프로그램 전반으로 대치되거나 교차된다. 이러한 서사적 주도력의 전이에 있어서 전반의 군산 공간을 주도했던 장형보가 교차의 분기 이후에도 얽혀들지만, 그는 이미 쇠잔해가는 몰락 세력의 표상에 불과하다. 희생자일 뿐인 초봉이까지도 마찬가지이다. 그와는 반대로 남승재와 계봉은 부차성과 잠재성을 넘어서서 건강하고 긍정적인 주도의 세력으로 현시화한다. 두 세력의 변증법적인 전이의 교차 양식이다. 쇠잔과 확대로서의 『탁류』의 마지막 장절이 '서곡(序曲)'이 된 것은 초봉이의 재생과도 관계가 있지만 바로 남승재와 계봉에 대한 긍정적인 가치 부여 때문인 것이다.

 구별화나 차별화의 서사 전략 및 가치화에 있어서 양측은 분명히 반대이다. 이는 질병과 건강의 대비 현상이지만, 나아가 사회병리성에 대한 관심으로까지 이어져 있는 것이다. 병적이거나 퇴행적이고 취약한 전자들에 비해서 남승재와 계봉의 삶은 긍정성과 건강성을 대리한다.

 남승재는 『탁류』에 등장하는 주요 인물 가운데서 유일하게 긍정적인 인물이다. 고아 출신인 그는 위생관과 같은 수련의 과정을 거쳐서 비로소 의사가 된 인물이다. 그 수련의 과정에서 사회적 건강을 위한 위생관으로서 의술의 영역을 넘어 사회와 의술로부터 배제된 병원 밖의 삶의 현장에서 가난하고 불행한 사람들의 삶을 목격한다. 그리하여 분간 있게 인생을 보게 되었을 뿐만 아니라 약자에 대한 온정적인 시선과 조력자나 옹호자로서의 역할을 수행한다. 동시에 정당하지 않은 사람들에 대해서는 비판자의 역할도 수행한다. 사회병리학의 근거 위에서 사회적 건강의 검역을 수행하면서 가난한 사람들을 치료해주는 휴머니스트 위생관이나 건강관으로서의 의사인 것이다. 이 같은 역할의 잠재성은 병원 조수로서 군산에서의 수련 과정에서 형성된 것이다.

 그는 다만 병원에 앉아 검온기(檢溫器)를 통해서 맥박의 슈호나 청진기를 통해서 뢴트겐(X線)이나 타진(打診)을 통해서 주사기를 들고 처방전을 들고 카르테를 들고…… 이렇게 다만 병든 인생만을 대해왔다.

 그래서 병이라는 것이 인생의 큰 불행임을 알았다. 단지 그것뿐이었다. 그러므로 그의 인생이라는 것은 서로 아무런 상관이 없이 하나하나 떨어진, 그리고 생리적인 인생을 의미하는 것이었다. 그러다가 그가 군산으로 와서 있으면서 비로소 조금 분간 있게 인생을 보게 되었다. 서울의 옛 주인에게 있을 때에는 치료비 없이 왔다가 도로 쫓겨가는 병자들을 그리 보지 못했었다. 그러나 이 군산의 금호의원으로 와서는 그러한 정상을 가끔 보았다.

남승재가 가난한 병자들의 처지를 발견하여 건강한 사회를 위한 건강한 휴머니스트로서 의사의 길을 가게 되는 부분이다. 같은 외래자로서 군산에 유입해 들어와 돈, 탐욕, 도박, 기만, 위조, 겁탈, 간통 등의 삶을 영위해가는 고태수나 장형보와 같은 부류와는 전혀 다른 삶의 대극을 이루는 선택이며 길이다. 인간은 '하나하나 떨어진' 상태의 분리적 개체나 '생리적인 인생'만이 아니라 함께 더불어 사는 존재로서 결속과 사랑의 연대적 공간을 확보해가는 정신적 존재라는 것을 파악하는 인간관의 소유자이다. 빈스방거식의 이른바 사람의 '더불어 사는 존재Miteinadersein'로서의 지각 현상이다. 병균을 검사하고, 기본 치료를 담당하는 의학도의 과정과 휴머니스트로서 사회적 현실을 관찰하고 체득하는 과정을 겪어서 마침내 의사가 된다. 의사가 된 그는 서울로 이전하면서 낡은 목조 2층의 작은 실비 병원을 개업하고 특별히 병들고 가난한 사람들의 삶의 처지에 관심을 두는 의사로서의 길을 걸어간다. 불행한 초봉이에 대해서도 철저히 가해자인 장형보와는 달리 일관된 연민적 협조자로서의 역할을 한다.

계봉이 역시 건강하다. 언니인 초봉과는 달리 월급 30원짜리 백화점 '숍걸'로 독립적인 생활을 하고 있는 그는 '연애'라는 개념으로 남승재와 새롭고 대등한 남녀 관계를 실현하는 인물이다. 또한 그는 사회적인 '독초'들과 자본주의의 공평치 못한 분배의 모순을 지적하는 사회 비판적 의식을 지닌 여성으로서 성숙해가고 있는 것이다. 이 점에서 그는 분명 사회주의적 이상과 관련되어 있는 존재이다. 이들 남승재와 계봉의 관계는 초봉과 그의 남자들과의 관계와는 철저히 대립적이다.

채만식은 이 물과 흐름의 혼탁이란 의미를 지닌 『탁류』에서 일본 투기 자본의 유입을 배경으로 성병처럼 퍼지는 탐욕으로 인해 황폐해지는 사회의 병리를 진단하고 해부하는 토포그래피의 공간을 그리면서, 다른 한편으로 남승재와 정계봉의 현실 대응과 건강한 삶의 지향과 이동을 통해서 시대적인 탁류와 그 정화를 전망하는 가능성의 비전을 제시하고자 한 것이다. 그것은 사회적 건강성에 대한 그 나름의 갈망의 정치학인 동시에 시학과의 결합이다.

제8장

「악마」: 임균 전염의 공포와 데모놀로지
── 의학 텍스트와 문학 텍스트의 상호 작용

　　박태원의 중편소설 「악마」(1936)는 한마디로 성병을 주제로 한 일종의 질병소설이다. 소설로 문학화된 임질론이거나 소설로 씌어진 성병학의 대중적 정보 입문서 같은 성격을 지니고 있다. 보다 정확히 지적하면 사회적인 타락형 성병인 임질(淋疾, gonorrhea)의 악성에 대한 신체적 정신적 효과를 문학 형태를 통해서 제시한 것이다. 그 감염, 전파(전염), 증상, 요법은 물론이고, 임질에 관한 불안이나 공포 등 일체에 대한 경험적이고 진단적인 검증화의 담론이 자세하게 제시되고 병균(세균)이론과 이에 대한 공포의 악마학Demonology을 끌어들인 매우 특이하고 드문 작품이다. 문학과 과학(의학)의 관계가 상호 피드백된 것이다. 여기서 임질은 욕망과 삶 때문에 몸을 사고파는 것(매매춘)이 제도적으로 받아들여지는 공창 제도와 남성의 혼외 성적 일탈이 묵인되는 젠더 위기의 병인성(病因性)이 한국의 도시 사회나 시대에 있어서 섹슈얼리티의 오염의 상징적인 질병이며 신체적 두려움으로서 제시되고 있다. 김동인의 「발가락이 닮았다」(1932), 심훈의 장편소설 『직녀성』(1934~35) 등 임질이 제시된 작품은 있지만, 임질이라는 성병이 타락의 징표로서 병독의 공포가 문학적 재현의 구체적 대상이 된 것은 현진건의 「타락자」(1922)에 이어서 박태원의 「악마」가 두번째 작품이다.

　　흔히 불결한 성적 접촉에 의해서 발생하는 임질은 매독과 함께 불건강한 사회의 이상 생성물이며 남성적 문란의 징표나 소산, 그리고 창녀의 오염된 성의 은유적인 대상이다. 1930년대 한국 소설에서 제시되는 3대 질병은 결핵, 암(위암), 성병(화류병)이다. 이 성병 중의 하나인 임질은 전통 의서인 『향약구급방』(고려 중기), 『향약집성방』(조선 초기), 『동의보감』(조선 중기)에도 그 이름이 기재됨으로써, 예부터 각 사회층에 침윤·전파된 것으로 인지된다.[1] 1879년 나이제르에 의해서 그 균[Neisseria gonoccoccus]이 발견되었으며, 이 「악마」가 씌어진 동시대에 대표적인 의학자가 총동원되어 간행된 『조선가정의학전서』(조선일보 출판부, 1939)의 「임질과 요법」에서는 임질이 다음과 같이 현대의학적으로 규정되고 있다.

> 임질은 임균(淋菌)이라는 균이 요도 점막에 번식하야 발생하는 병입니다. 그런데 항간에서는 왕왕히 임질이 자연히 저절로 발생하였다고도 하고 소위 냉이라 하여 찬 방에 거처하거나 국부를 차게 다스린 관계로 생긴다고 하는 말도 듣습니다마는 이것은 전혀 안 된 말이오. 임질은 반드시 자기 몸 밖에서부터 자기 몸 안으로 임균이 옮겨질 때에 일어나는 하나의 전염병입니다. 임질은 그 대부분이 불결하고 부정한 남녀 관계로부터 전염되는 것입니다. 즉 이러한 관계로 인하여 임균이 다른 사람에게서 자기에게로 옮겨지는 것입니다.[2]

『조선가정의학전서』에 실린 이 '임질과 요법'은 다른 어느 부분보다도 길고 자세하게 설명되고 있을 뿐만 아니라, 국한 혼용의

---

[1] 三木榮, 『朝鮮醫學史及疾病史』, pp. 83~84.
[2] 『조선가정의학전서』는 조선일보 출판부가 조선의학계의 권위자 150여 명에게 의뢰하여 집필, 1939년 간행한 총 928쪽의 방대한 책이다. 생리위생편, 병리약리편, 내과편, 외과편, 소아과편, 산부인과편, 피부 화류병과 안과 이비인후과 치과편 및 가정 간호 기타 잡속, 부록(수명론, 장수법) 등이 수록되어 있다. 의학박사 이갑수 교열·발행, 방응모 서문. 이중 「임질과 요법」(pp. 684~92)은 경성제대 병원 피부비뇨기과 의학박사 정근양의 글이다. 인용 부분 p. 685.

다른 부분과는 달리 한글 전용으로 씌어 있다. 이 글은 병의 증상과 진행 과정과 임사(淋絲) 현상, 병발증, 치료법(주사요법, 약물주입요법, 내복요법), 내복약의 명칭(프론토릴, 테라폴, 폰딜, 루릴, 게리존, 아크티졸, 백단유, 우리론, 유론, 알바릴), 성병과 성병 환자에 대한 태도, 예방법 등이 쉽게 제시 설명된 일종의 의학 텍스트이다. 병에 대한 정보는 물론 전염 예방을 위한 캠페인적인 성격도 담고 있다. 그 밖에도 이영준의 「성병 예방」 및 고영목(高永穆)의 「임질로 나는 안질」에는 임질과 관련된 다음과 같은 대목들이 보인다.

성병은 종래에는 화류병이라 칭하였는데, 매독·임질·연성하감(軟性下疳) 제4성병 등 4종이다. 각각 고유한 병원균이 있어 전염되어 병을 일으키게 된다. 그중에 임질균은 상처가 없는 건강한 점막에도 전염이 되나 기타 3종의 성병균은 건강한 피부나 점막에는 전염되지 않고 손상된 부분에 잘 전염된다.[3]

임질에 사용하는 예방약으로는 1.0~2.00% 푸로타루고루를 성교 직후에 요도 구내에 직입할 것.[4]

임독성 안질은 대단히 위험한 병의 하나로 실명되기 쉬운 것이며……우리 조선에서도 그 병으로 인하여 8.5%라는 실명의 숫자를 볼 수가 있습니다.[5]

임독성 안염은 그 증상에 따라서 초생아 안염(초생아농루안), 성인안염(성인성농루안) 전이성안염(전이성농루안) 변형 등 네 가

---

[3] 앞의 책, 이영준, 「성병 예방」, p. 671. 이 글의 말미에는 '성병 전염원인 유녀단(遊女團)에 대한 대책으로서 일본에서 소화 3년(1928) 9월 1일부터 실시된 「화류병 예방법초」가 소개되어 있다.
[4] 위의 책, p. 674.
[5] 위의 책, 고영목, 「임질로 나는 안질」, p. 718.

지로 나누어 있습니다.[6]

이렇게 제공되는 정보는 1930년대에 있어서의 임질에 대한 보편적인 의학 지식의 현 단계를 보여준다. 이와 함께 1920~30년대의 동아일보, 조선일보 등 신문의 기사나 광고에 있어서는 '화류병,' 즉 성병과 관련된 기록 등이 적지 않게 지면에 등장한다. 박태원의 소설「악마」는 바로 이러한 파라텍스트들의 질병 퇴치와 사회역사적 맥락을 같이하면서 산출된 작품이다.

최근의 한 연구는 이「악마」에 대해서 다음과 같이 평가하고 있다.

>「악마」는 근대적 의학 지식의 만연과 그것에 필연적으로 감염되어 고통받는 인간의 모습을 그리고 있다. 그것은 의학과 질병을 매개로 근대 사회 체계의 한 핵심을 꿰뚫고 있으며 이 점이야말로 고현학을 논하는 박태원이「악마」를 통해 도달한 육체적 담론의 본질이다.[7]

근대적 의학 지식의 전파 현상 자체를 전염성 질병 현상과 연계함으로써, 전염성 병균이 침투하여 개인의 몸(건강)을 파괴하듯이, 의학(과학)이라는 지식과 전염성 사고가 개인의 마음을 파괴하고 있음을 시사하는 관점이다. 로라 오티스의 이른바 '침범의 은유metaphor of invasion'의 일종인 과격하고 극단적인 관점이다. 문맥으로 보면 의학 지식이나 위생 개념 자체를 '감염'으로 보거나 의학 지식 그 자체를 균으로 보고 '의학 지식의 감염'이라는 부적절하고 과장된 은유의 표현을 쓰고 있기 때문이다. 이런 바이러스 침범의 관점에서 이루어진 '의학이라는 만연된 악마'라는 해석에 대해서 나는 견해를 달리한다. 이 작품은 의학이라는 지식

---

[6] 앞의 책, p. 719.
[7] 이경훈, 「모더니즘 소설의 질병」, 『어떤 백 년, 즐거운 신생』, 1999, 하늘연못, p. 155.

의 전파나 보급을 곧 적대적인 악마로 은유한 것이 아니다.

우선 특유의 장거리 문장으로 이루어진 「악마」의 내용을 살펴보면 다음과 같다. 회사원인 주인공 학주는 아내가 시골 처가에 간 부재한 사이에 주저하면서도 동료 두 사람과 함께 공창(유곽)을 찾아갔다가 임질에 걸리게 된다. 돌아온 아내에게까지 전염시키고 만 학주는, 그 병이 아내와 아이들에게까지 전염되어 그 병균이 '임균성결막염'을 일으켜서 아내와 아이를 실명케 하고 가정을 파멸케 하지 않을까 하는 생각에 뉘우치기도 하고, 두려움과 불안으로 전전긍긍해 마지않는다. 그런 가운데 마침내 아내의 눈에서 눈물도 눈곱도 아닌 농즙(濃汁)과 같은 나쁜 징후가 나타난다. 결말은 전지적 관점으로 다음과 같이 서술되고 있다.

그는 아내의 울음이 끝나기만 위선 기다렸으나, 물론 그러한 모든 말을 학주는 자기 자신 결코 믿지 않으며 이미 자기의 가정 깊숙이 찾아들고야 만 크나큰 불행 속에 대체 이제 자기들은 어떻게 해야만 옳은지 온갖 희망과 행복은 영구히 자기 가정에서 사라진 것만 같아 그는 저도 모르게 부르르 몸서리조차 치며 그러는 중에도 문안으로 놀러 나갔다 어느 틈엔가 들어온 남순이가 어인 까닭도 모르는 채 '와' 소리를 질러 울며 그저 느끼고 있는 불행한 어머니 곁으로 와락 달려들려는 것을 그는 질겁을 하며 제 앞으로 꽉 붙들어 안으며 문득 그 방 안에 충만한 '악마'의 호흡에 그는 일순간 꽉 숨이 막혔다.

이와 같이 병균의 침투와 전염 및 유린으로 인해 끝내 결혼의 결속을 더럽히고 한 가정의 행복과 희망이 파괴되는 과정과 현상으로 마무리되고 있다. 동시에 임질의 병균과 연계된 공포와 육체를 공격하고 고통을 일으키는 '악마'에의 환상이 제시되어 있다. 특히 표제를 포함해서 10번씩이나 반복되면서 공포의 근원이 되어 있는 '악마'는 무서운 운명의 불행과 사회에 대한 해독 및 파괴력의 상징으로 기능하고 있는 것이다.

　질병 현상을 문학화한 「악마」의 서사 구조는 처음부터 임질과 관련된 정보 제시로 시작한다. 서장에서 주인공 학주는 친구의 약방에서 성병약인 '노보노루'를 찾는 음울한 한 중년 남자를 목격하게 된다. 이를 계기로 약사를 통해서 트리파푸라민, 노보노루 같은 약품과, 주사의 이름 및 초록빛 오줌의 효과, 예방법, 병균의 침범으로 인해서 임균성 결막염이 발병하게 된다는 등 임질에 관한 일체의 위생적·의학적(과학적) 지식 정보를 접하게 된다. 특히 임균의 감염과 침투로 인해서 실명을 유발하는 임균성 결막염의 끔찍한 파괴력에 대해 설명을 접하고 놀라움을 갖게 된다. 이 놀라움을 주는 정보는 결말 구조를 위한 일종의 서사적 예시Vorausdeutung의 기능을 한다.

　동시에 작품의 서두는 '병균(임균)' '침범' '감염'과 같은 의학 용어들이 시사하고 있는 것처럼, 병균의 감염과 침투, 전이 즉 접촉성 전염에 대한 과학적 정보와 함께 그것에 대한 두려움과 불안을 환기하는 정보 반응의 장이요 서사 단위이다. 이 같은 정보 제시 양상은 이 밖에도 작품 끝까지 고춧가루, 겨자, 『가정보감』, 목욕탕의 열탕물과 같은 민간 요법적 통설이나 믿음으로 이어진다.

　이어지는 서사적 진행은 의학 지식의 경험적인 자동화 현상이다. 달리 말해서 실험과 실례로서의 서사적 신체화 내지 신체적인 서사화의 현상이다. 임균의 의학 정보를 접함으로써 임균에 대한 '놀라움'과 '안도'의 이중적 반응을 가진 학주는 친구들과 더불어 병원균의 현장인 유곽을 찾아가게 된다. 이로 인해서 검사를 받는 공창임에도 불구하고 결과적으로 병이 걸리게 된다. 이를 아내에게까지 전염시킴으로써 아내를 남성적 정욕의 희생자로 만들어버린다. 원치 않는 침입의 놀라운 응보적 결과인 셈이다. 이러한 학주의 행위는 여러 가지 의미를 내포하고 있다. 그것은 문란한 남성의 혼외적 일탈이나 도덕적 규범을 벗어난 사회적 악덕이 될 수도 있으며, 병균을 부인과 아이들에게까지 부당하게 공유시키고 가정을 오염에 빠뜨리는 남성의 반가정적 반사회적 행위일 수도 있다. 그러나 침범의 공포 및 병독에 대한 인지에도 불구하고 창녀를 찾아가게 되는 것은 무엇 때문인가. 물론 그것은 정욕을 절제하지 못하는 남성 자아의 취약성으로 설명될 수도 있겠지만, 서사 프로그램이나 서사 전략상에 있어서는 앞에서 제시된 의학적(과학적) 정보나 지식에 대한 체득적인 실험화 내지는 질병의 신체적 심리적 효과를 확증시키는 의미와 효과를 지니고 있는 것이다. 즉 임질을 학주 자신의 문제로 경험화하는 수법이다.

그래서 이후부터의 서사 내용은 임질의 효과가 심리적 신체적으로 중심 서사를 이루게 된다. 유곽을 다녀온 학주는 병독의 침입 여부를 두려워하고 불안해하며, 자신의 행위에 대한 죄책감과 뉘우침이 생긴다. 자신의 죄로 인한 병독의 침범으로 아내와 가정에 불행을 이끌어들이고 그 병독이 어린 자녀들의 눈에까지도 침범하지 않을까 하는 생각 때문이다. 이렇듯 사람 사이의 관계를 오염시키는 병균의 파괴력에 대한 두려움과 불안은 마침내 신체적인 침범의 효과로 현실화됨으로써 더욱더 그 강도를 높여간다.

> 사람이 얼마든 불운할 수 있다 하면, 하필 이 짧은 동안의 음락만으로도 능히 자기 가정에 불행을 이끌어들일 수는 있는 일이라…… 물을 길 없는 뉘우침이 마음에 폈다.
>
> 병균이 어린이들의 천진한 눈을 침범하여 그들의 앞길을 구할 수 없는 암흑으로 화하여버릴 것 같은 참상까지를 생각하여보자.
>
> 대체 아내가 그렇게 믿고 있던 남편이 그러한 아름답지 못한 병에 걸리고 그리고 어쩌면 그것이 자기 몸에까지 감염되었는지도 모르겠다 깨달은 때에 그는 얼마나 놀라고 또 슬퍼할 것인가?

학주는 그 병 자체보다도 오히려 그 병균이 눈을 침범하여 다시 물을 길 없는 크나큰 불행을 가져오고야 말 것을 그지없이 두려워 하며……

학주가 제 자신 입 밖에 내어 말하기를 무척 꺼리면서도 그래도 아내에게 만약 부주의라도 하여 죄 없는 어린 것의 눈에 불행을 가져올 때 그것은 이미 가정의 파멸을 의미하는 것이요 자기는 도저히 그대로 살아가지는 못할 것이라고 그러한 뜻을 암시하여주었을 때 아내는 일순간 거의 얼굴이 새파랗게 질려가지고 잠깐 동안은 퀭한 눈을 들어 얼빠진 사람같이 맞은편 벽만 바라보고 있었던 것이다.

이렇듯 학주는 병균의 몸에의 침투 못지 않게 가정에의 침투와 오염을 불안해하거나 두려워하고 뉘우침의 죄책감을 내비치기도 한다. 그러나 학주를 가장 괴롭히는 공포는 질병 그 자체보다도 더 구체적으로 임균성 결막염으로 인한 실명에의 공포이다.[8] 즉 임질의 감염과 침투, 유전적인 전이에 대한 환상을 가진다. 그래서 임균성 결막염을 가져오는 병균에 대해서 극도로 신경과민을 일으켜서 목욕탕 안에 있는 모든 것이 불결의 대상이며 목욕하는 모든 사람들은 병을 전염시키는 환자요, 보균자인 것으로 보는 불결 공포(결벽)의 반응을 하고 있는 것이다. 이상 결벽증에 빠져서 오염(불결)의 매개체인 손을 감시하고 경계한다. 접촉에 의해서 보이지 않는 병균이 전파되기 때문에 타자와의 관계가 불안해진다. 동시에 성병의 매약 광고, 예방 치료를 위한 지식 정보와 진찰 치료에 강박에 가깝도록 민감해진다.

이로 인해서 학주는 끝내 무서운 '악마'의 환상에 빠져들게 된

---

[8] 앞에서 인용한 정근양의 「임질과 요법」이나 고영목의 「임질로 나는 안질」에서도 이 문제가 지적된다. "임균이 손에 묻어 눈을 비빌 때에 눈 결막[眼結膜]에 들어가면 무서운 안질을 일으켜 마침내 이것으로 인하여 눈이 머는 수가 많은 까닭입니다." 앞의 책, p. 689.

다. 표제를 포함하여서 10번씩이나 '악마'가 반복적으로 등장함으로써 후반은 악마가 편재한다. 여기서 악마의 주제학으로서 악마학Demonology의 시각이 마침내 열리고 있는 것이다.

그렇다면 박태원의 「악마」에 있어서 공포의 근원을 이루고 있는 악마나 악마성이란 과연 무엇인가. 이에 대해서 예의 기존 연구는 '의학이라는 만연된 악마' 또는 '의학 지식과 더불어 발생하는 또 다른 감염'[9]으로 규정하고 있다. 쉽게 말해서 의학 지식과 그 전파가 악마요 악마성이라는 관점이다. 전염병은 살아 있는 미생물에 의해서 기인한다는 병균 이론에 근거하여 사고의 전염을 유추한 독특한 해석이다.

그러나 이는 의학을 악마화하는 감염 비유의 적절성 여부에도 문제점이 있으며, 작품의 내재적 현실을 배제하고 있는 해석이란 점에서도 재고의 여지가 있다. 그렇다면 그림자처럼 투영되어 있는 '악마'는 무엇이며, 그 정체나 악마성은 또한 과연 무엇인가. 해석의 타당성을 위해서 '악마'가 반복적으로 제시되어 있는 9개의 대목(표제 제외)을 인용하면 다음과 같다.

공교롭게도 마지막으로 그 사나이가 제 몸에 끼얹은 물이 돌바닥을 때린 채 학주의 얼굴에까지 뛰어올라 그는 거의 울 것 같은 얼굴을 하여가지고는 부리나케 또 그 뜨거운 물을 떠가지고 눈과 얼굴을 씻는 것이나 그러는 동안에 그는 차차 '악마'라는 그러한 것의 존재를 막연하게 생각하지 않으면 안 되었던 것이다.

생각은 하면서도 그래도 그것이 무슨 '악마'나 그러한 것의 실없은 장난인 것과 같은 그러한 것을 막연하게 느끼지 아니할 수 없었다.

그 물은 또 병균을 동반한 채로 학주의 얼굴에까지 뛰어올라 그

---

[9] 이경훈, 앞의 책, p. 146, 152.

래서 그 추악한 균이 자기 눈에 들어갈 기회를 엿볼 수 있도록 그렇게 '악마'는 계획하였던 것인지도 모른다고……

어쩌면 그 남자 자신이 '악마' 자체에 틀림없을지도 모른다고 저 모르게 그러한 것까지를 생각하고……

자기 손에라든 또는 이 물통에라든 그러한 것이 정작은 그 균을 가지고 있어 그래 그것을 환히 알고 있는 '악마'가 그 균에게 기회를 주기 위하여 너무나 신경질한 자기 옆에다 잠시 그 젊은 사람을 이끌어 왔던 것인지도 모르겠다고……

분명히 눈이 멀고야 말 그러한 비참한 자기의 운명에 거의 몸서리조차 치지 않을 수 없이 얼마든지 '악마'나 그러한 것의 저주를 마음 깊이 느끼는 그것……

현대과학이 말하는 바와 같이 사실 '악마'라는 것이 이 세상에 없다손 치더라도 자기의 앞길은 역시 암흑 속으로 통하였는지도 모를 일……

'악마'는 그가 가는 곳이면 어데든지 있어 아주 머리까지 가든히 하겠다고 늘 다니는…… 불쾌한 재료가 그곳에 발견되는 것이다.

문득 그 방 안에 충만한 '악마'의 호흡에 그는 일순간 콱 숨이 막혔다. (강조는 필자)

이렇듯 '악마'가 무서운 분위기와 불길한 운명감을 고양시키고 있다. 이상의 문맥들을 면밀히 검토할 경우, '악마'는 균 또는 병균과는 일치되지 않는다. 감염이나 '임질과 관련된 의학 지식'을 지칭하는 것도 아니다. 즉 학주를 고통스럽게 고문하는 것은 '악마'임이 분명하지만, 그 '악마'는 의학이라는 지식이나 임질의 병원체가 결코 아니다. '악마'라는 존재 내지 주체가 행하고 있는 행동 역할과 상태들——장난·계획·기회 주기·저주·편재(어디든지 있음)·호흡——에 근거해보면, 악마는 현대의 과학적인 대상이라기보다는 기괴성 uncanniness을 지닌 초자연적인 존재나 위험한 정령으로서 악운에 간섭하고 운명을 변전시키는 초월적 능력을 가진 존재이다. 영어로는 'daemon'에 해당하는 것으로, 이 악마학적 사고의 근저에는 불행이 단순한 신체적인 불행만이 아니라 희생자를 잘못된 상태로 이끄는 악마적 간섭에서 기인한다는 대중적인 믿음이 작용하고 있는 것이다.[10] 이러한 악마에 사로잡혀 있는 상태를 의미하는 악마론에서 악마의 문학적 계승인 '악마'는 본문의 '운명(불운)'이란 단어가 암시하고 있듯이, 불행한 운명[11]의 분위기에 동반되는 악마적 강박관념과 관련이 있다. 따라서 악마는 질병과 감염으로 인간을 불행케 하는 심술궂은 정령이다. 그는 사람에게 고통을 일으키고 사람을 공격하는 질병인 것이다. 그리고 「악마」에서의 이 악마는 직접적인 대상으로 제시되기도 하고 목욕탕의 청년처럼 사자(使者)로서 제시되는 등 기능이 분화되기도 한다.

이렇게 악마라는 응보적인 저주의 초자연적 힘을 끌어들여서 병균의 감염과 침투 전파의 두려움을 환기하고 있는 작품 「악마」는 악마학을 재발견하여 회복이나 치유와는 관계없이 병의 악화와 질식할 듯한 두려움의 증상만으로 끝나고 있다.

그런데 이런 악마론에는 남성적 시각의 적잖은 문제점이 내재되어 있는 것이 사실이다. 그것은 굳이 섹슈얼리티와 페미니즘을 근거로 들지 않더라도 주인공이 질병 감염이나 침투의 원인과 책

---

10 Jean-Charles Seigneuret(ed.), *Dictionary of Literary Themes and Motifs*, Greenwood Press, 1988. "Daemon", pp. 299~306 참조.
11 "운명에 순종이나 하는 사람처럼," "얼마든지 불운할 수 있다." "비참한 자기의 운명에 거의 몸서리조차 치지 않을 수……"

임을 자기의 성적 문란이나 취약성에서 찾으려 하기보다는, 거의 비가시적이고 초자연적인 존재인 악마의 장난과 같은 운명론으로 전가하고 있다는 점이다. 그것은 자기의 부정행위가 얻은 성병의 결과가 가정과 결혼을 오염시키고 순진한 아내와 아이들에게 고통을 공유케 한 것에 대해서 자아의 윤리적인 단죄와 죄책감이 그렇게 치열하지 않은 태도에서 비롯된다. 자신의 악마 같은 성적 욕망에 대한 자인이나 죄책감이 별로 토로되지 않고 있다. 물론 그와 같은 점이 전혀 배제되어 있는 것은 아니지만, 마지막에 불행한 어머니의 곁으로 접근하는 딸을 질겁하여 떼어내는 장면에서 보는 것처럼, 아내를 더 이상 인간으로서가 아니라 마치 벌레와 같은 하나의 더러운 병균이나 악마로 지각하고 있는 것이다. 뿐만 아니라 학주가 아내의 눈에서 농즙이 나오는 악화 현상이 초산은용액과 붕산수와 탈지면으로 씻는 등의 위생적인 처리 소홀의 결과로 비난하고 책망하려는 충동을 갖는 태도는, 그것이 설사 위생적인 관점에서 일리가 있더라도, 윤리적 규범에 있어서는 용서받을 수 없는 행동이다. 그것은 범인이 희생자를 나무라는 격이다.

「악마」는 과학적인 병균론과 악마학을 융합하면서, 매춘이 제도화되고 성병이 창궐하는 불건강한 시대와 사회의 상징적인 이상 생성물[12]이자 병인성 사회의 병원체인 임질이 미치는 신체적 심리 효과를 문학화하고 주제화한 작품이다. 매춘 제도와 가정의 건강성이 남편의 혼외성교에 의해 오염되는 이야기이다. 사회적인 병인 전염병에 대응하는 동시대의 의학적인 캠페인과 연결되는 작품이다.

1930년대 소설에서의 질병이라면 가장 현저한 소재로 우리는 폐결핵을 연상한다. 그리고 암(위암)이 그 뒷자리를 차지하는 것으로 인식하고 있다. 그러나 1930년대의 현대소설에서 실제로 이

---

12 Elaine Showalter, "Syphilis, Sexuality and Fiction of the Fin-de-siècle," *Reading Fin-de-siècle Fictions*, Lyn Pykett(ed.), Longman, 1996, p. 177.

에 못지않게, 오히려 더 두드러지게 나타나는 질병은 '화류병,' 즉 성병이다. 이광수의 『재생』(1924~25), 『흙』(1932~33), 이효석의 『화분』(1939), 심훈의 『직녀성』(1934~35), 『상록수』(1935~36) 등은 모두 매독, 임질 등 성병이 제시되는 대중소설 작품들이다. 여기에서 간과할 수 없는 것은 병에 걸린 부자 바람둥이 또는 성적 탕자sexual libertine들의 등장과 그 성적 오염의 희생물로 순진한 여성들을 제시함으로써, 타락한 사회의 성적 질병과 오염된 성도덕의 도상학을 그리고 있다는 사실이다. 질병과 연관된 이 시대의 신체성이 이렇게 특별히 확산되는 현상은 일반적으로는 타락한 사회의 은유로써, 그리고 근대적 의학과 관련된 신체관 내지 질병관의 발전과 연관되기도 한다. 동시에 식민지하에서 전쟁 준비와 지원병제를 위한 일제의 군사적 신체문화정책 이데올로기도 적잖게 침식되어 있다. 이 점에서 1936년 베를린 올림픽과 관련된, 히틀러의 『나의 투쟁 Mein Kampf』에 제시된 신체 강화 관련 신체 교육을 위한 국가적 아젠다[13]가 어떻게 일본화됨으로써 건전한 신체 숭상 이데올로기를 중요시하는 식민지 정책에 이르게 되었는가를 밝히는 작업이 면밀하게 수행되어야 하리라고 본다. 히틀러는 만연하는 매춘, 매독 그리고 여타 대도시의 악덕이 도덕적으로 타락한 문화의 파생물이라고 보았다. 임질은 이 「악마」에 있어서도 성병으로서의 매독과 함께 현대 조선 사회를 괴롭히는 사회적 악마로 형상화되고 있는 것이다.

한편 악마의 이미지는 이기영의 장편 『처녀지』(1944)에서도 제시된다. 이기영의 해방 이전의 마지막 작품이기도 한 이 『처녀지』는 『동천홍(東天紅)』(1942~43), 『광산촌』(1943), 그리고 『대지의 아들』(1939) 등과 함께 일제 식민지 말기의 이른바 생산·개척의 국책문학에 해당하는 작품이다. 의료보국과 전시체제 하에서의 건민건병(健民健兵)을 위한 사랑, 즉 연애와 결혼의 우

---

[13] Harold B. Segel, *Body Ascendant: Modernism and the Physical Imperative*, The Johns Hopkins UP, 1998, p. 245.

생학적 이데올로기를 함의하고 있다. 여기서 두 여인이 각각 대비되어 있다. "요염한 육향을 발휘하는 여자"인 선주와 "안존하고 청초한 순결을 보이는 여자"인 경아의 기호론적인 대척 관계가 그것인데, 결혼의 우생학적 측면에서나 성적으로 결코 건강하지 않은 병적 존재인 전자는 곧 '악마'의 부정적 이미지로 반응된다. 여기에는 신체적 허약의 성병 등 유행병의 파급효과를, 1941년에 일으킨 태평양 전쟁의 수행을 위한 사회적 질병 현상으로 규정한 건병과 식민지 통치의 의료 정책이 투영되어 있다. 이 또한 식민지 암흑기 조선의 문학이 지니고 있는 징후인 동시에 하나의 그림자 현상이다.

제9장

최명익과 질병의 서사학
── 결핵·암·성병의 은유론

최명익(1903~?)의 작품 세계는 매우 특이하다. 병리적 상상력과 기괴하고 그로테스크한 이미지 및 다양한 동식물학적 비유와 상징의 수사학으로 이루어진 서사적 세계이다. 옴두꺼비와 동면, 독사의 송곳 같은 냉혹, 사해(死海)에 뜨는 물고기, 죽음의 음습함을 담은 박쥐의 날개, 청개구리의 뱃가죽, 마른 지렁이, 성낸 소, 비를 부르는 구렁이, 문어의 흡반, 뱀의 시체, 폐어(肺魚) 등과 같은 섬뜩하고 이상스러운 동물 비유나 이미지를 비롯하여 고총(古塚)과 마약과 비(장마) 등의 음울한 상징들을 끌어들임으로써 서사의 세계를 한결 음습하고 절망적으로 형상화하고 있다. 특히 현란한 동물학적 은유화는 그의 서사 세계를 독특하게 하는 가치 실현의 근본적인 요소이며 징표이다. 거기에다 아픔이나 고통 및 질병 상태에 대한 강박증이 작용하고 있다. 그래서 병이나 질병의 징후를 편재화시킴으로써 1930년대 작가 가운데서 그의 문학은 근원적으로 질병의 서사학으로서의 성격을 뚜렷이 지니고 있는 것이다. 질병 모티프나 테마가 은유화를 통해서 그의 서사 세계에서 매우 중요한 핵심으로 자리하고 있기 때문이다. 그의 문학에 제시된 1930년대의 신체성은 다분히 병적이다.

이 같은 대표적인 작품이 바로「무성격자」(1937),「폐어인(肺魚人)」(1938),「봄과 신작로」(1939)이다.「무성격자」는 결핵과 암,「폐어인」은 결핵,「봄과 신작로」는 성병을 각각 제시하고 있다. 그 밖에도 그의 작품집 『장삼이사』(1947) 속에 게재되어 있는 「역설」은 상동병(常動病), 「심문(心紋)」은 마약 중독증, 「비오는 길」은 각기병과 장티푸스를 다루고 있을 정도로 1930년대 작품들 중에서 불건강성과 질병 또는 고통의 서사화 현상이 가장 두드러진다. 징후적 상상력이 짙게 투사된 문학세계이다.

1. 파멸된 육체와 '엘랑 비탈'

우선 「무성격자」는 두 개의 다른 질병과 그로 인한 두 죽음이 다루어진 작품이다. 주제학적 관점에서는 테마나 모티프로서의 사랑(에로스)과 죽음(타나토스) 및 부성(父性, paternity)과 부자관계, 질병, 자아 동일성의 문제 등으로, 서사학적으로는 모더니스트 소설로서의 서사적 시공(時空) 문제, 과거와 현재의 교차와 결합, 회상과 기억의 시공간적인 징표, 기차라는 근대적 운송(교통) 형태를 공시적 매개로 한 회상과 기억기법 Mnemotechnik의 서사시학적 양상 등으로 다양한 해석적 여지를 지니고 있다.

그러나 초점을 질병 현상에 모을 경우, 「무성격자」는 암(위암)과 결핵이라는 이중적인 불건강성의 세계에 대한 반응의 성격으로 징후화된 몸에 집중된다. 단적으로 지적해서 결핵과 위암은 이 작품에서 중심적인 의미축으로서, 그 의미론적 기능에 있어서 데카당스, 부르주아가 대비되는 반의어 antonym로서의 성격을 지닌다. 이는 곧 문주와 정일/만수노인(父) 간의 세대적 차별화이기도 하다. 이중화된 세계의 구조이다. 우선 텍스트의 본문에 의하면 당시 광범위하게 유행·풍미하던 '퇴폐'란 용어가 여러 번 반복됨으로써 「무성격자」는 데카당스 decadence 문학 내지 데카당스 소설로서의 면모와 성격을 지닌 것으로 평가된다. 데카당적 상상력이 투영되고 있기 때문이다. 물론 라틴어 'de+caderre(쇠퇴하다)'에서 연유하는 데카당스는 그 개념의 규정이 결코 단순하지 않다. 그 의미는 기본적으로 타락과 방종 및 쇠퇴·반칙의 징후와 성향에서 비롯되지만 역사적 관점에서는 쇠퇴의 보편적 원리, 전통적 가치의 상실, 역사·미학적 범주에서 비관주의로 평가되기도 하고, 혹은 낭만주의의 확장적 요소나 근대성의 면모로서, 아방가르드적 정신으로 간주되는 등 상당히 복합적인 의미를 지닌 것이 사실이기 때문이다. 그러나 포괄적인 의미로는 문화적인 쇠퇴와 전이, 철학적 비관주의, 신체적 퇴폐와 관련되거나 사회적 소멸과 등가되며, 소설사와 관련될 경우 질병(아픔), 쇠퇴, 전도, 인공성, 유미주의 등은 현대소설이나 근대성의 출현에 영향을 준 데카당의 중요한 주제이기도 한 것이다.[1] 「무성격자」에서 투영되는 데카당스의 성격 역시 사회 역사적 의미나 미학적 의미에서 이와의 상관성을 지니고 있다. 이 '데카당스'란 용어는 동시대 유항림의 「부호」에서도 제시된다. 데카당스 속으로 뛰어들어가는 작가의 정신은 퍽 휴면한 것일 경우도 많지만, 도리어 무기력한 주위를 아무런 반발도 정열도 없이 둘러만 보고 있는 작가의 정신이 데카당스라 함 직하다. 시대적 상황에서나 문학적인 연계 관계에 있어서 이러한 청년기의 비관적이고 퇴폐적인 현상은 필연적일 수밖에 없었던 것이다. 이 퇴폐의 삶을 대리하는 문주는 결핵 환자이다. 그리고 경제적 인간으로서 재산과 토지에 집착하는 수전노 아버지 만수노인은 분명 부르주아의 측면을 지니고 있다. 이 아버지가 앓고 있는 질병이 바로 위암이다.

주인공 정일(丁一)의 위치는 표제가 암시하고 있듯이, 암으로 죽어가는 아버지 만수노인과 재생의 희망이라고는 전혀 없이 폐결핵 말기 환자로서 각혈하는 애인 문주를 양극으로 한 중간 지대의 계면(界面)에 있다. 양자와는 달리 정일은 애써 살려는 의지라고는 없는 무성격의 상태에서 거의 동시에 진행 전개되는 만수

---

1 David Weir, *Decadence and the Making of Modernism*, University of Messachusetts Press, xv~xvii. pp. 2~3, 10~11 참조. Liz Constable, Dennis Denisoff, Mathew Potolsky(eds.), "Introduction," *Perennial Decay: On the Aesthetics and Politics of Decadence*, PENN, 1999, pp. 1~10 참조.

노인과 문주의 질병—죽음에 이리저리 이끌리는 어중간한 반응과 이중적 역할을 연출한다. 처음에는 양자 중 아버지 만수노인보다는 애인인 문주 쪽으로 이끌리고 또 동류의 삶의 방식을 지속하고 있지만, 결말에서 두 사람의 죽음을 함께 맞는 상황에서 정일의 의무와 실행의 선택 행위는 결국 아버지 쪽으로 기울게 된다. 이것은 분명 변화나 바뀜이면서 이제까지의 무성격적인 제로의 상태로부터 성격화로의 전이와 지향으로서의 의미를 지니고 있는 것이다. 아버지 효과에 의한 변화의 현상임이 분명하다.

죽은 사람은 죽은 사람으로 하여금 장사케 하라는 말대로 하자면, 자기는 문주를 장사하러 가는 것이 당연하지라고 생각하면서도 정일이는 아버지의 관을 맡았다.

결말 부분 장송(葬送)의 의무에 있어서 정일의 양자택일의 선택을 지적한 대목이다. 애인인 문주는 당위Sollen의 대상이고, 경멸해왔던 아버지는 존재Sein의 대상이다. 정일의 마음이나 정서와 행동이 당위를 지향하면서도 결국 존재에의 선택으로 방향을 잡는 것은 일종의 서사적 전도나 전이이다. 뿐만 아니라 삶의 궤도의 수정을 의미하기도 한다. 그러나 이러한 전이의 요인을 찾기 이전에 보다 먼저 전제되는 것은 선택의 당위적 대상이든 또는 존재의 대상이든 간에 정일의 삶을 둘러싸고 있거나 얽어매고 있는 아버지와 문주라는 두 사람의 존재가 모두 질병으로 인해서 '파멸된 육체'이자 징후화된 몸이며, 그것으로 죽어가고 있는 병자라는 사실이다. 그러나 다 같이 병자이면서도 양자는 소모/활력의 표상으로서 의미론적으로 대비되는 관계이다. 그리고 양자의 계면에서 경계인 위치에 있는 정일은 이들 두 사람의 질병 전개 상태와 죽음을 시공을 넘나들면서 보고 살피는 임상학적 관찰자[2]

---

[2] 이경훈의 『어떤 백 년, 즐거운 신생』(하늘연못, 1999, p. 143)은 「모더니즘 소설과 질병」에서 '정일을 둘러싼 두 환자에 대한 일종의 임상기록'이라고 지적한다.

의 기능을 하고 있다.

  그런데 여기서 간과해버릴 수 없는 사실은, 관찰자이면서 양자와 관련된 인물인 정일은 그와 관계 있는 두 사람처럼 가시적으로 뚜렷하게 신체적 질병에 걸려 있는 상태는 아니지만, 그 역시 사회적 정신적 의미에 있어서는 소진된 불건강성의 한 표상이라는 점이다. 즉 그는 찬란한 금빛으로 빛나던 별빛 같은 '빛'의 이상과 의지를 이미 상실해버린 사람이다. 한때는 '땀과 피의 입체인 피라미드나 만리장성 같은 위관'의 문화탑에 돌을 쌓는다는 큰 야심을 가졌던 지적 인물이다. 그러나 이제는 무엇인가에 패잔함으로써 자기와 책 사이의 '미싱 링크missing link'——고리를 잃어버린 상태——만을 확인하는 처지이며 알코올 중독과 음울과 권태에 빠져버린 데카당트, 즉 '엘랑 비탈élan vital(영적 에너지)'의 상실자인 것이다. 정일의 삶은 문주의 그것과 마찬가지로 데카당한 라이프스타일인 것이다. 정돈(停頓) 상태와 마비 상태이며 비생산적인 삶이다. 데카당스는 이 시대 지식인의 현실관이었던 것이다.

  이런 자존심마저 잃은 정일의 퇴폐적 도취와 이끌림의 대상이 되는 문주는 중증의 결핵 환자이다. 퇴폐의 삶을 함께 공유하는 문주는 정일의 삶의 증축으로서 정일을 '아편굴로 찾아드는 중독자'처럼 중독시키는 여인이다. 한때는 동경 유학 시절을 보내면서 전공하던 의학을 버리고 무용 예술로 전환하여 일대 비약의 잠재성을 보여주던 빛나는 눈의 소유자였다. 그러나 그로부터 3년의 시간이 지난 현재는 티룸 알리사의 마담으로 전락하였을 뿐 아니라, 희고 창백하고 여위고 기침을 하고 자주 각혈을 하며 시독(屍毒) 같은 신열이 나고 약해진 채 요양에서 입원에 이르기까지 일체를 정일의 돌봄에 의지해 살고 있는 상태이다. 과거와 현재가 역설적으로 대조되는 삶이라는 점에서는 정일과 동일하지만, 빛나던 눈도 달 아래 빛나는 '독한 버섯'같이 요기로워지고, 물고기를 뜨게 하는 '사해(死海)'와 같은 여인이 되었으며 회복할 수 없는 병에다 자포자기한 상태가 되어 아름답게 죽어간다기보다는 데카당하고 히스테릭한 발작 징후를 자주 일으키는 신경증의 상태이다.

　— 문주의 각혈, 그 히스테릭한 웃음과 울음소리……
　— 히스테릭한 문주의 웃음소리에 머엉하니 바라보는 정일이가 더욱 우습다는 듯이……
　— 교양 없이 데카당(퇴폐적)인 문주의 히스테리는 거북한 걸 하였던 것이다.
　— 정일이가 제때마다 약을 권하여도 창백한 웃음을 웃고 머리를 흔들거나 히스테릭하게 느껴 울면서 인제는 전연 생명에 자신을 잃고 말았다고 하며 약을 먹으려고 하지 않았다.(강조는 필자)

문주는 이처럼 히스테릭한 결핵 환자이다. 그래서 정일에 대해서 조르기만 하면 같이 죽어줄 사람이라고 좋아하다가도 애써 살아보자고 힘 있게 붙들어줄 위인이 못 되느냐고 몸부림쳐 울고, 손톱을 다스리던 면도칼로 함께 죽기를 요구하고, 손수건에 받은 피를 정일의 얼굴에 문지르는 난폭한 행위를 감행한다. 자기중심적이고 신경질적이며 남성의 영혼을 빨아먹을 것 같은 메두사의 미와 같은 '독사' '독버섯' '사해' 등의 이미지로, 퇴폐적이고 흡인적인 속성을 발휘하는 여인이다. 그래서 정일에게는 애연한 연민의 대상이면서도 퇴폐적인 도취의 대상이고, 병독을 내뱉는 호흡과 결핵균을 지닌, 회복의 여망이 전혀 없는 병든 몸으로서의 대상이다. 정일이 빠져드는 문주는 탐닉적이고 쾌락적인 라이프스타일로서, 아끼면서도 꺼리는 이중성을 지닌 신체인 것이다.

그러기에 정일은 그러한 사람다운 체온이 없는 문주 대신에 매춘의 골목에서 다른 살찐 육체(창녀)를 사기도 한다. 이 상태를 "이름 모를 육체 위에 걸친 자기 팔이 탄력 있는 그 폐의 파동을 따라 오르내리는 것을 보고 있는 눈에 한없이 풍만하여 보이는 그 젖가슴은 육의 광장"으로서 인지하기까지 한다. 이렇게 탄력 있고 풍만한 '육의 광장'에 탐닉한다는 것은 물론 문주의 병약함이나 병독의 호흡과 같은 질병 상태로부터 차단된 건강한 교섭 내지 활달한 생명력의 불모성에 대한 또 하나의 데카당한 반발로서의 탐닉인 것이다. 어쨌거나 문주는 현실에서 참패한 정일의 생활 전부가 자존심도 없이 빠져드는 중독과 도취의 대상이며 그 대상이 되는 몸은 결핵이라는 질병과 죽음으로 뒤덮인 신체이다. 이 시기만 하여도 일반적으로 결핵은 '불치의 병'이나 '사형선고'와 같은 공포의 병으로[3] 받아들여지는 시기인 것이다.

나날이 소모되고 쇠약해가던 문주는 마침내 죽는다. 자기의 죽음이 정일의 인생의 길을 터주는 보람이 되기를 바라고 정일이 오기 전에 죽기를 바라며 그렇게 죽더라도 정일이 자기의 시체를 찾아오지 않도록 부탁한다는 양처(良妻) 같은 유언을 전언으로 남긴 채 죽게 된 것이다. 이런 생명의 소모 현상으로서의 문주의 결혼은 어떤 의미와 성격을 지니고 있는 것일까. 이에 대해서 결핵과 암의 대비적 은유화를 핵심으로 제시한 수전 손택의 『은유로서의 질병』(1977)의 해석을 그대로 적용하는 것은 절제할 필요가 있다. 결핵을 생명력의 소모 현상으로 받아들임에는 수긍할 수가 있지만, 영혼의 정화라든가 기품 있는 낭만화의 은유로서만 보기에는 작품에 내재한 현실성과 분명한 거리를 두고 있기 때문이다. 문주의 결핵은 낭만적인 아름다움이나 고결성의 은유이기보다는 1930년대란 시공의 건강치 못한 시대적 상태, 즉 희망 없고 소모적인 식민지 조선의 사랑과 육체인 동시에 활기보다는 쇠퇴해가는 사회나 시대적 상황 및 활력적인 생명력이 허약해진 젊은 청년(청춘남녀)들의 신체적 은유화인 동시에 데카당스로서의 삶의 상징으로 읽히는 것이다.

---

3 장경, 「폐결핵과 그 요법」, 『조선가정의학전서』, 조선일보 출판부, 1939, p. 171 참조. "폐결핵은 그 환자 수, 사망률 등으로 보아 인류에 미치는 참해는 크다. 따라서 본병에 대한 공포도 실로 크다고 아니할 수 없다. 일반적으로 세인은 폐결핵이라면 불치의 병으로 생각하므로 일본 병명의 진단을 받으면 사형선고나 받은 듯이 비관하는 사람이 많다."

2. 데카당스/부르주아의 반의성

한편, 정일에게 경멸과 선택 등 양립 감정의 대상이 되고 있는 아버지 만수노인은 위암 환자이다. 그러니까 언뜻 보기에 손택이 『은유로서의 질병』에서 은유화하고 있는 두 가지의 대표적인 질병인 결핵과 암이 함께 제시된 작품이다. 수전 손택은 결핵과 암의 서로 다른 비유를 두 개의 분화된 몸 또는 몸 분화의 서사학을 통해서 언급한다.

> 결핵이 폐 즉 몸 위쪽에 있는 영적으로 정화된 기관과 관련된 특징들을 가지고 있다면, 암은 받아들이기에 너무나 부끄러운 신체 부위(결장, 방광, 직장, 유방, 자궁, 전립선, 고환 등)에 침범하는 것으로 악명 높다…… 폐의 질병은 은유적으로 영혼의 질병이다. 반면에 어느 곳에라도 침범할 수 있는 질병인 암은 육체의 병이다.[4]

그런데 이「무성격자」는 사실 흰색이며 투명·창백한 문주의 결핵 상태보다는 부자관계나 부자 갈등의 대상인 아버지의 암의 상태와 반응 및 병실 풍경의 묘사 등 아버지의 병과 죽음에 대한 임상학적 관찰기나 견학기로서의 성격을 지니고 있다. 암이라는 질병이 한국 문학에 처음으로 본격적인 등장을 하는 것이다.[5]

서사 시간의 역전 서술 및 급행 단축의 방법[6]에 의해서 제시된

---

4 수전 손택, 이재원 역, 『은유로서의 질병』, 이후, 2002, pp. 32~33.
5 염상섭의 장편소설 『삼대』(1931)에서의 조의관의 죽음의 원인인 '비소 중독'은 암으로 인한 죽음으로 추정된다. 비록 암으로 명시되지는 않지만, 다음과 같은 근거에서 그렇게 추정될 수 있다. "20세기 중반부터 암 치료제 개발에 투자가 이루어지면서 치료약을 찾기 위한 노력은 본격적으로 시작되었다. 최초의 항암제라 할 수 있는 비소 화합물은 18세기부터 암 치료제로 이용되었다. 부작용이 심하고 치료 효과를 보이는 환자의 비율이 높지 않아서……" 예병일, 『현대의학, 그 위대한 도전의 역사』, 사이언스북스, 2004, pp. 219~20.
6 Eberhard Lämmert, *Bauformen des Erzählens*, Metzlersche Verlagbuchhandlung, 1970, p. 82.

아버지 만수노인의 생의 내력은 시골에서의 데릴사위 노릇, 머슴살이, 도시의 토막살이 지게벌이로 시작하여 현재에 이르기까지 40여 년의 시간 동안 그야말로 천신만고하여 몇십만 원으로 평가되는 재산을 모은 것으로 되어 있다. 오직 욕망의 대상인 돈을 위하여 분망하게 일생을 살아온 사람으로서 자수성가의 노력 끝에 부를 성취한 재력가이다. 이렇게 치부한 아버지의 모습 특히 돈을 세는 뒷모양에서 수전노다운 것을 의식한 아들은 그런 아버지를 교양 없고 동물적인 대상으로 경멸한다. 양자 사이에는 부자 갈등의 모티프가 작용한다. 그러면서도 정일은 생계를 아버지에 의존하면서 퇴폐적인 생활을 영위한다.

이런 아버지가 발병하자, 정일은 인생을 반성하기에는 너무나 교양이 없고 죽음을 생각하기에는 과하게 정력적인 아버지가 갑자기 찾아온 죽음을 어떻게 받아들일지 여러 가지로 궁금해한다. 창황망조하여 고통과 절망으로 울부짖을까, 아니면 육체의 쇠약에 따라서 조용히 죽음과 안식을 기다릴까. 이런 상상과 기대와 함께 서사 전개의 상당 부분이 문병과 간병을 위한 두 달 사이의 두 번의 귀향, 그 기간의 암 진행 상태, 환자의 용태와 반응, 병실 풍경의 리얼리티 묘사로 채워져 있다. 위암 묘사와 관련된 몇 대목을 옮겨보면 다음과 같다.

벌써 수술할 시기를 지난 위암이라고 진단한 의사는 암종이 위의 분문(噴門)이나 유문(幽門)이 아니요 소만(小滿)에 생긴 것이므로 아직 음식물을 섭취하는 탓도 있겠지만, 그러나 그만큼 진행된 증상으로도 환자의 원기가 꺾이지 않는 것은 그의 강인성이 과인한 탓이라고 하였다. 본시 환갑이 지나도록 약만은 모르고 살았다는 것이 자랑이던 만수노인은 병으로 여기지도 않던 자기의 체중을 중하게 보는 듯한 의사에게 도리어 반감을 가지는 모양으로 신식 의사라는 놈들이 종처(腫處)를 째는 것밖에야 뭐 아나 하며 다시는 의사에게 보이거나 병원 약을 쓰려고 하지 않았다.

그렇게 어둡고 무거운 마음으로 아버지의 병실에 들어서자 정일이는 칵 얼굴에 끼얹는 듯한 더러운 공기의 감촉에 전신이 떨림을 느꼈다. 그것은 주검의 냄새였다. 여름에 상여가 지나갈 때 무더운 바람결에 풍겨오는 듯한 냄새였다.

월여 전에 담적을 푼다는 한방의에게 배에다 침을 맞고부터 암종이 궤양이 되고 암세포가 급속도로 전신에 전이되어 지금은 말기의 증상으로 진중된 환자였다. 벌써 온 장부가 유착(癒着)되어 굳어지고 다리의 근육까지 가다들어서 바로 누울 수가 없었다. 〔……〕 혼수상태에서 깨어난 때마다 그는 언제나 물을 달라고 하였다. 음식을 입으로 받을 수 없게 된 그는 영양으로는 항문으로 부어 넣는 유동체와 정맥으로 링거와 포도당을 주사할 뿐 먹는 것이라고는 물밖에 없었다. 그러나 그도 얼마 못 가서 한 방울씩 처뜨리는 물도 넘기지 못하였다. 마침내 탈지면에 물을 축여가지고 입 안에 달라붙은 꺼멓게 탄 혓바닥을 축일 뿐이었다. 그나마도 굳어진 창자를 찢어내는 듯한 구역을 하고 구역이 진전만 되면 언제나 겨우 하는 말로 죽고 싶지 않다고 부르짖는 것이었다. 〔……〕 더욱이 밖에 나갔다가 병실에 들어설 때마다 얼굴에 칵 끼얹는 듯한 주검의 냄새를 깨달으며 아버지의 베갯머리에서 그 말을 들을 때에는 말할 수 없이 불쾌하여지고 사람은 이다지도 동물적일까? 하고 고함을 지르고 싶은 발작적 충동을 느낄 수밖에 없었다.

늦은 봄 창밖의 양기도 주검의 냄새도 풍기는 병실에는 인면이 없이 방 안은 더욱 어두운 듯하였다. 정일이는 여전히 불쾌한 공기를 느끼며 베갯머리에 앉아서 바라보는 아버지의 모양에 얼굴을 찌푸리지 않을 수 없었다. 붉게 빛나는 그 머리맡에 벗어진 이마는 구겨놓은 유지자박지같이 누렇게 마르고 높고 살쪘던 코는 살이 말라서 재불린 콧구멍만이 크게 보였다. 검푸르게 멍든 관자놀이와

뺨이 꺼져서 흰 머리털 가운데 늘어선 듯한 귓바퀴는 박쥐의 날개 같이 검고 커 보였다. 그리고 그 검은 귓속의 오목오목한 곳이 아직도 회게 남아서 썩은 시체에 드러낸 백골같이도 보였다. 〔……〕 비로소 정신 차린 병인은 시선의 초점을 맞추려고 애쓰듯이 한참이나 정일이의 얼굴을 바라보다가 그 구겨진 유리 같은 이마에 푸른 정맥이 튀어 오르고 눈알이 빠질 듯이 빛나며 이놈이 역정을 할 놈, 이렇게 큰 소리로 울부짖고 세운 무릎으로 이불을 차 던졌다. 그러고는 드러난 가슴의 갈빗대가 밀어 올리듯이 목이 메게 느껴 울기 시작하였다. 눈물까지 마른 울음에 느끼는 사이마다 한마디씩 쉬어가며 하는 말로 제 애비 고쳐줄 생각은 없고 이놈들 재물을 흥정해? 못하는 법이다.

숱한 의학 용어들과 함께 병의 상태와 반응에 대한 여실하고 핍진성 있는 세밀한 묘사들이다. 이런 묘사에 의해서 아버지의 끔직한 신체적 현실과 생명에 대한 끈질긴 집착이 제시된다. 이 묘사들에서 보듯이, 아버지의 암의 상태는 철저하게 아버지의 육체와 생명을 침탈해가고 있지만, 정작 생의 기능을 완전히 잃었으리라고 생각해온 아버지는 아들 정일이나 문주가 가지고 있지 않은 세상과 삶에 대한 본능욕 그 이상의 의지력과 죽음에의 부정을 보이는 것이다. 아무런 의지력이나 의욕조차 없는 데카당트인 아들과는 삶에 대한 태도에 있어서 철저히 대척적인 입장이다. 이런 죽음과 싸우는 아버지를 봄으로써 정일은 이제껏 천박한 수전노나 자본가 정도로 비하해왔던 아버지가 의지력이라는 보이지 않는 에네르기로써 살아서 움직이는 기계 같음을 느끼게 된다. 이전과는 전혀 달리 아버지에게서 위대한 의지력을 발견함으로서 우러러보게 되는 것이다. 정일이 아버지에게서 새롭게 보는 것은 부르주아 혹은 수전노의 삶이 아니라 철저한 육체의 파멸이나 죽음에 대응하는 삶의 구극이며 그 삶에 내재하고 있는 엘랑 비탈 그것이다. '의지력이라는 보이지 않는 에네르기'나 '생명의 본능욕 이상의 의지력'이란 곧 다른 말로 환원하면 엘랑 비탈이며 인간의 끈질긴 생명력이다. 아버지가 최후까지 보여주는 이 생의 의지력이 아버지에 대한 이제까지의 경멸과 불쾌함으로부터 감격과 눈물로 바뀌게 하는 촉매가 되는 것이다. 아버지 부정에서 다시 아버지의 아들로서 재생한 것이다.

그렇다면 아버지의 몸을 철저하게 괴사시키는 이 파괴적인 암종은 어떤 비유 또는 상징의 의미를 지니는 것일까. 수전 손택에 의하면 암은 20세기 경제적 인간의 부정적 행위를 요약적으로 보여주는 이미지로 비정상적인 성장 에너지 억제, 즉 소비나 낭비에 대한 거부 등의 의미로 묘사된다.[7] 규제되지 않고 비정상적이며 균형이 흐트러진 성장을 연장시킨다. 요컨대 근대 자본주의의 속악성이나 이상 성장의 은유로서 평가한다. 만수노인의 위암 역시 이와 같은 손택의 관점과 연결하여 해석할 수 있는 여지가 충분하다. 만수노인은 자수성가한 자본가, 즉 현실적으로 부르주아인 데다 수전노로서 토지 자본에 대한 그칠 줄 모르는 탐욕에 이끌리는 인간이기 때문이다. 이런 경제적 인간 만수노인이 결코 결핵처럼 미화되지 않는 흉포한 에너지인 암세포에 의해서 침범당하고 죽는다는 것은, 손택의 지적처럼 분별없이 욕망에 탐닉하는 행위에 근거한 경제인 자본주의 속에 자리 잡은 질병으로 이해되는 것이 자연스럽다. 구체적으로 지적하면 만수노인이 보이는 몇 가지 재화에 대한 탐욕의 행태들——오직 돈만을 위하여 분망하게 살아온 삶이나 채무자와 거간과 대서인들을 상대하고 일상, 병중임에도 불구하고 투기적으로 토지를 탐내어 사들이고, 그 토지를 사기 위해서 경쟁자들을 물리치는 행패를 부리는 것 등——에서 시사되듯이, 부의 축적 과정에서 두 수전노(아버지와 용팔이)가 발휘하는 탐욕스러운 토지 자본에의 병폐적인 집착 행태와

---

[7] 수전 손택, 이재원 역, 『은유로서의 질병』, 이후, 2002, p. 95. 임병권, 「1930년대 모더니즘 소설에 나타난 은유로서의 질병의 근대적 의미」, 『한국 문학 이론과 비평』 17집, 2002.

흉포한 에너지의 암세포가 급속도로 정신에 전이하여 죽음의 냄새를 풍기게 하는 암은 비유적 상호 연계 관계를 갖기에 별 무리가 따르지 않는다.

그러나 아버지의 암이 암시하거나 유추하는 세계나 현실이 곧 근대 자본주의나 그 병폐와 밀접하게 연관되고 있다는 평가는 내릴 수 없다. 아버지의 삶이나 상(像)이 근대적 자본주의의 전형이나 기준이라고 하기에는 제한적일 수밖에 없다. 만수노인을 근대적 자본주의의 대리자나 모형으로 보기에는 그의 삶의 조건인 자본주의가 지나치게 제한되어 있으며 또 그는 너무나 작은 자본가이기 때문이다. 그런 점에서 만수노인의 삶이나 병은 돈과 재산을 모으고 땅(토지)을 탐내는 자본주의적 경쟁 사회의 지배적 가치로 팽만해 있는 그 시대의 증대하는 물질주의, 즉 부르주아의 물질 지향적 형태의 병리적 현상과 관련되어 있다. 1920년대 현진건의 「빈처」 등에서 제시된 주제이기도 한 이런 물질 가치 지향의 사회가, 가난하게 성장하였기 때문에 무지하고 교양 없이 살면서 돈과 토지에 탐욕하게 된 만수노인을 병들게 한 것이다. 이는 정신 체계 지향의 정일과, 문주의 무의지력이나 퇴폐성이 결핵과 연관되는 현상과는 근본적인 대립 구조이다. 바로 이 이중의 세계라는 서사 유형을 통해서 건전성을 잃은 시대적 상황과 삶의 부정적 행태에 대한 필연적인 반응으로서 두 세대를 제시한 것이다.

그런데 아버지인 만수노인은 아들 정일에게 이중의 의미로 작용한다. 즉 수전노 같은 경제적 삶에 대해서는 부정하고 거부되는 부성이지만, 필멸의 암임에도 불구하고 이를 거역하고 살려는 강한 의지력은 긍정적인 부성으로 받아들여진다. 결말에서 만수노인(아버지)과 문주(애인)가 같은 날 죽게 되었을 때, 정일은 퇴폐의 삶을 함께했던 문주 대신 이제까지 부정하고 거부해왔던 아버지를 위한 장례에의 길을 선택한다.

이 두 유혹으로부터 아버지에의 선택은 부자라는 생물학적 혈친의 관계 때문도, 수전노 같은 물질적인 가치 지향으로의 전이도 결코 아니다. 그것은 엘랑 비탈의 선택, 즉 무의지와 무성격의 상태로부터 아버지를 통한 육체의 발견에 의해서 생의 강인한 의지력과 건강성에의 선택이라는 동화로서의 의미를 지니고 있는 것이다.

3. 유항림의 「부호」의 암과의 대비

최명익의 「무성격자」에서 처음으로 제시된 암(위암)은 동시대 『단층』(1937. 4~1940. 6)의 동인인 유항림의 단편 「부호(符號)」 (1940)에서도 제시된다. 「무성격자」와 더불어 이 「부호」로 인해 현대소설에서 암에 대한 근대적인 질병 담론이 더욱 분명해진다. 위궤양, 위암, 수술대, 위액 검사, 사로몬테법 검사, 뢴트겐 사진, 군츠베르크법 검사, 외과수술, 라듐 치료, 연(鉛)고로이드 용액제, 병리학자, 내과의, 진단서 등의 의학 용어가 빈번하게 제시될 정도로 암에 대한 진단적인 담론이 당대의 가정의학 전서[8] 이상으로 역연하다.

「부호」는 우선 그 구성이 액자소설로서의 서사적 틀 제기와 상감 기법으로서의 다중적 삽입embedding[9]으로 이루어진 작품이

---

[8] 윤일선, 「암」, 『조선가정의학전서』, 조선일보 출판부, 1939, pp. 123~25. 윤일선은 이 글의 서두를 다음과 같이 쓰고 있다. "암은 상당히 많은 질환이며 보통 장년기 이후에 오는 것이나 희유하게는 유소한 사람에게도 오는 일이 있다. 남녀가 다 오나 빈발하는 부위가 다르다. 즉 남자에 있어서 그는 위암, 직장암, 식도암이었고 여자에게는 자궁암, 위암이 보통이며 그 외 피부, 구순 외 생식기에도 오고 간장 췌장에도 온다. 암은 최초는 그 국소에 국한되어 종양이 발생하는 것이나, 전에는 그 세포가 임파관을 통하여 부근 임파선에 가서 같은 암을 산생하고 또 멀리 전신에 전파되어 전이가 형성되어서 궁극에는 생명을 잃고 만다. 그러므로 암은 초기에 발견하여 진단을 확정하고 적당한 수술 혹은 '엑스선'요법, 혹은 '라디움' 요법을 실시하면 생명을 구하거나 혹은 연장할 수도 있다. 그러나 전신에 전파되거나 부근 장기에 전이된 후는 각종 요법이 곤란케 된다."

[9] Paul Schellinger(ed.), *Encyclopedia of the Novel*, Fritzroy Dearborn, 1998, pp. 432~34.

다. 이를테면 하나의 서사에 다른 서사를 끼워 넣거나 상감하는 서사적 장치인 것이다. 『호노리아』「낙오」「고독」과 같은 작품들이 하나의 작품 속에 내부 이야기 Binnenerzahlung로 끼워 넣어진 특수한 서사 방법이다. 이 끼워 넣어진 이야기들의 서사적 기능은 주서사를 위한 간접적 암시의 역할을 한다. 주인공인 동규는 위암을 앓고 있는 젊은 작가이다. 위궤양을 앓던 자신의 병이 정밀 검사 결과 위암으로 판정됨으로써 죽음이 선고된 그 상황에서 장편소설『호노리아』를 완성하려고 골몰한다. 그가 이렇게 『호노리아』쓰기에 각별히 집착하고 전력하게 되는 데에는 두 가지 요인이 작용한다. 젊은 사람이며 작가인 자신이 위암 선고로 인해서 직면한 죽음의 절망 상태가 한 요인이고, 애인인 혜은의 배반 행위 및 그녀에 대한 애정과 연민이 다른 한 요인이다.

　　나는 죽지 않으면 안 된다. 그것은 움직일 수 없는 사실일 게다. 그렇다고 절망이니 무어니 하고 울어야 할 이유는 어디 있는가. 내게는 1년 혹은 2년 후에는 반드시 죽는다는 사실만으로 족하지 않는가. 여기 나라는 위암 환자가 있다. 그러니까 머지않아 죽는다. 이런 객관적 사실 위에 주관의 절망이 무슨 필요인가. 싫든 좋든 위암에 걸린 이상 위암 환자가 되지 않으면 안 된다. 위암 환자가 되어버린 이상 위암은 벌써 무서울 것도 없이 나 자신이다. 죽음의 시간으로 죽음의 날을 이을 생명의 꽁초. 아니다, 나는 사체가 아니다. 죽음은 위암이란 병마의 목적지고 위암 환자인 나는 그것에 저항하여 생명을 연장하여야 하고 생명이 있는 나는 생활을 가져야 한다. 내가 가질 수 있는 생활의 극한 문제다.

이에서 보는 것처럼 이미 '나 자신'이 되어버린 죽음의 위암에 직면한 절망 앞에서 '생활을 갖는다'는 것은 검은 그림자인 위암에 저항하고 이기는 것, 문학하는 사람으로서 5세기의『호노리아』를 완성하는 것, 즉 글쓰기 행위의 치열성에 의해서 살아 있는 자신의 존재를 확인하는 것이다. 글쓰기란 그에게 있어서는 곧 존재와 생명의 확인인 동시에 그림자로 드리워져 있는 죽음의 극복을 의미하는 것이다. 다른 또 하나의 요인은 배반한 연인이면서도 가련하고 불행한 혜은에 대한 연민과 연정이다. 동규는 자신의 위암 상태와 이와 관련된 혜은이의 배반으로 인한 실연과 병의 상태에서 역사적 인물인 '호노리아'의 전기적 삶을 완성해내려고 하는 것이다. 여기에는 혜은과 호노리아를 등가화하고 상호 연계하거나 혼성하는 역사적 상상력 또는 상상적 공명 현상이 작용하고 있다. 혜은은 동규가 사랑했던 여인으로서, 그녀가 쓴 작품이 크게 호평을 받는 신여성이다. 그런데 그녀는 동규 몰래 돌연히 C전문학교 상과 학생이며 권투선수인 성호와 결혼해버린다. 이 성호는 현재는 방호단부 단장이 되어서 명년 부회의원 선거에 출마하려는 어림없는 생각을 하고, 첩을 두는 등 속물적인 실업가이다. 그런 혜은과 성호의 비밀스러운 결혼과 이에 대한 변명과 비판은 모두 작품 속에 액자 형식으로 삽입된 「낙오」「고독」 등과 같이 매개 장치 역할을 하는 작품을 통해 간접적 우회적으로 제시, 서술된다.

서사는 동규를 배반하고 떠났던 혜은이 결혼 생활의 불행으로 이혼을 결심하고 다시 동규의 앞에 나타나는 것으로 비롯된다. 이와 함께 동규는 안정을 요하는 병임에도 불구하고 호노리아를 언제나 머리에서 떠나보내지 않은 채 현대 인텔리겐차의 면모로서 살펴보려고 몰두한다. 왜 이렇게 호노리아 쓰기에 집착하는가. 그것은 시공을 초월하여서 5세기의 호노리아와 20세기의 혜은이를 의미의 지평에서 연계하는 데서 그 해답이 나온다. 역사적 인물의 삶이 사적인 삶과 상상적인 공명에 의해서 연계된 것이다.

— 동규의 머릿속에 떠오르는 호노리아의 얼굴이 점점 혜은이를 닮아감을 어쩔 수 없었다. 아니 그에게는 호노리아란 로마 역사에 던져진 혜은이의 그림자였다.

— 그의 머리에는 다시 혜은이도 호노리아도 없어지고 바바리즘을 경멸하면서도 어처구니없이 그리로 끌려 들어가는 지식인의 그림자가 하나 선명히 보였을 뿐이다. 문화의 자실(自失)이 보였을 뿐이다.

호노리아는 5세기 중엽 로마 라벤나 궁전의 왕녀로 태어난 정열의 처녀이다. 시종과 정통하여 임신을 하게 되자 황후는 호노리아를 로마에서 추방하여 수도 생활을 하게 한다. 그러나 호노리아는 만족의 정력적인 앗치라 왕을 택하여 야만의 왕비로서 서로마제국을 망국의 위기로 몰아넣는다. 그러니까 이렇게 호노리아와 혜은이를 병치하거나 연계하는 것은 이중의 우의화Allegorisierung 기능을 한다. 즉 5세기의 호노리아 이야기를 '이상에 피곤해졌을 때 그것과 정반대로 하고 싶은 충동—불행한 줄 뻔히 알면서도 그리로 들어가는 현대의 비극' 및 '바바리즘을 경멸하면서도 어처구니없이 그리로 끌려 들어가는 지식인의 그림자'인 현대 인텔리겐차에 우의적으로 연계한 것이다. 혜은이의 지난 일을 우회하는 수법과 함께 역사적 상상력에 의한 현실과 역사에 대한 의미 있는 비전이 작용한 것이다. 우의의 가치는 '과거를 현실적인 것으로 생각해보도록 가르치는 것'[10]에 있다. 이것은 과거가 풀리지 않는 현실을 위해서 이용되는 역사적 우의historical allegory의 현상이다. 과거는 향수와 미적 거리를 위해서도 이용되지만 현재의 문제에 대한 관점을 열기 위해서 현재에의 주석으로도 이용된다.

자기가 지금 이런 경지에서 호노리아를 볼 때 호노리아가 자신의 불안을 청산코자 바바리즘에 위탁하던 선철을 그대로 밟고 있는 망령들을, 5세기 아닌 20세기의 망령들을 볼 수 있는 것.

---

[10] Gordon Feskey, *Allegory and Violence*, Cornell UP, 1996, p. 167.

이렇듯 우의화된 '호노리아'는 혜은이를 나무라고 연모하는 완곡한 서사 전략적 의미를 가지면서도 다른 한편으로는 바바리즘에 어처구니없이 이끌려가는 현대 지식인의 '문화의 자실(自失),' 즉 자기 상실 내지 주체 상실의 상태를 비판하기 위한 우의화의 의미를 지니고 있다. 즉 5세기의 망령을 끌어들임으로써 20세기의 문화 상실의 망령을 겨냥하고 있는 것이다. 이 점 때문에 「부호」의 해석 작업에서 바바리즘이 파시즘과 비유된다는 해석이 출현한다.

그런데 주인공인 동규는 위암 환자이다. 근대적인 검사법 및 상태와 치료 정보의 제시가 이전 문학에서 유례가 없을 만큼 현실성을 지니고 있다. 그리고 최명익의 「무성격자」에 있어서의 위암과는 다른 차이를 지니고 있다. 이 위암이 비유하는 것은 무엇인가. 동규의 발암 원인은 근원적으로는 이상과 정반대되는 충동으로 결혼해버린 혜은으로 인한 사랑의 실패에 있다. 그 괴로움을 지우려고 친구들과 술을 마시고 거리를 싸다닌 것이 위궤양에서 위암으로 발전하게 되는 원인이다. 그렇듯이 파시즘의 선철인 바바리즘을 경멸하면서도 혜은이의 결혼처럼 어처구니없이 그리로 끌려들어가는 현대 인텔리겐차의 그림자, 즉 당대 현실의 문화적 자실 상태가 또한 원인인 것이다. 즉 위암이란 질병의 의미는 당대 지식인들의 전전변신(轉轉變身)하는 행태가 만들어낸 것으로 의미 지평에서 우의화된다. 따라서 「부호」는 역사적 알레고리와 함께 질병 알레고리가 작용한다. 그리고 최명익의 「무성격자」에서의 위암과는 차이가 있다. 「무성격자」에서 만수노인의 위암은 기본적으로 나이가 든 노년층의 질병이며 어느 정도의 풍족함이나 여유가 있는 상태와 관련되어 있다. 철저히 육체적이다. 이에 비해 「부호」에서 동규는 20대 청년 작가이다. 이 때문에 위암이 그동안 결핵이 독점했던 역할인 젊은이의 목숨을 앗아가는 역할을 하고 있을 뿐만 아니라, 어느 정도는 은유적으로 영적인 성격을 지니고 있다. 그리고 전자에서 암이 상업자본주의적 환경과 연관되는 것과는 대비적으로, 후자는 오히려 지식인의 정신적 삶의 상태와 연관된다.

4. 휴면하는 지식인의 병든 몸──「페어인」

「페어인(肺魚人)」(1939)은 일제 말기 학교의 폐교로 실직을 한 교사들의 곤궁한 삶, 즉 물질적 정신적으로 소외됨으로써 폐어처럼 질식 상태가 된 지식인의 삶을 그린 작품이다. 지식인의 상태를 건기(乾期)에 진흙에 숨어 휴면하는 '폐어(肺魚, lung fish)'로 은유화하고 있는 특이한 제목에서 주제가 예시적으로 암시되어 있다. 폐어는 아가미 외에 부레가 호흡기로서 발달되어 있는 열대 지방의 담수어로서, 우기에는 물속에서 아가미로 호흡을 하지만 건기에는 모래펄에 기어들어 부레로 숨을 쉬는 물고기[11]이다. 『한국세계대백과사전』은 이 폐어에 대해서 다음과 같이 설명하고 있다.

경골어류 폐어목에 속하는 담수어의 총칭. 살아 있는 화석으로서 어류와 고등 척추동물의 진화를 연구하는 데 중요하다. 〔……〕 용존 산소가 충분히 있는 물속에서는 아가미로 호흡하지만, 건조한 계절이 되면 약간 남은 웅덩이에 숨거나 진흙에 굴을 파고 그 속에 휴면하는데, 그동안은 부레로 공기 호흡을 하며 견딘다. 다시 비가 많이 오는 시기가 돌아와 구멍에 물이 차면 헤엄치기 시작하여 아가미 호흡으로 돌아간다. 원래 육지에 사는 척추동물의 폐와 물고기의 부레는 상동 기관인데, 이 무리의 부레가 폐와 매우 닮은 구조로 분화하여 이것으로 공기 호흡을 하므로 폐어라는 이름이 붙었다.[12]

---
11 이희승 편, 『국어대사전』, 민중서관 참조.
12 『한국세계대백과사전』, p. 16870. 『두산 세계대백과사전』 p. 584 참조.

폐어에 대한 생물학적인 설명이다. 이처럼 폐어 상태와 같은 사람과 그 생존의 시대적인 상황을 '지금 폐어는 반신(半身)을 물에 잠그고 반신 바람에 불리면서도 두 가지 호흡 기능을 다 잃고 죽어가는' 절망적인 상태로 상정한 것이다. 그래서 표제의 동물 상징성이 주제와 구성을 예시하는 기능을 한다. '쥐를 잡아먹고 고양이가 죽었다'란 시작 역시 그러하다. 이같이 동물의 상징적 이미지화가 뚜렷한 것이다.

일제 말기에 학교가 폐교됨으로써 인텔렉트를 버리고 직업을 바꾸라고 강요하는 현실 때문에 생활에 난파한 유명무명의 여러 교사들이 주인공으로 등장한다. 그중에서 중심 인물은 현일이와 도영이다. 그런데 이 두 사람은 다 같이 지식인이고 인텔리이면서 둘 다 무서운 신체적 현실을 지닌 폐결핵 환자들이다. 즉 병든 몸의 주인공들인 것이다. 최명익의 문학은 이렇듯 인물화에 있어서 애브노멀하고 병리적인 것과 관련된 인물들이 등장함으로써, 일종의 임상문학으로서의 신체서사학적 성격을 지닌다. 서사 공간이 사나토리움이나 병실이 아니면서도 이렇게 결핵 환자가 복수화된 경우는 드문 현상이다.

현일과 도영은 다 같이 폐결핵 환자이면서도 결핵에 대한 반응이나 지향하고자 하는 삶의 양태가 지극히 대조적이다. 홀어머니의 뒷바라지로 보통학교 훈도를 거쳐서 여학교의 전업 교원이 된 현일은 '대적'이나 운명의 타격과도 같은 각혈로 인한 병약한 몸이지만, 절망과 패기, 비판과 낙관, 두 가지 정반대의 생각을 번갈아 하면서도 그나마 절망 속에서 의지와 노력의 삶을 지키면서 천직인 교단으로 되돌아가고자 하는 사람이다. 이는 불안한 젊은 제자인 병수와의 대화에서 제시된다. 그러나 병든 허약한 몸과 시대 인식의 부족이란 이유 때문에 생활과 직업에 복귀하지 못하는, 소외되고 배제된 존재이다. 병자인 그는 결핵에 대한 반응에 있어서도 간핍하게 살면서 금욕 생활을 지키고 사는 아내의 낙관주의나 로맨티시즘과는 달리, 결핵을 냉정한 사실과 맹목적 운명으로 받아들이고 있다. 그러니까 현일에게 있어서 결핵은 이상과 생활에서 좌초하거나 분열·소외된 지식인의 현실과 문명 상태의 신체적 은유와 상징으로서의 의미를 지닌다. 그러기에 처음부터 끝까지 현일은 지식인으로서의 자세를 견지하고 있는 것이다. 결핵은 곧 궁핍한 시대에 있어서 앓는 지식인의 징후적 표상이다.

그러나 같은 결핵을 앓으면서도 도영은 현일과는 아주 대조적이다. 역시 교사인 그는 결핵으로 퇴직한 상태이며 아내의 구멍가게로 겨우 생활한다. 지나칠 정도로 결벽성을 지니고 있었던 도영은 실직과 병과 싸우는 과정에서 신경쇠약의 실성한 상태가 된다. 그 특유한 결벽성마저도 버리는 인물이다.

……결벽성이라는 것은 일종의 센티니까. 아무런 짓을 해서라도 병이 나아야지, 안 그래요. 인생으로 실패라는 것은 남이 다 사는 세상에 혼자 일찍 죽는 것이웨다. 살고 볼 일이지. 노상 한때는 왜 사느냐 어떻게 살아야 하느냐고 생각한 적도 있지만, 공연한 관념유희거든요. 〔……〕 나같이 된 사람은 어떻게 해야 죽잖고 사느냐가 문제거든.

이와 같이 그는 절박한 죽음 앞에서 본능적으로 살고 싶다는 단 한 가지 욕망만으로 비관이나 염세, 망상, 결벽성 따위를 한갓 관념의 유희로 폄하해버리고, 살기 위해서는 뱀이건 지렁이건 무엇이나 먹어치우는 동물적인 본능만을 노출하는 인물이 되어버린 것이다. 폐결핵은 오히려 그가 이전에 지니고 있었던 생각과 태도를 재고하게 하거나 거부하게 하며, 이전의 가치를 전가치화하며 '시정인(市井人)'적 가치를 받아들이게 하고 있다. 그래서 어떤 처지에서건 먹고살기만 하면 되는, 쥐덫 속의 이른바 '쥐의 철학'을 역설하고, 원기를 돕는 데는 구렁이나 독사가 제일이고, 열을 내리는 데는 지렁이가 제일이라는 세상의 민간적 속설을 열심히 따르면서, 결핵에서 살기 위해서 뱀이건 지렁이건 다 먹어치우고 있는 것이다. 이런 도영은 마지막에 구렁이와 지렁이를 잡는 과정에서 각혈의 피를 쏟아내며 쓰러진다. 옆에 있던 제자인 병수가 그 피를 씻으려고 다가가자, 이를 지켜본 현일이가 도영을 부축하면서 병수에게 "이런 더러운 피에 왜 손을 적시려나" 하고 일갈한다. 이 결말에서 도영의 죽음이 암시된다. 시작에서 쥐를 잡아먹고 고양이가 죽듯이, 결말은 지렁이를 잡아먹고 도영이가 죽게 되는 것이다.

이렇게 도영의 결핵은 현일의 경우와는 사뭇 다르다. 1930년대의 상황에서 상징이나 은유로서의 질병이라기보다는 문자 그대로 현실의 직사화(直寫化)나 다만 신체적인 질병으로만 인식될 수 있는 것이다. 스트렙토마이신이나 나이드라지드 같은 결핵의 결정적인 치료약이 등장하기 이전의 파국 상태에서 어떤 민간 비방책에라도 의존할 수밖에 없었던 사정을 반영하고 있기 때문이다. 또 지식인과 연관된 상징이나 비유의 가치를 떠나서 삶에의 동물적이고 본능적인 집착이 얼마나 처절한가를 여실히 보여주기 때문이다. 물론 도영의 결벽한 지식인으로부터 세속적 시정인으로의 전이가 죽음 직전의 그에게 있어서는 가장 절박한 선택일 수밖에 없었고, 또 그런 절박한 현실 앞에서 관념 세계의 가치는 얼마나 취약한가를 드러내는 의미를 내포하고 있는 것은 사실이다.

그러나 이 같은 도영의 선택이나 가치는 현일과는 다른 축에 있으며, 이에 대한 동조를 거부하고 있는 현일의 축에서 보면, 도영의 피는 한낱 '더러운 피'에 불과할 뿐이다. 그것은 곧 지나치게 본능적이라 지식인으로서의 영적 타락을 의미하기 때문이다. 그러기 때문에 현일과 도영은 다 같이 결핵 환자이면서도 전자에게는 지식인의 정신적 가치가, 후자에게는 시정인의 신체적(물질적) 가치가 존중되는 것으로 이질화한다. 그러면서도 어느 경우이든 이 결핵은 병인적 사회에서의 아프고 병든 지식인의 상태를 표상하는 것이다.

여기서 다시 딱딱한 마른 땅속에서 여름잠을 자는 폐어에의 비유에서 보이는 '두 개의 호흡 기능을 다 잃어버리고 죽어가는 것'이라는 구절의 상징적 의미를 다시 상기해볼 필요가 있다. 아가미로도 부레로도 제대로 호흡할 수 없을 정도로, 1930년대 말기의 질식된 시대적 상황 속에서 엎드리거나 죽어가고 있는 폐어의 은유를 통해서 식민지 말기 지식인의 몸의 서사학Corporeal Narratology[13]을 제시하고 있는 것이다. 절망적인 질식 상태에 있으면서, 휴면하는 폐어처럼 견디어내고 있는 지식인의 초상이다.

5. 침범의 은유:「봄과 신작로」의 성병

「봄과 신작로」(1939)는 시공간의 이미지가 합성된 표제이다. "이편 산모퉁이에서 저 넓은 벌판 가운데로 난 신작로를 매일 오고가는 짐자동차가 우물 뜰에 서곤 했다"는 묘사가 암시하고 있듯이, 외부 세계와 격절되었던 궁벽한 지역에 근대적인 자동차 운송 도로인 신작로가 뚫린다. 이로써 보수적인 습속과 단일 공동체이던 한 마을의 생활 질서가 자동차로 대유되는 타자적인 것의 습격에 의해서 변하거나 와해되어가는 해체 과정을 제시한 작품이다. 자연과 문명의 대치 현상이며 전이 현상이다. 자동차 도로로서의 신작로가 뚫렸기 때문에 향리 마을의 우물터에는 자동차와 운전수 등 이방인의 내왕이 잦아지게 된다. 이들 외래자 또는 침입자이기도 한 타자Fremde와 타자적인 것Fremdes에 의해서 공동체인 마을에는 점진적 또는 급진적인 변화가 일어나게 된다.

한마을에서 자라나서 같은 동네로 시집을 오게 된 유감이와 금녀 두 색시는 쌍둥이처럼 다정하게 지낸다. 그런데 표제처럼 봄이 되어서 두 마리 고양이의 자웅질에 반응하는 데서 두 사람의

---

[13] 이 용어는 Daniel Punday, *Narrative Bodies: Toward a Corporeal Narratology*, Palgrave (2003)에서 원용한 것이다.

삶의 이질화 현상이 나타나게 된다. 이때 고양이는 생성의 봄이라는 시간적 배경과 교호 작용을 일으킴으로써 관능과 성적 욕망의 상징[14]으로서 유감이와 금녀라는 두 여인의 섹슈얼리티와 애욕의 성숙화를 촉매하는 매개 기능을 한다.

유감이는 정상적으로 임신을 한다. 그러나 전근대적인 관습으로 울보인 어린 남편과 결혼하게 된 금녀는 그렇지 못하다. 이것이 불만인 금녀는 어느 사이 마을의 우물가로 찾아오는 도시의 자동차 운전수(외래자)와 친해져서 그가 오기를 기다리는 여인이 된다. 이것은 분명 어린 남편과의 애욕적인 짝짓기가 현실적으로 불가능한 데서 연유하는 일탈적인 사랑 만들기의 행위라고 할 수 있지만, 결과적으로 외부자의 침범에 감염되어가는 상태이다.

　자동차는 기다리듯이 우물 둑에 서 있었다. 조수는 버들피리를 만들어 불고 운전수는 담배를 피우고 있었다. 우물에는 붉은 해가 가라앉고 흰 구름이 떠 있다.
　운전수는 사면을 돌아보며
　"혼자 나왔소?"
하고 물었다. 조수는 짐짝 저편으로 사라진다. 물을 긷는 금녀 앞에 마주 앉은 운전수는
　"내 말대루 평양 가지 응?"
하면서 금녀의 손목을 붙들었다. 그러고는
　"꼭이 어느 날이라고 말만 하면 내 밤에 금녀네 집 뒷메에 가서 기다릴게."
　대답이 없이 수그리고 있는 금녀의 얼굴을 운전수는 두 손으로 추켜들고 입을 맞추었다. 숨이 막히게 코를 짓눌렀던 운전수의 얼굴이 떨어지자 금녀의 입술이 바시시 웃었다.

---

14 Ad de Vries, *Dictionary of Symbols and Imagery*, North Holland Publishing Co., 1974, p. 86.

금녀의 태도는 분명 성숙함과 도시를 선망하거나 갈구하는 욕망과 관련되어 있다. 즉 애욕을 충족시키려는 내적 추동력이 작용함으로써 외부에서 다른 욕망의 대상을 구하여서 미성숙한 남편과의 불균형과 결핍 상태를 해소하려고 하는 것이다. 욕망의 대상을 타자에게서 찾으려는 것이다.

그러나 결과적으로 그녀의 욕망은 전혀 다르게 전개된다. 현실을 벗어날 수 있는 구원의 대상이라 믿고 기대한 외래자도 끝내는 그런 대상이 되지 못한다.

금녀는 도로의 근대적 상징이기도 한 신작로와 운전수를 통해서 '평양'이라는 먼 외방과 도시에의 유인력에 끌려듦으로써 잠시나마 그녀의 욕망이 도시와 연계될 수도 있었다. 그러나 길에의 유인력에 끌리고 운전수에게 이끌린 결과는 참담한 병에 전염되는 것이다. 즉 "아랫배가 쑤시고 허리가 끊어지는 듯하고 배가 붓는 병"인 성병에 전염됨으로써 끝내는 목숨을 잃는다. 성병이라는 전염성인 외부의 박테리아가 접촉에 의해서 건강한 여인의 몸에 침입해 들어옴으로써 건강한 몸을 망치고 건강한 생명을 잃게 된 것이다. 이것은 외래자에 의한 전염이란 점에서 '침범의 은유'[15] 현상이다. 병은 흔히 외부에서부터 침입 또는 전파된다는 것에서 연유하는 이 침입(침략)의 은유는 문학은 물론 과학, 정치 및 군사적 차원에서의 은유도 가능하다.

이런 금녀의 죽음과 등가적 의미로 포개어지는 것이 금녀 시집의 송아지의 죽음이다. 송아지의 죽음과 그 원인 해명이 금녀의 죽음에 대한 암시적 해명의 기능을 한다. 송아지의 죽음은 외방에서 들어온 아카시아를 먹었기 때문이다. '아카시아'는 외래종 식물, 곧 외방적인 것 또는 타자적인 것이다. 그와 마찬가지로 금녀의 죽음을 가져온 것 역시 외방의 것, 근대적인 것의 상징이기도 한 자동차와 그 운전수 및 외부의 병균이다. 결국 금녀와 송아

---

[15] Laura Otis, *Membranes: Metaphors of Invasion in Nineteenth-Century Literature, Science and Politics*, The Johns Hopkins UP, 1999, pp. 1~8 참조.

지는 모두 외래적인 것에 의해서 죽게 되는 것이다.

"이전에 없던 병두 다 서양서 건너왔다거든." 아까 꽃 같은 색시는 왜 죽었을까 하던 사람이 먼지에 막혔던 말문을 열었다.
"그놈의 병두 자동차 타구 왔다던가?"

송아지의 죽음을 가져온 '아카시아'는 서양의 환유로서 기능한다. 이런 침략의 은유화는 다분히 정치적인 것으로서, 반서양적인 오리엔탈리즘의 의식이 그 기반으로서 작용하고 있는 것이다. 이 반서양적인 의식의 구체적인 대상으로서 미국이 명시적으로 적시된다. 그리고 여기에도 역시 '침범(침략)'의 은유가 작용한다.

송아지가 죽은 원인은 밈도는 아카시아 껍질을 먹은 탓이라는 기사가 난 신문이 구장 집에 온 날, 금녀의 상여는 나갔다. 온 동리 사람들은 심지도 않고 접하지도 않았지만, 산에나 들에나 마당귀에나 심지어 부엌 담 안에까지 뻗어온 아카시아 나무를 새삼스럽게 훑어보며 소와 돼지를 경계하였다.
아카시아는 본디 아메리카의 소산이라는 신문 기사를 들은 그들은
— 거 흉한 놈의 나무 같으니라구. 아메리카니 양코대 사는 미국 말이지? 어떤 놈이 갖다 심었는지 미국서 예까지 와서 우리 동네 소를 죽여! 어억울하다—
— 억울한 말 다 해서. 사람의 신수라니—
— 생때같은 송아지가 죽고 엊그제 데려온 며느리가 죽구—
— 그러게 말이야. 소는 미국 아까시아를 먹구 죽었대두, 꽃 같은 색시는 왜 죽었을까.

외래종인 아카시아를 먹고 송아지가 죽듯이, 타자인 외래자, 즉 미국으로 대리되는 서구 문명이 침입하여 본향인 향토의 공동

체와 생명을 말살하는 악성의 병균으로 비유됨으로써 침략 또는 침투(습격)의 은유화 현상이 확연해지는 것이다. 철저한 타자 혐오(공포)Xenophobia의 한 현상이다. 외부로부터 침투하는 전염성의 병균이 몸을 파괴하고 만다는 이런 의식에는 식민지 근대화에 대한 비판적인 음영이 작용하고 있는 것이 사실이다. 그러나 그보다도 더 중요한 점은 '대미전쟁(태평양전쟁)'을 도발하는 일본제국주의의 반미적 선전화 선동의 병균이 이 속에 침입함으로써 마을 사람들의 의식을 오염시키고 있는 현상이다.

이처럼 최명익의 작품 세계에서 두드러지는 현상은 신체적 질병이나 징후적 현상에 대한 특별한 관심이다. 즉 1930년대라는 시대에 있어서의 신체성의 징후에 대한 관심이다. 그의 결핵과 암은 쇠퇴로서의 데카당스와 소외된 지식인의 상황에 대한 은유이면서 상업적 이상 성장의 은유이기도 하다. 그리고 성병은 침범의 은유로 작용하고 있다.

제10장

나환의 문학주제학
── 「바위」「등신불」에서 『당신들의 천국』까지

> 해와 하늘빛이 / 문둥이는 서러워
> 보리밭에 달뜨면 / 애기 하나 먹고
> 꽃처럼 붉은 울음을 밤새 울었다
> ── 서정주, 「문둥이」

1. 나환의 문학적 상상력

 푸코에 의하면 나환은 서구 세계에 있어서는 중세의 소멸과 함께 광기를 그 후계자로 이어주면서 이미 소멸해버린 질병으로 지적되고 있다. 그러나 우리의 경우에는 반드시 그런 것만도 아니다. 1930년대 전후까지도 나환은 여전히 지속적으로 공포의 질병이며 혐오스럽고 비참한 업병(業病)이거나 천형으로 간주되어온 병이다. 다른 어떤 병보다 평생 동안 외관상으로 혐오스러운 흔적을 남길 뿐만 아니라 유전과 전염, 불치의 저주받은 질병으로서, 격리와 감금이라는 사회적인 절연이 강제됨으로써, 수용소에 갇혀서 인간으로서의 자유나 권리를 박탈당하거나 제약받는 비극적인 운명의 병이기도 하다. 따라서 이러한 무서운 사회적 낙인이 찍힌 공포의 나병에 대해서 문학적 관심이 제기된다는 것은 자연스러운 현상이다. 특히 이런 관심은 1930년대의 이른바 '생명파'로 일컬어지는 시인부락 동인들에 의해서 구체화되었다. 이들은 문학의 본질을 '생명' 그 자체에서 추구하는 운동에 전념하려는 유파이다. 그 동인인 서정주와 김동리는 같은 해에 각각 장르를 달리해서 「문둥이」(1936)와 「바위」(1936)를 산출하게 된다. 이 두 작품은 모두가 나병을 중심 테마로 하고 있는 작품이다. 그러면서도 다른 한편으로 나병은 워낙 혐오스러운 질병이기 때문에, 문학에서도 기피되거나 배제되는 현상이기도 하였다. 나환 작품이 수에 있어서 그리 많지 않은 이유도 이 때문이다. 이처럼 나병에 대한 현대문학의 반응은 관심과 배제라는 이중적인 의식으로 양립한다.

천형의 병을 앓고 있는 서러운 문둥이의 꽃처럼 붉은 울음을 그리고 있는 서정주의 시 「문둥이」는 충격적이라고 할 만큼 끔찍하고 엽기적인 이미지를 동반하고 있다. "애기 하나 먹고"라는 식인의 나병 치료와 관련된 속신적이고 악습적인 범죄 이미지가 그대로 투영된 것이다. 표현미의 반이성적인 시학화 현상이다. 이런 카니발리즘의 이미지는 축어적으로만 보면 분명 악성 질환인 나병에 사람의 간이나 담(쓸개) 또는 살을 먹으면 치유된다는 지극히 황당하고 잘못된 기속(奇俗)이나 미신 치료의 악습 사유에 기반하거나, 그것이 그대로 투영된 것이 사실이다. 그러나 이 시가 진정으로 의도하고 있는 것은 식인성 나병 공포 leperphobes를 환기하려는 것이 결코 아니다. 원죄적 사슬로 낙인 찍히고 저주받은 영육이 범죄를 통해서라도 인간이 되고자 하는 뜨거운 생명에의 갈망을, 뭉그러진 몸을 철저히 가시화하는 해와 하늘빛이 서럽기만 한 문둥이의 야행성 통곡이라는 극한 상황으로써 은유적으로 상징하려고 한 것이다. 즉 저주받은 원죄적 운명과 몸을 가진 아름다운 영혼의 통곡이며 절규인 것이다. 그래서 서정주의 '문둥이' 이미지는 그의 「화사(花蛇)」의 징그럽고 꽃다님 같은 이중성의 이미지와도 유사하거나 상통한다.

김동리는 같은 해에 단편소설 「바위」를 통해 '보리밭'의 문둥이가 아니라 '복바위'의 문둥이를 제시한다. 저주받은 질병으로 인해서 가정과 사회로부터 철저히 배제된 문둥이 어머니의 미신 치료와 아들에 대한 모성애의 간절한 비원을 복바위라는 전경화된 신화적 성소 공간과 연계시킨, 죽음과 맞닿는 모성적 기원 의식의 비극성을 그린 작품이다. 이렇게 비롯된 김동리의 나환에의 관심은 그의 역작인 「등신불」(1961)로까지 지속적으로 이어진다. 이 「등신불」의 내부 이야기에는 문둥병에 걸린 사신(謝信)의 이야기가 아주 짧게 상감되어 등장한다. 그러나 사신의 이 문둥병 이야기는 작고 짧지만 그것이 만적(萬寂)으로 하여금 소신공양을 수행케 하는 결정적인 동인과 핵이 되게 하는 서사적 의의를 지니고 있는 것이다.

한편 동시대 작가인 김정한도, 시인부락의 동인은 아니지만 그 외곽에서 나병과 관련된 단편 「옥심이」(1936)를 발표한다. 문학의 사회성이나 사회의식이 유난히 강한 작가의 이 작품은, 일제 강점기인 1916년에 처음 설립되어서 1935년에는 최대의 나병강제수용소가 된 소록도가 우리 소설 공간에 처음으로 등장하는 작품이다. 이때부터 소록도는 문학과 의식의 지도에서 나환자의 공간적 추방Räumliche Entfernung의 섬으로서 격리와 감금과 배제의 상징적인 장소이며 초점이 된다. 이렇게 1930년대 중반 이후에 나병에 대한 관심의 돌연한 폭발 현상은, 일제 경찰력에 의해서 나환자 강제 격리를 위한 강제적인 통제가 자행된 시기와 일치한다. 이는 유럽에서 1090~1363년 사이에 수행된 '문둥이 대사냥Great Leper Hunt'[1]과 동일한 일종의 '문둥이 사냥' 현상의 시대적 반영인 것이다.

1950년대에는 나병을 앓은 시인 한하운의 『한하운 시초』(1949), 『보리피리』(1955), 『한하운 시 전집』(1956)이 간행된다. 이는 현대문학에서 나환문학의 본격적인 등장을 의미한다. 그의 대표시인 「전라도 길―소록도로 가는 길」과 「보리피리」는

---

[1] Sheldon Watts, *Epidemics and History: Disease, Power and Imperialism*, Yale Up, 1997, p. 48.

저주받은 삶의 처절함과 본원적인 인간에의 향수가 짙게 응축되어 있다. 이어서 1966년에는 언론인 이규태(1933~2006)의 논픽션 「소록도의 반란—땅에서 못 사는 한」이 『사상계』에 발표되고, 이와 밀접한 상호텍스트성이나 후상postfiguration으로서의 성격을 지니고 있는 이청준의 장편소설 『당신들의 천국』(1975)이 마침내 출현하는 것이다. 소록도가 서사의 중심 공간을 이루고 있는 이 『당신들의 천국』은 그동안의 해석 관습에서 알레고리성을 바탕으로 지배/피지배, 감금/자유, 건강(의사)/질병(환자)이라는 중후한 대립적 주제를 소록도라는 특정 공간의 의사와 나환자들과의 관계라는 보다 정신병리학적인 상황으로 환치시키는 작품이다. 문학의 기본 구성소인 모티프나 테마의 다양화된 측면에서 주목되며, 서사텍스트의 서사 구조 및 공간 구조 측면에서도 의의 있는 작품이다.

이 밖에도 문둥이는 한국 문학에서 전승적 문학 형태인 전통적인 탈춤의 과장에서 자주 등장한다. 즉 영남 남부 지방의 탈춤인 통영오광대의 제1과장(벅구탈), 고성오광대의 제1과장(문둥이북춤), 동래야유 제1과장(문둥이 과장), 가산오광대의 제3과장(문둥이 과장) 등이 그것이다.[2] 이중에서도 가산오광대는 제3과장인 문둥대사의 등장 등 과장으로서의 독자적인 폭을 구체적으로 갖고 있다. 여기서 문둥이의 역할은 장마당의 걸인이면서 동시에 각설이와 장타령꾼으로서 장마당의 각설이타령이나 이른바 품바 문화 연행자로서의 기능을 함께 수행하는 존재이다. 이는 나환자가 근대적 요양 시설이나 수용 시설에 제도적으로 격리되기 이전에 주로 유리걸식 상태에 있던 상황을 반영하고 있는 것이다. 그리고 어느 경우든 나환은 천형으로 이해된다.

---

2 한국문화재보호협회, 『중요무형문화재 탈춤대사집』 참조.

2. 나병과 레프로사리엄의 탄생

흔히 '문둥병'으로 일컬어지는 나병은 1873년 노르웨이의 한센(Gerhard H. Hansen, 1841~1912)이 처음으로 그 병원체인 'mycobacterum leprae'를 발견함으로써 그 전파의 통제가 비로소 가능해진 질병이다. 그래서 1931년부터는 '문둥이'라는 치욕스럽고 혐오스러운 이름이나 연상 대신에 병균을 발견한 사람의 이름을 따서 '한센병'으로 개명된 것이다. 그리고 이 병을 치료하는 데 있어서도 19세기 말이나 20세기 초까지만 하여도 히드노카르푸스 나무에서 추출한 대풍자유(大楓子油, chaulmoogra oil)에 거의 유일하게 의존하였으나[3] 1940년대 초 만족할 만한 치료약 dapsone(DDS)이 출현하였으며, 다시 1980년대에는 MDT(Multi Drug Treatment)가 나타남으로써 나병은 이제 결코 공포와 불치의 병이 아니게 된 것이다. 이 DDS와 MDT가 우리나라 나병 치료에 도입된 것은 기록에 의하면 1953년과 1982년이다.[4]

그러나 그럼에도 불구하고 현실적으로 나병에 대한 공포와 낙인은 아직도 상존하고 있을 정도로, 나병처럼 특별한 공포를 불러일으키거나 혐오감을 일으키는 병은 어디에도 없었던 것이다. 나병은 기원전 2400년경 이집트에서 시작, 중동 지방을 거쳐서 유럽과 중국으로 전파된 것으로 추측된다. 구약성경 레위기(Lev.

---

[3] 대풍자유 치료 방법은 다음과 같은 의서나 기록 등에서 공히 나타난다.
  · 허준, 『동의보감』 탕액편, 목부, 잡병편 권8, 1613. 三木榮, 『朝鮮醫學史及疾病史』, p. 114.
  · Sheldon Watts, 앞의 책, p. 79.
  · 최재위, 「나병에 대하여」, 『조선가정의학전서』, 조선일보 출판부, 1939, p. 707.

[4] 유준(Joon Lew), 「한국의 나병 치유—한국 나병의 과거와 현재Leprosy in Korea, Past and Present」, presented at the International Seminar on Leprosy Control, November 4~7, 1991, Seoul, Korea.
  "Dapsone(DDS)은 1953년 Dr. R. G. Cochrane에 의하여 도입되었으니…… 1955년 류준의 건의에 의하여 전국적으로 시약이 시작되었으며, MDT는 1982년에 도입되어 전국적으로 시약되고 있다."

13, 44~46), 「욥기」「누가복음」 등에도 등장하는, 고대부터 세계 각국에 편재되어온 이 병은 천형 또는 신의 벌로 간주되어온 병이다. 감각이 마비되고 코가 무너지고 남은 손발이 떨어지거나 갈고리 모양이 되고 쉰 목소리를 내게 되며, 자손이나 타인에게 유전되거나 전염되어 고칠 수 없을 뿐만 아니라 격리되어서 평생 동안 폐인 선고를 받는 저주와 오명의 병으로 이해되어온 것이다. 그래서 나병이나 나환자는 『고통받는 몸의 역사』나 『고통이라는 선물』에서 밝히고 있듯이, 질병의 징후들에 대한 특유의 두려움, 전염에 대한 두려움, 하나님의 저주라는[5] 세 가지 복합적인 요소로 이루어진 오명 때문에 두려움과 거부의 대상이 된 것이다. 환자를 격리시킨 최초의 질병이다.

'악병(惡病)' '악창(惡瘡)' 또는 '풍병(風病)' '대풍창(大風瘡)'으로 일컬어져온 이 나병의 기록은 『삼국유사』 권3 아도기라(阿道基羅)조 및 『향약구급방』(1251)에서 비롯되며, 결정적인 증상은 세종조의 『향약집성방』(1443)에 제시되어 있다. 옛 의서인 『향약집성방』 및 『동의보감』 『제중신편(濟衆新編)』 등에는 병증이 자세하게 기록되어 있다. 특히 『동의보감』에서는 병의 원인과 징후로 '삼종오사(三種五死)'를 지적한다.

　　一種風水, 二種轉變, 三種者自不調攝 五死者一曰皮死痲木不仁
　　二曰肉死割切不痛 三曰血死潰爛成膿 四曰筋死手足脫落 五曰骨死
　　鼻梁崩塌 眼斷脣翻聲啞

라고 하였다. 즉 병인으로서 풍수, 전변, 부조섭 등의 3종이 있으며, 증후로서는 피부가 죽어서 마비가 되고 살이 죽어서 베어도 아프지 않고 피가 죽어서 뭉개져 고름이 생기고, 힘줄이 죽어 손발이 떨어지고 뼈가 죽어서 콧마루가 낮아지고 눈이 침침해지고

---

5 폴 브랜드·필립 얀시, 송준인 옮김, 『고통이라는 선물』, 두란노, 2002, p. 410. 자크 르 고프·수르니아 편, 장석훈 역, 『고통받는 몸의 역사』, 지호, 2000, pp. 32~49 참조.

입술이 뒤집어지고 목소리가 벙어리처럼 쉬게 된다는 것이다. 미키 사카에의 정리에 의하면, 한국인에게 있어서 나병의 병인은 악풍이 신체에 들어와서 일어난다는 설, 전염설, 천형 또는 불설(佛說)에서 연유하는 죄업에 의한 천형설, 민간신앙적인 귀신설[6] 등으로 분화된다. 뿐만 아니라『동의보감』은 약물요법으로서『향약집성방』의 쓴 너삼, 즉 고삼(苦蔘)에 이어서 대풍자유를 처방의 묘약으로 기록하고 있다. 이 대풍자유를 19세기 말 서양 의학자들이 수백 년 동안 인도의 치료자들에 의해서 쓰인 하이드노카르푸스 나무의 파생물로서 실험한 나병 치료제 'chaulmoogra'가 그것이다. 그러나 동인도 원산으로 아시아 남부에 분포한 대풍수의 열매인 대풍자유가 묘약이긴 하였으나, 1923년 영국왕립나병구제협회(BELRA)를 설립한 레오라드 로저스가 '아직도 일반적으로 나병을 위한 특별한 치료법은 없다'라고 힘들게 시인한 말[7]이 곧 대풍자유 치료에 의존하는 1930년대의 우리 나병 치료의 현주소이기도 하였던 것이다.

경성제대 피부비뇨기과 교실 최재위의「나병에 대하여」는 1930년에 있어서의 나병 치료와 지식 정보의 현 단계를 이해하기에 매우 적절한 자료이다. 이 글은 나병을 병 중에서 가장 '비참한 병'으로 규정하고 나균 전염의 문구를 비정막으로 상정하며 중요한 초기 증상을 다음의 일곱 가지로 열거하고 있다.

    피부의 부분적 지각 마비 특히 통각, 온각의 마비
    반문(斑紋)의 발생
    피하 신경의 비후와 안면마비
    새끼손가락〔小指球〕, 엄지손가락〔拇指球〕등 손 힘줄의 위축
    손가락 특히 작은 가락지의 탄력 굴곡(척골 신경의 마비)
    결절 또는 침윤의 발생

---

6 三木榮, 앞의 책, p. 112.
7 Sheldon Watts, 앞의 책, p. 79 참조.

코피, 눈썹의 탈락, 신경통[8] 등이다.

그리고 약물 치료법으로서는 대풍자유와 이 유사 체재, 격리 방법으로서는 '건강한 가족들과 별거'함이 절대 필요하다고 지적한다. 효과적인 치료약인 dapsone이 나오기 전에는 chaulmoogra 치료가 유일한 방법임을 시사한다. 그리고 요양 시설로는 '소록도'와 기타 개인 경영의 몇 요양소가 있음을 밝히고 이는 관할 경찰에 상담하면 소개하게 되어 있다고 지적[9]하고 있는데, 이 시기에 나환자 수용과 격리가 경찰력과 직결되어 있음을 명시한다.

이 시기의 전국의 나환자 총수는 1937년의 「조선방역통계」라는 자료에 의하면 13,786명이다. 이는 관립 사립 요양소에 수용된 사람이 6,764명, 지방에 산재하는 미수용자로 조사된 사람이 7,022명이 합쳐진 숫자이며, 보다 정밀히 조사할 경우 미수용자는 그 배수에 이를 것이므로 전국의 나환자 수는 2만여 명 이상에 이를 것으로 추정하고 있다. 그리고 이중 미수용자가 거주하는 도는 대부분이 경상남북도, 전라남도 등 3개 도이다.[10]

한편 격리의 문제로서, 나병은 환자를 격리시킨 최초의 질병이었다. 식민지 통치하의 조선에서 국가적인 정책으로서 나환자를 적극적으로 격리 수용하는 조치가 시행된 것은 소록도 자혜의원이 설립된 1916년 5월부터이다. 물론 그 이전에도 기독교 선교 활동과 관련된 '구라사업'의 일환으로 대구의 '애락원,' 광주의 '애양원,' 부산의 '나병원' 등이 존재[11]하고 있었으나, 그 규모가 워낙 작아서 이들 병원이 수용할 수 있는 환자 수는 크게 제한될 수밖에 없었다. 따라서 구라사업에 있어서 선교단에 의한 독점과 많은 나환자들이 각지로 유리걸식하거나 은폐되어서, 조선총독부

---

8 최재위, 「나병에 대하여」, 『조선가정의학전서』, 조선일보 출판부, 1939, pp. 705~06.
9 위의 글, p. 707.
10 三木榮, 앞의 책, p. 113 참조.
11 김두종, 『한국 의학 발전에 대한 구미 및 서남방 의학의 영향』, 한국연구도서관, 1960, pp. 113~14 참조.

는 이러한 나환자의 강제 격리와 나환 전파 통제 정책을 수립하고 이를 위한 수용 시설, 즉 레프로사리엄을 설립하게 된다.

이것이 바로 소록도 자혜의원의 설립이다. 이 소록도 자혜의원은 나환자 수용을 위한 특수 병원으로서, 1917년 5월 17일 개원식을 거행한다. 이것이 근대적인 형태의 레프로사리엄의 탄생이다. 이때의 초대 원장은 일인 아리카와(蟻川亨, 재임 기간 1916. 7. 11~1921. 6. 6)이다. 이는 식민지 지배자들에 의한 나환자의 통제와 격리를 위한 나병 가두기의 효과── 나병은 전염병이며 접촉에 의해서 옮는다는 사실을 받아들여 정상적인 사람과 분리시키는 엄격한 사회적인 고립 정책을 지지하게 하는──를 거두게 한 것이다. 이 소록도는 1865년 나병 확산 방지법 이후 하와이의 나환자 격리의 섬 몰로카이Molokai 섬과 마찬가지로 지리적인 요건상 격리가 아주 용이한 환경이며 여건이다. 이때부터 소록도 자체가 거대한 하나의 나환자 수용소가 된다.

그러나 1930년대에 이르면서부터 식민지 통치의 나환자 격리 정책은 크게 변환기를 맞는다. 즉 1930년대 초반을 기점으로 하면서 강제적인 격리가 강화되고 경찰에 의한 나환자 체포, 감금, 통제가 보다 적극적으로 바뀐다. 1932년에 '조선나예방협회'가 설립되고 '조선나예방령' 등 격리를 위한 강제 수용법 제정과 시행 규칙이 더욱 강화됨으로써, 나환자가 요양소에 입원하는 과정은 이전의 자의적인 행위나 방식으로부터 경찰에 의한 강제 격리와 수용으로 변화하고, 사회적 통제로써 이른바 문둥이 사냥이 비롯되는 것이다. 이때부터 나환자에 대한 통제는 감금 제도를 밝힌 최정기의 『감금의 정치』(2005)에서도 밝히고 있는 것처럼 조선총독부의 경찰력과 법질서의 강제력에 의존하는 억압적이고 강제적인 것[12]으로 바뀐 것이다. 특히 1934년 자혜의원이 확장·개편되면서 설립된 소록도 갱생원의 경우 6,000~8,000명의 나

---

12 최정기, 『감금의 정치』, 책세상, 2005, pp. 67~68.

환자를 수용할 수 있는 세계 최대의 나병 강제수용소가 됨으로써, 소록도는 나환자들의 공포와 원한의 종점으로서 한번 들어가면 죽어서도 섬 밖으로 벗어날 수 없는 절망의 유배지가 되었던 것이다. 1933년 제4대 원장으로서 조선의 나환자 관리를 완전히 장악한 슈호(周防正秀)——이청준의 『당신들의 천국』에 등장하는 주정수의 실제 모델——는 거듭되는 확장 공사와 자기의 동상을 위하여 강제노동으로 원생들을 혹사하고 이에 항거하거나 도망치는 원생들은 수용소 감금실에 가두고 출소하는 날에는 강제로 단종수술을 시키는 등 가혹한 강압책을 행사하다가, 1942년 6월 20일 한 환자에 의해서 마침내 살해당한다.[13]

이 같은 요양원은 그 기능에 있어서 이중의 칼날을 갖고 있다. 한편으로는 나병의 보건 위생적인 요양 및 치료와 함께 정상적인 사람들과의 분리를 위한 격리 수용시설이라는 측면에 있어서는 긍정적인 정당성을 지니고 있다. 그러나 정치적으로 동기화된 일제강점기의 소록도 나환자 수용소의 격리 정책은 실제로는 강제수용소와 다름없게 되고 감시와 벌칙 등 강제적인 통제와 노동 착취와 혹사 및 비인권적인 억압과 운영이 자심해짐으로써, 슈호 원장이 살해당하는 사건까지 벌어질 만큼 부정적 측면이 있었던 것이다. 슈호의 이 같은 강제적 통제는 이청준의 소설 『당신들의 천국』에서 주정수란 이름으로 사실과 차이 없이 재현되고 있다.

이러한 나환자 강제 격리라는 세계적인 현상은 1897년 베를린에서의 1차 세계나병협회에서 비서방 세계 도처의 나환자에 대한 가혹한 분리 정책을 채택함에서 비롯된 것이다. 이후 미국이 통치하는 필리핀에서, 영국이 통치하는 말라야와 싱가포르에서, 독일의 서남아프리카(지금의 나미비아) 등에서 나환자 감금 통제와 강제 격리가 도입, 시행된다. 1914년에는 격리법에서 나환자 숨기기를 처벌받게 되는 위법으로 규정하였으며, 식민지 경찰은 바

---

[13] 유준, 앞의 책, p. 6. 22. 『당신들의 천국』 1부에서도 참조 제시되어 있다.

스토랜드(현재의 레소토)에서 658명의 바스토 나환자를 체포, 그들을 보트살래도 캠프에 강제 감금시키기도 하였던 것이다.[14] 일제 통치 체제의 나환자 강제 격리 역시 이와 연관된 나병에 대한 근대 의학적인 대응이기는 하면서도 이와 같은 식민 통치의 통제와 궤를 같이하는 것이다. 원래 나환자 요양소는 나환자를 치료하고 보호함으로써 이들이 인간답게 살아갈 수 있게 하려는 의료기관이며, 건강한 일반인들이 정상적인 삶을 영위할 수 있도록 나환자를 격리하는 사회적인 통제 기관으로서의 기능적 이중성을 지니고 있는 기관이다. 그러나 1930년 중반 이후 일제 강점기의 소록도 요양원은 수용소로서의 통제적 기능이 더 강화되어 있었던 것이다. 이에 대한 문학적 반응은 『당신들의 천국』 1부에 질병과 권력과 제국주의의 상관성에 대한 문제로서 역연하게 제시되어 있다.

3. 유랑 · 걸식 · 격리의 저주받은 몸

(ㄱ) 참 인제 왜놈들이 풍병 든 사람들을 다 죽일 게라더군(구작 「바위」[1936]) (인제 풍병 든 사람들은 다 잡아 갈 게라고 하던데……(신작 「바위」[1976])

(ㄴ) 너나 나가거라! 이 더러운 놈아! 그렇지 않으면 이 애비를 좋게 잡아먹든지! 전라도 소록도가 그렇게도 무섭더냐? 이 소 같은 놈아!

(ㄷ) 제에기. 나도 문둥이나 되었더면 차라리 소록도에라도 갈 것을!

위에 인용된 대화문은 (ㄱ)은 김동리의 「바위」에서, 그리고

---

[14] Sheldon Watts, 앞의 책, p. 69 참조.

(ㄴ)과 (ㄷ)은 김정한의 「옥심이」에서 가려 뽑은 것이다. 나환자를 '왜놈'들이 다 죽인다거나 잡아갈 것이라는 떠도는 소문이나 격리를 위한 나환자의 소록도행과 그 두려움의 반응이 제시되어 있다. 이는 모두 1930년대 중반에 강화된 총독부 경찰력에 의한 소록도로의 나환자 강제 격리 정책 및 체포 정책, 이른바 '문둥이 사냥'이 강화되던 시대 상황이 그대로 투사된 대목들이다. 정책과 소문에 대한 미망의 식민지 백성들의 태도와 반응이 반사되어 있다는 점에서, 두 작품은 방증으로서 나환에 대한 관심에의 촉매기능을 하는 문학텍스트로서의 의의를 지닌다.

「바위」의 비원: 「바위」는 문둥이 여인의 이야기이다. 그래서 분명 질병 서사로서의 성격을 지닌다. 흉악한 병마에 걸리기 전에는 그녀에게도 행랑살이지만 집과 착한 아들 술이와 영감이 있었다. 그러나 여인이 문둥병이 걸리게 되자 아들 술이는 그 충격 때문인지 환장한 상태가 되어서 난포한 행동을 거듭하다가 표연히 어딘가로 떠나서 자취를 감춘다. 아들을 잃은 영감도 쫓겨난 아내에게 측은하게 토막을 지어주고 먹을 것을 얻어다 준다. 그러면서도 날로 거칠어지면서 천형의 병에 걸린 아내에게 죽어주기를 조른다. 그러던 영감이 어느 날 저녁 때 비상 섞인 찰떡 한 뭉치를 가지고 와서 권하고 난처해하며 가버리자 모든 것을 알아챈 아내는 그 떡을 먹었으되 쉽사리 죽지 못하고 이튿날로 토막을 떠나버리고 만다. 여러 마을을 헤매며 그는 노숙과 구걸로 여름 한철을 헛되이 보내게 된다. 이렇듯 서사 구조가 개선의 과정이기보다는 악화일색으로 이어진다. 행방을 알 수 없는 아들을 만나는 기대는 막막하고, 문둥이가 된 육신은 피와 살이 썩어가고 두 손도 감각을 점점 잃어가는 절망적인 상태이다. 프랭크의 지배적인 서사 전략 유형으로 보면 '카오스의 서사chaos narrative' 현상이다. 이는 복원의 원리에 위배되며 그 플롯이 좋은 상태로 돌아갈 수 없는 질병의 혼돈스러운 궤도를 반영하는 것이다.[15] 이런 이중의 비극적인 상황에서 여인이 할 수 있는 유일한 구원의 길은 영험을 가진 복바위의 속신을 믿으면서 거기에 매달려 아들을 만나고 병을 고치는 신령스러운 이적(異蹟)이 일어나기를 기원하는 일뿐이다. 그래서 여인은 기차 다리 가까이 있는 밭 언덕 안에 작은 토막 하나를 짓고 거기에 머물면서 복바위 곁을 결코 떠나지 않는다. 복바위는 곧 신화적·종교적인 성소인 것이다.

> 복을 주는 바위라 하여 '복바위'라고도 하고, 소원 성취를 시켜 준다고 하여 '원바위'라고도 하고 〔……〕 복을 빌러 오는 여인네는 사철 끊이지 않았다. 주먹만 한 돌멩이를 쥐고 온종일 바위 위에 올라앉아 바위 등을 갈아 가는 손의 돌이 바위에 붙으면 소원이 성취되는 것이라 하였다.

> 그럴수록 다만 한 가지 믿고 의지할 곳은 저 바위뿐이었다. 저 '복바위'가 저대로 땅 위에 있는 날까지는 언제든 그의 아들을 다시 만날 수 있을 것이며 그리고 자기의 병도 어쩌면 아주 고칠 수 있을는지도 모른다고 생각하였다.

이런 여인의 믿음과 태도에서 김동리 문학의 무속과 정령의 미학적 반사Ästhetische Reflexion의 시학이 비롯된다. 이것은 곧 토속적인 속신 사고를 수용하는 김동리 문학의 신화학이며 마술적 리얼리즘이기도 한 것이다. 성소인 복바위는 영력과 치유의 상징적인 매개이며, 신앙적이면서 의학적인 기원의 장소이다. 이런 복바위를 간다는 것은 주술적 세계관에 있어서는 소원 성취를 위해서 정성을 다하는 행위를 뜻한다. 바위는 곧 의원이면서 신령님인 것이다.

그러나 문둥병이란 저주의 낙인이 찍혀서 추방, 격리되고 사회

---

15 Arthur Frank, *The Wounded Storyteller: Body, Illness, and Ethics*, University of Chicago Press, 1995, p. 97.

적 두려움과 거부의 대상이 되는 부정한 문둥이에게 있어서는 이 정결한 성소로서의 복바위에 접근하는 것조차 용이한 일이 아니다. 그래서 구조에 있어서 점점 더 나빠지기라는 서사적 악화가 거듭된다. 여인은 마을 사람들의 눈을 피해서 밤을 이용하지만, 바위가 잘 응해주지 않는다고 믿고 낮에 바위를 갈다가 성한 마을 사람들의 눈에 발각되어 문둥이 사냥이나 다름없이 새끼줄에 몸이 묶여서 피투성이로 끌려나가게 된다. 그리고 이어서 설상가상으로 그의 토막은 마을 사람들이 지른 불에 훨훨 타서 소멸해버린다. 이 불은 나환소설 등에 흔히 등장하는 방화(放火) 모티프arson motif이다. 급기야 비극적 국면을 절감한 문둥이 여인은 바위를 안은 채 죽고 만다. 비극적인 플롯으로 이루어지는 종말이다. 이루어지지 않는 기원의 비극성, 분명 이는 비극적인 삶에의 인지인 것이다. 결말은 다음과 같이 주검에 대한 마을 사람들의 반응으로 처리된다.

　　이튿날 마을 사람들이 이 바위 끝에 모이었다. 그들은 모두 침을 뱉으며 말했다.
　　"더러운 게 하필 예서 죽었노."
　　"문둥이가 복바위를 안고 죽었네."
　　"아까운 바위를……"
　　바위 위의 여인의 얼굴엔 눈물이 번질번질 말라 있었다.

　여기서 특별히 주목되는 점은 서사 과정에서 마을 사람들이 문둥이 여인에 대해서 보이는 반응이다. 그들은 나환을 더럽고 무서운 병으로 오명을 붙이고 낙인을 찍어서 환자의 가족들을 쫓아내고 집과 토막을 불태울 뿐만 아니라, 부정한 기피 대상으로 보아서 성스러운 복바위에의 접근을 막고 강제로 축출한다. 그리고 마지막 주검에 대한 반응도 침을 뱉고 '더러운 것'으로서 추물화한다. 침 뱉기란 타기(唾棄) 행위, 즉 업신여기거나 부정하고 더럽게 생각하며 버리는 반응 행위이다. 이와 같은 마을 사람들의 비정하고 냉담한 반응은 이 시대의 나환과 나환자에 대한 두려움과 거부와 일반적 통념을 그대로 보여준다. 사회적으로 마을 공동체에서 문둥이는 이렇게 이종(異種)적인 대상으로서, 냉대받고 배제되는 존재였다. 그래서 앞에서 이미 인용하였듯이 식민지 경찰의 강제력에 의해서 체포되어 감금되거나 사냥당하는 존재로 취급되었으며, 심지어 가족으로부터도 거부당하였던 것이다.

그런 점에서 '아까운 바위/더러운 죽음'으로 보고 있는, '성(聖)/속(俗)' 및 '성(聖)/추(醜)'의 대립으로 보는 일반적 반응과는 달리 죽은 여인의 얼굴에서 '눈물'을 보거나 읽어내고 있는 작가 서술자의 시선의 반응은 두려움과 거부라는 사회적 낙인이 찍힌 저주받은 생명에 대한 따뜻한 연민의 시각을 함의하고 있다. 바로 이런 시선은 작가의 생명주의를 버리는 한 특징이기도 하다.

「옥심이」의 소록도행: 김정한의 「옥심이」는 격리된 나환자 남편을 둔 젊은 여인의 이야기이다. 간통, 떠남과 돌아옴(원점 회귀), 방화 등의 문학적 모티프가 주요 구성 요소를 이루고 있다. 역시 질병 서사이다.

> 봄은 고양이처럼 옥심의 귀천 없는 마음속에도 기어들었다. 시아버지의 말림도 듣지 않고 자진해서 나온 일이나마 도무지 낙이 붙지 않을 뿐, 이따금 미친 피가 전신을 욱신욱신 쑤시고 두 귀가 절로 멍해지며—마음은 한층 더 걷잡을 수 없이 뒤설레었다.

이렇게 동요한 마음 생태의 묘사로 시작한다. 서사의 미래를 예시하는 상황이다. 5년 동안 마을 밖 움막에 격리되어서 아이들의 조롱의 대상이 되고 가망 없이 쓴 너삼 뿌리만을 달여 먹고 있는 나병에 걸린 남편 천수 때문에, 불행한 과부와 다름없는 젊은 여인 옥심이가 봄을 맞아 신작로 공사장에 나와서 팔뚝이 센 건강한 동향의 안십장을 만나게 된다. 옥심이는 원초적 욕망에의 인력 때문에 안십장과 함께 마을을 도망치듯 떠나간다. 옥심이가 떠나버린 그의 시집은 걷잡을 수 없이 망해 들어간다. 천수의 문둥병에 소용도 없이 들어가는 약값으로 집안 형편이 철저히 거덜나면서 근 십 년 동안이나 소작으로 부쳐오던 백암사의 절논마저도 턱없이 떼인다. 여기에는 지주화된 사찰과 농민 관계, 승려의 대처 등 계급 모순과 불교의 세속화 같은 사회적 문제가 함께 투영되어 있다.

이럴 즈음에 천만뜻밖에도 집을 떠나갔던 옥심이가 다시 돌아온다. 아들 수복을 못 잊어서이다. 애욕을 넘어서는 간절한 모성애가 귀가(귀향) 및 회귀의 근거요 기반이다. 그래서 작품은 구조적으로 집이나 고향을 원점으로 하며 떠남의 모티프와 돌아옴의 모티프가 중심이 되어 서로 앞뒤에서 맞물린다.

그러나 이 옥심이의 귀가에 대한 가족의 반응은 둘로 갈라진다. 시아버지인 허서방은 관용적이고 화해적인 데 비해서 시어머니와 남편 천수는 옥심이의 부정한 탈가를 단죄하면서 매몰차게 축출하려고만 한다. 이런 수용과 배척의 상황을 조정하는 사람이 바로 시아버지이다. 평생 동안 화를 잘 내지 않던 낙천적인 시아버지 허서방이 분노하여 옥심이를 받아들이지 못하는 아들 천수에게 욕을 분출하는 목소리로 일갈한다.

너가 나가거라! 이 더러운 놈아! 그렇지 않으면 이 애비를 좋게 잡아먹든지! 전라도 소록도가 그렇게도 무섭더냐? 이 소 같은 놈아!

이 정서적인 카니발리즘이 내재하는 일갈에는 1916년 이래 나환과 수용소로 상정되는 섬 '소록도'와 이에 대한 시대적 반응이 제시되어 있다. 1930년대의 조선의 나환자들에게 있어서 소록도는 이중의 의미를 지녔다. 돌아올 수 없는 불귀의 유배지로서 두려움의 공간이면서 치료와 정주를 위한 이동의 마지막 목적지이기도 한 것이다. 그래서 허서방은 나환의 아들에게 분출하는 욕설로 소록도행을 강권한다. 가족마저도 나환자를 거부함을 암시하고 있다. 이에 천수는 이를 거역하지 않고 이제까지 격리되어서 살았던 움막을 불 질러버리고 어기적거리며 그렇듯 입소를 무서워해왔던 소록도를 향한 이주의 길을 떠나게 된다. 그의 이 길 떠나기는 그 아내인 옥심이의 귀가나 회귀의 경우와는 정반대의 출발──상실departure──loss 모티프이다. 이 경우 천수의 소록도행은 자발적 행위인 것처럼 보이지만, 경찰력과 법질서의 강제력에 의한 이 시대의 격리나 통제 정책이 음성적으로 반영된 결과인 것이다. 결말은 떠나는 아들의 뒷모습을 보면서 아버지인 허서방이 "제에기 나도 문둥이나 되었더면 차라리 소록도에라도 갈 것을!" 하고 독백하면서 눈물을 흘리는 것으로 끝난다. 이 독백 속에는 처절할 만큼 역설과 아이러니의 상황이 함의되어 있다. 부채에 논마저 떼인 현실의 곤궁한 결핍 상황이, 문둥이가 격리되어 있는 소록도보다도 훨씬 더 척박하고 어렵다는 역설적인 현실관이 암시되고 있기 때문이다. 이 역설과 반어는 '두 발목에 무거운 쇠사슬을 얽맨 듯'한 바깥의 현실이, 안에 갇혀서 사는 나환자 수용소인 소록도보다도 더 못하다는 현실에 대한 불평의 수사학이다.

다 같이 마지막 장면에서 연민적인 눈물의 정서 효과를 활용하거나 모성애, 나환자에 대한 이웃의 천대, 격리, 움막 태우기의 방화 모티프 등으로 짜여진 「바위」와 「옥심이」는 나환문학으로서의 특유한 공통 요소를 지니고 있는 것이 사실이다. 그리고 치유가 불가능한 병세의 악화 진행 현상도 그러하다. 그러나 양자는 서로가 이질적인 특성을 지니고 있다. 특히 그것은 질병에 대한 반응에 있어서 그렇다. 신화시학을 지향하는 기원적인 전자에 비해서 현실 효과를 지향하는 후자는 보다 현실적이고 사실적이다. 식민지 부르주아 생산양식의 모순에 대한 소박한 비판의식도 잠재되어 있다. 「바위」는 미신적이고 주술적인 정령론에 근거하여 바위에 매달려서 치유와 소원을 의탁하고 기원하는 데 비해서, 「옥심이」는 설사 당시로서는 불치의 나병일지라도 '약'과 '쓴 너삼 뿌리(고삼)'라는 약물치료적 방법으로 대응하고 있다. 이 쓴 너삼 뿌리는 고삼(苦蔘)으로서, 대풍자chaulmoogra 치료 이전에는 『향약집성방』에도 등재되어 있는 나병에 널리 주약으로 쓰인 약이다.

등짐장의 밥 짓듯 시커먼 뚝배기에 쓴 너삼 뿌리를 달이고 있던 천수는 아내가 그렇게 한낮에 찾아온 것을 의외로 알고 또 덜 좋아하였다.

왜 그다지도 약효가 아니 날까요? 돈도 약도 없는 터전에 그만큼 썼거니와, 우선 아버님과 제가 캐다 드린 쓴 너삼 뿌리만 하더라도 짐으로 몇이나 될 텐데…… (강조는 필자)

그러나 이에서 보듯, 고삼에 매달리고 있으면서도 그 신뢰성을 의심하면서 고통받는 몸을 위한 효과적인 치료법의 현실적 부재에 대한 지각을 보여준다. 이런 지각은 오로지 속신적인 방책에 의존하는 원시적이고 미개한 지각보다는 훨씬 현실적인 것이 분명하다. 결국 그런 점에서 결말에서 움막을 떠난 천수가 소록도 행을 택하는 것은 아버지의 강압으로 이루어지는 것만은 아니다. 절망적인 불치의 상태로부터 그나마 비록 무섭고 두렵긴 하지만, 현실보다는 더 나은 진료 조건으로의 의학적인 접근을 위한 출발과 반전으로서의 의미를 지닌다. 동일한 시대를 배경으로 하면서도 나병에 대한 대응은 미신적/현실적이라 할 만큼 양자는 그 대응과 반응이 서로 이질적이다. 그러나 어느 경우이든 나환은 가족으로부터 떼어내져서 격리되는 고립화의 질병인 것만은 분명하다.

4. 「등신불」과 대속적 몸 태우기

　김동리의 작품 「등신불」은 우선 그 서사시학이 독특한 작품이다. 그의 소설시학의 특징이기도 한 액자소설Rahmenerzählung의 틀짜기 형태 속에서 3개의 내부 이야기를 상감함으로써 서사적 전송이나 배달 방법이 매우 특별한 형식이다. 그래서 틀과 내부 이야기Binnenerzählung를 겹쳐서 서술자가 여러 번 거듭 변주되고 있다. 그러나 근본 형태는 틀의 외부 이야기와 상감된 내부 이야기라는 두 개의 이야기로 구성되어 있다.[16] 이야기의 동기적 부가물은 바로 정원사(淨願寺) 금불각 속에 안치되어 있는 등신불인 불상이다. 이는 「무녀도」의 무녀 그림, 「까치 소리」의 책과 마찬가지로 서사를 위한 인증적 기능을 한다.

　우선 외부의 이야기는 1인칭 보고적 서술자이면서 동시에 인물이기도 한 '나'의 이야기이다. '나'는 일제 말기인 1943년 이른 여름, 스물세 살이란 젊은 나이에 학병으로 끌려가게 된다. '나'의 소속 부대는 중국의 남경에 머물러 있으면서 인도차이나나 인도네시아 방면으로 교체되어 갈 예정이었다. 미리 탈출을 기획하고 결심한 '나'는 일본에 유학하고 돌아와 있는 남경의 불교학자 진기수(陳奇修)를 찾아가서 바른손 식지 끝을 스스로 물어서 살을 떼어낸 다음, 그 피로써 '願免殺生 歸依佛恩(원컨대 살생을 면하게 하옵시며 부처님의 은혜 속에 귀의코자 하나이다)'란 혈서를 써서 도움을 청한다. 여기에는 구명 도생(苟命徒生)의 도망 행위가 아니라 일제의 침략 전령과 살육에 대한 반전적인 의식이 투영되어 있다. 식지 물어뜯기와 피내기는 김동리의 소설에서(「까치 소리」의 식지·장지 단절 등) 흔히 등장하는 자해(自害, self-injury)

---

16 이재선, 『한국 현대 단편소설 연구』, 일조각, 1975, pp. 122~23. Jeffrey Williams, *The Theory and the Novel: Narrative Reflexivity in the British Tradition*, Cambridge UP, 1998, pp. 99~103, 120~25 참조.

모티프인 것이다. 진기수의 도움으로 법의를 입고 험한 밤길을 걸어 정원사에 이른 '나'는 금불각 속에 모셔진 등신불을 보게 된다. 이 등신불과의 만남은 '나'로 하여금 미묘한 충격에 사로잡히게 한다.

그것은 전혀 내가 미리 예상했던 그러한 어떤 불상이 아니었다. 머리 위에 향로를 이고 두 손을 합장한, 고개와 등이 앞으로 좀 수그러진, 입도 조금 헤벌어진, 그것은 불상이라고 할 수도 없는, 형편없이 초라한, 그러면서도 무언지 보는 사람의 가슴을 쥐어짜는 듯한, 사무치게 애절한 느낌을 주는 등신대(等身大)의 결가부좌상(結果趺坐像)이었다. 그렇게 정연하고 단아하게 석대를 쌓고 추녀와 현판에 금물을 입힌 금불각 속에 안치되어 있음직한 아름답고 거룩하고 존엄성 있는 그러한 불상과는 하늘과 땅 사이라고나 할까. 너무도 거리가 먼, 어이가 없는, 허리도 제대로 펴고 앉지 못한, 머리 위에 조그만 향로를 얹은 채 우는 듯한, 웃는 듯한, 찡그린 듯한, 오뇌와 비원(悲願)이 서린 듯한, 그러면서도 무어라고 형언할 수 없는 슬픔이랄까 아픔 같은 것이 보는 사람의 가슴을 꽉 움켜잡는 듯한, 일찍이 본 적도 상상한 적도 없는 그러한 어떤 가부좌상이었다.

비원을 담고 있는 가부좌상의 불상의 자세와 인상, 즉 불교 조상에 대한 미적 반응의 문학미학적인 표현이다. 미적 범주에서 보면, 이 등신불에서 우월적인 숭고도 아니고 골계도 미도 추도 아니면서 비원의 비장미와 연민과 인간적인 고뇌를 수반한 비극미를 느끼게 한다. 비극적 숭고미이다. 그래서 '나'는 어떤 슬픔과 아픔으로 다가들어 경악과 전율을 느끼게 하는 이 불상에 대한 특별하고 강한 호기심을 갖게 된다. 이에 원혜대사와 청운스님으로부터 스스로의 몸을 태워 소신공양(燒身供養)으로 성불한 만적선사(萬寂禪師)의 일천수백 년 전의 이야기를 듣게 된다. '소신공양'은 참회를 통한 자기무화, 즉 자기희생의 불교적 표현으로서, 몸을 불에 태워 삼보(三寶: 佛法僧)에 바치는 것을 말한다.[17] 그러니까 몸을 태우는 자해이면서도 자기희생과 승화적인 상해행위의 극치인 것이다.

내부에 상감되거나 끼워 넣어진 3개의 내부 이야기는 1200년 전 당나라 때의 신이(神異)가 일어나는 등신불이 된 만적의 이야기이다. 이 만적의 이야기는 청운스님, 성불기 및 원혜대사 등에 의해서 교체되어 서술된다. 제시된「만적선사 소신성불기」에 기록되어 있듯이, 만적은 법명이 만적이요 아버지는 누구인지 모르지만 속명은 기(耆)요, 속성은 조(曹)씨이다. 어머니 장(張)씨가 사구(謝仇)라는 사람에게 개가하였는데, 사구에게는 신(信)이란 아들이 있어 기와 신은 함께 살게 된다. 어느 날 어미 장씨가 두 아이에게 밥을 주는데, 사신의 밥에 독약을 넣는 것을 보고 기가 그의 독살을 막아준다. 며칠 뒤 사신이 집을 떠나버리자 기도 역시 사신을 찾아오겠다고 하여 집을 나와 중이 되어 만적이라는 법명으로 개칭하고 금릉에 있는 법림원에 머물게 된다. 여기까지가「만적선사 소신성불기」의 기록이다. 그리고 그가 자기 몸을 불살라서 부처님께 공양을 올린 동기에 대해서 전해오는 다른 이야기는 원혜대사를 화자로 하여 전승된다.

만적은 공양주 스님인 취뢰(吹籟)의 상좌가 되어 불법을 배우다가 5년 뒤 열여덟 살 때, 그 취뢰스님이 열반한다. 만적은 스님의 은공을 갚기 위해서 자기의 몸을 불전에 헌신하고자 한다. 그러나 운봉선사(雲峰禪師)는 수도를 계속하도록 타이르며 사신(捨身)을 허락하지 않는다. 다시 만적은 정원사의 무풍암에 있는 해각선사 밑에서 수도하는 가운데, 스물세 살 나던 해 겨울 금릉 땅에 나갔다가 10년 만에 거기서 자기 어머니의 모해를 피해 집을 나갔던 사신을 만나게 된다. 그런데 착하고 어질던 사신은 문

---

[17] 서경수,「소신의 미학: 김동리『등신불』의 불교적 해석」,『문학사상』1973년 6월호, p. 349. 문학의 입장이 아니어서 비판적인 관점이다.

둥병이 들어 있었던 것이다. 자기의 염주를 벗겨서 사신의 목에 걸어주고 정원사에 돌아온 만적은 화식(火食)을 끊고 말을 잃어 버린다. 이듬해 이월 초하룻날 취단식을 봉양하고 몸에 기름을 부어서 한 달 뒤에는 소신공양의 대공양을 시작하게 된다. 한 달 동안 온몸에 들기름을 붓고 불 담긴 향로를 화관같이 자신의 머리에 얹게 함으로써 그의 육신은 불에 타면서 숨 쉬는 화석이 되어 간다. 그런 가운데서도 불기운이 그의 숨골(정수리)을 뚫었을 때에는 저절로 '몸이 움치해졌다'는 것이다. 비가 내리기 시작하였으나 웬일인지 그의 몸에는 내리지 않고 그의 머리 뒤에 보름달 같은 원광이 씌워져 있었던 것이다. 이때부터 신도들의 새전이 쏟아지며 3년 간이나 그친 날이 없어 이 새전으로 만적의 타다가 굳어진 몸에 금을 씌우고 금불각을 조성하게 되었다는 것이다.

비장하고 경건하고 장엄한 소신공양의식 장면의 핍진성 있는 묘사이다. 그런데 여기서 우리가 결코 간과할 수 없는 것은 왜 만적(속명 조기)이 이런 철저한 자기희생의 소신공양을 감행해야만 되는가라는 점이다. 이를 유발하는 동인이나 목적이 바로 무엇이며 또 어디에 있는가란 문제이다. 이 동기는 서사 구조상에 있어서 현시적 동기와 잠재적인 동기로서 이중화되고 있다. 만적이 소신공양을 하려는 것은 "나는 본래 도를 크게 깨칠 인재가 못 되니 내 몸을 이냥 공양하여 부처님의 은혜에 보답함과 같지 못하다(我生非大覺之材不如供養吾身)"라든가 "스님(취뢰)의 은공을 갚기 위하여 자기 몸은 불전에 헌신할 것을 결의"한 것이라는 등에서 현시되는 것처럼, 부처님의 은혜에 보답하려는 철저한 참회를 통한 자기 무화와 육신을 불태우는 초월적인 행위를 통해서 성불하겠다는 발원과 의지가 그 동인이 된 것이다. 이것은 그 동기가 종교적인 신앙 행위와 철저히 연계되어 있음을 뜻한다.

그러나 서사적인 동인으로 보면, 이 소신의 자기희생은 보다 더 원천적인 측면에 있어서, 사신(謝信)에 대한 자기 어머니의 죄악과 사신의 문둥병으로 인한 참회요 대속(代贖)과 청원이 깊게 작용하고 있는 결과이다. 즉 어머니와 사신의 불행이 결정적인 동인이다. 어머니로 인한 육신적인 업장(業障)의 참회와 멸악(滅惡)을 위한 대속의 희생 행위인 것이다. 만적을 위해 사씨 집의 재산을 탐냄으로써 전실 자식인 사신을 죽이려고 한 어머니의 독살, 즉 살생 행위 때문에 신이 집을 나가자 만적도 신을 찾아서 중이 된다. 취뢰의 은공을 갚기 위해서 헌신하려 해도 운봉선사가 사신(捨身)을 허락하지 않고 문둥이가 된 사신을 만나는 인연을 지어준다. 그리고 만적은 자기의 몸에 걸었던 염주를 벗겨서 문둥이가 된 사신의 목에 걸어준다. 자신의 염주 걸어주기 행위는 자신의 모든 예배와 기원의 근본 대상으로 삼는다는 결의의 행위에 다름이 아닌 것이다. 따라서 사신의 문둥병은 만적의 소신공양과 서로 밀접한 인과관계를 갖는다. 문둥이 사신을 만나고부터 만적은 화식을 끊고 말을 잃을 뿐 아니라 끝내는 몸을 태우는 대공양을 실현하게 되기 때문이다.

이 점에서 만적의 소신공양은 반드시 종교적인 의미가 아니더라도, 한편으로는 어머니의 죄에 대한 만적의 대속적인 희생인 동시에 다른 한편으로는 천형의 문둥이로 낙인 찍힌 몸으로 도망쳐버린 사신의 불행에 대한 몸 던지기의 보상이며 불운에 의해서 구원되기를 바라는 기원행위이다. 따라서 사신의 저주받은 육신의 표상으로서의 문둥병은 「등신불」이라는 작품 전체에서 보면 지극히 작은 부분적 사건에 불과한 것으로 보이지만, 소신을 위한 결정적인 핵으로서 폭발력을 지니고 있는 것이 사실이다.

이렇게 내부 이야기가 끝나면서 이야기는 다시 '나'와 내부 이야기의 발화자인 원혜대사가 등장하는 에필로그 프레임인 종결 액자로 이어진다. 이야기는 이처럼 서사적 틀 짜기로서의 액자의 틀의 안팎에서 현실과 천여 년 전의 과거가 이전하거나 병렬된다. 그런데 「등신불」은 이 종결액자 가운데서 일종의 '주제적 메시지'[18]

---

[18] Jeffrey Williams, 앞의 책, p. 122.

가 암시되어 있다. 이 메시지는 도입 액자에서 제시된 원혜대사가 '나'에게 달포 전 남경 교외에서 진기수씨에게 혈서를 써 바친 식지를 들어보라는 데서 암시된다. 이것은 밖의 '나'의 혈서를 쓰느라 자해된 식지와 안의 만적의 소신공양이 시공을 넘어서 서로 주제적으로 상호성을 지니고 있음을 시사하는 의미를 지닌다. 이에 대해서 천이두가 서경수의 혹평과는 달리 그의 「허구와 현실」에서 이렇게 지적하고 있다.

> '나'의 행적 역시, 설사 그것이 만적의 초인적 신비적인 행적에 비해서 너무도 평범하고 인간적인 것이라 할지라도, 그것 나름으로 절박하고 어려운 시기를 살아야 했던 한 인간의 절실한 삶의 기록인 것은 분명하기 때문이다.[19]

살생을 면하기〔願免殺生〕를 바라는 염전적이고 반전적(反戰的)인 '나'의 탈출과 기원과 자해적 혈서 쓰기와 불은에의 귀의는, 사신의 독살을 막은 만적의 출가와 소신공양에 의한 성불과는 성속(聖俗)의 차이만큼이나 천양지차의 거리가 있다. 그러나 인간이 서로 죽고 죽이는 살육을 멀리하고 절대적인 불은에 헌신하며 귀의한다는 점에 있어서는 긴밀한 관계가 형성되는 것이 사실이다. '나'의 손가락과 만적의 소신공양은 분명히 이런 동화의 묵시적 관계를 지니고 있는 것이다. 그렇지 않고 오직 소신공양의 불교적 희생 제의의 비장미만을 문학적으로 제시하려고만 했다면, 내부 이야기보다는 '나'의 외부 이야기가 훨씬 더 확장되어 있는 형태의 특유한 액자소설의 형식을 굳이 취하지 않았을 것이며 또 취하지 않았어야 했다. 어쨌거나 내부 이야기에서 하늘의 형벌로 제시되는 나병은 비중이 작지만, 서사 전개에 있어서 구성소로서의 강한 서사적 자질을 지니고 있다.

---

19 천이두, 「허구와 현실」, 『현대문학』 1978년 10월호.

5. 『당신들의 천국』과 소통의 대칭과 상칭

　1970년대에 씌어진 이청준의 장편소설 『당신들의 천국』(1974~75)은 우선 그 텍스트의 생성에 있어서 이전의 이규태의 논픽션인 「소록도의 반란」(1966)과 상호텍스트성을 지닌 후상postfiguration으로서의 성격을 지닌 일종의 팩츄얼 픽션factual fiction이다. 비록 부분적이긴 하지만 이 텍스트의 소재적 원천이 된 프리텍스트pre-text는 「소록도의 반란」이며 이를 독자적으로 장르 변화를 한 『당신들의 천국』이 포스트텍스트post-text인 것이다. 그리고 이 작품의 주인공인 병원장 조백헌(趙白憲) 대령 역시 5·16 직후 36세의 젊은 나이에 소록도 병원장으로 임명된 논픽션의 실제 인물인 조창원(趙昌源) 대령과 일치되거나 상호인물성interfigurality[20]의 변형 관계를 지니고 있다. 즉 조백헌 대령은 실제 인물 조창원 대령의 허구적 형상화인 것이다. 텍스트 생성에 있어서 이 같은 상호 관계는 이 작품의 서사 구조와 전개에 있어서 적지 않은 구속력으로 작용하는 것이 사실이다. 단적인 예로 조원장의 변모적 형상화인데, 그를 1970년대 초반의 유신 군부 독재 체제와 그 지배자의 표상으로서 형상화했다면, 그 모델이 된 실제의 조창원을 의도적으로 경직되고 독선적인 부정적 인물로 고정해버릴 개연성이 있기 때문에 2부 이후 조백헌을 선의의 긍정적인 인간으로 형상화하게 된다. 또 초판 서문에서 작가가 밝히고 있듯이, '창작 의욕의 발단'으로서 '취재의 눈'에 의지케 한 논픽션 리포터인 이규태를 작중에서 이정태 기자로 굳이 등장케 하고 있는 것이다. 이런 현상은 텍스트의 생성과 관련된 사실성(事實性)을 조심스럽게 배려한 결과이다.

20　Wolfgang G. Müller가 「문학적 인물의 상호 의존의 연구」에서 새로 만든 용어. 상호텍스트성의 관점에서 문학 인물 간의 상호 관계가 있는 인물을 지칭한다. Heinrich G. Plett(ed.), *Intertextuality*, Walter de Gruyer, 1991, p. 102.

그러나 『당신들의 천국』은 비록 앞선 논픽션과의 상호텍스트성이 있다고 할지라도 독창적이고 독자적인 소설 형태로서의 격조와 명예를 확보함에 있어서 어떤 결격도 없는 서사시학에 근거하고 있는 작품이다. 많은 작은 이야기들을 내부 속에 유기적으로 끼워 넣거나 상감하면서 단일한 커다란 서사를 구성하는 특유한 액자소설적 서사 방법, 수수께끼 풀이의 구성 Ratsel-Lösung-Kunstruktion (추리성)과 정보의 긴장력 있는 미룸과 지연, 관점의 복합적인 이동 변주와 응시적 시선 및 시간의 역전화와 동시성, 서사적 예시, 서간체 기타의 서사법, 공간 구조나 비유에 있어서의 수축 systole과 확산diastole 등 작가 특유의 다양한 구성 형태적 실험에 의한 서사 체계의 조형화가 우리 소설에서는 보기 드문 서사미학을 갖추고 있기 때문이다.

작품의 표면적 구조는 중심 인물인 조백헌 대령이 5·16 이후 소록도 병원의 원장으로 부임하면서 한편으로는 섬 안의 나환자들과, 다른 한편으로는 섬 밖의 일반 사람들과 갈등하고 대결하며 끝내 화해에 이르는 과정으로 이루어져 있다. 모두 3부의 연작 형태로 구성된 이야기들은 조백헌을 초점화한 모티프 시퀀스로 보면 발단 장소인 소록도로의 옴(도래)과 떠남·돌아옴의 세 행위모티프로 구성되어 있다. 즉 1부는 조백헌 대령이 병원장으로 부임하여 '사자(死者)'의 섬인 소록도의 환자들에게 새로운 천국과 살아 있는 자들의 섬으로 만들기 위해서 진력하는 과정이, 2부는 오마도 간척 사업과 출소록을 위한 대역사 과정에서 벌어지는 원장과 나환자들과의 협력과 대립과 배신이, 3부는 섬을 떠났던 조원장이 한 사람의 시민으로 다시 돌아와서 미감아 두 사람의 결혼식 주례를 맡는 것으로 이루어진다.

이 작품에 대해서는 작품의 명성만큼이나 그 해석 또한 많고 다양하다.[21] '사회와 인간의 기본 관계' '자유와 사랑의 실천적 화

---

[21] 대표적인 논의로서 다음과 같은 글들이 있다.
· 이상섭, 「너와 나의 천국은 가능한가」, 『신동아』, 1976년 8월호.

해' '치자 또는 지배자와 피치자 또는 피지배자 사이의 지배질서 역학과 대립' '모범적인 통치에서 상호 인정으로, 상호 인정에서 하나 됨으로' '분열과 화합' 등의 주제로 해석한 것 등이 그것이다. 그러면서도 그 해석적 관습이나 읽기 행위는 많은 부분들이 지배와 피지배와의 관계에 대한 정치적 우의성(알레고리)이나 정치적 지배 질서의 의미 해석을 중심으로 하여 수행되어왔던 것이다. 이러한 우의적 해석은 군부통 시대라는 작품 산출의 시대적 정치적 상황과 밀접한 연관성을 갖고 있다. 구속과 자유 Begrenzung-Freigheit[22]라는 주제의 변증법적 긴장 관계가 첨예화된 시대에, 인간 소외 지대인 나환자의 소록도와 '권총'과 '푸른 유니폼'으로 환유된 군인 원장의 대비는 그 자체만으로도 군부의 지배와 피지배의 질서와 구조를 극명하게 보여주는 상황과 의미로 이해될 수 있기 때문이다. 작가 자신도 고백했지만, 『당신들의 천국』은 분명히 최고 관리자의 시책과 운영 방침을 통해서 당시의 정치적 권력과 통제를 알레고리화하고 있을 뿐만 아니라, 탈출하거나 침묵하는 비정상적인 나환자들의 상태를 통해서 당시의 국민적인 상황이나 바람을 음성적으로 알레고리화하고 있는 것이 사실이다. 해석의 사회성 현상이다. 그만큼 군복 입은 지도자상의 문학적 처리로 이해되었던 것이다.

그러나 『당신들의 천국』은 그 해석 관습에서 시사되듯이, 시대성과 관련된 정치적 알레고리의 층위를 넘어서서 해석할 여지도 많은 것이다. 김현이 진작 지적한 바 있는 '교양소설적인 측면'[23]

- 김주연, 「사회와 인간」, 김병익·김현 엮음, 『이청준』, 은애, 1979.
- 김현, 「자유와 사랑의 실천적 화해」, 『당신들의 천국』, 문학과지성사, 1976, 해설.
- 정명환, 「소설의 세 가지 차원」, 김병익·김현 엮음, 앞의 책.
- 김윤식, 「당신들의 천국—자율적 운명의 끈」, 『황홀경의 사상』, 홍성사, 1984.
- 정과리, 「모범적 통치에서 상호 인정으로, 상호 인정에서 하나 됨으로」, 『당신들의 천국』, 문학과지성사 신판 해설, 1996.

22 Horst S. Daemmrich & Ingrid Daemmrich, *Themen und Motive in der Literatur*, Franke Verlag, 1987, p. 80.
23 김현, 「자유와 사랑의 실천적 화해」, 『당신들의 천국』, 문학과지성사, 1976, (초판 해설).

으로서 성장과 대결의 구조적 양면성이나 시퀀스 구성의 '통과의례적 시나리오'의 분절 단위에 유의해 보는 기호—서사학적인 해석의 가능성이 그 한 측면이 될 수 있다. 또 비록 정치적이고 군사적인 측면과 관련되기도 하지만, 이 작품은 대비와 병치에 의한 권력상(像), 지도자상의 문학적인 초상화이기도 하다. 주인공인 조백헌 대령은 나환자들을 새로운 삶으로 이끌어가는 일종의 탐색quest 이야기에서의 과업을 선도적으로 이끌어나가고 있는 권력자요 지도자임이 너무도 분명한 인물이기 때문이다. 그 밖에도 건강한 자와 병든 자의 소통의 서사나 정신의학적 내지 병리학적 서사로서의 해석의 여지가 있다.

『당신들의 천국』은 두려움의 대상인 나병과 그 병으로 인해서 인간으로서의 정상적인 삶이 파기되어버린 환자들을 수용소(또는 요양원)라는 사회적(국가적) 제도 장치로 격리시키고 감금하는 조건과 상황을 서사적 인식의 기본 대상으로 하는 이야기이다. 나환자 수용소의 제도사에 근거한 이야기인 것이다. 여기에 등장하는 인물들이나 공간적인 체계 및 유형은 요양소의 이중 기능인 의료 및 통제와 밀접한 관련성을 지니고 있다. 관리(지배) 수용(피지배) 및 의사/환자, 직원지대/병사지대로의 이분적 경계의 구조틀을 이루고 있다. 이 관리자/수용자라는 구조성 자체에 이미 정치적 해석의 단서가 내재되어 있는 만큼, 의사-환자의 관계 상황 및 '건강(정상성)과 질병(이상성)과의 상호 소통'과 단절[24]의 대칭 · 비대칭이라는 병리학적-정신의학적인 해석의 국면도 함께 내재되어 있는 것이다. 이 점에서 서사 체계의 계열화에 있어서 병원장(의사, 관리자, 건강인) 대 환자와 친환자pro-patient 양측의 대응 관계로 이루어진 구조적 포치는 새로운 해석을 위한 의미 있는 시각이 될 수 있다. 병원장 조대령은 실제 나병과 나병에의 집단적이고 내면화된 편견과 싸우는 의사의 초상인 것이다. 그러

---

[24] Richard Qwin, *Communicating Health and Illness*, Sage Publications, 2002, p. 65.

면서도 그 역시 나환자와는 거리가 있는 건강인이기도 하다.
 이런 대응 관계인 의사-환자의 관계에 대해서 그나마 이제까지 각별히 유의한 것은 정과리의 '해설'이다.

> 조원장은 행정 관리자로서나 정치 권력자로서가 아니라 바로 한 사람의 의사로서 소록도의 지배-피지배의 관계에 참여하고 있으며, 바로 그러한 사실은 세계의 지배 질서와는 동떨어져 보이는 의사-환자의 관계가 그 자체로서는 순수할 수 있지만, 그 자신 세계 내부에 속해 있는 하나의 삶이라는 사실에 의해서 그 자체의 의도와는 무관하게 세계의 지배적 질서를 이미 자신의 구체적 삶 속에 안고 있다는 것을 엄중하게 가리키고 있다.[25]

조원장을 한 사람의 의사로서, 그러면서도 세계의 지배적 질서를 이미 자신의 구체적인 삶 속에 안고 있는 이원성의 존재로서 파악하고 있는 지적은 적절하다. 이렇듯 조원장은 관리자로서 지배-피지배의 관계 속에 참여하고 있는 것이 사실이기 때문이다. 그러나 비록 그렇다고는 할지라도 자신의 내적 세계에 대한 통찰이나 타자에 대한 관찰에 있어서 그가 의사로서의 대응을 이탈하지 않으려고 하는 것은 의미 있는 태도이다.
 사실 이청준의 문학 세계는 그 출발에서부터 질병이나 고통 및 정신병리학적인 징후 현상에 대한 진단적 담론과 밀접한 연관성을 지니고 있다. 전짓불공포증이나 진술공포증과 같은 집착증이나 병적 징후의 제시와 그 근원 찾기에서 보는 것처럼 정신병리적인 투시가 현저할 뿐 아니라 의사와 환자 간의 견제적 또는 협력적인 관계를 통해서 사회—정신적인 소통의 이상성을 상징적으로 조명하고 있는 것이 그것이다. 이런 과정에서 그는 많은 환자와 의사상을 제시해온 것이 사실이다.

---

[25] 정과리, 앞의 책, p. 450.

『당신들의 천국』 역시 이와 연장선 상에 있으며, 소록도는 문둥이들이 격리·수용된 단순한 지리적 현실로서의 공간이나 장소로서도 중요하지만, 감금과 구속과 불건강성 및 정형적(定形的)인 병상(病像)을 표상하거나 대치하고 비유하는 시적-서사적 공간으로서의 의미를 지닌다. 그리고 현역 군인 원장인 조백헌은 여느 의사에 못지않은 병원장이라는 행정가로서의 권위자면서도 동시에 의사인 것이다. 그의 역할과 기능은 원장으로서의 지배질서에 자리하면서도 나환자들의 질병을 돌보거나 위급 시에는 직접 치유하는 역할을 하는 것이다. 그가 부임 첫날의 탈출 사고를 그냥 넘기지 않고 부임 인사마저도 미루어둔 채 탈출의 경위와 원인을 조사하는 태도는 분명 관리자의 모습이다. 그러나 얼마 동안 소록도의 실상을 나름으로 이해하고 파악하고 나서 섬을 채우고 있는 죽음과 같은 침묵 상태와 거듭되는 탈출을 목도한다. 여기서 중요한 기능을 하는 것이 대화Dialog— 침묵Schweigen의 모티프 시퀀스이다. 상호간에 침묵만 작용하는 대화 부재 상태이다. 이에 그는 혼자 다음과 같이 중얼거린다. 이 독백은 질병 증상에 대한 의사로서의 진단 행위 바로 그것이다.

모두들 참으로 무서운 병들을 앓고 있는 중이로군…… 이대로는 아무래도 탈출 사고를 막을 길이 없겠어. 몸으로 앓고 있는 것보다 더 무서운 질병을 앓아대고 있으니……

그는 취임식 연설에서도 역시 이 독백과 똑같이 다음과 같은 역설을 하고 있다. 질병은 신체적이고 가시적인 몸으로 앓는 병으로 진단되는 것이 아니라 마음으로 앓는 병으로, 정신적인 증후군으로서 내면화되고 있다. 심리적·정신적인 차원에서의 질환상(疾患像)이다.

여러분은 아직도 무서운 병을 앓고 있습니다. 여러분은 물론 육신의 병은 놀랄 만큼 빠른 속도로 나아가고 있습니다. 하지만 여러분은 여러분이 몸으로 앓고 있는 것보다도 더 무서운 질병을 마음으로 앓고 있다는 것을 알았습니다. 이 섬은 구석구석이 온통 불신과 배반으로 가득 차 있습니다. 그리고 여러분과 이 섬은 지금까지 여러분이 몸으로 앓아온 것보다도 더 치명적인 그 불신과 배반이라는 질병을 뼛속까지 깊이 앓아오고 있는 것입니다.

그러니까 몸이 아니라 소록도란 공간에 갇혀서 살아온 얼룩진 영혼들의 내면 진단이다. 이런 진단을 근거로 그다음 단계로서 그는 환자들에 대해서 몸이 아닌 마음의 병에 대한 일종의 정신요법이나 치료 방법으로 소록도 사람들에게 다가가려고 한다. 이것은 증상에 대한 일종의 정신요법이며 정신의학적 대응에 다름이 아니다. 그리하여 그는 대화를 위해서 먼저 나환자 축구팀을 결성하여 정상적인 상태의 외부 팀과의 경기를 기획하고 이어서 득량만 매립이라는 대역사를 강행하게 된다. 그에게 있어서 이와 같은 일련의 역사(役事)는 불신과 배반으로 앓고 있는 섬 사람들— 환자들과의 소통 작업이며 그들을 위한 정신적인 치료와 자기 개혁으로서의 의미를 지니고 있다. 스스로 그렇다고 믿고 있는 것이다. 그런데 작품 초반에서 조백헌의 이 같은 태도와 의식은 상징적으로 평등하다기보다는 정상적이고 건강한 의사로서 환자에 대한 일종의 지배적 오만과 권위 즉 축선적 상호관계에 있어서의 우월성과 비대칭성이 전제로 깔려 있다. 건강인들에 대한 환자들의 불신과 배반당한 정신적인 질병의 치유가 그 자신이 내세운 '인화 단결' '정정당당' '상호 협조' 및 '재건'의 운동을 통해서 능히 가능할 것이라고 일방적으로 지각하거나 간주하고 있기 때문이다.

그러나 건강인으로서 조백헌의 이 같은 거센 행동력과 관점은 환자들의 주체적인 욕망에서 연유한 것이 아니고 『당신들의 천국』이라는 표제가 시사하고 있듯이, 일방적으로 타자의 욕망에서 비롯되고 있다는 점에서 나환자들은 자신들의 욕망으로부터 끊임없이 소외될 수밖에 없으며 또 쉽사리 이런 노선에 동조하려 들지도 않는 것이다. 요컨대 건강한 사람에게 병인은 근본적으로 이해가 되지 않는다는 관점이다. 따라서 조백헌은 원생인 환자들과 친환자 측에 있는 감시자인 이상욱이 보여주는 침묵과 무반응의 저항과 감시를 마주하게 되며, 나름대로 그들의 배반과 불신의 악몽의 정체와 그 은폐된 두려움을 일방적으로 걷어내고자 한다. 그리고 지배권자로서의 의사(정상인)의 퍼스펙티브는 현재와 미래 지향에의 모형에 근거하고 있는 반면에 그를 의구하는 환자의 퍼스펙티브는 깊은 과거와 기억과 경험에 연결된 자폐적 삶의 세계에 기초한다. 대화—침묵이라는 소통 과정의 반대극, 즉 상호소통의 대칭 현상이 작용한다.

그러니까 생의 내력 제시로서의 과거가 없는 인물인 조백헌은 환자들을 끊임없이 호명하면서 미래로 이끌고 출소록을 위한 드넓고 깊은 득량만의 심연을 메꾸는 확산의 공간으로 이끌어가고자 하는 데 비해서, 어둡고 무거운 과거를 지닌 친환자 이상욱이나 끔찍한 과거를 가진 황희백 장로 같은 비정상적인 환자들의 시선과 의식은, 사자와 같은 침묵의 반응이거나 조백헌을 부단히 경계하고 의심하면서 과거에 있었던 일련의 기만들과 무서운 배반의 역사에 대한 기억을 환기시키는 것이다. 의사(정상인)의 관점과 환자(비정상인)의 반응은 이렇게 대비되고 어긋나 있다. 이것이 조백헌과 이상욱과의 관계이다.

당신들은 너무 지난날의 일을 내세우지 말라는 것입니다. 당신들의 과거는 자랑거리가 될 수 없습니다. 당신들의 과거가 무엇입니까. 치욕과 절망과 배반의 기억뿐입니다. 그 어두운 과거의 망령을 벗어나지 못하는 한 당신들의 과거도 그랬고 지금도 그렇고 또 앞으로도 끝끝내 문둥이일 수밖에 없습니다…… 자랑거리가 될 수 없는 지난날의 악몽을 씻고 이젠 내일을 바라보아야 합니다. (조원장)

우리는 지난 수십 년 동안 문둥이가 아닌 사람으로 이 섬을 나가기 위해서 갖은 시련을 겪어왔소. 하지만 우리는 언제나 속아왔소. ……위정자가 우리를 속였고, 원장들이 속였고, 병원 직원들이 우리를 속였소. 거짓 얼굴을 한 자선가들이 우리를 속였고, 육지의 약장수들이 우리를 속였고 심지어는 고향의 육친들과 교회의 형제들마저도 우리를 속이거나 버리고 돌아서기 일쑤였소. 그리고 마지막엔 문둥이 자신들이 자신을 속이고 자신을 배반했소. (황장로)

특히 이런 대응 관계에서 주목하게 되는 것은 '배반'과 '속임'으로서의 기만deception의 모티프와 거의 반복적인 모티프로서 제시되는 방관-서술자spectator-narrator인 이상욱이 느끼는, '까맣게 숨어 보고 있는 눈'이 암시하는 강박적인 응시의 환영과 유령처럼 번번이 출몰하면서 조백헌의 등 뒤에 감춰지거나 어른거리는 '동상'과 거기에 연계된 기억이다. 이것이 이상욱으로 하여금 권력상인 조백헌의 비판자와 감시자가 되게 하는 근원적인 요인이다. 이상욱의 시선은 경계와 감시의 시선이면서 동시에 병리학적 상태, 즉 유소년기에 겪었던 외상적 근원 체험Traumatisches Ursprungserlebnis[26]과 밀접하게 관련되어 있는 징후 현상이다. 이 외상의 근원 장면Ursprungsszenen[27]은 그의 부모인 이순구와 지영숙이 성이 금기시된 소록도에서 비밀리에 그를 낳아 키우기 위해서 언제나 방 속에만 가두어둔 데에서 연유하며, 늘 무엇인가로부터 감시를 받고 있다는 강박적 두려움 때문에 생겨나게 된 심리적인 외상 현상인 것이다. 그래서 동시에 새까만 눈동자의 존재는 곧 감시자의 표상이 되면서 동시에 이상욱과 동화되는 것이다. 이상욱은 한때 병자들에게 자유와 사랑의 표상이었으나 그

---

[26] Wolfgang Düssing, *Erinnerung und Identität: Untersuchungen zu einen Erzahlproblem bei Musil, Döblin und Doderer*, Wilhelm Fink Verlag, : München, 1982, p. 143.
[27] 같은 책, p. 142. 이의 영어 명칭은 'primal scene'이다.

자유와 사랑을 스스로 배신해버림으로써 문둥이에게 응징의 살해를 당한 배신자의 아들이기도 하다. 그래서 그는 아버지의 배반의 역사와 죽음의 전철을 되풀이하지 않으려는 죄의식과 참회 의식으로 인하여 철저하리만큼 권력은 물론 자신에 대해서조차 감시적이며 비협력적인 자세를 갖는다. 때문에 정신적인 치유를 지향하는 의사 조백헌에게는 이상욱이야말로 그가 제일 먼저 구해내야 할 환자로 지각되는 것이 무리가 아니다.

그가 이 섬에서 겪은 일들이, 그 자신의 어두운 과거가 그를 그토록 비관적인 사고의 인물로 만들어버리고 있음에 틀림없었다. 그의 모든 사고의 근거는 오직 이 섬의 어두운 내력 한 가지뿐이었다. ……그는 자기의 어두운 경험 세계와 불행스러운 섬의 역사에 짓눌려 언제나 우중충하고 무기력한 얼굴을 하고 있었다. ……섬에서 먼저 구해야 할 사람은 상욱 바로 그 사람이었다.

반대로 조백헌에 대한 이상욱의 대응에는 이와 같은 내오(內奧)에 은폐된 개인사적 비밀의 요인뿐만 아니라 과거나 역사가 함께 작용하고 있다. 역사와 기억의 동상과의 교섭 현상이 그것이다. 과거인 식민지 시대의 일인 병원장 주정수(제4대 원장 슈호〔周防正秀〕가 모델이 된 병원장)와 그의 동상을 떠올림으로써 현재의 조원장을 거기에 견주거나 일치시키고 비판하는 한편 감시하면서 조심스럽게 실패시키려고 하는 것이다. 이상욱은 조백헌도 부당한 주정수의 동상의 당대적 변형이 되지 말라는 법이 없다고 여긴다. 주정수는 처음에는 섬을 나환자의 낙원으로 만들어준다고 천국 각본이란 명분의 완벽성을 내보이면서 일을 성취하고 있었지만, 그 과정에서 점점 명분을 독점하고 원생들을 그 명분 앞에 노예로 만들며 채찍으로 강제와 수탈은 물론 벌칙으로 단종 수술(斷種手術) 등 악행을 자행하고 급기야는 환자들로부터 거액의 모금과 노역을 거두어들여서 자신의 동상을 세우게 했던 장본인이다. 이런 동상화된 주정수의 유령이 조백헌의 일방적 힘의 행사 속에도 감추어져 있을 것이라는 의구심 때문에, 이상욱은 부단히 거인증이 엿보이는 조백헌에 대한 감시자로서의 기능을 수행하는 것이다. 황희백 노인 역시 마찬가지다. 그러기 때문에 이상욱이 끊임없이 조백헌을 소록도의 과거 시공으로 데려가고자 하는 데 비해서 조백헌은 상욱으로 하여금 그가 일찍이 겪지 못했던 새로운 현실(바다)과 미래의 공간으로 이끌어가려고 하는 것이다. 그리고 이상욱은 권력적 지도자 주정수의 종자와는 다르고자 한다.

한편 2부의 핵심적인 서사로서의 대역사—득량만 매립이나 오마도 간척 사업 역시 의사인 조백헌에게 있어서는 소록도 환자들의 불신과 배반이란 마음으로 앓는 병에 대한 일종의 치료 방법이며, 정상과 비정상을 상징적으로 전환시키고 소통시키는 작업이다. 여기에는 소록도를 나환자들의 복지나 낙토로 만들어야 한다고 주장해온 1부에서의 조원장의 생각을 훨씬 뛰어넘는 의미가 내포되어 있다. 「출소록(出小鹿)」이라는 제목에서 보는 것처럼 폐쇄적인 공간으로부터의 개방과 확산은 물론이고, 소록도를 일반의 정상적인 세상과 함께 소통시키는 정상적인 삶의 공유 공간에의 지향이 함축되어 있기 때문이다. 이를 위해서 조백헌의 태도가 이전의 일방적인 실행에서 설득과 이해로 변모하고 있다. 바로 이 점이 중요한 의미를 지닌다. 병원장으로서 막강한 힘을 지니고 있음에도 불구하고 조백헌은 자신에 대해서 비판적이고 협박적이기까지 한 이상욱을 구해내는 것이, 섬의 모든 사람을 그 배반과 불신의 악몽에서 구해내는 것이라 생각하고 서사의 행위항으로 보면 그를 비판적인 협조자로서 택하는 것이다. 이 관계는 주정수와 사토라는 심복 관계와는 정반대다. 뿐만 아니라 장로회의 문둥이 원로 나환자 황희백 노인 등에게 역사의 현장을 보여주고 설득하며 섬사람들에게 자발적인 판단과 실천을 기대한다. 이러한 조백헌의 변모에 의해서 조백헌과 원생들과의 관계가 서로의 믿음에 의거한 동등한 계약의 관계로 변모하는 것이다. 1부에서의 "원장이 모르면 우리도 모르오" 같은 배타적 관계에서 "원장이 하겠다면 우리도 하겠소"라는 동화 긍정 관계, 즉 소통 가능성이나 의미의 공유를 위한 열림 상태로 전환한다. 이것은 제3인물상인 황희백 노인이 보낸 편지에 의해서 비로소 열리기 시작한다. 사실 원장에게 두려움의 대상인 이 황희백이란 인물 역시 문둥이로서 이상욱 이상으로 끔찍하고 무서운 생의 비밀스러운 내력을 지니고 있는 인물이며 주정수 원장 시절에 섬에 있었던 온갖 배반극을 체감한 세대로, 철저히 원생들 편에 서서 영향력을 행사하는 인물이다. 그는 조백헌과 마찬가지로 실제 인물 황시백이 모델화된 인물이기도 하다. 이런 황장로로부터 "이젠 우리가 원장을 믿기를 원하듯이, 원장도 우리를 믿어주기 바라오"란 동의의 응답을 받게 되는 것은 의사-환자 간의 단절되다시피 한 관계가 소통 공간의 공유 및 화해와 상칭의 관계로 열리고 있음을 뜻하는 것이다. 서로는 상호 믿음에 의거하여서 동등한 계약의 관계로 변모하게 된다. 서간은 소통을 위한 중요하고 긴요한 매개 형태인 것이다. 그래서 매립 공사를 수락하면서 황장로는 서로 배반이 없을 것을 서약하자고 제안하고 조백헌은 자신의 목숨을 담보하는 서약에 응한다. 이 계약은 이른바 '악마와의 계약'(파우스트)으로서의 사악한 약정이 아니라 생명의 피와 주님의 이름(크리스차니티)이 징표화된 것이다.

그러나 이러한 상호 믿음의 서약에 근거하여 진행되는 매립 역사의 과제 수행은 많은 난관에 봉착한다. 수행 그리고 동등한 계약은 결코 상호성을 가질 수 없는 한계를 드러내게 된다. 계약은 이해 득실에 따라 깨어지는 취약성을 지니고 있다. 동조자나 협조자도 얻게 되지만, 방해 및 반대자의 출현, 협박, 자연 재난, 내분과 불신, 시련 등과 같은 일련의 장애의 시퀀스와 당면하거나 이어지는 것이다. 성공을 위한 희망, 실패에의 두려움이 교차한다. 이런 장애의 시퀀스(서사적 연속소)로 인해서 지속적인 공간의 확장으로 이어지지 못하는 요인들이 된다.
 첫번째로 마주친 장애는 병에 대한 경계심이 심한 바깥사람들의 방해와 난동, 즉 '섬 밖으로부터의 시련'이다. 이들의 대표는 건강인으로서의 동류의식을 구실 삼아서 조백헌을 자기들 편으로 만들려는 수작으로 협박까지 한다. 역사는 황희백 노인과 '장로회' 사람들의 헌신적 역할, 분홍색 집착증을 가진 윤해원의 참여 등에 의해서 순조롭게 수행되기도 하지만, 시일이 지나도 돌둑을 드러내지 않고 하얀 거품만 솟아오르는 바다에 대한 두려움, 인부의 매몰 사고, 원생에게 겁탈당한 잡상인 여인, 엄청난 자연의 횡포인 태풍의 도래, 원생의 동요…… 등 여러 난관으로 배반에 직면한다. 이에 원장은 자신의 목숨을 내주면서 시련을 뛰어넘을 결심과 함께 이에 상응하여 공사장 원생들에게 그의 목숨 값으로 강경하고 혹독한 협박이 곁들인 일종의 선전포고문 같은 지시문을 써 붙인다. 이로 인해 마침내 자연의 횡포에 이은 인간들의 두번째 배반극이 서서히 그 막을 올리게 된다. 매립 공사가 극도의 난관에 부딪혔을 때 원생들이 반란을 일으켜서 그의 목숨을 요구한다. 황장로가 이들 섬사람들의 앞에서 일방적으로 유일하게 문둥이가 아닌 원장을 다그치고 이상욱은 이상욱대로 개입한다. 이렇게 소록도 사람들과 동등한 계약을 지키려고 한 행위는 역설적이게도 조백헌을 범상한 인간과는 구별되는 우월적이고 지배적인 권위로 만들어버린다. 원생들은 조백헌에게 거역하지 않고 따르며, 원장의 유임 청원 서명운동을 벌일 만큼 체계적이고 조직적인 모습으로 변해감으로써 점점 다스리기 쉬운 사람들이 되어간다. 이에 비판적 감시자인 이상욱이 조백헌의 퇴임을 요구하며 섬을 탈출한다. 이상욱에게 있어서 두려운 것은 다수를 저항 없게 조작하며 지배적인 동상이 되어가는 원장뿐만이 아니고, 지배자를 우상화함으로써 자신들의 자유를 포기하고 지배자의 통치에 길들여지는 섬사람들의 배반이다. 상욱의 탈출은 원생들에게 인간이기를 원했던 문둥이 시절, 원한다면 버리고 탈출해 나갈 수 있었던 초기 섬의 자유를 상기시키는 의미를 지니고 있다. 여기서 중요 서사 요소인 탈출 모티프가 거듭된 것이다. 즉 섬 안에도 환자가 아닌, 인간의 욕망을 지닌 사람이 살고 있음을 알리는 증거다. 조원장은 끝내 절강제를 치르지도 못하고 소록도를 떠나버릴 수밖에 없게 된다.

이로부터 7년 후 조원장은 개인의 자격으로 소록도로 다시 되돌아온다. 평범한 주민으로 소록도에 더불어서 머물기 위해서이다. 비록 독선적이기는 하지만, 언제나 감시자요 비판자의 자리를 고수하면서 말과 편지 형태를 빌린 이상욱의 지적을 겸허하게 받아들였기 때문에 소통의 완성이 가능한 일이다. 이상욱은 기능적으로 작가를 대리한다. 여기서 암시되는 것은 '천국'에 대해 김현과 정과리가 지적하고 있듯이, 힘의 행사는 사랑과 자유 위에 기초해야 하며 환자들의 자생적 운명에 근거한 힘의 행사[28]일 경우에 비로소 가능하다는 점이다. 즉 인간 현존재의 근본 형태와 인식에 있어서 자유의 공간의 넓이와 더불어 사는 존재 Miteinandersein 로서의 사랑의 공간을 확보함으로 진정한 소통이 이루어질 수 있음을 뜻하는 것이다.

정상/비정상 및 건강/불건강 간의 인간적인 소통은 우열 관계가 전제된 이분법으로는 불가능하며, 서로가 별개가 되어서는 불가능하다는 것을 지적하고 있다. 따라서 이는 우월적인 존재, 열등한 존재와의 길항 관계의 은유로서, 또는 지배/피지배 관계에 대한 정치적인 우의로 해석되는 것은 자연스러운 현상이다. 분명 우의적 정치소설이며 지도자론이다. 그러나 보다 중요한 것은 텍스트가 담고 있는 그러한 정치적인 의미만큼이나, 정치적인 함의를 형상화하는 서사 방식이 의사-환자(나환) 간의 소통 문제로 치환하고 있는 정신병리학 내지 병리적 상상력의 활용에 의해서 이루어지고 있다는 점이다. 기본 구성소로서, 대화/침묵, 감금/

---

28 김현, 정과리, 앞의 글, pp. 435~45.

자유, 질병/건강 등의 모티프 시퀀스가 효율적으로 연계·집화되어 있다. 그리고 심신 양면적 질환으로서의 나병은 규제/자유와 불건강/건강, 침묵/대화의 이분법에서 전항(前項)에 해당하는 시대 사회적 상황의 징후 및 피통치 집단의 집단 양태를 위한 질병 은유이다. 이청준은 이러한 병리 애호의 미학을 통해서 소통 부재의 병인성 통제 사회를 그 나름으로 독특하게 진단하고 이의 치유 가능성에 대한 비전을 제시하고 있다.

제11장
『토지』와 콜레라의 습격

1. 재난의 상상력과 『토지』

　박경리의 대하소설 『토지』(5부작)는 농경적 상상력을 바탕으로 한 인간사의 거대한 벽화와도 같은 작품이다. 1897년에서 1945년까지 반세기에 걸친 우리 근현대사의 흐름 속에 전개된 한국인의 생성사와 생활사를 장강처럼 펼쳐나간 웅대한 현대의 민족 서사시이다. 이러한 서사시적 완벽성은 도도한 역사의 굴곡 속에서 인간사의 온갖 빛과 그림자의 축선을 서사의 왕조사적 지속 원리에 의해서 연속적으로 그리고 있기 때문이다.

　인간의 생활사는 기실 낮과 밤의 일주(日周) 순환과 교체의 현상과 마찬가지로, 밝은 국면과 어두운 국면 간의 끊임없는 교차와 동요 속에서 파상적인 부침으로 영위되고 이어지는 과정 그것이다. 역사를 율(律)하는 순환 원리의 한 축인 빛의 다른 한 축으로서의 어둠 내지 그림자의 기능적인 국면이 바로 재난인 것이다. 재난은 뜻밖에 일어나는 불행한 일, 인간의 삶에 대한 파괴적인 영향을 미치는 전복적 성격으로서의 파국의 위상이다. 인간과 사회에 끼치는 어둠으로서의 재난의 영향력과 효과를 살핀 피티림 소로킨Pitirim A. Sorokin은 그의 저서 『재난하의 인간과 사회 Man and Society in Calamity』(1942/1973)에서 인간에게 닥치는 재난의 네 가지 괴물로 전쟁, 혁명, 기근 그리고 역병[1]을 들고, 이들이 인간의 정신과 행위, 사회 조직 및 문화 생활에 미치는 영향을 검증했다. 이 재난의 네 괴물 가운데서 전쟁과 혁명은 우리의 전통적 개념에서는 난리나 병란(兵亂)과 같은 인위적 재난이며, 기근이나 역병 또는 질역은 자연적인 재난이나 재해이다. 어떤 이의 비유처럼 인류의 세 가지 큰 적인 '전쟁' '기근' '역병'은 '죽음과 더불어 하얀 말을 타고 오는 묵시록의 세 기수'인 것이다. 재난은 어느 것이나 상호작용을 하면서 삶이나 역사의 매 순간에 파괴적이고 유해한 기능을 하거나 때로는 역설적으로 긍정적인 역할을 한다. 인간은 끊임없는 재난 속에서 살고 있으며 재난은 이 지구상에 만연하고 있다. 재난은 바로 역사의 그늘인 것이다.

따라서 재난은 인간의 삶을 제시하는 소설에서는 거듭 반복되고 순환하는 매우 중요한 문학적 모티프이며 테마이다. 특히 거대 생활사의 전개인 거대서사로서의 역사소설이나 대하소설에 있어서는 재난이 인간의 생활사에 영향을 주는 불가분의 요소와 기반으로서 작용한다. '난리'로 표상되는 전쟁과 혁명, 가뭄과 홍수의 재해로 인한 굶주림과 성적 매춘 행위, 돌림병의 횡액 등 재난의 파괴성, 혹독성, 기습성 및 영향성과 불가분의 상관관계를 갖고 있는 것이 인간 생활사의 단면이기 때문이다. 박경리의 『토지』와 황석영의 『장길산』 등에서 재난의 상상력이 크게 작용하고 있는 것도 바로 이런 까닭인 것이다. 특히 『토지』는 1부에서만 보아도 동학란, 을사조약, 콜레라 창궐, 흉년이란 재난의 네 괴물들이 모두 출몰한다. 특히 제1부에서의 주도적 재난은 역병으로서의 무서운 전염성 호열자(虎列刺), 즉 콜레라이다. 여기에서는 '비브리오 콜레라'의 습격과 그로 인한 평사리 사람들의 죽음이 다루어진다.

서양의 경우, 「19세기의 두 돌림병: 사회주의와 콜레라」[2]란

---

1 Pitirim A. Sorokin, *Man and Society in Calamity: The Effect of War, Revolution, Famine, Pestilence upon Human Mind, Behavior, Social Organization and Cultural Life*, Greenwood Press, 1973, p. 13.
2 Catherine J. Kudlick, *Cholera in Post-Revolutionary Paris: A Cultural History*, University of California Press, 1996, p. 200. 이 석판화는 베르네H.Vernet가 제작한

도상학적인 이미지의 석판화가 있다. 여기에서는 좌익의 일간지인 『인민』을 읽고 있는 해골로 재현된 콜레라를 보여준다. 이는 19세기에 있어서 사회적 불안인 콜레라가 괴이하고 무서운 살인자로서 대유행하였음을 특별한 방법으로 암시한 것으로, 혁명의 도움으로 콜레라와 사회주의가 프랑스 정체를 정복했음을 뜻하는 상징이다. 그리고 토마스 만은 콜레라가 등장하는 소설 『베니스에서의 죽음』(1913)을 썼다.

그렇다면 역시 질역으로서의 콜레라가 습격하고 창궐하는 조선의 19세기 말과 20세기 초의 시대적 상황을 그린 『토지』 1부에서는, 콜레라에 대한 반응과 효과를 어떠한 상상력으로 어떻게 조명하고 있는가. 『토지』 1부는 갑오 동학농민 혁명전쟁이 좌절로 끝난 1897년부터 1905년 을사조약이 체결된 이후까지의 약 10년 동안의 시기를 역사적인 배경으로 하여 하동 평사리의 대지주인 최참판 댁을 중심으로 전개되는 이야기이다. 서사 구조가 다섯 개의 공적 역사 및 사적 역사의 사건 결합에 의해서 구조화되어 있는 것이다. 최참판 댁의 가문 내력, 최치수의 죽음, 호열자로 인한 최씨 집안의 기둥인 윤씨부인의 병사, 조중구의 재산 편취의 탐욕, 최씨 집안의 마지막 혈육이며 자손인 최서희의 간도로의 이향 등이 서사 단위로서 극적으로 제시된 것이다.

콜레라는 무엇이며, 이것이 『토지』에서는 어떤 의미와 효과를 지니고 있는가.

2. 콜레라의 습격과 공포

1) 죽음의 콜레라 전염

『토지』 1부 2권 제4편 「역병과 흉년」 장에는 호열자의 습격에

것이다. "Deux fléaux du XIXᵉ siècle: le socialism et le cholera."

대해 다음과 같이 묘사하고 있다. 근대 초기에 있어서 '주하고 사하는' 전염병의 습격 앞에서 당시(1897~1905) 사람들의 삶이나 대응이 얼마나 속수무책이며 나약한 것인가를 입증하는 장면이다.

마을에는 집집마다 여러 가지 모양의 부적이 나붙었다. 부적을 내어준 무당이나 중들도 죽어가건만, 그뿐 아니라 귀신을 쫓는다는 가시 돋친 엉겨나무 토막을 방문 위에 걸어놨는가 하면 여인의 피 묻은 속곳, 닭 피가 묻은 짚으로 만든 허수아비가 삽짝에 내걸려 있기도 했다. 병이 그런 방어를 겁낼 리는 없다. 보이지 않는 무서운 현상으로 들리지 않는 함성을 지르면서 골목을 점령하고 마을을 점령하고 방방곡곡을 바람같이 휩쓸며 지나가는 병균. 그들의 습격 대상에는 신분의 높고 낮음이 없었다. 부자와 빈자의 구별이 없었다. 남녀노소를 가리지도 않았다. 인심은 흉년의 유가 아니었다. 난리가 났다면 피난이나 가지 하고 사람들은 절망했으며 희망을 미신에 걸어보는 것밖에 달리 도리가 없는 것이다. 참으로 도리가 없었던 것이다. 소문에 의하면 서울서는 임금이 등극한 지 사십 년 망육순(望六旬)을 겸한 칭경례식(稱敬禮式)도 호열자의 창궐로 연기되었다 한다. 그것은 사실이었지만, 그 밖에 황당무계한 낭설이 분분하였다. 수구문 밖에는 송장이 태산을 이루고 있다는 둥, 미처 숨도 끊어지지 않은 사람들을 끌고 가서 산 채 불에 태워 죽인다는 둥, 길을 걷는 사람이면 모조리 왜놈과 양놈이 합세하여 끌어다가 병막에 가두어놓고 굶겨 죽이고 때려 죽이고 침을 놓아 죽인다는 둥. 그렇게 해서 죽은 원귀가 어찌나 많던지 십만 대군이 넘을 것이고 측은하게 생각하는 신령의 도움을 얻어서 모두 신병(神兵)으로 둔갑하여 왜놈과 양놈들을 무찔러 이 땅에서 쓸어낼 날도 그리 멀지는 않았으리라는 말이 무지몽매한 사람들 간에 떠돌았다. 그러나 믿는 그들 중에 병으로 죽어서 자신도 신병이 되어 나라를 구하리라 생각하는 사람도 없었다. 시초에는 고개를 넘어가는 망자(亡者)에게는 상두꾼이 있었다. 다음에는 거적에 만

초라한 지게송장이 수없이 고개를 넘어갔다. 그러나 그것도 여유가 있을 때의 일이다. 밭이나 뒤꼍에 외빈(外賓)을 차려 겨우 섬피를 덮어두는 지경에 이르렀으며 행로 중에 죽은 시체는 그나마 거둘 사람이 없어 굶주린 늑대와 야견들, 까마귀에 뜯기는 처지가 되었다. 평사리 마을에서는 김진사 댁 두 청상이 죽었다. 김훈장이 장사지내주었으며 빈집에는 쥐들도 살지 못하여 먹을 것을 찾아 들쥐가 되었다. 영팔이 막내딸이 죽었고 임이네는 사내아이 둘을 잃었다. 누구네 집의 누구누구 하며 그 밖에도 많은 사람들이 죽어갔다.

시시각각으로 발소리도 없이 다가오고 있는 병마, 어디서 어떻게 누구에게 덮쳐올지 모르는 보이지 않는 재앙 앞에 마을 전체는 숨을 죽이고 있는 것이다. 머지않아 집집에서 병자의 신음이 들려올 것이다. 시체는 줄을 잇고 마을 뒷산으로 떠날 것이다. 아니 시체를 거둘 사람조차 없을 만큼 마을 전체를 휩쓸고 지나갈지도 모를 일이다. 이십여 년 전 있었던 악몽은 보다 강한 빛깔을 띠고 사람들 가슴속에 절망을 불러일으키고 있는 것이다.

무시무시한 공포를 불러일으키는 콜레라가 침범한 것이다. 손택이 지적하듯 '습격'과 '점령'의 군사적 비유의 위력을 갖고 온 나라를 침습하는 콜레라의 빠르고 가차 없는 창궐 앞에서 소문과 미신에 의해 마을 공동체에 심한 공포감이 일어난다. 콜레라가 지닌 이런 공포를 하인리히 하이네H. Heine는 "콜레라는 보이지 않는 기요틴 운반차로 파리 시가를 통과하는 가면 쓴 집행관"이라고 지적한 바 있다. 적절한 예방 방법이나 의학적인 치료 방법이 부재한 가운데 고작 원시적이고 미신적인 주술 요법으로 대응하면서 민심은 더욱 흉흉해지고 절망 상태에 빠져든다. 그나마 근대적인 서양 의학에 의한 격리 수용과 예방에조차도 몽매한 민중들 사이에서는 외세인 '왜놈'과 '양놈'이 합세하여 사람들을 가두고 굶겨 죽이고 때려 죽인다는 소문으로 배타적인 타자 공포Xenophobia

가 더욱 확산되어간다. 죽음이 온 강토에 편재한다. 대책 없는 질병의 위력과 그 영향력이 사회적인 삶이나 인간관계의 분쇄에 어떻게 큰 작용을 하는지를 여실하게 보여주는 장면들이다. 콜레라는 바람같이 방방곡곡을 휩쓸며 멀쩡했던 사람을 갑작스럽게 발병케 해서 쓰러뜨리고 그로 인한 공포와 불안과 절망은 시시각각으로 검은 구름처럼 마을과 집들을 엄습한다. 그럼에도 이를 막을 수 있는 어떤 방책도 효력 있는 치료법도 없으니 사람들은 도망을 치거나 흉흉한 소문이 퍼지면서 극도의 심리적인 공황 상태에 빠져든다. 소로킨의 재난론과 그 영향력이 여실하게 드러나는 현상이다. 이런 와중에 귀신병리학과 운명론적인 질병관에 의해서 미신의 방법에 의존하는 유감요법(類感療法)적 축귀의 부적[3]이 집집마다 대문과 삽짝에 나붙고 내걸린다. 이것이 돌림병에 대한 전근대적 대응 방법이다. 앞서 인용된 『토지』의 부분은 바로 이런 빠르게 진행되는 재난으로서의 질역, 호열자의 습격에 당면한 근대 이전의 무방비한 상태와 삶과 의식에 미치는 질병의 황폐화 효과를 여실하게 묘사한 대목들이다. 그래서 『토지』 1부는 전체 5부 중에서도 죽음이 가장 많이 드러나 있는 부분이기도 한 것이다.

2) 콜레라의 과학사와 문화사

콜레라는 수인성 전염병 가운데 가장 무서운 질병이다. 격렬한

---

3 이 부적에 관련된 논의로 다음과 같은 글이 있다. ① 이광린, 『올리버 알 에비슨의 생애』, 연세대 출판부, 1992, p. 77. "당시 대부분의 한국 국민들은 콜레라가 생기는 까닭을 쥐귀신이 사람의 몸 안으로 들어가 발생하는 것으로 알았다. 즉 콜레라는 병은 쥐의 형상을 하고 있어 쥐의 발을 통해 사람의 몸에 들어가 내장에 침입한다고 믿었다. 다리 근육의 경련도 쥐귀신에 의해 난다고 여겨 서울 거리에서 집 대문에 고양이 그림을 붙여놓은 것을 볼 수 있었다. 쥐귀신의 적이 고양이이기 때문에 고양이 그림을 보고 무서워하여 덤벼들지 못한다고 생각했다. 농촌 지역에서는 집 주위에 새끼줄을 쳐놓고 콜레라 귀신이 이 구역 안에 들어가지 못하도록 하였다." ② O. R. Avison, *Cholera in Seoul*, Korean Repository, September, 1895. ③ 신동원, 『호열자, 조선을 습격하다』, 역사비평사, 2004, pp. 25~27. ④ 알렌 클라크, 『에비슨 전기―한국 근대 의학의 개척자 *A Vision of Korea: The Life of Oliver R. Avison, MD.*』, 연세대 출판부, 1979. 참조.

급성 소화기계 전염병으로 환자의 배설물이나 혹은 콜레라균이 묻은 물질로부터 입을 통하여 몸 안으로 침입하는데, 잠복기는 1~3일이며, 그 증세는 고열, 복통, 토사 등이 나타나며 쌀뜨물 같은 설사를 하여 결국은 수분이 결핍된 채 탈수 상태로 온몸이 쇠약해져서 사망에 이르게 한다. 존 스노John Snow(1854)와 로베르트 코흐Robert Koch(1883)의해서 그 병균 '비브리오 콜레라'가 발견되었으며, 현대 의학의 병인학적 이해에 있어서는 이 비브리오류의 수인성 박테리아에 기인한다. 소화관에 증식하면서 '주하고 사하는' 구토와 설사를 일으켜 심한 급성 탈수에 의해서 환자의 절반 정도가 죽게 되는 전염병이다. 즉 콜레라에 감염된 인간 배설물이 들어간 물을 마심으로써 균이 장에 침입하여 콜레라에 걸리게 된다. 감염된 물고기, 오염된 물로 씻은 채소, 오염된 손이나 천, 수건과 접촉하거나 균이 묻은 파리 등에 의해서도 감염된다. 콜레라 병균의 이동은 교통 운송 수단인 열차, 철도, 선박은 물론 비행기에 의해서도 이루어진다.[4]

1817년 인도를 원 발생지로 하여 전염병의 형태로 출현한 콜레라는 19세기 초에 크게 유행하면서 1831년에는 영국에 이른다. 영국은 19세기 동안 다섯 차례의 콜레라 전염병에 의해서 13만여 명의 생명을 잃게 되었고, 이 때문에 콜레라는 식민주의의 본질적인 질병으로 간주되기도 한다. 프랑스에는 1832년 봄과 1849년 두 차례에 걸쳐서 파리를 황폐화시킨다. 한편 동진(東進)한 콜레라는 중국 전역을 거쳐서 1821년과 1822년 양년에 걸쳐서 조선을 습격함[5]으로써 조선은 처음으로 그 창궐이 극렬한 지경에 이르게 된다. 일본의 경우도 일차 유행이 이와 비슷한 시기인 1822년이다.[6] 중국에서 조선에 이르는 경로는 필리핀 군도를 거쳐 중

---

4 Chatherine J. Kudlick, 앞의 책, p. 1, 14. Sheldon Watts, *Epidemics and History: Disease, Power and Imperialism*, Yale UP, 1997, pp. 169~71 참조.
5 三木榮, 『朝鮮疾病史』, p. 64. 신동원, 『호열자, 조선을 습격하다』, 역사비평사, 2004, p. 22.

국 남부의 해상 교통에 의해 유입된 것으로 추정되기도 한다. 한 비공식적인 기록에 의하면, '괴질(怪疾)' 또는 '윤질(輪疾)'이라 일컬어진 1차 유행 시에 콜레라로 인한 사망자 수가 무려 37만여 명에 이른다.

조선조에 이르러서 성종 중종 때에 대유행을 보이는데. 정종 때에 가장 창궐이 극심하여서 사자가 37만여 명이 발생하였다고 한다. 그 후 수차례 대유행을 한 경험이 있으며 근년에 이르러서는 1895년에 대유행하여 평안북도에서만 6만 명 이상의 사자가 나왔으며 1902년에는 경성에서 사망자 1만 명 이상이, 그 후〔……〕 신의주, 부산 및 대구, 경성 등에서 수차례 발생을 보게 된다.[7]

이때 명의 황도연(黃度淵)은 『의종손익(醫宗損益)』(1868) 권 8 「곽란」조에서 콜레라를 곽란의 일종으로 보고, 더운 장마기에 많이 발생하여 습열이 원기를 손상함으로써 발생한다 하여 『서습곽란(暑濕霍亂)』이라 일컬었다. 그의 요법은 『증정방약합편(增訂方藥合編)』에 실린 「곽란험방」과 대동소이할 정도였는데 이 한방요법이 의학적 대응의 전부였다.

콜레라에 대한 근대적 예방 및 방알법(防遏法)의 실행은 1879년 콜레라가 일본으로부터 부산에 전파된 시기이다. 부산 주재의 일본국 관리관 마에다(前田獻吉)가 동래부사 윤치화(尹致和)에게 상의하여 절영도(絶影島)에 소독소와 피병원을 개설한 것이 그 효시가 된다. 그 후 1895년과 1902년 경성에서 콜레라가 유행하자 에비슨O. R Avison을 비롯한 서양선교회의단과 일본 의사가 협력하여 방역대책위원회를 만들어 구료에 종사한 것이 조선에 있어서의 콜레라 질환 방알(防遏) 실시의 출발이다. 이 방역

---

6 富土川游, 『日本醫學史疾病史』, 日新書院, 1941, p. 605, 753.
7 関水武, "交通機關發達의 衛生에 미치는 影響(日文)", 『조선』 102호, 교통발달호, 조선총독부. 1923. p. 317.

대책위원회는 각처에 다음과 같은 내용의 '공고'를 내붙이는데, 이는 로베르트 코흐Robert Koch의 콜레라균(vibrio cholerae, 1883)의 발견으로 인해서 무서운 콜레라의 원인에 대한 근대의 병인학적 질병관을 갖게 하는 매우 비상한 의의를 갖는다.

> 콜레라는 악귀에 의해 발생되지 않습니다. 그것은 세균이라 불리는 아주 작은 생물에 의해서 발병됩니다. 이 살아 있는 균이 우리 몸에 들어오면 그 수가 급격히 증가하면서 병을 일으킵니다.
> 만약 당신이 콜레라를 원치 않는다면 균을 받아들이지 않아야 합니다.
> 지켜야 할 것은 음식을 반드시 끓이고 그 끓은 음식을 다시 감염되기 전에 먹기만 하면 됩니다.
> 갓 끓인 숭늉을 마셔야 합니다.
> 찬물을 마실 때도 끓여서 깨끗한 병에 넣어두어야 합니다.
> 언제 감염될지 모르니 식사 전에 반드시 손과 입 안을 깨끗이 씻으십시오.
> 이상의 사항을 준수하면 콜레라에 걸리지 않습니다.[8]

관제상에 있어서는 1895년에 검역규칙(칙령125호), 호열자병예방규칙 및 소독집행규칙이 반포된다. 1899년 8월에는 전염병예방규칙, 9월에는 호열자예방규칙, 검역정선규칙(檢疫停船規則) 등이 제정됨으로써[9] 콜레라 방역의 공적인 대책이 수립된다.

따라서 1821년에서 1885년에 이르는 이 시기는 콜레라 등과 관련된 한국의 병역사 내지 질병사에서 습격과 대응의 매우 중요한

---

8 『구한말비록』 하권, pp. 34~35. 이광린, 위의 책, pp. 77~78에서 재인용. 이 공고문은 그 당시의 문체나 어법과는 다소 거리가 있다. 영문 기록에서 현대어로 옮긴 것으로 추정된다.

9 三木榮, 앞의 책, pp. 69~70. 김두종, 『한국의학 발전에 대한 구미 및 서남방의학의 영향』, 한국연구도서관, 1960, pp. 88~89 참조. 콜레라의 유행과 군사적 방역 활동에 대해서는 박윤재, 『한국 근대 의학의 기원』, 혜안, 2005, pp. 198~212 참조.

전환기 내지 분기점으로서의 의의를 지니고 있다. 이것은 콜레라가 악귀와 같은 여기(癘氣)에 의해서 기인한다는 괴질관에서 '코흐균'에서 기인한다는 병인학으로의 전환을 의미하기 때문이다. 현대 의학은 로베르트 코흐의 업적과 함께 시작되는 것이다. 코흐는 1883년 알렉산드리아에서 콜레라를 발생시키는 비브리오를 발견하였으며 1884년 캘커타에서 그의 발견을 확증하였고, 그 2년여 전에는 결핵균을 발견했던 것이다. 근대성(현대성)은 이런 일련의 발견과 깊은 연관성을 지닌다.

이에 대해서 신동원의 다음과 같은 적절하고 간명한 지적이 있다.

> 1821년도 괴질은 호열자 곧 콜레라라 이름 붙여졌고, 이때부터 우리 역사는 괴질의 시대와 콜레라의 시대로 분절됩니다. 괴질은 전근대였고 운명론의 시대였으며, 콜레라는 근대이고 과학적 낙관론의 시대입니다. 그런데 괴질의 유행은 1821년도였고, 콜레라라는 이름이 사용된 것이 1885년도였으니, 64년 사이에 엄청난 변화가 있었던 것입니다.
>
> 당시 영어식 발음인 콜레라보다 그 음을 한역한 호열자라는 이름이 공식 명칭이 되었으니 '호열자' 전후로 세상이 바뀌었던 셈입니다. 특히 조선인의 몸과 병, 조선의 의료와 의학에는 넓고도 깊은 대변혁이 있었습니다.[10]

이 지적처럼, 이 시기를 기점으로 하여 우리나라에서는 근대 의학의 단계로 나아가는 전환 시대가 열리는 것이다. 문제는 이런 단계가 외세인 제국주의와 식민주의의 침투와 일치하는 점에서 우리의 식민지 근대성의 특수성이 내재한다. 하기야 로라 오티스의 지적처럼 세균학은 식민주의나 제국주의적 이념에 부합되

---

[10] 신동원, 앞의 책, p. 6.

고 있으며, 복무한 것이 사실인 것이다.[11]

『토지』에 제시된 호열자도 바로 이 시기에 습격·침범한 재난으로서의 전염병이다. 이 작품에는 콜레라에 대응하는 이종(異種)의 두 부류가 대비되어 있다. 돌림병 침투에 아는 것 없이 무방비하게 당하는 마을 사람들과, 일본 사람들은 호열자를 '전염병'이라 일컫는다든가 '병 피하는 방법'을 조금은 알고 있다는 조준구의 대응 방법이 그것이다. 전자가 전근대적이고 주술적 대응임에 비해서, 조준구의 대응 방법은 한편으로는 질병에 대해서 근대적으로 훈련된, 다소는 개화된 삶으로서의 라이프스타일이긴 하지만, 다른 한편으로는 정치적인 침투에 대응하기보다는 조선 지배에 착수한 일본 제국의 세력에 영합하는 태도를 반영하고 있는 외세 의존 세력의 표상이다. 자기만 알고 이웃이 병드는 것을 이용하는 그는 식민지 침범 세력과 다름없는 존재인 것이다.

3. 콜레라 병사가 의미하는 것

『토지』 1부에서 제시되는 콜레라로 인한 많은 죽음 가운데서 각별히 중요한 의미를 지니고 있는 죽음은 최참판 댁 노비 출신인 김서방의 죽음과 최참판 댁의 안주인인 윤씨부인의 죽음이다. 이 두 죽음은 서사적 의미나 구조에 있어서 각기 다른 의의와 상징성을 지니고 있다. 강청댁과 함께 평사리 마을에서 외부로부터의 최초 전파자이면서 콜레라 희생자가 되는 김서방의 경우는 공포감을 주는 '괴정,' 즉 콜레라의 전파의 경로와 증상, 병증의 진행 양상에 대한 경험적 관점의 사실적 묘사 및 공포 환기의 기능과 관련되어 있다. 그리고 결국은 콜레라로 죽게 되는, 파국적인 쇠잔의 이야기이다. 이와는 달리 윤씨부인의 경우는 비록 쇠잔의

---

[11] Laura Otis, *Membranes: Metaphors of Invasion in Nineteenth Century Literature, Science and Politics*, The Johns Hopkins UP, 1999, p. 5, 6.

이야기를 내포하고 있기는 하지만, 가족사의 구조적 변환을 위한 서사적 동인화(動因化)라는 상징적인 의미를 지니고 있어서 상반적이다.

김서방은 외지로부터 평사리로 들어와서 평사리를 황폐화시킨 병균을 옮겨온 최초의 전파자이다. 각처에 있는 참판 댁 농토를 돌아보고 금년 수확을 예상하기 위한 감나무골, 용수골 등의 외지를 둘러보는 나들이에서 발병하여 귀가한다. 참을 수 없는 구토와 설사로 인해서 김서방의 상태는 밤사이에 비참한 몰골이 되어간다. 급속하게 진행되는 병증의 사실적인 제시이다.

> 김서방은 그 뜨락에 돗자리 위에 누워 있었다. 하룻밤 사이에 허깨비로 변해버린 모습, 구토와 설사는 뜸해진 것 같았다. 그러나 이미 탈수증에 빠진 얼굴, 움푹 꺼져버린 눈두덩에 눈알만 붉어져 나왔다. 눈알이 희미하게 움직이고 있는 듯싶었으나 의식은 가물가물했고, 엉성한 수염 사이의 얼굴은 푸르다 못해 잿빛이었다.

"푸르다 못해 잿빛"이라는 색채적인 내포의 은유적 결합에서 환기되고 있듯이, 갑작스럽게 발병하여 빠르게 진행됨으로써 탈수 상태와 사경에 빠져든 환자의 상태에 대한 섬뜩한 묘사이다. 이렇게 원인을 전혀 알 수 없는 김서방의 매우 으스스한 증세가 강청댁의 죽음으로 돌림병, 즉 괴정으로서의 호열자라는 사실이 알려지는 순간, 마을 사람들에게 심한 공포감을 불러일으키게 된다. 콜레라는 불안과 공포의 원천이 되고, 재앙처럼 퍼져가는 병은 온 마을 사람들에게 공포를 유발한다.

'그 뻥(병)은 걸리기만 하문 죽는다!'
빙 둘러싸고 있던 사람의 울타리는 무너진다. 불거져 나온 두 눈, 관골과 코만 댕그렇게 솟아오른 해골, 김서방의 그런 모습은 순간 이들에게 다른 뜻으로 비쳤다. 암담하고 침울하고 슬펐던 눈

빛은 일제히 공포로 변했다. 삼수가 맨 먼저 그 자리에서 떠났다. 술렁술렁 다 빠져나갔다. 김서방 댁조차 그 넉살스러운 넋두리를 그만두고 민적민적 엉덩이를 밀면서 물러나 앉는다. 때마침 볼일이 있어 최참판 댁에 묵고 있던 마장리 마름 염서방은 윤씨부인에게 인사도 하는 둥 마는 둥 말에 올라 도망치듯 가버렸다. 그런 행동들을 야박스럽게 생각한 돌이는 우물쭈물하며 서 있었다. 수동이만이 본시의 모습대로 주변을 거들떠보지도 않았다.

김서방의 병이 예방도 치유도 할 수 없는 전염 위험이 매우 높은 무서운 콜레라임이 밝혀진 순간, 주위에서 이제껏 환자에 대해서 동정적이고 연민적인 태도를 가져왔던 이웃들이 모두 겁을 먹고 표변하여 현장을 빠져나가는 각양각색의 양태와 반응을 제시한 대목이다. 의태어의 신체 수사학으로 희화화한 이 제시 방법을 통해서 질병의 공포 앞에서 인간 관계라는 것이 얼마나 취약하고 흔들리기 쉬운 것이며 당시의 사람들의 삶에 있어서 호열자란 전염병이 얼마나 불안과 공포를 증폭시키는 두려움의 대상이었는가를 여실히 드러내준다. 콜레라는 죽음뿐만 아니라 인간관계와 사회적 질서의 균형을 깨면서 이렇듯 깊은 도전과 영향력을 남기게 되는 것이다. 질병의 공포 앞에서 인간관계는 취약한 것이다.

김서방은 결국 죽게 된다. 이는 콜레라 감염의 종점이다. 따라서 쇠망의 모티프이며 김서방으로 보면 파국적인 쇠망의 이야기 story of decay이다. 김서방은 구조적으로는 콜레라라는 무서운 병의 전부를 알리기 위한 희생자이며 병 앞에 대책이 없는 시대의 위험한 삶을 표징한다. 동시에 부차적인 인물 중의 하나이지만 그의 죽음은 "김서방을 잃는다는 것은 서희를 위해 기둥을 잃는 것"이라고 서술자가 지적하고 있듯이, 실제적인 협조자일 뿐 아니라 서사 구조의 시학적인 면에 있어서도 그레마스의 행위항 모형의 구성소인 기능적 구성의 협조자functional plot-helper—최서희를 위한—의 상실을 의미하기도 한다.

그가 죽은 뒤로 최참판 댁에서는 돌이와·봉순네, 윤씨부인이 연달아 죽고 평사리 마을에서도 강청댁, 김진사 댁 두 과수, 영팔이 막내딸, 임이네 사내 아이 둘…… 등이 모두 콜레라의 희생자가 된다.

그런데 그런 가운데서도 최서희와 김길상 그리고 이용은 발병은 하였으나 죽지 않고 살아나게 된다. 최서희와 길상이가 살아남은 것은 분명히 김서방 등의 경우와는 다른 대조적 근본 구조이다. 모티프에 있어서 전자와 후자는 쇠망과 죽음 대 이니시에이션과 삶이라는 상호 대응을 이루면서, 쇠망의 이야기와 이니시에이션 또는 형성의 이야기로 각각 구조가 대비되기 때문이다.

즉 서희와 길상이는 그 고통의 통과의례를 견디고 이겨내고 살아남으로써 성장과 발전을 하게 되며 서사 구조상 최씨가의 다음 세대(3대) 가계사의 지속을 위한 든든한 고리 역할을 하는 것이다. 회생은 죽음의 문턱을 넘어서는 삶의 재생이며 성장통으로서 고통의 구조를 넘어가는 생성의 구조이며, 세대적 구조 단위의 생성이다.

한편, 윤씨부인의 죽음은 가족사의 구조나 상징 측면에서 볼 때 한 가문에서 한 세대의 몰락과 소멸을 의미한다. 남계적인 연쇄의 고리가 전복되거나 약해진 가문에서 윤씨부인의 죽음은 전 세대의 철저한 소멸인 것이다. 「토지」는 그 근본 성격에 있어서 한 가족의 운명을 연대기적 서사 원리에 의해서 제시하는 가족사 소설이며 가족사 연대기인 것이다. 공간적으로는 원점 회귀의 원환구조(圓環構造)인 것이다. 시간적으로는 역사의 끝없는 변화 속에서 한 가족의 융성과 소멸의 과정을, 세대적 순환 과정 및 이른바 '족보적 엄격 구조 genealogical imperative structure'[12]를 골간으로 서술한 소설이며, 세대소설이다.[13] 그래서 문벌과 재물

---

12 Patricia D. Tobin, *Time and the Novel*, Princeton UP, 1978, p. 596.
13 이재선, 「현대 한국 소설사1945~199」, 민음사(1991/1996), pp. 359~83. 이재선, 『한국 문학의 원근법』, 민음사, pp. 102~30. Yi-Ling Ru, *The Family Novel: Toward*

로 백 년 넘게 평사리에 군림한 대지주요 양반 계급인 최참판 댁의 융성과 몰락의 전이 과정을, '윤씨부인→최치수→서희(길상)→환국' 등의 4대로 이어가는 최씨 일족의 가계축선으로 표현했다. 이는 방대한 패밀리 플롯의 서사 체계로 이어져 있다. 다시 말해서 가족이 세대적 질서로서 서사 체계를 이룬 것이다. 『토지』는 거대한 가족사소설이다.

이 가족의 제1대가 바로 여장부 같은 윤씨부인이다. 일찍이 병약한 남편을 잃고 청상이 된 그는 한말 풍운의 험한 시대를 겪으면서 선대의 여인들과 마찬가지로 최참판가를 억척스럽게 지탱해 나가는 여인이며 최씨가를 향해서 도전해오는 일련의 외풍과 외압에 대해 마지막 바람막이 역할을 하는 여인이다. 남계 내지 부계적 구조가 허약하여 가족 축선의 지속선과 세대 간의 연속이 어려운 가문에, 동학장수 김개주와의 겁탈 관계로 환이를 출산함으로써 그는 병약한 적출의 친아들 최치수와 이단의 핏줄인 사생아 환이 사이에서 평생을 저울추처럼 위치하면서 죄의식과 갈등을 느끼면서 고통스러운 삶을 견디어간다. 그런 가운데 최씨 가문을 지키며 최참판 가의 마지막 남자 세대인 생식력을 잃은 최치수가 교살당하자, 범인 일당을 찾아내는 일에 적극성을 발휘하고 최씨가의 찬탈자인 조준구로부터 서희를 보호하는 역할을 수행한다. 이런 최참판 가의 마지막 버팀목인 윤씨부인이 마을을 휩쓴 돌림병 콜레라에 의해서 죽게 되는 것이다.

윤씨부인이 죽은 뒤의 최참판 댁 넓은 집안은 일시에 폐허가 되었다. 식솔이 많기 때문이기도 했으나 마을에서도 가장 많은 시체가 최참판 댁에서 나갔고 김서방을 위시하여 봉순네, 그리고 윤씨부인이 죽었다는 것은 대들보가 부러지고 기둥이 빠져나간 것이나 다름이 없다.

a Generic Definition, Peter Lang, 1992. p. 2. Denis Jonnes, *The Matrix of Narrative: Family Systems and Semiotics of Story*, pp. 89~92.

집의 붕괴를 '대들보,' '기둥'의 상실로 비유하고 있듯이, 윤씨부인의 죽음은 곧 누대를 누려온 최참판 가의 붕괴이며 제1대의 완전한 소멸을 의미한다. 이 점에서 그녀를 넘어뜨린 질병은 파괴적 역사와 삶에 대한 파괴력의 표상이다. 한말 세대인 윤씨부인 세대는 이 죽음으로써 역사의 소실점으로 사라지게 된다.

그러나 역사를 율(律)하는 원리는 주기(週期)로서의 순환과 교차가 있는 법, 피할 수 없는 역사의 과정은 낡은 것이 가면 또 새것이 오는 순환적 현상이다. 재난은 지난날의 것을 황폐화시키면서도 새로운 것의 시작을 위해서 계속적으로 배경막을 드리우며, 징후는 새로운 시대의 탄생을 위한 진통이 되는 것이다.

콜레라로 인한 윤씨부인의 죽음은 나약한 제2대를 넘어 제3대이며 최씨 집안의 마지막 핏줄인 최서희의 시대를 열게 되는 역사적 매개나 요인이 되는 것이다. 그리고 콜레라는 평사리에 가장 큰 변화를 가져오는 요인이 되기도 한다. 이 뒤에 전개되는 최서희의 삶은 그 구조에 있어서 타향(출향)과 고향(귀향)을 향한 외향(外向), 내향(內向)의 원심적 구조centrifugal structure와 구심적 구조centripetal structure가 작용하는 순환 구조로 이어진다.

이처럼 근현대사의 굴곡 속에서 민족의 생활사를 제시하는 『토지』에서는 거듭거듭 다른 유형의 괴물인 재난이 반복되고 순환한다. 이다음에도 용정 대화재와 전쟁의 재난이 해방에 이르기까지 잇달아 일어난다. 이 속에서 최씨가의 사람들과 그 이웃들은 생성하고 소멸하는 생활사로서의 줄기찬 삶의 기복을 이어가는 것이다. 『토지』에 나타나는 역사적 상상력에는 언제나 갈등과 재난의 순환 원리가 작용한다. 그리고 이 재난은 한국인의 생성사 전개에 마이너스와 플러스 기능을 함께 한다. 즉 재난은 역사 전개에 있어서 소멸과 생성을 함께 배태하는 원리인 것이다.

제12장
광기의 현대성과 문학적 정신병리학

전후(戰後)의 현대 한국 소설은 신체적인 상처나 질환 못지않게 정신병리학적 또는 분열적 퍼스낼리티 현상에 대한 인식에 특별한 관심을 지니고 있다. 의식의 장애나 정신적인 이상의 구조인 광기나 증후군을 원용함으로써 의식의 심부를 조명하고 또 이를 통해서 현대 사회에 내재하는 사회적 억압의 병리나 시대 징후론과 연결시키려는 문학적인 비유나 상징이 그것이다. 이것은 분명 정신병 읽기 현상이며 문학적인 정신병리학psychiatry 현상이다. 물론 광기나 정신적인 이상 증후에 대한 강박관념이 이 시대 문학에서만 독특하게 나타난 것은 아니다. 광기는 문학적인 테마나 상징으로서 긴 역사를 두고 숭상되어왔던 것이 사실이다. 그러나 현대문학에 이르러 이 현상은 더욱더 확산되면서 불건강한 시대의 거울로서 받아들여지는 것이다.[1] 즉 광기나 반사회적 이상 행동, 정신신경증 장애, 정서 장애, 정신분열증schizophrenia, 편집광paranoia 또는 망상과 같은 일련의 인격 이상 증세나 징후로서의 정신병psychosis이 상징적으로 변용되어 문학 작품에 받아들여짐으로써 심층적인 인간 해명은 물론, 이와 깊이 관계된 시대나 사회적인 이상 환경을 암시하는 경향이 매우 본격적으로

---

1 Theodore Ziolkowski, *Dimensions of the Modern Novel*, 1969, p. 335, 343, 349. "병은 전통적 세계의 붕괴와 내면적인 쇠퇴에 대한 풍요한 비유의 언어를 산출한다. 예컨대 베르나노스의 퍼지는 암 상징, 릴케의 무시무시한 피부병 은유, 브루크의 뛰어난 외과적 이미지가 그것이다."(p. 281, 343.)

나타나게 된 것이다. 그래서 이런 정신 이상에 대한 현대소설의 강박화 현상은 광기나 이상성에 대한 현대 의학이나 정신분석학의 이해와 맞물리면서 문학과 정신의학 및 사회의학과의 연결 고리의 가능성을 적지 않게 시사해주기도 하는 것이다.

특히 민족적인 트라우마의 근원 체험인 6·25 한국 전쟁의 경험 및 5·16 군부 통치하에서의 1960년대나 70년대의 억압된 삶을 재현하는 현대소설은 다양한 형태의 정신적 이상성과 착란 현상을 묘사하고 있다. 이는 주로 소설 속의 허구적인 인물들이 지니고 있는 각종의 내면화된 병리pathology와 이상심리 및 이상행동에 대한 기술로써 구체화된다. 이들 인물들은 가령 독특한 시간 연쇄와 공간 형태로 구성된 강용준의 「광인일기」(1970)의 전쟁 영웅 조순덕이 진술 공포증을 갖고 있는 것처럼 그 자체가 타인 및 사회적 정치적 제도와 관련되면서 정신 탐구의 역사를 구성하고 있음[2]을 드러내준다. 그리고 정신병리적 신경병리학적 조건과 연계된 이상성은 이청준의 일련의 문학세계에서 중요한 모티프나 상징과 비유로 작용한다. 이는 결국 광기 혹은 정신적인 이상이 가족이나 타인과의 관계의 가치를 상징적으로 변형시킴은 물론 역사적·사회적 갈등과 고통의 내면화 현상임을 시사한다.

1. 「광인일기」의 문학적 정신병리학

안토냉 아르토Antonin Artaud에 따르면 광인은 무엇보다 사회적 독재권의 개인적인 희생자이다. 이는 광인의 상징화의 내면화된 체계가, 정신을 규제하는 사회적·정치적 제도에 대한 관계와 대립 속에서 고구되어야만 함[3]을 시사한다. 이 점에서 강용준의 「광인일기」(1970)는 전쟁 직후의 정신적인 이상 징후에 대한 해

---

2 Lillian Feder, *Madness in Literature*, Princeton University Press, 1980, pp. 4~5.
3 같은 책, p. 7.

부에 가장 역점을 두고 있는 작품의 하나이다.

특수한 문화, 혹은 특수한 사회적 상황은 그에 따라 여러 가지 이질적인 병상의 환자를 낳게 된다고 현대의 비교문화 정신의학은 진단하고 있다. 찰칵거리는 타이프 소리, 하얀 천장, 혹은 시커먼 천장, 폐쇄병동 그리고 암처럼 길게 늘어져오는 덩어리. 시커먼 거미, 심연—아마 자네는 감당할 수 없었으리라. 피차 우리는 무서웠던 것이다. 한 손에는 쇠사슬을 들고 광인들로 여겨지는 몇 명의 남녀가 깊은 존경의 모습으로 우러러보는 가운데, 한 사내가 지금 자랑스럽게 서 있다. 엉뚱하게도 그것은 1826년에 죽은 정신위생 운동의 선구자 피넬의 동상이다. 그런데 푸코는 그 아래서 이렇게 삿대질을 한다.(저놈, 저 도덕 사디즘의 제창자 놈.)

이는 작품 말미에 해당하는 문맥이다. 미셀 푸코 Michel Foucault 의 저서 『광기와 부조리: 광기의 역사 Folie et déraison, histoire de la folie』(1961)[4]의 그림자가 주제의 음영으로서 짙게 드리워져 있다. 즉 광기를 야기하는 삶의 조건에서 정신병리학의 실체를 파악한 푸코의 『지식의 고고학』에 대한 이해에 근거하고 있는 작품이다. 광기에 대한 박애주의적 관점을 가졌던 피넬 Philippe Pinel (1745~1826)을 비판한 푸코가 인용되고 있기 때문이다. 피넬은 1793년 광인을 수용한 비세트르의 강제수용소에 감금된 광인들을 사슬로부터 풀어준 사람이다. 피넬의 이런 개혁은 전 유럽에 걸쳐서 미친 사람의 치유와 그들에 대한 취급을 변화시키는 박애주의 운동의 절정으로서, 광기에 대한 재평가로 평가받는 이른바 '도덕적 치료'의 방법인 것이다. 그런데 푸코는 정신이상자를 보호 수용소에서 다루는 감금의 모든 의학적인 정당화를 사회적인 위선으로 간주한 사람이다. 그래서 그는 투크 William Tuke의

---

[4] Michel Foucault, *Madness and Civilization: A History of Insanity in the Age of Reason*, Vintage Book, 1965.

『퀘이커 수용소』나 피넬의 『비세트르』의 종교적인 가치나 도덕적인 가치의 방법도 '도덕적 사디즘'의 끔찍하고 미묘한 형태로 간주했던 것이다.[5] 이런 푸코의 입장을 작가는 작품 속에 끌어들이고 있다. 이른바 '푸코-이펙트'가 여기서 비롯된다.

「광인일기」는 '자네'라는 2인칭 수화자로 상대화된 주인공에 대해서 서술자인 '나'가 1인칭 독백으로 일관하는 매우 독특한 서술 형태를 취하고 있는 가운데 이상심리학의 지식 체계를 원용해서, 전후 사회에 적응하지 못함으로써 끝내 자살해버리고 마는 한 전쟁 영웅의 정신적 와해의 심화 과정을 임상학적인 보고 형식으로 제시한 중편소설이다. 그런데 서술의 화자 역시 주인공 조순덕과 6년간 생사고락을 같이하며 함께 군 복무를 한 바 있는 사람이다. 제대 후 도미 생활을 거쳐 지금은 미국인 회사에 근무하는 "규격화된 시간 속에 규격화된 에티켓과 규격화된 직무에 알맞게만 재단된" 샐러리맨이다. 그는 비교적 호화로운 가옥의 소유주이며, 양심의 가책을 받을 이유가 하나도 없다고 할 만큼 향락 생활을 적당하게 합리화하는 사람이다. 이러한 그의 앞에 어느 날 5년이나 소식이 없던 조순덕이 아무런 사전 연락 없이 불쑥 나타난다. 조순덕은 사무실이 떠나가도록 '왈왈왈' 웃어대는 여유 만만한 의태어적 상태의 모습으로 나타나서 월급쟁이로 '발발' 기는 '나'를 거의 저돌적이고 광포한 언행으로 제압하고는 사라진다. 이것이 '나'로 하여금 왜곡된 나를 살피는 계기를 만들고 주인공에 대한 관심과 추적의 단서를 마련한다.

그로부터 6년 후 다시 신문과 주간지를 매개로 체포-감금-죽음으로 이어지는 조순덕의 후일담이 서술된다. 그런 점에서 '나'의 역할은 주인공인 조순덕의 이상한 행적과 이의 병인을 추적하는 서술자의 기능을 하고 있지만, 단순한 서술자에만 국한되어 있지는 않다. 조순덕과 병/건강의 변증법적 대립의 상반된 삶의

---

[5] 앞의 책, p. 46 및 Allen Thiher, *Revels in Madness: Insanity in Medicine and Literature*, The University of Michigan Press, 2004, p. 131, pp. 146~54 참조.

전형인 동시에, 상대를 통해서 변명적 자기 패러디로 자신을 살펴나가는 한 등장인물이기도 한 것이다. 이것은 분명 대위법적 구성이다.

그렇다면 조순덕 대위는 어떠한 사람인가. 여기서 정신적 증상의 해부가 이루어진다. 그는 전쟁 중에 혁혁한 무공을 세움으로써 화랑무공훈장을 두 번이나 받은, 이른바 전설의 영웅 같은 전쟁 영웅이다. 그러나 전쟁이 끝나면서부터 그는 '흔들흔들하는 두 팔'과 '비뚜름한 작업모의 계급장' '퍼렇게 녹이 앉은 버클' '헐렁한 작업복'이란 일탈적인 묘사가 시사하는 것처럼, 영웅의 당당한 자리에서 허물어져가는 정신 기능 상실자가 된다. 그 때문에 당당한 대위임에도 불구하고 미미한 역할로 밀려다니고 또 상관으로부터 종종 구타를 당할 뿐 아니라 외상성 뇌증, 망상형 분열증 등, 각종의 이상 증후가 심각해지면서 제대를 하게 된다. 제대를 한 그는 군 복무라는 극심한 억압 상태에서 급작스럽게 해방되어 심리적, 도덕적 건강 장애를 수반한다는 케송병에 걸려 아이를 잃고 결혼에도 실패하고 간첩 김만수의 공작금을 받아 생활하다 체포되어 재판을 받게 된다. 그는 그 행위마저도 애국적인 행위라고 주장하는 등 상식에 어긋나는 정신 상태와 행동을 보여준다. 급기야는 M시의 정신병동에 유치 격리되어 2년의 유치 기간 동안 심리적 방위 반응인 심한 이인증(離人症)에 걸리고 퇴원과 동시에 치사량의 수면제를 먹고 자살해버린다. 전쟁 영웅의 철저한 와해 과정이다.

여기서 제기될 수 있는 것은 무엇이 과연 조순덕을 와해시켰으며 또 이러한 그의 이상성과 비극적 삶이 어떤 의미를 갖고 있는가 하는 문제이다. 우선 멀게는 조순덕의 가계 유전이나 개성이 정신적인 병인으로 고려될 여지도 충분히 있다. 그의 부계로는 자살한 사람이 1명 있으며 모계로는 조울병적인 정신이상자로 인정되는 2명이 있는 데다가 조순덕 자신 또한 다분히 몽환적인 사색과 정령의 세계에 대한 충동을 지니고 '전부 아니면 완전히 무

(無)'라는 원초적인 강박관념에 내몰리는 기질과 성격의 주인공이기 때문이다. 그러나 보다 직접적인 병인은 '상황'에 있으며 '시대의 압력'에 있다. 이런 시대적인 상황과 압력의 정체가 다소 막연하긴 해도 이들이 그를 정신적으로 병들게 했으며 지속적으로 심화시켜 마침내 비극적으로 파멸케 한 것이다. 즉 진정한 의미의 영웅이 존재할 수 없는 추한 전장의 극한 상황과 거기서 얻게 된 충격적인 외상, 민대령으로 표상되는 가학적인 군대 조직이 그를 꿋꿋하게 서지 못하게 찌그러뜨리고 비틀거리게 했으며, 타의적 추방과 배제에 다름 아닌 군 제대로 인한 급격한 환경 변화, 이에 따른 케송병과 연이은 가족 파탄과 사회 관행에의 부적응, 법의 제재와 폐소 유치, 그리고 보속(補贖) 감정…… 그것들이 결국 흔들리는 팔의 이미지처럼 그를 계속 흔들리게 하다가 마침내 죽음으로 내몬 것이다. 이러한 손상된 삶을 나타내는 조순덕의 정신병과 비극적인 죽음은 서술자가 "정열에 넘치고 패기만만했을 자네, 그러나 어느새 그것은 겁에 질리고 시대의 압력에 눌려 찌그러진 자네의 모습으로 변해 있다"고 주인공의 삶을 압축해 설명하는 문맥에서 암시하는 것처럼 손상된 삶, 전쟁과 전후의 실존적 공허와 사회 상황에 내재하는 사회적 억압 추방이 한 인간이자 영웅을 와해시키고 있는 것이다. 광기의 현대성과 병리학적인 해부가 역연한 작품이다.

2. 이청준의 이상성의 미학

이 시대의 한국 소설 가운데서 광기나 정신분열 현상 및 의식의 심층적인 증후군에 대해서 가장 각별한 문학적 관심을 보이고 있는 모형은 이청준의 소설 공간이다. 그의 소설에 나타나는 인물들은 거개가 정신의학의 증후학적인 성격과 증상을 지니고 있다. 이 점에서 시대정신의 심신의학psychosomatics적 면모를 강하게 드러낸다. 정신적 이상성이 그의 문학의 주요 테마이며 모티프인 것이다. 그의「전짓불 앞의 방백—가위 밑 그림의 음화와 양화·2」에는 다음과 같은 문맥이 눈에 띈다.

> 내 개인적인 체험에 불과한 일이기는 하지만, 혹독한 6·25의 경험 속의 공포의 전짓불, 그 비정한 전짓불 빛 앞에 나는 도대체 어떤 변신이나 사라짐이 가능했을 것인가. 뒤에선 사람의 정체를 감춘 채 전짓불은 일방적으로 '너는 누구 편이냐?'라고 운명을 판가름할 대답을 강요한다.[6]
>
> 소설이란 그 개성적인 삶과 사회적인 삶의 동시적 드러냄의 양식인 때문이다.[7]

그의 이런 고백과 마찬가지로 여기에는 그의 문학 세계의 비의(秘意)에 대한 해석의 열쇠를 마련해줄 그의 문학관 내지는 소설관이 제시되어 있다. 이청준의 문학에 있어서의 사회적인 병리의 씨는 두 가지의 측면에서 연유한다. 하나는 아버지의 법 또는 부성(父性) 사회의 규범과 처벌이 절대화된 가족주의이며, 다른 하나는 옥죄는 사회적인 상황이다. 이런 현상은 프랑스의 비평가인 샤를 모롱 Charles Mauron의 심리비평 psychocritique적 시각으로서 조명이 가능하다. 텍스트의 겹침을 통해서 이른바 연상망 réseaux d'association과 강박은유 metaphores obsédantes를 찾고 이를 근거로 하여 작가나 시인의 의식 아래 깊이 뿌리를 내리고 있는 '개인신화 mythe personnel'를 찾는 것. 그것으로서 이청준의 작품에 내재하는 개인신화를 탐색해야 할 당위성이 제기되는 것이다. 이에 대해서 김현은 다음과 같이 지적한 바 있다.

---

6 『문학과사회』 1988년 봄호, 문학과지성사, p. 306.
7 같은 책, p. 311.

우선 정신분석학적인 입장에서 이청준적 인물은 유년 시절에 가족 관계의 비정상성 때문에 정신적 외상을 입어 타인과의 관계를 원활하게 이끌어나가지 못한 한 인간의 분신들이다. 그러나 그러한 협소한 개인적인 정신분석학이 그의 소설에 적응되기 위해서는 이청준 자신의 유년 시절에 대한 전기적 연구와 자료 조사가 선행되지 않으면 안 된다. 그렇지 않으면 그것은 단순한 추측과 희망의 심리학에 떨어질 우려를 갖는다. 그렇다면 위의 단서를 에리히 프롬Erich Fromm이나 카렌 호나이Karen Horney식의 사회적 정신분석에 적응시킬 수밖에 없게 된다. 이청준적 인물들은 사회 생활에 적응하지 못하며 대인 관계에서도 심한 간극을 보여준다. 그러한 이청준적 인물의 특성은 유년 시절에 형성된 '기본적 불안'에서 기인하는데 그 불안은 극심한 사회적 · 문화적 변동의 영향 밑에서 형성된다.[8]

'이청준적 인물'들은 사회적 · 문화적 변동 때문에 그들의 삶을 지탱해나갈 재래의 관습 · 질서 · 체계를 잃는다. 거기에서 그들의 불안은 시작되고, 그 불안은 그들을 사회의 변두리로 내몬다. 그러나 역설적으로 그들의 불안은 변동의 의미를 부인하려는 안일주의에 대한 뚜렷한 비판이 된다. 즉 시효가 지난 것 같은 이청준적 인물들의 불안은 아노미 현상 중의 하나여서 과거의 질서 체계에 대한 회의와 새로운 세계에 대한 혐오를 동시에 표상한다. 보다 더 문화적인 표현을 한다면 이청준적 인물들은 몰락해가는 질서 체계와 새로이 흥기되는 질서 체계 사이에 있어서 그 어느 것도 선택할 수 없는 것 때문에 자신을 그 어느 편에도 속하지 않는 기인으로 만든다. 그 기인들은 새로운 체제 속에서 본다면 유일한 생존자이

---

[8] 김현,「장인의 고뇌」,『사회와 윤리』, 일지사, 1974, p. 269. 이청준의 문학 세계를 평한 글로서는 이 밖에도 오생근,「갇혀 있는 자의 시선」(1974); 김주연,「사회와 인간」(1976); 송재영,「넋의 문학과 배전의 양식」(1979); 신동욱,「진실을 탐색하는 이야기꾼」(1982) 등이 있다.

다. 그 기인들은 그들이 서식하고 있는 사회의 구조적 모순의 한 축이다.[9]

이 같은 지적처럼 이청준의 문학 세계는 그의 「이어도」 「섬」 등 이른바 섬 소설 Inselroman의 섬 모티프 못지않게, 신체적이든 정신적이든 병이나 이상성의 증후군이 인간 조건의 일정한 비유나 상징이 되어 있다. 그만큼 이청준은 증후적인 가치를 중시하며 광기에 대해서 반응하는 강도가 두드러진다. 데뷔작인 「퇴원」 이래 『당신들의 천국』에서 보여주는 질환과 나환자 수용소 leprosarium 공간에의 상징적 관심을 넘어서서 「황홀한 실종」 「소문의 벽」 「병신과 머저리」 「별을 보여드립니다」 「조만득씨」 등 일련의 작품들의 인물들은 거의 모두가 정신적으로 이상성의 증상을 갖고 있거나 분열적인 개성 구조를 가진 정신병자로 진단된 인물들이며 증후군을 가진 사람들이다. 따라서 소설의 구성 역시 임상학적 박진성을 가지고 있는 이야기들이다. 뿐만 아니라 그의 여타의 작품들 속의 정상적인 인물들마저도 유년에 겪은 어떤 충격적인 체험으로 인해 불안이 지속되고 있는 사람들이다. 따라서 병동이라는 병리적 공간을 생성 기반으로 하여 비롯된 이청준의 문학 세계는, 인간과 사회의 정상성과 이상성의 상호 원리 내지는 인간 의식의 실존적인 불안의 환부나 그 심층에 대한 해명에 특별한 연관 관계를 가지고 있는 이상성의 시학이다. 기억과 망각 메커니즘으로서의 트라우마라는 정신적 증상이 밀봉된 문학이다.

물론 그의 작품 세계가 이런 양상으로 단순하게 제한되기에는 더 넓고 깊은 다른 차원들을 가지고 있는 것이 사실이다. 그러나 병리학적인 인식이나 증후군에 대한 상징화나 구조적 투영화는 그의 문학 세계를 형성하는 가장 중요한 기본적인 모티프이며 문법의 하나임에 틀림이 없다. 그의 작품들은 거의 다 정신병동을

---

[9] 김현, 같은 책, p. 271.

공간 배경으로 하고 있다. 그리고 또 주인공들은 분열증, 도착증, 가학성 유희욕, 진술 공포증 또는 과대망상증 등으로 진단된 일련의 정신 이상 환자들이며, 이런 환자들과 접촉하고 치유하는 정신과 의사들이 등장함으로써 이들의 관계는 정상과 이상이 역설적으로 대비된다. 이 속에서 질환 과정의 병리상이 해명되고 있다. 간호사의 역할은 양자 사이의 완충 지대로서 의의를 지닌다.

작품 「조만득씨」는 현실 생활이나 외적 세계의 무게나 억압이 정신병리 현상의 내적 요인으로 투영되는 과정과 박해 불안에 의한 인간의 배타적인 공격성을 부각시키고 있다. 주인공 조만득씨는 가난한 이발사이며 마음씨가 착하고 성미가 무던한 효자일 뿐만 아니라 이웃 사람들에 대해서도 지극히 선량한 사람이다. 이런 조만득씨가 과대망상성 정신분열증에 걸린 환자로서 병원에 입원하게 된다. 망상분열적 상태 paranoid schizophrenia에 있는 이 환자는 병원에 입원해 있으면서도 그가 병원에 있다는 사실을 모를 정도로 공간의 구조를 전이시키며 주치의사인 민박사의 권위나 존재 따위는 아예 처음부터 안중에도 없다. 간호사나 의사 그리고 환자들에게 거액의 가수표와 어음을 떼어주는 행복한 웃음과 백만장자로서의 재력을 과시한다. 그렇다면 이러한 그의 전도된 망상적 정신병인이나 상황인은 무엇인가. 그것은 그의 인격의 내인성(內因性)에 있다기보다는 그의 궁핍한 생활사의 현실적인 환경이 주는 박해의 불안과 공포이다. 긴 세월을 반신불수로 누워 지내는 노모, 경제적으로 못난 형을 온갖 방법으로 협박하면서 돈을 요구하는 가출한 동생 조만석 등 가족 내적 환경인 현실 상황의 중압이 그를 몰아붙여 심리적 갈등의 고통이 전이된 정신병리 현상인 것이다.

이런 망상은 그로 하여금 억압된 고통의 근원인 현실을 볼 수 없게 차단하는 대신에 그를 행복한 백만장자로 전도·변용시키게 된 것이다. 현실적인 고통의 상황에서의 정신적 파산이 '나를 잊게 außersich-sein'하고 병리의 황홀과 착란의 의식 세계에 빠뜨려 망상 속에서 살게 한 것이다. 이런 환자가 입원을 했을 경우, 정신과 의사가 해야 할 일은 그 발병의 원인을 찾고 임상학적으로 이를 치유하는 일이다. 그를 치유하는 민박사의 작업 역시 망상의 환유적인 증세인 '재력'과 '웃음'을 빼앗는 싸움으로부터 비롯된다. 그런데 이청준의 소설에 등장하는 모든 의사상이 그러하듯이 민박사 또한 철저하고 전형적이며 자기 확신적이고 표본적인 의사이다. 그는 조만득의 병인이 된 현실 상황의 이상성에 관심을 두는 것이 아니라 병의 현상 그 자체와 임상적인 치료에만 집착한다. 민박사가 하려는 일이란 우선 환자로 하여금 자신의 권위에 대한 신뢰와 존경심을 갖게 하고, 환자가 행복하게 미친 망상 상태에서 벗어나서 그가 필연코 다시 마주칠 냉혹하고 압도적인 현실의 무게는 고려치 않은 채 원래의 현실인 가난뱅이로 돌아가게 하려는 것이다. 이런 경우 관여하는 것은 의사의 정신의학의 일방성뿐이며 그 요인을 문제시하는 사회의학은 근원적으로 배제된다.

그런 뜻에서 간호사 윤지혜의 존재는 그러한 민박사의 정신의학의 일방성에 대한 사회의학의 견제적이고 문제 제기적인 성향이 투영된 인물로서 특이한 의미를 지닌다. 민박사와 윤지혜 이들 양자의 관계는 인간의 구원과 이상성에 대한 대응과 책임에 있어서 원천적으로 대립 관계이다. 그것은 병리성에 대한 사회적인 인식과 정신병리적 인식의 단층과 차이를 뜻한다. 정신과 의사인 민박사는 이 망상의 제왕에게서 왕관을 빼앗아 초라한 원래의 백성으로 돌아가게 하는 것을 환자에 대한 치유라고 생각하는 반면, 조만득의 불행에 인간적 연민을 갖고 있는 윤지혜는 행복한 망상을 깨는 것이 오히려 죄악이라고 생각한다. 이 점에서 윤지혜는 분명히 반의학적인 것이다.

그래서 윤지혜와 민박사 사이에는 조만득의 이른 퇴원을 두고 뚜렷한 견해의 대립이 일어난다. 이런 현상은 현실에의 복귀와 망상 속에서의 안주라는 두 개의 선택 가운데서 과연 어느 쪽이 인간적으로 행복한 것이냐는 변증법적인 대립 관계의 물음을 의미한다. 이러한 팽팽한 대립은 그러면서도 신념과 의무, 정확성의 화신 같은 민박사가 이상할 정도로 조만득의 정신력과 그의 현실의 무게를 걱정하면서 의학의 한계성을 자각해보는 것에서 그 균형의 틈을 보인다. 그것은 분명히 정신의학의 한계성을 직시하는 문학적 인식의 현상이며 사회를 임상학적으로 보려는 데서 연유될 수 있는 갈등의 측면이다. 그러나 철저한 의학적 책임으로 무장된 완벽주의자인 민박사는 사회적 책임을 대리하는 역(役)이 되어 있는 윤지혜와는 달리 망상과 현실의 양자택일 가운데서 후자를 역설한다.

> 아니 의사라기보다는 한 사람의 인간으로서, 미스 윤은 아마 사람의 삶이 무엇인가를 누릴 권리로만 생각되는 모양인데, 우리의 삶이 그렇기만 하다면 그야 어떤 식으로든지 그걸 행복하게 누리면 그만이겠지. 허지만 내겐 그게 권리로보다 어쩔 수 없이 짊어지고 살아내야 할 숙명적인 부채 같은 것으로 느껴져오는 수가 많거든. 그게 만약 우리가 짊어지고 살아내야 할 숙명의 부채 같은 것이라면, 우리는 어차피 누구나 자신의 현실과 정직하게 맞서는 도리밖에 다른 길이 없는 거지, 우리가 짊어지고 살아내야 할 진짜의 짐이란 우리의 현실 바로 그거니까…… 그런 뜻에서 조만득씨도 예외가 될 수는 없었어. 그가 비록 자신의 짐 속에 깔려 넘어지는 날이 생긴다 하더라도 그는 진짜 자신에게로 돌아가 자신의 현실과 맞서야 했으니까……
> 미친 것은 가짜의 삶이고 가짜의 행복이니까. 현실의 그것이 아무리 무겁고 고통스러운 것이더라도 거기서밖에는 삶의 진실이 찾아질 수 없거든.

그러나 원인이 분명한 망상의 병질적인 정신장애에 반응하는 이런 민박사의 철저한 의학적인 반응과, 조만득을 미치게 한 현실 세계에의 여린 내구성을 염려하는 윤지혜의 반응에는 실은 끝없이 양극을 달리는 대립항보다는 불일치 속에서의 일치가 발견되고 있다. 그것은 조만득의 정신질환을 처리하는 과정에서 엄격한 확신 속에 싹튼 민박사의 일말의 회의와, 조만득의 뒷일에 대해 염려하는 윤지혜의 생각 사이에 어떤 연쇄 관계가 있기 때문이다. 이런 일치는 망상의 뿌리가 되는 고통의 현실을 근본적으로 치유하기에는 무력할 수밖에 없는 정신의학이 지닌 책임의 한계와 위기 및 그런 고통의 연대성을 깨닫는 인간적인 양심의 반응을 암시하며, 다음에 일어날 서사적 사건을 예시하는 구조적 기능을 함께 하기에 충분하다.

결과적으로, 병원을 퇴원하여 현실에 복귀한 조만득은 전도된 망상 세계에서의 행복한 상태와는 달리, 어느 날 그의 앓아누운 어머니와 말썽쟁이 아우를 차례로 목 졸라 죽인다. 이것은 그가 현실을 못 견뎌서 그에 대한 공격성의 복수로 그 자신이 아니라 그의 현실 쪽을 깨부숴버릴지도 모른다는 윤지혜의 예상과 우려가 현실로 적중해서 나타난 사건이다. 이런 모친 살해matricide 내지 근친 살해라는 잔악하고 파괴적인 범죄가 일어날 수밖에 없었던 동기는 무엇인가. 그것은 이 근원적인 죄악이 현실의 박해로부터 받는 피해 불안이나 그런 현실에 대한 복수와 징벌의 자학적이고 가학적인 공격성과 연관된다. 여기에서 인간이 절망적인 극한 상태에 내몰리게 되었을 때에는, 이태동의 지적처럼, 현실에 대해서 복수를 하거나 그것을 파괴하게 된다는 사실이 드러난다.[10] 자기의 생명의 근원인 어머니를 살해하는 행위는 단순한 방어적인 환상 살인이 아니고 그 어머니와 하나인 자신의 파멸을 뜻한다고 할 수도 있다. 그리고 동생의 살해는 가해자에 대한 복수 행위를 상징한다. 어쨌거나 망상적인 전도와 욕구 투영의 정신 상태에서는 화해적이고 행복했던 조만득이, 의학적 치료에 의해

---

10 이태동, 「책임 의식의 한계와 물음의 진리」, 『내일의 한국 작가』, 홍성사, 1982, pp. 51~56.

참된 현실과 자아로 복귀함으로써 오히려 파괴적인 범죄자가 되어버리고 만다는 이 반어적이고 역설적인 상황은 사회나 시대의 병리나 증후론적 진단의 성격을 암시한다. 그것은 병리적인 것이 오히려 행복하며 깨어 있는 현실에의 자각이 훨씬 더 고통스럽다는 인식의 사회병리학적인 극화에 다름이 아닌 것이다.

「황홀한 실종」(1977)의 은행원인 주인공 윤일섭 역시 정신질환을 앓고 있는 환자이다. 그가 입원해 있는 U병원 정신신경과 손박사의 진단에 의하면 분열증schizophrenia이다. 분열증 환자란 내면과 외면 세계, 경험과 행위, 마음과 몸이 서로 분열된 사람으로서 정상적인 충동을 억제할 수 없으며 비정상적인 사회를 따르는 사람이며 '존재론적 위험' 상태에 있는 사람이다.[11] 이런 윤일섭의 분열 증세는 주위 사람들을 까닭 없이 골탕 먹이는 가학성 유희욕, 대인 기피증 및 안팎과 의식의 도착증 등 여러 가지의 병증으로 나타난다. 손박사는 이런 윤일섭의 퍼스낼리티의 장애 요인을 규명하는 가운데 그의 의식의 전도와 안팎 도착증의 장애를 일으킨 원흉이 바로 다름 아닌 '쇠창살'에 있음을 밝혀낸다. 병리의 잠재적인 뿌리의 원천을, 1970년대 전후 데모로 어수선했던 그의 대학 시절의 추억과 그가 은행원 노릇을 하던 때의 고충과 관계 짓고 있다. 이 대학과 은행, 두 개의 세계를 공통으로 묶고 있는 상징적인 대상이 바로 쇠창살이다. 그 작품은 시위로 문이 닫힌 학창 시대의 교문과 은행의 쇠창살을 경계로 한 그 내부와 외부로 대극화함으로써 의식의 양극성 원리의 구조적 상징화로 삼고 있다. 쇠창살의 안과 밖은 구속과 자유의 대립 표상일 수도 있는 반면 보호와 안락 대 추방의 기호론적인 대립일 수도 있는 것이다. 창살과 여기에 얽힌 주인공의 병리적인 강박 의식은 이 두 개의 대립짝 가운데서 어느 하나의 선택적인 것이라기보다는 병행 대립적인 양상을 지니고 있다. 표면적으로는 손박사의 진단

---

[11] R. D. Laing, *The Divided Self*, 1965, p. 140. Douglas Kirsner, *The Schizoid World of Jean-Paul Sartre and R. D. Laing*, University of Queenland Press, 1976. 참조.

에 대한 일섭이나 또는 그의 동류의 주장과 반론이 보다 정당화될 수 있다. 즉 자유의 표상으로서 대학 창살의 밖으로 지향하려는 의식 상태에서 병리의 근원을 찾는 손박사의 진단과는 역행적으로, 잠시의 실종 후 윤일섭이 스스로 동물원의 철책 안에 들어가 있는 사실을 발견하는 결말은 은행 철창의 안쪽을 오히려 보호와 안락으로 받아들이려는 일섭과 그의 동료의 진술과 일치한다. 문제는 이런 손박사의 진단이나 동료의 변호의 상반성에 있다기보다는, 한 인간의 의식에 잠재되어 있는 병리적인 징후가 단순한 심인론적인 내인성(內因性)을 넘어서서 시대와 사회의 억압이라는 환경론적인 외인성(外因性)과 깊이 관련되어 있다는 사실과 이상과 현실의 깊은 단층을 암시하고 있다는 사실이다.

(1) 선생님도 아시겠지만, 우린 그 대학 시절을 어떻게 지내고 있었지요? 우린 항상 바깥에 있었지요. 우리가 하는 일이란 날마다 그 학교 근처를 빙빙 맴돌면서 어떻게 하면 그 문을 다시 들어갈 수 있을까 하고 기회를 엿보는 것뿐이었어요…… 그 빌어먹을 놈의 교문은 항상 굳게 닫혀 있었고, 철벽 같은 교문 앞엔 언제나 그 절족동물처럼 얼굴과 몸통을 온통 딱딱한 갑옷으로 둘러싼 사람들이 우릴 지키고 있었거든요.

(2) 그 문을 들어가고 싶어 한 게 아니라 나가고 싶어 했었다는 사실을 사실대로 받아들일 수 있다면 말입니다. 그럼 윤형은 그때 도대체 무엇 때문에 그토록 문을 나가고 싶어 했겠습니까…… 윤형의 젊음 때문이었지요. 그 젊음에 넘치는 자유 때문이었다고 해도 좋겠지요. 젊은 사람이라면 누구나 다 그럴 수 있는 자유에의 의지, 윤형이 믿고 신봉해온 그 자유에의 실천적 의지 말입니다.

(3) 윤형의 진심은 자꾸만 그 바깥을 향하려 하는데 그것을 억누르고 자신을 위장하려니까 윤형은 거꾸로 누군가가 자꾸 자신을

그 바깥으로 떠밀어내려는 걸로 도착을 감행한단 말입니다. 그리고 그 도착 속에서 윤형은 정말로 누군가가 자신을 밖으로 내쫓으려 하고 있는 것처럼 불안해합니다. 이번에는 윤형의 진실이 아닌 그 위장되고 도착된 윤형이 말입니다. 그래서 윤형은 그 불안의 요소를 해소시키기 위해 주위에 대해서 먼저 공격을 취하기 시작하는 겁니다. 자기가 쫓겨나기 전에 상대방을 먼저 내쫓기 위해서라고 할까요.

위의 인용에서 밀고 나가려는 의식과 떠밀리거나 내쫓기지 않으려는 의식의 메커니즘을 볼 수 있다. (1)은 철창의 안쪽, 즉 내향(內向)에의 정신 현상 내지 의식 상태를 말하는 윤일섭의 자기 진술의 경우인 데 비해서, (2)와 (3)은 윤일섭의 증후의 요인이 철창의 바깥, 즉 외향(外向)에의 상태 지향과 좌절에서 오는 것이라고 진단하는 손박사의 견해이다. 이런 의식과 원망(願望)의 공간현상학적인 내향성과 외향성에 대한 생각은 서로가 그 방향에 있어서 대립되는 것은 사실이다. 그러나 관점의 차이에도 불구하고 문이 닫힌 대학 창살문의 안과 밖의 상태는 그 어느 쪽이나 입구와 출구를 상실한 차단의 상태, 이상과 현실의 대립 상태를 시사하고 있다는 점에서는 일치한다.

이 일치가 시사하는 것은 자유의지와 통제가 안팎에서 대치되는 시대적 병리가 정신분열 상태로 은유되고 있다는 사실이다. 뿐만 아니라 손박사의 치료를 받고 퇴원한 윤일섭이 실종 뒤 동물원의 철책 문을 열고 들어가 맹수를 쫓고 자신이 우리를 차지하는 자기 감금 상태로 발견된다는 사실은, 내향 지향적인 그의 인식 상태와 일관성을 지닌 행위로서 그 정당성을 가질 수 있겠지만, 그보다도 더 중요한 점은 직장에서 쫓겨나는 공포로부터 보호받을 수 있는 영역을 확보하려는 세속적이고 현실적인 삶의 욕망을 시사하고 있다는 점이다. 그것은 "그 바깥쪽으로 기억의 방향을 돌려놓고 싶으신 박사님의 생각보다도 사회 일반이 달콤한 자기 유폐를 그리워하고 있는 우리 현실의 꿈과 정직하게 손을 맞잡고 있는 그 안을 향한 윤형의 기억 쪽을 훨씬 더 사실다운 사실로 믿고 싶어진다"는 윤일섭의 동료의 말과 일치된 행위이기 때문이다.

「소문의 벽」(1972) 역시 정신병리적인 상태와 깊이 관련되어 있는 작품이다. 서술자인 '나'와 전짓불 공포증과 진술 공포증의 정신병 환자인 작가 박준과의 만남에서 연유되는 곤궁함과 낭패감 그리고 관심으로 이어지면서 의식의 병태를 기술한 것이다. 주인공인 소설가 박준은 고통과 압력의 상황 아래에서 진심을 말하는 작가의 사명에 절망하여 끝내 좌절하고 실패해버린 사람이다. 즉 '언어의 정신병동madhouse of language'에 갇혀버린 존재이다. 이런 작가의 진술 공포증의 실어증 증후를 이야기하기 위해서 이 작품은 작가의 유년기에 전쟁 상태에서 경험한 전짓불의 공포와 그 뒤에 숨어 있는 정체불명의 공포를 은유적으로 해명하고 있다. 이런 정신적 충격과 상처로서의 이중적인 공포성은 그것이 6·25 전쟁의 포탄 쇼크shell shock란 외상후스트레스장애(PTSD)의 외인성에 있는 것과 마찬가지로 말과 바른 진술이 벽 앞에 차단되어버린, 건강하지 못한 시대의 억압을 상징한다. 그래서 이 작품의 정신과 의사인 김박사의 정신의학 역시 앞의 여느 의사들의 경우와 마찬가지로 실패하고 만다. 이런 정신병리적인 현상을 금기가 편만되어 있는 사회병리의 상징으로 원용하고 있는 이청준의 문학은 다시 일련의 『언어사회학서설』(1977)로 연결된다.

이 밖에도 이청준의 문학 세계는 건강한 사람의 일련의 증후군 또는 정신적인 상처가 투영되는 현상이 적지 않다. 주인공의 의식 속에 내재하고 있는 '포비아Phobia(공포증)'와 '필리아Philia(애호증)'의 심리적인 증후가 그것이다. 「퇴원」에서의 우상적인 부성(父性)의 공포 원리, 유년의 비밀스러운 장소에 대한 장소애, 「소문의 벽」에서의 광 속에서 숨어 잠자기가 '필리아' 현상으로 나타나고 있다. 이 가운데서 특히 '빛 공포증photophobia'의 일종인 전짓불 공포증의 심상은 그의 여러 작품에서 편재하는 대표적인 증후군이다. 그래서 전짓불은 그의 소설 세계에서 정체를 알 수 없는 공포와 잔인성, 그리고 무서운 상황의 상징이며 반복되는 모티프이다.

어렸을 적 깜깜한 어둠 속으로 갑자기 눈을 멀게 해오던 밝은 전짓불 빛줄기, 어찌 된 사연인지 내가 다시 군영 생활로 재소집되어 가서 훈련 과정을 치르러 가고 있는 꿈 같은 것들은 나를 번번이 식은땀을 흘리며 고개를 드세게 가로젓게 만든다. 한데도 영영 사라지거나 지워질 줄 모르고 심심찮게 되살아나는 괴로운 그림들이다. (「가위 밑 그림의 음화와 양화」)

어렸을 때 겪은 일이지만 난 아주 기분 나쁜 기억을 한 가지 가지고 있다. 6·25가 터지고 나서 우리 고향에는 한동안 우리 경찰대와 지방 공비가 뒤죽박죽으로 마을을 찾아드는 일이 있었는데, 어느 날 밤 경찰인지 공빈지 알 수 없는 사람들이 또 마을을 찾아들어왔다. 그리고 그 사람들 중의 한 사람은 우리 집까지 찾아 들어와서 어머니하고 내가 잠들고 있는 방문을 열어젖혔다. 눈이 부시도록 밝은 전짓불을 얼굴에다 내리비추며 어머니더러 당신은 누구의 편이냐고 물었다. 하지만 어머니는 그때 얼른 대답을 할 수가 없었다. 전짓불 뒤에 가려진 사람이 경찰대 사람인지 공비인지를 구별할 수가 없었기 때문이었다. 대답을 잘못했다가는 무서운 복수를 당할 것이 뻔한 사실이었다. 하지만 어머니는 상대방이 어느 쪽인지 정체를 알 수 없는 채 대답을 해야 할 사정이었다. 어머니의 입장은 절망적이었다. 나는 지금까지도 그 절망적인 순간의 기억을, 그리고 사람의 얼굴을 가려버린 전짓불에 대한 공포를 생생하게 간직하고 있다. (「소문의 벽」)

한밤중에 웬 전짓불의 환한 빛줄기가 어두운 숲 속을 장대처럼 이리저리 훑고 있었다. 빛줄기는 때로 나뭇가지들의 한 곳에서 곧

게 고정되고 한 사내의 그림자가 그때마다 나무 위로 올라가 빛줄기의 끝에서 열매를 따듯 잠든 새들을 집어 내렸다. 잠결에 빛을 받은 새들은 눈먼 장님처럼 옴짝달싹을 못했다. 날개를 퍼덕여 날아보는 새들도 방향을 못 잡고 좌충우돌하였다. ……그림자는 끊임없이 빛줄기를 들이대며 잠든 새들을 사냥하고 있었다. (「잔인한 도시」)

이런 전짓불 공포증의 확산 현상은 정신적인 증후와 외적 세계와의 관련성을 보여준다. 즉 증후의 외인성이 깊이 연계되어 있음을 시사하며 상황의 박해나 잔학한 상태를 상징한다. 이처럼 작가 이청준은 신체적인 질환 상태는 물론 정신의 장애 현상이나 병리적인 이상성의 증후를 문학적인 상징의 영역으로 가장 뚜렷하게 끌어들이고 있는 작가이다. 정신병 읽기의 시학은 이상성과 광기의 해석학으로서의 그의 문학에 있어 중요한 핵심이다. 이것이 곧 이청준의 문학적 정신병리학이다.

그런데 이 같은 병리나 증후의 깊은 뿌리는 가족 관계나 유년기 및 과거의 불안 경험에서 연유한 것이지만, 이것은 다시 사회적인 불안으로 맥락 관계가 이어지고 확대된다. 다시 말하자면 상처 입은 개인적인 전기가 시대나 사회의 전기로 문제가 확대 구현되는 것이다. 그의 인물들은 전쟁의 공포, 정치적 금제, 현실로 존재하는 경제적·사회적 갈등과, 고통으로 이어지는 우리 사회와 역사의 환기를 위한 희생양들인 것이다.

이상에서 살펴본 것처럼, 1960년대 이후 한국 현대소설의 전개에서 주목되는 한 현상은 정신이상에 대한 인지나 상징화 또는 은유화가 두드러지는 현상이다. 이것은 정서적·정신적 손상을 크게 겪어야만 했던 6·25의 전쟁 체험, 군사 정부의 통제와 억압에 의한 정치·사회 상황의 압력 및 긴장 등과 깊은 연관이 있다. 물론 인간 내면에 대한 관심과 투시도 함께 작용하고 있는 결과이다. 이 시대의 작가들은 전에 없이 이상성의 강박성에 빠져들고 있는 것이 사실이다. 그만큼 이상행동이나 정신신경증 장애를 지닌 인물에 대한 관심이 특별히 두드러지고 있는 것이다. 이것이 이 시대 문학에서 볼 수 있는 병리 애호의 미학 현상이다.

※ 제12장은 구고 「현대소설의 병리적 상징」(『문학의 해석』, 서강대 출판부, 1988)의 일부를 수정·개고한 것임.

제2부

문학 모티프와 테마 탐색

제13장

한국 소설과 이중성의 상상력
―『구운몽』과 이중 자아Doppleg䅟nger 모티프

1. 이중성의 시각과 이중 자아

인간의 성격이나 자아는 원초적으로 이중의 실체로 이해된다. 두 인간이 서로 매우 닮거나 천사와 짐승의 양면을 함께 갖고 있는 것이다. 한국 소설의 상상력은 이런 극성(極性)의 두 세계와 인간을 어떻게 제시하고 있으며, 또 이의 문학사적 전개는 어떻게 이루어지고 있을까? 이 글은 문학적 주체에 대한 사례 연구로서 한국 소설에 나타난 인간의 이중성 내지 양면성에 대한 사유 방식을 점검해보려 한다. 즉 한국 소설의 사적 전개에 있어서의 '더블 비전double vision'과 이중적 자아 탐색의 변이의 추이와 현대적 양상을 살펴보려는 것이다. 요컨대 이는 문학에 있어서의 '나란 무엇인가'에 대한 탐색 작업의 일환이다. 흔히 이중성 내지 이원성의 문제는 서로 대립되는 두 인물의 서로 다른 행위를 통해 선악, 진위, 미추, 표리 등 이원적 대립의 형상화에 의해서 이루어진다. 예컨대 놀부/흥부, 장화/홍련 등에서 보는 것처럼 형제, 자매, 쌍둥이거나 서로 닮은 사람의 의미론적 대립과 갈등에 의해서 이를 형상화하는 것이다. 그래서 흔히 이중 모티프는 둘 또는 셋으로 분화된다. 그 예증으로서 로버트 로저스Robert Rogers는 객관적 이중(두 사람)과 주관적 이중(분열된 자아)으로, 니콜 브라보Nicole F. Bravo는 동종(同種)형과 이종(異種)형으로 이분화한다. 그리고 산드로 모랄도Sandro M. Moraldo는 동일한 쌍둥이(혼동된 동일성), 마술적으로 닮은 사람(보충적 동일성), 다른 삶의 인물(위험한, 중대한 동일성)로 삼분화한다.[1]

그러나 이 글이 살펴보려는 초점은 이른바 이중 자아, 이중적이고 분열적인 자아로서의 분신(分身)인 '도플갱어 Doppelgänger' 모티프이다. 자아에 대한 이중의 시각 내지 깊은 양면 가치를 지닌 분열된 자아를 뜻하는 것으로 인간 개성의 이중성에 대한 관념이다. 흔히 거울상으로서의 분신이라고 일컬어지기도 한다.

이런 분열된 자아에 대한 상상력인 이른바 도플갱어는 욕망을 구체화하며 내적 갈등을 극화하는 기능을 한다. 때로는 자기정체성 상실의 징후 현상이기도 하다. 이 '나'의 그림자, 즉 이중 자아의 문제를 문학주제학적으로 대표하는 우리 고전 소설이 바로 김만중의 소설『구운몽』이다.

이 글은 불교해석학으로서가 아니라, 문학미학적 해석으로서 『구운몽』에서의 이중 자아에 대한 테마 내지 모티프를 살피고 이의 지속적인 변이의 전개 현상을 추적하려는 것이다.

2. 『구운몽』과 이중의 상상력

1) 환상과 액자의 시학으로서의 『구운몽』

『구운몽』은 17세기 조선조 숙종 때의 문신인 서포(西浦) 김만중(金萬重, 1637~1692)이 지은 소설이며 국문본과 한문본이 함께 전하고 있다. 작품의 이야기는 불도를 수행 중인 성진(性眞)이 시간의 신축 속에 잠시 꿈을 꾸게 되어, 몽환적인 꿈의 과정에서 겪는 세속적인 삶의 긴 과정과 숨은 욕망의 경험화 및 불교적

---

[1] Robert Rogers, *A Psychoanalytic Study of the Double in Literature*, Detroit, 1970. Nicole Fernandez Bravo, "Doubles and Counterparts" in Pierre Brunel(ed.), *Companion to Literary Mythic Heroes and Archetypes*, Routledge, 1992. Sandro M. Moraldo, *Wandlungen des Doppelgängers: Shakespeare-E. T. A Hoffmann*, Pirandell Peter Lang, 1996.

각성과 성찰을 그린 작품이다. 꿈과 몽환 및 추방과 복귀의 구조, 서사적 액자의 틀 형식 등 다양한 서사 기법으로 짜인 일종의 수행소설이며 자아 표현의 소설이다. 현실이 액자로써, 몽환적인 꿈이 내부 이야기로써 끼워 넣어지는 상감 형식의 구성 미학에 의해서 이루어져 있다. 계율 파괴(위반), 꿈, 죄와 벌, 추방(적강), 변신, 사제(師弟) 관계, 여행, 사랑, 욕망, 복귀 등 다양한 모티프 등을 구성소로 한 가운데 한국 소설사에서 '꿈문학' 내지 '환상 미학'의 정점으로서 우뚝한 작품이다.

현실과 환영이 상칭되면서 환영을 껴안고 있는 형태[2]의 이 『구운몽』은 특이하게도 우선 산의 지형도적 풍경 묘사 및 지명 묘사로 시작한다. 이향인 중국이 분명한 오악이란 다섯 산에 대한 파노라믹한 지지 작성과 함께 그 중심 장소인 형산 연화봉에 초점을 두고 있다. 이 연화봉에 있는 불교 도량에는 항상 금강경을 휴대하고 있는 육관대사라는 한 노승이 문하에 수백 명의 제자를 두고 있다. 이들 제자들 가운데 수행이 뛰어난 30여 명의 제자가 있는데, 그중에서도 10년간 수도한 성진이 총명과 지혜가 가장 훌륭하여 스승의 총애와 큰 기대를 받고 있다. 한편 이 형산의 다른 한쪽인 남악 동정호에는 위부인이라는 선녀가 여러 선녀들을 거느리며 머물고 있다. 산과 물의 이런 대응적 포치는 남성 공간 대 여성 공간의 경계와 대비라는 음양의 원리를 배려한 것이다. 물론 동정호의 선녀들이 도량의 근접 거리에 있다는 것은 여성을 배제하고 기피하는 남성 중심적 불교의 금욕주의적 공간인 도량에 대한 잠재적 유혹과 위험을 내포하거나, 일어날 서사를 예시하는 공간적인 구조이며 포치 형태이다.

하루는 성진이 스승 육관대사의 심부름으로 동정 용왕을 방문하게 된다. 방문 중에 성진은 용왕으로부터 진귀한 음식을 대접

---

2 Francisca Cho Bantly, *Embracing Illusion: Truth and Fiction, in the Dream of the Nine Clouds*, State University of New York Press, 1996, p. 19. 이 책은 근래에 외국학자에 의해서 이루어진 『구운몽』의 불교 철학적 연구로서 이색적인 성격을 지니고 있다.

받는데, 불가에서는 엄격히 금하고 있는 술을 강권에 의해 석 잔이나 마시고 용왕을 하직한 뒤 연화봉으로 돌아오게 된다. 귀로에 술기운에 낯이 달아오르자, 스승에게 꾸짖음을 들을까 두려워한 성진은 시냇가에 가서 손을 씻고 얼굴을 씻는다. 그때 정신을 흔들어놓는 기이한 향내—여인의 향내에 취해서(이성 신체의 침습 현상) 물을 좇아 그쪽으로 내려가던 성진은 돌다리 난간에서 길을 막고 앉은 팔선녀와 마주치게 된다. 이들 기이한 향내의 주인공인 팔선녀는 위부인을 대신하여 대사에 대한 정중한 예방을 마치고 귀로에 접어들었는데, 아름다운 봄의 경관과 거울같이 맑은 물 위에 떨어진 자신들의 그림자를 사랑하여 차마 이곳을 떠나지 못하고 지체하고 있다. 이 지체 현상은 성진과의 만남을 위해서 예비된 하나의 서사 전략이다.

성진과 팔선녀는 이 필연적인 마주침에서 길을 빙자한 희롱과 수작의 대화를 나눈 다음 마침내 서로 제 갈 길을 가게 된다. 이때 성진은 길을 빌리는 값으로 팔선녀 각각에게 여덟 개의 명주 구슬을 준다. 마주침(만남)이란 인간적 관계, 특히 남녀에게 있어서는 사랑의 관계를 처음으로 세우는 실존적인 접촉의 양상인 것이다.

절에 돌아온 성진은 그날 저녁, 낮 동안의 황홀했던 팔선녀와의 만남의 기억으로 정신적인 혼란에 빠지며 이제까지의 수도 생활에 대한 심한 내면적 갈등과 회의를 느끼게 된다. 부귀와 신체적인 쾌락과 영달로 통하는 세상의 길 또는 유가적 가치 지향에의 길도 엄연히 달리 있는데, 불도의 가치를 위해 산중에서 어렵고 절제되고 적막한 고행의 길을 굳이 선택해서 가는 것에 대해서 깊은 번뇌에 빠지게 된다. 이는 수행하는 성진이 마주친 일종의 의식의 심한 갈등이며 '자기동일성의 분열 Spaltbarkeit der Identität' 현상이다.

그때 문득 이를 알고 노한 스승이 그를 꾸짖기 위해서 호출한다. 여기서부터 서사 구조는 현실에서 환몽적인 꿈의 상태로, 도입 액자에서 내부 이야기에로 전이하는 양계의 경계와 접경이 이루어진다. "네 스스로 가고자 할 새 가라 함이니 네 만일 있고자 하면 뉘 능히 가라 하리오. 네 또 이르되 어디로 가리오 하나 너의 가고자 하는 곳이 너의 갈 곳이라." 이런 육관대사의 말에서 성진의 내적 동요와 흔들림이 투사되거나 구체화된다.

성진은 금기와 계율에 대한 위반의 죄와 벌로 인해서 스승으로부터 내쳐지고 팔선녀 역시 죄인으로 염라왕의 재판에 부쳐짐으로써 세속의 세계로 추방, 유배된다. 일종의 소외와 (낙원) 추방의 모티프인 동시에 면죄를 위한 여행으로서의 하강 내지 적강 현상이다. 이것은 현실과 꿈 사이의 전송의 서사 Narrative of Transmission인 것이다. 이로 인해 서사 세계는 성진의 세계와 양소유의 세계라는 이원 구조가 성립된다.

인세(人世)에 내쳐진 성진은 회남 땅 양씨가에 보내져서 양소유(楊小遊)란 다른 이름의 어린아이로 변용, 환생하여 다시 태어난다. 이는 분명 모티프에 있어서 일종의 변신 현상이다. 11세에 아버지 양처사가 신선이 되어 가자, 관상학적으로 외모가 준수할 뿐 아니라 신동의 재주를 타고난 소유는 과거에 응시하여 입신양명하는 출세의 뜻을 세우게 된다. 문무에 정통하고 시와 음악에 특출한 재능을 지닌 그는 과거에서 예상 그대로 장원으로 등과하여 한림학사가 된다. 이어서 승승장구로 출장입상하여 하북의 삼진과 토번의 난을 평정함으로써 그 공로로 승상이 되고 위국공에 책봉되고 부마와 태사의 자리에 이른다. 권세와 명예에의 사닥다리 길을 모두 밟게 되는 것이다.

거기에다 그와 함께 인간 세상에 유배되어 사방 각처에 구슬처럼 흩어진 아름다운 여덟 명의 여인(팔선녀)들과 하나하나씩 차례차례로 만나면서 그들과 결혼의 인연을 이루게 된다. 양소유의 삶은 한 줄의 끈에 여덟 개의 구슬을 다 꿰어가는 애정과 관계의 복원 작업으로서, 이는 욕망 특히 정욕의 대상을 찾아가는 긴 탐색의 여정이다. 이소화, 백능파, 정경패, 가춘운, 계섬월, 적경홍, 심요연, 진채봉 등 양(兩)공주 육 낭자로 더불어 두 아내와 여섯 첩을 두는 결혼을 하게 됨으로써 그는 쾌락한 삶의 극치에 도달한다. 이렇게 양소유는 권력과 쾌락의 절대를 모두 향유하게 되는 것이다. 이는 성진이 꾸는 꿈의 이야기이면서 양소유의 현실의 세계이다. 엄격히 말하면 환상 구조 속에 양소유의 일대기가 서술되는 긴 단계가 서사 단위에 있어서 꿈(몽환)의 단계이다.

그러나 가질 것과 누릴 것을 모두 소유했으면서도 만년에 이른 양소유가 은퇴하여 인생의 공허와 무상함을 느끼고 있을 때, 그를 찾아온 대사가 어느 순간 지팡이를 두드리자 그가 누린 일체의 영화는 어느 결에 남김없이 무화되고 만다. 노승은 물론 좌우의 여덟 낭자와 높은 누대와 지붕들도 모두 순식간에 사라져버리고 자신의 몸은 작은 한 암자의 부들방석 위에 앉아 있음을 본다. 꿈의 끝 문턱인 것이다. 꿈의 순례로부터 현실 복귀란 각몽(覺夢)의 단계이다. 이렇게 현실과 환각 또는 환몽(꿈)과의 경계 지나가기는 두 번씩이나 거듭된다. 꿈에서 현실로, 내부 이야기에서 액자로 되돌아온 것이다. 이에서 양소유는 다시 수도하던 성진으로 돌아온다. 구조적으로 보면 종결 액자 형태로 넘어가기 이전의 양소유의 전기(傳記)적 삶의 과정이 액자의 틀에 싸인 형국이다.

  손에 잡고 있던 석장(錫杖)으로 돌난간을 두어 차례 두드리니 갑자기 네 골짜기에서 구름이 일어나 놀이터를 뒤덮는지라, 지척을 분별치 못하니 양태사가 정신이 아득하여 마치 꿈을 꾸고 있는 듯하기에 한참 만에야 소리를 질러 외치기를
  "스님은 어찌하여 정도(正道)로 소유를 인도치 아니하고 환술(幻術)로써 희롱하시나이까?"
  말이 끝나기도 전에 구름이 걷히는데 노승은 간 곳이 없고, 좌우를 돌아보니 팔 낭자가 간 곳이 없는지라 매우 놀라 어찌할 바를 모르는데, 다시 누대와 많은 집들이 일시에 없어지고 자기의 몸뚱이는 한 작은 암자 속 포단 위에 앉았으되, 향로에 불은 이미 꺼지고 지는 달이 겨우 창가에 비치더라.

스스로 몸을 돌아보니 백팔염주(百八念珠)가 손목에 걸려 있고, 머리를 손으로 만져보니 머리털이 깎이어 까칠까칠하니 틀림없이 소화상(小和尙)의 모양이요, 다시 대승상의 위엄 있는 차림새가 되지 아니하는지라, 정신이 황홀하더니 오랜 후에야 제 몸이 남악 연화봉 도량(道場)의 성진 행자임을 깨닫고 생각하되 〔……〕
"……짐작건대 필연 스승이 나의 생각이 그릇됨을 알고 나로 하여금 이런 꿈을 꾸게 하여 인간의 부귀와 남녀의 사귐이 다 허무한 일임을 알게 함이렷다."

각몽(覺夢) 장면으로서, 꿈에서 깸으로써 다시 몽경(夢境)에서 실경(實境)으로 바뀌는 액자 전환이 이루어지는 서사 분절이다. 다시 양소유의 삶에서 성진의 현실로 되돌아온 그는 인간 세상에서 누리는 양소유로서의 부귀와 정욕이 모두 하룻밤의 봄꿈에 지나지 않음을 깨닫게 되는 것이다. 자기의 무상성에 대한 지각이며 이는 달리 표현하면 자기 실존의 자각이다. 꿈과 깸, 두 단계의 경계를 거침으로써 삶과 영욕의 무상함을 깨닫는다는 것이다. 이같이 꿈을 통해서 욕망의 덧없음을 깨닫게 된 성진은 제자리로 복귀하여 수련에 다시 정진함으로써 마침내는 계행이 높은 대사가 된다. 그리고 팔선녀 또한 연지분 바른 삶을 버리고 불도에 귀의함으로써 불생불멸의 정과(正果)의 열매를 얻게 된다는 결말이다.

이상이 김만중의 소설 『구운몽』의 요약적인 경개이다. 이에서 보는 것처럼, 『구운몽』은 인생여몽(人生如夢)의 주제를 다루고 미학적으로 우선 환몽(幻夢)으로서의 일종의 '꿈의 시학Poetik der Traumes'으로 이루어진 작품이다. 즉 꿈의 모티프를 활용함으로써 경험적 세계의 경계를 넘어서서 환상적이고 몽환적인 영역으로까지 서사적 세계를 확대하고 있기 때문이다. 꿈에 의한 변신과 꿈속에서의 순례의 이야기인 것이다. 꿈꾸기는 깨어 있는 경험을 가장하는 잠자는 경험의 한 형태이다. 모티프로서의 꿈은 잠재의식이나 억압된 관념을 파악케 하고 꿈꾸는 자로 하여금 인지적 지식 대신에 정감적 경험을 얻게 한다고 한다.[3] 중세의 서사 구조에서 꿈의 비전은 사실상 매우 현저한 현상이었던 것이다. 중세에서 꿈은 세속 현실과 초월적인 세계 간의 교섭, 결합하는 예조의 수단으로서, 욕망 실현의 수단 또는 예지의 수단 및 불교적인 교화의 인식 공간으로서 기능한다. 꿈을 형성하는 요인은 현실 생활에서 억제된 것에 대한 반동적인 현현이며 무의식이나 잠재의식의 기반인 것이다.

이런 꿈 이야기는 중국의 당(唐)대 소설에서는 아주 보편적인 현상이다. 현실과 꿈의 영역이 교호하는 서사 형태는 셸든 시아오 팽 루의 지적처럼 자아의 다양한 분할(분열) 공간과 시간의 변형, 문질과 정신 간의 한계의 붕괴, 자연과 문화 간의 경계 및 인간과 초자연적 존재 간의 경계의 일탈 등의 기능을 한다. 한국 고전소설의 꿈의 시학도 동일한 현상이다. 이계행(異界行)으로서의 꿈 서사가 적지 않다. 특히 꿈 모티프의 내재적인 한 원형인 『삼국유사』 소재 조신(調信)의 꿈 이야기에서 나타나듯이, 꿈 모티프는 불교적 가르침을 위한 예지적 기능을 하는 경우가 흔하다. 『구운몽』도 바로 이런 꿈 모티프로 이루어진 작품이며 그런 가운데 변신 metamorphosis과 윤회 metempsychosis의 구조 및 낙원 추방과 복귀의 구조를 내적 구조로 그 속에 내포하고 있다. 「구운몽」에서 꿈은 단순히 우의나 비유담을 위한 수사적 의장이 아니라, 미적 구조로서의 서사적 의장이다.

2) 『구운몽』의 이중 자아—분열된 자아와의 통합

(1) 이중 자아 Doppelgänger와 타자

그렇다면 『구운몽』이란 어떤 소설이며, 또 어떤 의의를 지니고 있는 소설인가? 이에 관해서는 이미 해설과 불교 해석학을 위시

---

[3] Horst S. und Ingrid Daemmrich, *Themen und Motive in der Literatur*, Francke, 1987, p. 319.

하여 다양한 해석⁴의 차원이 전개된 것이 사실이다. 그러나 나는 이 작품이 무엇보다도 문학적 도상학에 있어서 이른바 이중 자아 내지 인간 자아의 이중성이나 두 영혼의 문제를 한국 서사문학에서 본격적으로 제시하고 있다는 점에서 특별히 주목하는 것이다. 이는 유학사상과 불교사상이 그 기조의 바탕을 이루는 동양의 정신사상사를 배경으로 하면서 자아와 존재의 이중 원리와 관련된 제2자아 내지 이원성·이중성에 대한 비전을 꿈과 현실의 교차를 통해 제시함으로써, 한국 문학에 있어서 '나란 무엇인가'에 대한 문학적 형상화의 원점이 되고 있기 때문이다. 다시 말하자면 자아의 이중성과 타자에 대한 논의 및 분열된 자아에 대한 상상력이 구현된 작품인 『구운몽』으로 인해 한국 문학에 있어서 문학적인 이중 자아의 본격적 탄생을 보게 되는 것이다.

이러한 인간 자아의 이중성에 대한 지각은 김만중 자신의 『서포만필(西浦漫筆)』에서 밝힌 마음의 점검에서 분명하게 제시된다.

> 대저 사람의 한 몸 안에는 마치 두 가지 마음이 있는 것 같은 때가 있다. 그때는 방편으로 말을 해야 사람들이 쉽게 이해하는데, 이 또한 한 방법이다. 이것이 바로 석씨(釋氏)가 마음으로써 마음을 살핀다는 주장인데, 굳이 주자(朱子)에게 배척을 당했던 것이다. 마음으로써 마음을 살핀다는 것은 스스로 그 마음을 점검하는 것이고 인심이 도심에게서 명을 듣는다는 것은 그 마음으로써 그 마음을 점검받는다는 것이니, 그 차이가 있음을 발견할 수가 없다.

---

4 구운몽에 대해서 이제까지의 대표적 논의와 연구는 다음과 같다. 이가원, 『구운몽 연구』(1955); 박성의, 『구운몽의 사상적 배경』(1968); 김병국, 『구운몽에 구현된 환생 체험의 심리적 고찰』(1969); 정규복, 『구운몽 연구』(1974); 조동일, 「조선후기소설사의 전개」, 『김만중 연구』(1983); 류병환, 『구운몽의 불교사상과 소설 미학』(1998); 설성경, 『구운몽 연구』(1999); 박일용, 『조선시대의 애정소설 ― 사실과 낭만의 소설사적 전개 양상』(2000); 강상순, 「구운몽의 상상적 형식과 욕망에 대한 연구」(1999); 장효현, 「구운몽의 주제와 그 수용사에 관한 연구」, 『김만중 문학 연구』(1993); 최기숙, 『17세기 장편소설 연구』, pp. 94~120; 장경렬, 「구운몽의 이원구조와 문학적 형상화의 문제」, 『미로에서 길 찾기』, 문학과지성사, 1997.

(大抵人之一身之內 有若二心時 才便立言 取人易曉是亦一道. 而此乃釋氏以心觀心之說 因己見斥朱子矣. 以心觀心者, 以其心自檢心也 人心聽令於道心者 其心受檢於其心也 未見其有異同也)[5]

인심(人心)과 도심(道心)의 관계를 밝히고서 한 몸 안에 두 개의 마음이 존재한다는 지적은 바로 이중성에 대한 지각이다. 여기서 부처와 주자를 대비하고 있는 점도 서사 구조의 이원성에 대한 정신사적인 배경으로서 매우 시사적인 의미가 있다.

세상에 남아로 태어나서 어려서 공맹의 글을 읽고, 자라면 성군을 섬겨 나아가면 삼군(三軍)의 장악되고 들어오면 백관(百官)의 어른이 되어 몸엔 금의를 입고 허리엔 금인(金印)을 차고 눈으로 고운 빛을 보고 귀로 신묘한 소리를 들어 미녀와의 애련과 공명(公明)의 자취를 후세에 전하는 것이 대장부의 떳떳한 일이어늘, 슬프다 우리 불가의 도는 한 그릇 밥과 한 잔의 정화수이며 수십 권 경문에 백팔염주를 목에 걸고 설법하는 일뿐이라. 그 도가 비록 높고 깊다 할지라도 아주 적막하며 설령 최상의 교리를 깨달아 대사의 도를 이어받아 연화대(蓮花臺) 위에 앉을지라도, 삼혼칠백(三魂七魄)이 한번 불꽃 속에 흩어지면 뉘라서 성진이 세상에 났던 줄을 알리오.

성진의 자아는 분명 도심과 인심의 두 갈래로 분열되고 또 두 마음으로 갈라지고 있다. 인간이 이중의 성격을 갖는다는 이중성의 문제는 원래 오인할 정도로 외양이 서로 꼭 닮은 두 인물과 관련되는 희극적인 이야기와 둔갑·변신의 이야기 등 고전적 민담의 관념에서부터 이미 비롯된다. 문학 세계에 있어서 이런 이중성은 앞에 든 로저스의 분류처럼 객관적 이중(두 사람), 주관적

---

5 김만중, 홍인표 역, 『서포만필』, 일지사, 1990, p. 130.

이중(분열된 자아)으로 분화된다. 전자가 두 인물 간의 신체적인 유사성을 전제로 한 것으로 주로 외양적이거나 행동의 동기화와 관련됨에 비해서 후자는 분열된 자아의 상상력과 관련된 심리적인 듀얼리즘이거나 주관 관계적 반응의 동기화와 관련된다. 한 인물의 두 양상이 그것이다. 니콜 브라보에 의하면 동종성(同種性, homogeneity)과 이종성(異種性, heterogeniety)으로 분화되기도 하는데, 쌍둥이 이중·초자연적 이중이 전자에 해당하며, 분열된 개성이 후자에 해당한다. 그에 의하면 서구에 있어서 이중성의 신화는 주체성의 관념과 밀접히 연관되어 있다. 17세기에는 주체나 객체감의 대립 관계 형성에서 결과한다. 세계의 단일 개념과 세계의 변증법적 개념 간의 이 대립은 이중성에 대한 문학적 신화 속에서의 방향 변화에 반영된다. 고대에서 16세기까지는 주로 동종성이, 16세기 후반부터 19세기·20세기에는 자아의 분열이 이루어지고 이종성이 제시되어 온 것이라고 지적한다.[6] 서구의 경우, 이러한 분열된 자아 및 이중성의 모티프는 1796년 장 폴 리쉬테르Jean Paul Richter에 의해서 용어가 만들어진 이래로 낭만주의 시대에 크게 융성하게 된다.

이 글의 초점은 전자보다는 주로 후자에 두고 있다. 즉 자아와 제2자아라는 분열된 자아 또는 이중 자아의 상상력을 통해서 이중성과 타자에의 투시에 관심을 갖는 것이다. 이중 모티프는 분열된 마음, 자아 투사, 분열된 개성, 잠재적 욕망의 표현이며, 내적·영적 사상이며 잠재의식의 반사로서, 자아 분열Ich-Spaltung과 자아 분쇄적 경향을 동기화하는 것이다.[7] 따라서 자아 분열 현상 내지 분화된 자아에 대한 상상력[8]에 유의하면서 『구운몽』에 제

---

6 Pierre Brunel(ed.), *Companion to Literary Myths, Heroes and Archetypes*, Routledge, 1992, pp. 346~47.
7 Horst S. und Ingrid Daemmrich, *Themen und Motive in der Literatur*, Francke, 1987, p. 98 및 영문판 *Themes and Motifs in Western Literature*, Franke Verlag, 1987, p. 26.
8 Elisabeth Frenzel, *Motive der Weltliteratur*, Kröner, 1976, p. 95. Thedore Ziolkowski, *Disenchanted Images*, Princeton UP., 1977, pp. 5~176.

시된 인간의 이중 자아와 두 영혼인 '도플갱어' 모티프를 해석하려는 것이다. 이중 자아는 분명히 한 몸의 두 분신이며 자아self-제2자아alter ego 및 인물과 페르소나가 대응되는 이중 자아—Doppel-Ich이며 개성의 분열/분화된 현상이다. 그리고 이는 흔히 꿈·거울상(像)·그림자 속에서 인간의 존재를 그 전제의 매개로 하는 것이다. 이 경우 자아의 분열 현상과 마찬가지로 세계 역시 여기/저기가 대립된 두 개의 이중 세계를 이루게 되는 것은 물론이다. 즉 주체는 두 개의 세계를 살게 된다는 뜻이다. 그래서 2부로 이루어진 『파우스트』에서 제1부(1808)는 두 영혼 속에서의 공존에 의해서 한 인간이 절망으로 몰리는 것을 그리고 있는 것이다. 이 두 영혼이란 하나는 지상에 굳게 닻을 내리고 있고 다른 하나는 신적인 신비에 오르기 위한 자유를 얻고자 하는 것이다. 제2부(1831)는 대립적인 것의 결합, 즉 '우리는 하나 속에 두 개(이질)의 본성이다Wir sind geeinte Zwienatur'라는 양극성의 사고를 통해서 주관성과 객관적 세계 간의 종합을 가져오는 것과 분명히 분열된 성격(인격)이 전제되어 있는 것이다.

  우리의 고전 소설 『구운몽』은 바로 이와 같은 이중적 존재로서의 인간의 이중상 및 욕망에 의해서 산출되는 환몽적인 환상 속으로의 여행—여행으로서의 삶의 모티프— 을 묘사하고 있다. 다시 말해서 성진과 양소유로 분화된 자아에 대한 지각 및 이중 자아의 문제를 제기하면서 그를 통해서 욕망과 제어(자제)라는 서로 다른 의식의 자장으로서의 양면 세계를 제시하고 있는 것이다. 그래서 서사적 구성 자체가 무의식이 표출된 꿈속에서의 몽유와 꿈을 깨서 현실로 돌아오는 깸=깨닫기로의 순환이 이루어지는 꿈의 이야기인 것이다. 기존 논의에서 지적된 대로 환몽 구조와 불교의 공(空) 사상이 주축이 된 이 작품은 이전의 『삼국유사』 속 조신(調信)의 꿈 이야기를 그 문학적 전상(前像, prefiguration)으로 하는 가운데, 한국 소설에서 자아 찾기로서의 자아의 이중성에 대한 비전 및 욕망과 자제의 대응을 가장 본격적으로 제시하는 문학적인 고전이다. 그러니까 달리 지적하면 『구운몽』은 조신의 꿈 이야기의 후상적postfigurative⁹ 소설인 것이다. 이 문제에 대한 문학적 해명의 첫 단서를 제기한 것은 이어령의 다음과 같은 지적이다.

> 쉽게 요약하면 불도를 닦는 성진의 마음속에 있는 유교의 분신이 바로 양소유이지요. 불도로서의 성진과 유교의 사대부로서의 양소유, 한 몸에 두 분신이 있어 갈등하는 겁니다.¹⁰

단순하지만 적절한 의의 있는 지적이다. 분신, 즉 문학적 도상학에 있어서의 이른바 Doppelgänger 또는 double로서의 이중자아 또는 이중신, 분신을 보여주는 우리 문학에서의 사례를 바로 이 작품에서 찾을 수 있기 때문이다. 이원성에 관련된 모든 기층의 쌍둥이 이야기나 형제자매 이야기 등 민담적 양상이나 요소가 문학적으로 상승된 양식이다. 성진과 양소유는 비유하면 일란성 쌍생아인 것이다. 서로 같으면서도 다르다. 서로 다른 두 개의 자성(磁性)에 이끌리는 이중적 자아이며, 한 개인이 둘로 분열된 것이다. 그 하나의 개인이 서로 다른 두 개의 이름으로 명호화(名號化)된 이중 양상이다.

그렇다면 『구운몽』에서 도플갱어 테마와 모티프는 어떻게 나타나고 있는가?

> 팔 인이 다리 위에 앉아 물을 굽어보니 여러 골 물이 교하에 모다 너른 진담이 되어 차고 맑음이 광능 땅 보배의 거울을 새로 닦은 듯하니 푸른 눈썹과 붉은 단장이 물 속에 떨어져 마치 한폭 주방(周昉)의 미인도 같더라. 팔인이 그림자를 희롱하며 스스로 사랑하

---

9 이 용어는 Theodore Ziolkowski, "Introduction," *Thematics Reconsidered*, Frank Trommler(ed.), Rodopi, 1995, p. 6에서 사용한 것을 차용한 용어이다.
10 정병욱·이어령, 『고전의 바다』, 현암사, 1977/1978, p. 225.

여 능히 떠나치 못한 바 뫼날이 장차 저무는 줄을 깨닫지 못하더라.

작품의 서두에서 팔선녀가 심부름을 마치고 돌아가다 맑은 물거울에 비친 자신들의 모습을 대면하면서 자기 탐애의 아이 같은 상태에 빠져드는 장면이다. 라캉의 이른바 '거울 단계'를 연상시키는 이 대목은 이미지에 대한 자기도취적인(나르시스틱) 고착 현상으로서, 이런 나르시시즘은 이중의 방향을 지니고 있다. '거울,' '그림자' 등 이미지의 매개성과 '스스로'에 대한 '사랑'의 행위 양태에서 암시된다. 여기에는 인간 자아의 이중성 내지 제2자아에 대한 원천적인 인지, 자아의 이원성과 타자성의 문제가 함의되어 있는 것이다. 그들은 물그림자 속에서 현실적인 자아뿐만 아니라 미인도 같은 곡두(환상) 속에서 자신들을 보고 있음으로써 현실적인 시간을 망각하고 있었음이 틀림없기 때문이다. 경상체험(鏡像體驗)은 분신 체험으로 통하는 것이다.

이와 같은 자아의 이원성의 문제는 성진에 이르면 더욱 역연하게 드러난다. 이는 두 개의 다른 이름의 명호화(名號化), 이원적 시공 형태 등으로 나타난다. 『구운몽』의 두 대비적 공간은 산중의 도량과 성진 대 산하에 있는 인간 세상 양소유이다. 별개의 공간이며 별개의 두 사람 같지만, 둘이 아니다. 특히 명호화된 이름이 다른 두 인물은 딴 사람이 아니라 바로 한 사람이다. 둘로 쪼개진 하나, 즉 이중화되고 분열된 자아이며 '더블―이히'(분신)인 것이다. 그래서 주인공이 진짜 성진인가 양소유인가를 따진다는 것은 그렇게 중요한 문제가 아니다. 성진이 환몽 속에서 변신하여 다시 태어난 것으로 되어 있는 양소유는 바로 성진의 분신이요, 제2의 자아이기 때문에 이들은 실은 이중 자아이면서 분열된 자아인 것이다. L. 돌레첼에 의하면 이중 자아는 변신의 과정에 의해 발생한다.[11] 『구운몽』에서도 마찬가지다.

11 Lubomir Doležel, "A Semantics for Thematics: The Case of the Double," *Thematics, New Approaches*, Claude Bremmond, Joshua Landy, Thomas Pavel(eds.), State

『구운몽』에 관해서는 많은 논자들의 연구[12]가 축적되어 있다. 필자 역시 작품론은 아니지만 진작에 다음과 같이 주제학적 시각으로 논의한 바 있다.

『구운몽』은 꿈―편력―깨달음·회귀의 3단원으로 이루어진 조신의 원형적 꿈 이야기를 가장 성공적으로 형상화한 작품으로서, 고전적인 몽상의 시학에 기초한 것이다. 구조의 양상이나 문화의 맥락으로 보면 꿈과 현실이 교차하는 중국의 『침중기(枕中記)』 『남가태수전(南柯太守傳)』 그리고 『삼몽기(三夢記)』 『이혼기(離魂記)』 등과 동일하거나 친근성을 가진 소설이다. 둔세와 수행의 구도적이고 자제적인 삶을 살아가야 하는 주인공 성진이 불교의 계율적 금기의 대상인 술과 여자를 가까이한 죄와 벌로 선계를 추방당하고 양소유란 이름으로 인간 세계에 다시 환생하여 현세의 영화 지향적인 삶을 살다가 어느 순간 깨달음에 의해서 잃었던 원점의 세계로 되돌아가는 순환적 이야기가 꿈이라는 틀에 담겨 있는 내용이다. 한마디로 꿈의 소설이다.[13]

그들은 모두 인생을 꿈꾸며 사는 사람들이다. 공명을 얻고 황족이나 귀족의 딸과 결혼을 하고 토지나 재산을 영유하고 일가와 일족이 번창하는 것을 욕망의 구조와 대상으로 삼는 사람들이다. 그러면서도 종국에 있어서는 그 욕망을 초월하는 사람들이다. 즉 그들은 꿈의 세계에서의 그 모든 영화가 부질없는 것임을 깨닫기 때문이다. 욕망은 인간과 세계를 붕괴시키는 것으로 받아들인다.[14]

그리고 이 작품에는 상하의 수직 관계에 있는 두 개의 세계가 대

University of New York Press, 1995, p. 98.
12 정규복, 『구운몽 연구』(고려대 출판부), 설성경, 『구운몽 연구』(국학자료원) 등이 가장 대표적인 경우이다.
13 이재선, 『한국 문학주제론』, 서강대 출판부, 1989, p. 128.
14 같은 책, pp. 128~29.

비되어 있다. 이는 중세적인 우주관의 한 단면으로서, 전자의 세계가 이성적인 자제의 정신세계를, 후자는 욕망의 현실적이고 물질적인 세계를 표상한다. 이는 불교적 세계관에서 보면 전자는 영항불성과법계(永恒佛性或法界)로서의 '상계(常界)'요, 후자는 생멸변화지현상(生滅變化之現象)인 '무상(無常界)'이다. 또 양소유와 인연을 가지는 팔선녀는 유교적인 덕목의 명세일 수도 있으나, 인간적인 욕망의 다양성이 투사된 비유의 프리즘이기도 한 것이다.[15]

그렇다면 성진의 이중성 또는 자기 동일성의 분화와 위기는 어떻게 비롯되고 있는가? 구도자로서의 성진의 위기는 다른 세계나 대상과의 직면, 즉 술과 여자들과의 일탈적인 만남에서 비롯된 것이다. 이 만남에 의해서 자아는 갈등 속에 빠져들면서 다음과 같이 독백하거나 또 서술자에 의해서 의식의 혼란 상태가 제시된 성진은 두 개의 서로 다른 승원(僧院)과 세속(世俗) 세계의 길—공맹의 글 읽기와 불가의 경문 읽기—사이에서 흔들리고 있는 것이다. 이것은 인간의 이중 자아 또는 두 개의 영혼으로서의 자아 분열 현상에 다름 아닌 것이다. 이러한 자아의 이중현상은 조신의 꿈에서 보듯 종교 영역에서 깊이 뿌리내린다.

성진은 수도자에게 금기인 술과 여자를 접하면서 이제까지 정진해온 수도 생활에 대한 흔들림과 정욕의 발동으로 자아 분열이 일어나면서 현세적인 욕망에 이끌린다. 성진의 생각이나 정서를 외화시킴으로써 교란된 내적 갈등을 극화시킨 대목이다. 불교의 음식 규범에서는 술은 오계 즉 다섯 가지 금기 계율의 하나이며, 여성은 불교 수도장의 제도인 남성 중심주의나 금욕주의적 여성 기피의 태도로 인해서 부정적인 대상[16]이다. 이로 인해서 성진의 자아는 생의 대립된 양면 가치 사이에서 분열된다. 즉 수도 생활

---

15 이재선, 앞의 책, p. 129.
16 José Ignacio Cabezón(ed.), *Buddhism, Sexuality, and Gender*, State University of New york Press, 1992, p. 8.

의 위기를 맞게 된 그는 자제했던 욕망의 고삐가 풀리면서 현세의 명예와 여인을 소유하는 세속적이고 신체적인 지상의 가치에 이끌리면서 거기에 삶의 닻을 내리려고 하는 것이다. 욕망에 이끌리는 이 같은 의식 내용은 서사 구조에서는 내부 이야기에 담길 꿈의 내용을 압축적으로 예시하거나 전경화(前景化) 기능을 하는 것도 사실이지만, 동시에 의식의 그늘진 측면이나 성진의 제2자아를 드러내는 기능을 한다. 이처럼 이중 자아는 의식이나 내적 영혼을 가시화한다. 성진/양소유란 명호의 이중성이 곧 이중 자아를 구체화하고 있음을 뜻한다. 염주/금의(금도)의 환유성에서 대비되는 성진의 적막한 세계와 양소유의 화려한 세계의 대비는 초월적 불교와 현세적 유교의 자아관이 서로 다름을 내포하고 있다.

성진과 양소유의 관계는 대조적이고 배타적이다. 그렇듯이 그들의 이원적 세계가 변증법적으로 대비된다. 현실적 존재와 가능한 선택적 삶의 길이 두 차원으로 대비되고 있기 때문이다. 문학이 일반적으로 '허구적' 세계라 일컫는 가능한 세계를 구성하기 위한 의미론적 체계라고 할 때, 『구운몽』은 바로 상상력을 통해서 성진의 다른 가능한 선택적 삶의 길, 즉 가능한 세계를 제시하고 있는 점이 중요한 것이다.

성진의 제2자아 내지 타자가 지닌 잠재적 욕망 상태의 구체화는 출세(권력)와 사랑(정욕)을 위해서 종교로부터 분리·이탈하는 인물의 세속화 현상이다. 꿈속의 전기 형태로 서술되는 내부 이야기는 바로 성진의 두 개의 욕망을 탐색하는 서사적인 체현이다.

(2) 과거와 입신출세로 가는 길: 욕망의 지형도

그렇다면 성진의 제2자아이며 분신인 양소유가 첫째로 욕망하는 것은 무엇인가. 그리고 분열된 자아는 변증법적으로 어떻게 나누어지고 있는가. 그 문학에 있어서의 인물과 욕망을 다룬 레오 버자니Leo Bersani의 『아스티야낙스를 위한 미래 *A Future for*

Astyanax』(1978)에 의하면 욕망은 결핍, 즉 가능한 만족의 대상이 부재하는 상태, 즉 부재의 대상을 향한 끊임없는 탐색이다. 라캉도 '욕망은 결핍에 대한 존재의 관계이다. 이 결핍이란 엄격히 말해서 존재의 결핍이다'라고 하여, 결핍과 공허의 표징으로 이해하고 있다. 『구운몽』은 내부 이야기를 통해서 성진의 잠재적인 욕망을 그 분신인 양소유의 욕망으로 전이하여 가시적으로 극화하는 형식으로 이루어진 구성이다. 즉 성진에게 현실적으로 부재한 것이 잠재의식의 형태로 꿈의 영역에서 외화되고 있는 것이다.

첫번째의 욕망은 불도의 세계와는 대비적인 입신양명과 부귀공명으로 통하는 출세와 영달에의 길이다. 벼슬에 대한 욕망, 즉 일종의 권력에의 욕망이다. 이는 현세적 합리주의의 성격을 지닌 유교적 가치의 문학적이고 통속적인 표상이다. 권력을 획득하여 권력 체제에 참여함으로써, 공명·영달과 통하는 모든 것을 누릴 여건을 보장받고 강화하고자 하는 것이다. 조선시대의 사회 체제 속에서 세속적인 입신양명을 위한 자아의 욕망은 고급 관리 등용을 위한 국가적인 시험제도인 과거라는 관문을 통과함으로써만 비로소 가능한 것이다. 조선과 중국에서 채택하고 있었던 이 과거제도는 허균의 소설『홍길동전』에 나타나듯이 비록 평등 원칙이 충분히 확보되어 있었던 것은 아니지만, 양반 사대부 계층의 자식들도 이 관문을 통과함으로써 관료로서의 특권적 지배 계층으로 선택 상승할 수 있었던 정치사회적 제도이다. 따라서 조선시대의 소설의 구조와 성격을 구명할 경우, 상동론적 관점에서 과거제와 소설 간의 구조적 상동성을 중시하는 관점은 매우 중요한 것일 수밖에 없다. 일석 이희승 선생의 수필「딸깍발이」에서 '그 시대에는 소위 양반으로서 벼슬 하나 얻어 하는 것이 유일한 욕망이요, 출세요, 영광이요, 사업이요, 목적이었던 것이다'라는 구절이 나오는데, 이는 벼슬이 조선시대의 중요한 제도적 단면이자 욕망이었음을 암시한다.

17세기 중국 소설을 연구한 로버트 E. 헤겔은 중국 소설의 배경 연구로 과거 시험 제도에 대해서 다음과 같이 지적하고 있다.

> 신분의 극적 상승을 위한 잠재력은 너무나 애타게 하는 것이기에 사람들은 몇십 년을 (과거) 준비에 소비하거나 때로는 정신적 붕괴나 자살로 스스로를 끌어가기도 하였다.[17]

> 과거시험 제도의 의의는 여러 가지 수준에서 살펴볼 수 있다. 상향적인 사회적 유동의 수단이 되는 외에도 시험은 높은 문화의 통일성을 강화한다. 〔……〕 그리고 이 제도는 문학 문제를 통일시키는 데 도움이 되었고, 가치를 균질화하고 교육받는 엘리트와 노동 대중 간의 문화적 차이를 분명히 하는 데 이바지하였다.[18]

이와 마찬가지로 과거제도가 시행된 한국의 경우, 국사학자인 이성무는 과거와 관료 체제와의 밀접한 연계성에 대해서 다음과 같이 언급하고 있다.

> 조선왕조는 중앙집권적인 관료 체제를 유지하여왔다. 이러한 국가 체제에서는 관료가 되는 것이 무엇보다도 출세하는 길이었다. 따라서 신분 및 그에 따른 특혜도 모두 관직과 밀접한 관계를 가지고 있었다. 조선 사회의 신분제를 국가신분제로 보는 까닭도 여기에 있다. 조선시대에 있어서 관료가 되는 길은 타천 자천 두 가지가 있었다고 할 수 있다. 타천은 혈통이 중시되었고, 자천은 능력이 중시되었다. 조선시대의 인사 제도에서 타천은 음서제에, 자천은 과거제에 반영되어 있었다. 음서는 관료제의 지위를 유지·세전시키는 보수적·특권적인 관직 취득 방법이었던 데 비해서, 과거는 관료의 지위를 승진할 수 있게 하는 개방적·성취적 관직 취득 방법이었다. 〔……〕 다시 말하면, 음서와 과거는 조선시대 입

---

17 Robert E. Hegel, *The Novel in Seventeenth Century China*, Columbia UP., 1981, p. 13.
18 같은 책, p. 5, 15.

사로(入仕路)로서의 두 가지 큰 관문이었다고 할 수 있다.[19]

이처럼 과거가 벼슬이나 관료계로 진출할 수 있는 거의 유일한 관문이 되고 있는 체제와 시대를 그 생성의 배경으로 하고 있는 조선조의 소설이라면, 그 구조나 사상에 있어서 과거와 밀접한 연관성을 갖는다는 것은 필연적인 현상이다. 『구운몽』은 물론 『숙영낭자전』『정을선전』『장국진전』『춘향전』 등에서도 모두 과거시험이 등장한다. 과거는 주인공의 욕망의 객체로서 탐색의 대상으로서 작용하며, 주인공의 운명을 바꾸는 결정소로서의 역할을 한다. 춘향의 구제도 이도령의 과거 급제로 가능할 정도로 과거의 등과와 낙방은 서사 구조에 있어서 상승과 하강의 분기점이 되는 것이다. 피터 브룩스가 욕망이 플롯을 추진하는 추동력(동력)의 동인[20]이라고 지적하고 있듯이, 조선시대 소설의 구성에서 주인공의 과거에의 욕망은 서사 구조와 플롯 시학에서 불가결의 추동력이다.

양처사의 집에 환생하여 성장한 양소유가 삶의 계획에서 맨 처음으로 하고자 소망하는 것은 바로 다름 아닌 과거 응시이다. 즉 플롯의 출발이 과거에 대한 욕망의 소개이며, 서사의 출발이 바로 이 과거를 보기 위해서 떠나는 길 가기로 비롯될 정도로 유동의 동인이다.

부친이 천상으로 가실 제 아자(兒子)로 문호를 맡겨 계시니 이제 집이 가난하여 모친이 근심하시니, 아자 만일 집 지킨 개 되어 공명을 구치 아니면 부친 아자를 기대하시던 뜻이 아니로소이다. 이제 경사에서 설과(設科)하여 천하 선비를 모은다 하니 아자 잠깐 모친 슬하를 떠나 서녘으로 놀려 하나이다.

---

19 이성무, 「조선 초기의 음서제와 과거제」, 『한국사』 12, 한국정신문화연구원, 1991.
20 Peter Brooks, *Reading for the plot: Design and Intention in Narrative*, Vintage Books, 1985, p. 48.

이제 가세가 빈한하여 노모께서 늙도록 고생하시니, 만약에 집 지키는 개가 되고 꼬리 끄는 거북이 되어 세상에 나아가 공명을 구하지 않으면 가문을 빛내지 못하고, 따라서 늙으신 어머님의 마음을 위로할 길이 없사오니, 이는 부친이 바라시던 뜻을 어김이나이다. 소자가 듣자온즉 지금 나라에서 과거를 베풀어 인재를 고른다 하오니, 소자 잠시 모친 슬하를 떠나 과거를 보러 가려 하나이다.

여기서부터 '공명'을 위한 '행(行)하다' 또는 '가다'라는 동사가 빈출한다. 이런 동작태는 욕망의 대상을 향해 탐색의 길 가기가 시작되었음을 뜻한다. 그런데 양소유의 자아는 출가주의적이고 가계성이 해소된 성진과는 달리 이가적(二價的) 단계인 부자(父子)의 결속, 즉 종족적(가족적) 연속성과 깊이 관련된 관계로 나타난다. 가족 체계의 일원으로서의 의식이 강하게 작용하고 있다. 다시 말해서 가족의 사회적인 결속의 끈이 전혀 없고 성씨가 없는 성진의 자아와는 전혀 달리, 양소유의 자아는 우선 부권적 유가적인 질서나 가계와의 결속성이 짙게 나타난다. 뚜웨이밍(杜維明)은 그의 「유학사상에 있어서의 자아와 타자」란 논문에서 유학적 전통에 있어서의 자아관을 밝히는 가운데, (1) 관계의 중심으로서의 자아 (2) 정신적 발전의 역동적 과정으로서의 자아를 드러내면서,[21] 자아는 본질적으로 이어지는 가족적 계보의 발전적인 부분이라고 지적하고 있다. 유교사상의 사회적 가치에 있어서의 이가적 관계, 특히 효가 매개성을 중시하는 것은 주지의 사실이다. 그것은 곧 사회 통합의 원리이며 관계의 체계이다. 양소유의 행위에는 처음부터 부친에의 효가 강조되고 있는데, 그 아버지의 욕망과 바람에 복종하는 것이 자기 발전이요, 이것이 이

---

21 Tu Weiming, "Selfhood and Otherness in Confucian Thought," Anthony J. Marsell (ed.), *Culture and Self: Asian and Western Perspectives*, Tavistock Publication, 1985, pp. 231~32.

상적인 자아에 이르는 것으로 간주되는 것이다.

 탐색의 출발 이후의 서사적 디자인은 양소유가 입신출세하는 과정들의 복합적인 여러 연속소(시퀀스)들로 구성된다. 과거를 향한 탐색의 길 가기는 결국 양소유로 하여금 장원급제를 거쳐서 한림이 되고, 상서, 원수에 대승상 위국공에 봉함될 뿐 아니라, 부마가 되고 태사(太師)에까지 이르게 한다. 이 과정은 바로 욕망의 확산 현상이다. 이 욕망의 사닥다리의 과정에서 양소유는 그야말로 이 세상에서 누릴 수 있는 권력을 모두 획득함으로써 입신출세와 공명과 양명이라는 사회적·신분적 상승을 달성하게 된다. 수기(修己)와 치인(治人)을 중시하는 유학적 사고나 관료체제에 있어서는 이 같은 양소유의 길은 충과 효, 인내와 용기에 근거하고 있는 출세와 권력에 대한 욕망의 완성을 의미한다. 그리고 이는 이상적인 자아로의 궁극적인 발전과 변화라고 할 수 있으며, 욕망의 절정이라고 할 수도 있다. 그러나 이는 수도승인 성진의 본래의 자아나 자아관과는 근본적으로는 대비되는 위상이다.

(3) 사랑의 구슬 꿰기와 욕망의 프리즘 효과

 『구운몽』에서 두번째 중요한 욕망은 에로틱 드림, 즉 이성에 대한 성애적 욕망의 꿈꾸기이다. 성진의 제2자아인 양소유는 결과적으로 여덟 명의 여자와 결혼함으로써 성적 욕망의 다원성과 이른바 사랑의 문화에 있어서의 절제 없는 무제약적 특이성을 드러낸다. 그래서 이런 일부다처식의 혼인 양상을 두고서, 양반 지배 계층의 일부다처제를 옹호한다는 혹독한 비판이 있을 정도로, 행복한 복수적·난교적 결혼 상태가 그려진 러브 스토리이다. 그래서 사랑과 다원적이고 중복적인 결합의 환상적(環狀的) 시퀀스가 구성의 한 중심을 이룬다.

 성진의 편력에서 두 개의 축인 권력과 사랑은 동시적이고 공존적이다. 그래서 과거행에 나서면서부터 진채봉을 만나는 것으로 양자는 상호작용을 한다. 이를 시작으로 하여 양소유는 함께 유배·추방된 선녀들의 환생인 여덟 명의 여인들을 하나하나 차례로 만나서 이들을 모두 아내로 삼아나간다. 이에 대해서 이어령은 이 여덟 명의 여성이 '사대부의 가장 이상적인 길의 종착역에 이르는 여덟 개의 역(驛)'이며, 또 각각 '인덕=난양공주·정소저, 신의=진채봉, 기예=계섬월·적경홍, 무용=심요연·백능파'와 같은 유교의 덕목을 상징한다[22]고 해석한다. 물론 그렇게 지적할 수도 있다. 그러나 나는 이 여덟 명의 여인을 꿈속에 담긴 성적 욕망의 양식이자, 다양한 성적 욕망의 프리즘 현상으로서 이해하고자 한다. 그들은 처음부터 성적 욕망의 원천인 팔선녀와 연계된 성진(양소유)의 성애적 꿈의 대상들이며 성적 환상의 대상들인 것이다. 이들 여덟 명의 여인들이야말로 양소유에게는 성적 갈망의 샘터들이며, 양소유로 바꾸어진 성진이라는 욕망의 활차가 차례차례 연쇄적으로 거쳐 가야만 하는 운명적인 정거장들이다. 팔선녀로 복수화한 것에서 이 서사 프로그램은 이미 정해진 것이다. 세속의 삶에 있어서 애욕이나 정욕의 대상은 하나로 제한되지 않는다. 특히 남성적 성이 구조적으로 우위에 있는 남권 사회에 있어서는 더욱 그러하다. 사실 양소유는 성적 충동에 있어서 욕망의 '폴리스퍼미아poly-spermia' 상태에 있기에 그 애욕의 대상인 여인들이 저마다 다양한 것이다. '규중' '규합' '촌가' '백상' '변방' '강호' 등으로 분광화되고 있듯이, 호사롭고 고귀한 공주에서 시작하여 재상의 딸, 창기, 민가의 딸, 시녀에까지 신분과 위상이 폭넓을 뿐 아니라 관계 맺음으로서의 결혼 양상이나 결합 형태도 각양각색이다. 또 이들은 시·음악·무술 등 재주와 기예 면에서도 실로 다양하다.

　이렇게 거의 성적인 난교에 가까울 정도로 양소유가 여덟 명의 여인들과 관계를 맺는 것은 무슨 까닭인가. 그것은 제도적인 남성 중심주의나 금욕적 여성 기피가 엄격한 도량의 수행 공간에서

---

[22] 이어령, 앞의 책, pp. 226~27.

억제된 성진의 에로틱 드림을 그 세속적인 대극 세계에 있는 분신인 양소유로 하여금 자유롭게 해방시키고 실현시킨다는 의미를 지니고 있다. 따라서 각양각색의 여덟 명 여자와의 사랑과 결혼은 다양한 욕망을 가시화하는 프리즘 효과인 동시에 세속적인 인간의 삶에 있어서 사랑과 쾌락의 총체적인 완성을 의미한다. 여덟 명의 여자와 양소유의 복합적 결합 상태가 이루어질 수밖에 없는 또 하나의 구조적인 이유가 있다. 서사 구조 상에 있어서의 필연성이다. 애초에 선계나 출세간적인 초월세계에서 인세로 내쳐진 적강의 직접적인 원인이 성진과 팔선녀와의 만남에서 비롯되었다면, 인과론적으로 다시 성진의 세계로의 복귀와 팔선녀의 복귀를 위해서는 이들이 운명적인 연대성을 가질 수밖에 없는 것이며, 그러자면 어떻게든 이들은 지속적인 연계를 갖고 반드시 만나고 결합해야 하기 때문이다.

그래서 양소유와 여덟 여인의 사랑의 다원적인 극치를 보여주는 『구운몽』은 이야기의 시퀀스가 불교의 수행적 삶에서는 불가능한 사랑의 구슬 꿰기 구조로 이루어진다. 초월적인 산상계에서 함께 추방당하는 운명적인 연대성에서 이미 이들의 관계는 분리―재결합의 원리가 잠재되거나 장치되어 있다. 이야기는 계속 반복되어 욕망했던 대상, 팔선녀의 화신인 여덟 명의 여인들과의 지상계(인간세계)에서의 만남의 과정이 서술된다. 소유와 여덟 여인과의 사랑의 관계는 마치 한 줄에 여덟 개의 구슬을 꿰듯이 염주형의 구슬 꿰기의 서사 시퀀스로 서로가 연결되어 있다. 여덟 개가 다 꿰어져야만 마침내 완성되는 구조인 것이다. 이를 제시하기 위해서 작가는 '구슬(명주)'이라는 연계 고리 내지는 암시적 단서를 미리 포치하는 서사 전략도 놓치지 않는다. 처음 만남에서 성진이 석교의 난간에서 팔선녀와 길을 다툴 때, 성진은 길 사는 값으로 팔선녀 각각에게 여덟 개의 명주를 준다. 이것은 하나의 신표로서 다시 만남을 위한 단서이다. 그래서 재결합의 서사적 단서로서 내부 이야기에서도 몇 번 이 명주가 등장하는 것이다. 이 재결합의 원리에 의해서 성진의 제2자아인 양소유는 결과적으로 팔선녀의 분신들인 여덟 여인을 하나도 남김없이 다 찾고 만남으로써 2처 6첩의 결혼 관계를 마침내 완성한다. 이것은 사랑의 완성을 표상한다. 여덟 개의 구슬을 다 찾아 꿰듯이, 반복적인 여성 편력을 통해서 여덟 가지로 프리즘화된 사랑의 욕망을 다 충족하고 완결하는 것이다. 팔선녀에의 애욕을 형상화하려면, 여덟 여인과의 결합 관계는 필연적인 현상이다. 이 8이라는 숫자는 애욕의 다양성도 물론이지만, 하나도 빠뜨릴 수 없는 총체적 완결성을 의미하기도 한다.

(4) 분열에서 각성과 통합의 자아로

권세의 영화든 남녀의 사랑 관계든 일체의 몽상의 꿈은 깨기 마련이다. 소유는 벼슬과 여인을 다 소유한 공명과 행복의 절정에서 꿈을 깬다. 성진의 의식은 꿈의 의식에서 다시 깸의 의식 상태로 되돌아오게 되는 것이다. 이 깸으로써 현실의 상태로 돌아옴은 그의 자아가 분열에서 통합이 실현됨을 의미한다. 욕망의 이계행(異界行)으로부터 현실로 돌아온 성진은 욕망의 모험담으로서 자신이 양소유로서 꿈속에서 누렸던 모든 것이 다 하룻밤 꿈이며 환영인 것을 깨닫게 된다. 자신은 부귀와 공명을 떨치던 대승상이 아니라 한 암자의 도량 포단 위에 앉아 있는 까까머리의 소화상 행자임을 깨닫는다. 욕망의 초점으로서 다루어지는 이중성은 한갓 빈껍데기 같은 것이다. 이렇듯 깨는 꿈 모티프는 '공(空)' 사상의 불교적 존재론을 위한 가장 현저한 상징이기도 하지만, 회심(回心)의 반환점을 도는 귀환이다.

제2자아인 양소유라는 이름으로서 세속 세계의 권력과 정욕으로 이루어진 영화가 한갓 환몽에 불과하고 그런 자아가 한갓 꿈의 환각적인 존재에 지나지 않음을 깨달음으로써, 성진은 양소유라는 제2의 자아와 방랑 여행을 통해서 마침내 '나란 무엇인가'란 진아(眞我) 찾기에 정진하게 된다. 이것은 성진과 양소유 또는 혼과 몸으로 나뉘거나 분열되었던 두 실재의 결합을 의미한다. 그래서 대사와 성진은 다음과 같이 끝부분에서 문답한다.

"어제 성진과 소유가 어디는 참이며 어느 것이 꿈이뇨."
성진이 가로되,
"제자 성진이 아득하여 꿈과 진짓 것을 알지 못하니 사부는 설법하샤 제자를 위하여 자비하사 깨닫게 하소서."

여기에서 대사로 표상되는 높은 이성과 성진의 마음과의 통합이 암시된다. 그리고 꿈의 시학은 각성과 깨침을 위한 문학적인 꿈으로서의 의미를 지닌다. 팔선녀 역시 낯 위에 연지분을 씻어 버리고, 금전도로 흑운 같은 머리를 깎고 이고(尼姑)가 되어 성진을 스승으로 섬기게 되는 것이다. 여기서 간과할 수 없는 것은 남녀 관계의 가치 변경이 이루어진다는 사실이다. 불도의 대중 교화를 위해서 남녀가 이성이나 성적 대상이 아니라 양성 동화적 통합의 상태가 된다는 점이다. 진정한 자아의 수련 및 발견과 형성은 자기분열의 과정을 겪음으로써 비로소 가능해지는 것이다. 성진은 분열의 과정을 겪음으로써 마침내 자아를 찾고 통합될 수 있었던 것이다.

결국 『구운몽』은 성진→양소유→성진에 이르는 순환적인 윤회와 변이를 통해서 인간 현세에서 탐하고 꿈꾸는 영화의 극치를 보여주면서 동시에 그것이 실은 부질없고 헛된 것임을 보여주는 반현세주의적인 회심과 위안의 소설이다. 성진으로의 귀환은 "네 만일 오고자 하면 내 손수 데려올 것이니……"란 육관대사의 약속 이행이기도 하지만, 그런 서사적 예시의 실현이기도 하다. 두 세계의 가치가 수미(首尾)에서 상호 역전하는 가치 전환의 구조로서, 우리의 정신 구조적 기조인 서로 다른 유교와 불교 사상을 자성으로 하면서 '나와 인생이란 무엇인가,' '어떻게 살아갈 것인가'에 대한 존재론적 해답을 던져주는 이중 이야기의 작품이다.

그러나 내가 주목한 것은 이중성의 불교와 유교(유학)의 기반이나 해석 자체가 아니라 이중 자아 자체에 대한 문학적인 실천과 그 방법이다. 즉 한국 소설의 자아 표현의 한 양상이다.

『구운몽』은 자아 찾기의 정신적 여행기이며, 여기에 제시된 자아는 분신의 분열 작용과 통합 작용을 함께 공유하고 있다.

2. 이중 자아의 현대적 계승과 변이

전상(前像, prefiguration)적 기반으로서의 고전문학은 후대의 문학 작품에 어떤 형태로든 영향의 그림자를 드리우게 마련이다. 문학에 있어서의 전통과 지속성이 논의되는 까닭이 바로 여기에 있다. 근자에 신화에서 현대성까지를 주제학적인 관점에서 살핀 문학주제학자 지올코우스키는 『지식의 죄 The Sin of Knowledge』(2000)에서 이 문제에 접근하는 한 시각을 보여주고 있다. 즉 신화의 영원한 '화제성topicality'에 근거하면서 '아담: 의식의 창생,' '프로메테우스: 문명의 탄생,' '파우스트: 지식의 양면가치'로 해석되는 신화 인물의 고대적 테마가 아담의 세속화, 프로메테우스의 프롤레타리아화, 파우스트의 미국화라는 현대적 테마로 변이 처리되는 양상을 추적함으로써 신화와 현대문학의 상호 연계성을 독특하게 해석해내고 있다.

그렇다면 주로 욕망에 의해서 산출되는 존재의 이중 원리를 환각적인 환상미학으로 그린 고전소설 김만중의『구운몽』으로 대표되는 이원성 또는 이중 자아의 테마나 모티프는, 우리 현대소설의 전개에서 어떤 양상으로 이어지거나 제시되고 있는가. 우리 서사문학에서의 이른바 '더블 비전'[23]은 어떻게 제시되고 있는가, 이러한 탐색은 긴요한 과제가 아닐 수 없는 것이다. 이중 또는 이

---

23 Andrew J. Weber, *The Doppelgänger*, Clarendon Press, 1996 참조. 여기서 '더블 비전'은 핵심 용어임.

중 자아의 양상은 대체로, 속임수로서의 대체나 치환이 가능한 닮거나 짝이 되는 쌍둥이·자매·형제 등 민속적 모티프로서, 한 사람 속에서 분열된 두 마음이나 성격으로서, 그리고 이중화된 자아로서, 자아가 타화된 것 즉 다른 제2자아인 분신으로 3분화된다. 단적으로 '두 개의 영혼, 두 개의 자아를 가진 한 인간'이다. 그리고 서로 닮은 분신과 다른 분신이 있기도 한 것이다. 돌레첼에 의하면 이 분신의 구성 양식은 삼분화된다. 1) 원래 둘로 분리된 인물들은 분신의 형태로 융합한다. 2) 분신은 처음부터 단일한 개인이 둘로 쪼개질 때 발생한다. 3) 분신은 변신의 과정을 통해서 발생한다.[24]

　김만중의 『구운몽』에 제시된 더블 비전 또는 이중 자아의 문제가 현대소설에서 그 후상postfiguration으로 연계되는 대표적인 작품은 이광수의 「꿈」, 한승원의 「꿈」, 그리고 최인훈의 동명의 소설 「구운몽」이다. 이들은 모두 꿈이나 몽환의 모티프, 분열된 자아, 이중 자아(분신)나 심리적 이중화, 불교 수행과 욕망의 변증법을 보여주는 작품이며, 김만중의 『구운몽』이나 전대 서사인 조신(調信)의 꿈 이야기와 상호텍스트적 또는 패러디적 상호 맥락성을 지니고 있는 작품들이다. 특히 「구운몽」(최인훈)과 「꿈」(한승원)의 전상은 바로 김만중의 『구운몽』이다. 그것만이 아니다. 광의적으로 자아의 이중성 내지 심리적인 이중성의 모티프는 근대소설의 출발점으로 평가받는 이광수의 『무정』(1917)과 염상섭의 「표본실의 청개구리」, 한 인간에 내재하는 이중 양상 또는 이분법적 본성을 그린 현진건의 「B사감과 러브레터」는 한 사람 속의 분열된 두 마음을 보여줌으로써 분신과는 다른 이중성을 드러낸다. 이문열의 『사람의 아들』은 부분적으로 분신적 자아를 다루고 있다. 한 인간의 두 마음을 인간 개성의 구조로 파악하는 경향이 강한 이광수의 『무정』의 주인공 이형식의 이중적 심리나 태

24　Lubomir Doležel, "A Semantics for Thematics," *Thematics: New Approaches*, Calude Bremond, Joshua Landy, Thomas Pavel(eds.), SUNY Press, 1995, pp. 97~98.

도는 인간의 이원성을 드러내준다. 영채와 선형이를 두고 그 사이에서 분열하고 갈등하는 이형식의 의식의 펜들럼 현상이나 자성(磁性)은 이중성의 두드러진 징표가 되는 양태이다.

> 대체 자기는 누구를 사랑하는가. 선형인가 영채인가. 영채를 대하면 영채를 사랑하는 것 같고, 선형을 대하면 선형을 사랑하는 것 같다.

이형식의 자아는 선형과 영채 사이에서 펜들럼처럼 흔들린다. 마치 성진이 불도적 절제와 유교적인 현세의 욕망 사이에서 흔들리고 있듯이, 꼭 그렇게 의리와 욕망 사이에서 흔들리고 있는 것이다. 이형식의 대립적인 듀얼리티와 이중 자아 Doppel-Ich의 현상이다. 형식에게 있어서 은사의 딸이면서 기생인 박영채는 자신의 과거와 연계된 의무와 의리의 대상인 데 비해서 부유한 갑부이며 장로의 딸인 신여성 김선형은 자신의 미래와 연계된 욕망의 대상이다. 이런 대상들의 사이에서 처지에 따라 형식의 자아는 분열성을 드러낸다. 이원성에 대한 이광수의 관심은 조신의 꿈 이야기에서 꿈을 재현하는 작품 「꿈」으로 구현되기도 한다. 염상섭의 「표본실의 청개구리」에서 광인 김창억은 바깥 서사 틀의 주인공인 '나'의 제2자아이며 분신이다. 최인훈의 「광장」에서도, 이 분신상이 여럿 제시된다. 그리고 일련의 거울시와 「날개」를 통해서 현대인의 분열된 자아를 집요하게 해부하는 1930년대 이상(李箱)의 문학은 현대적 삶의 징후를 바로 이러한 이중 자아의 테마와 모티프로 제시한다. 이상 문학에 있어서 거울시란 문자 그대로 거울 앞에서의 시, 즉 거울 앞에서의 글쓰기를 연출하는 시이며 여기서 안팎의 두 자아는 서로 불화하는 관계이며 분열된 상태이다. 협의적 개념의 이중상인 분열된 자아 divided self이며 이질 heterogeneity의 상이다. 「12월 12일」「지도의 암실」 등 그의 서사텍스트 역시도 이런 개성의 이중상을 제시하는 현상이 적지 않다. 이 이중 자아의 문제를 두 가지 측면에서 살펴본다.

1) 이상 문학의 이중 자아와 분신

이중 자아 또는 분신의 테마는 이른바 '자아분열Ich-Spaltung' 현상이 두드러지는 이상 문학의 현저한 특성이다. 이것은 무엇보다도 먼저 그의 일련의 거울 시편들에서 제시되고 있는 자아의 거울상Spiegelbild을 통해서 나타나게 된다. 이상 문학에서 거울은 단순한 반사를 넘어서서 그 대칭 기능에 의해서 자아를 이중화하며 동시에 분열시키는 중요한 매체이며 병리적 상징이다. 그는 거울 앞 또는 밖의 자아와 거울 속(안)에서의 자아를 이중화시킴으로써 자아를 분열시키고 분해시키기 때문이다. 이중성은 분열된 인간의 은유인 것이다. 이 경상(鏡像)에 의한 거울의 대칭 개념에는 제2자아, 반대되는 자아로서의 분신이 작용한다. 분신은 서로 닮은 존재이면서도 반대요 대칭으로서의 존재이다.

이와 같은 분열된 개성 및 이중 자아 현상은 비단 거울 시편에만 국한되는 것이 아니고 이상의 서사텍스트에도 그대로 제시[25]된다. 이상의 서사텍스트는 double novel로서의 성격을 지닌다. 가장 두드러지게 현현되는 것이 「12월 12일」「지도의 암실」「불행한 계승」 및 「종생기」 등이다. 이중 「12월 12일」을 두고 이보영은 한국 현대소설에서 '분신'의 첫 등장으로 평가하고 있으며, 김주현은 '대칭점' 찾기에 유의, 악마적 분신을 지적한다. 이 작품에서의 분신의 현상이나 모습은 C 간호부의 편지에 제시된 '면영(面影)'의 같음의 조건에서 더 구체화되고 있다. 서로가 닮은 동질 내지 동종으로서의 분신이다.

　　　　我是二 雖說沒 給得三也我是三 (「지도의 암실」)

25 이에 대한 논의는 드물게 이보영, 『이상의 세계』(금문서적, 1998) p. 247 및 김주현, 『이상 소설 연구』(소명출판, 1999), pp. 227~34 등에서 제시된 정도이다. 김주현의 논의가 보다 특이하며 설득력을 지니고 있다. 분신이 꼭 사람일 필요는 없기 때문이다.

그러나 와글와글 들끓는 여러 '나'와 '나'는 정면으로 충돌하기 때문에 그들은 제각기 베스트를 다하여 제 자신만을 변호하는 때문에 나는 좀처럼 범인을 찾아내기는 어렵다는 것이다. (「종생기」)

오늘밤은 둘이 함께해야 하나 보다. 그 언짢은 그림자의 사나이가 상(箱)은 한 의자 위에 걸터앉고 이젠 요리도 아주 한 사람 몫이다. (「불행한 계승」)

이처럼 '나' 속에 둘 또는 그 이상의 여럿으로 증가된 자아나 제2자아가 제시된다. 이것은 이중신 이른바 도플갱어 모티프 Doppelgänger-Motiv가 이상의 서사텍스트에서도 현저하게 작용하고 있음을 드러내는 근거가 되는 것이다. 이런 자아의 이중성은 엘리자베스 프렌첼이 지적하고 있는 것같이 거울 또는 창 및 그림자Schatten 등의 전도적 매개에 의해서 이루어진다.[26] 이상의 경우도 주로 거울이나 창 또는 그림자를 그 매개로 하고 있다. 도스토예프스키의 「이중인격」(1846)의 골야드킨은 거울 앞에서 자신의 분신을 대면한다. 이런 거울상 체험은 분신 체험인 것이다.

「지도의 암실」은 시 「오감도」와 마찬가지로 지도 그리기가 표제적 상황으로 구성된 매우 그로테스크한 작품이다. 현재까지도 명증한 해석이 거의 불가능한 난점투성이의 작품이다. 시간적 질서의 교란, 죽음과 사랑, 음식물과 소화, 동물, 반복적 '분열기' 등등 착종스러운 얽힘으로 이루어짐으로써 초현실적인 정신의 풍경을 그리거나 상기시키고 있다. 여기에 분열된 개성(존재)의 문제가 서두에서 다음과 같이 나타나 있다.

리상—나는 이상한 우스운 사람을 안다. 물론 나는 그에 대하

---

[26] Elisabeth Frenzel, *Motive der Weltliteratur*, Alfred Kröner, 1976, p. 100.

여 한쪽 보려 하는 것이거니와—은 그에서 그의 하는 일을 떼어 던지는 것이다.

여기에는 분명 자아의 더블 비전이 작용하고 있다. '나'는 서술자이면서 원래의 자아이며 이상한 우스운 사람인 '그'나, '이상'(리상)은 '나'의 '한쪽'이며 '떼어진' 상태 즉 제2의 자아 alter ego이며 타자화된 '나'이다. '한쪽'이라는 측면화나 '떼어 던지는 것'으로서의 대립, 분리의 상태는 모두 자아와 그의 대역(代役) 양자 간의 관계가 분열(분화)되고 있음을 뜻하는 의미론적 제시이다. 즉 분열된 자아 투사의 표현인 것이다. 이런 이중 자아의 조건은 다시 다음 단계에서 다음과 같이 제시된다.

지난 것은 버려야 한다고 거울에 열린 들창에서 그는 리상—이상히 이 이름은 그의 그것과 똑같거니와—을 만난다. 리상은 그와 똑같이 운동복의 준비를 차렸는데 다만 리상은 그와 달라서 아무것도 하지 않는다 하면 리상은 어디 가서 하루 종일 있단 말이오 하고 싶어 한다.
그는 그 책임 의무 체육 선생 리상을 만나면 곧 경의를 표하여 그의 얼굴을 리상의 얼굴에다 문질러주느라고 그는 수건을 쓴다. 그는 리상의 가는 곳에서 하는 일까지를 묻지는 않았다.

거울의 들창을 매개로 하여 '그'와 분신 '리상'(그의 이름과 같음)이 만나고 있다. 이상이란 같은 이름의 '그'라는 이상과 '이상'이라는 두 이상의 해후 상태이다. 그런데 똑같은 이름의 양자는 거울을 대칭으로 하여 똑같이 운동복을 차리고 있어서 외관상 유사성을 지니고 있다. 그러면서도 '그'와 책임 의무 체육 선생인 이상은 하루 종일 하는 활동에 있어서 대조적이거나 차이점이 있다. 이것은 자아의 대역을 통해서 자아 해부를 하고 있음을 뜻하기도 하지만, 이상이란 존재의 이중 자아 Doppel-Ich 및 자아 분열에 대한 임상적인 현상이다. 여기서 '책임 의무 체육 선생'의 출현은 상당히 중요한 의미를 시사한다. 이상의 시에서 나타나는 '책임 의사 이상'과 같이, 즉 운동복을 입은 상태의 체육 선생의 등장은 적어도 건강한 신체적 단련을 '책임 의무'를 하고 있는 신체성의 숭배자를 표상한다. 허약한 것이 아니라 생식력 있는 신체적 단련된 남성성이다. 그것은 곧 건강한 이상이다. 그런데 다른 이상은 이런 체육 선생과는 대조적으로 아무것도 하지 않고 있는 건강하지 않은 상태인 것이다. 남자라면 욕망하려는 자아와 현실의 개인과의 분화와 갈등이다. 두 이상의 대조 현상인 것이다. 그런데 '그'와 이상 즉 두 이상의 만남을 가능케 하고 있는 것은 '거울에 열린 들창'이라는 매개이다. 이런 거울은 반사와 자아찾기의 표상이기도 하지만, 자아 분열의 상징적인 매개인 것은 분명한 것이다. 따라서 책임 의무 체육 선생 이상은 거울에 비친 분신[27]이라는 김주현의 지적은 수긍되는 해석이다. 그러나 '문지름'의 행위가 지우려는 욕망이라는 해석은 검토의 여지를 지닌다. 바이블·교회와 관련된 K라는 기독교적 제3의 인물은 또 무엇을 표상하는 것일까. 해석 미제로 남겨놓는다.

이처럼 이상은 소설에서도 자아의 이중상에 의해서 상당히 강박화되어 있다. 이중 자아와 분신은 그에게 있어서 분열된 개성이며 정체성을 잃는 분열된 현대인의 삶의 징후와 은유로 작용한다. 따라서 아직도 보다 면밀한 해석의 여지를 지니고 있는 것이 숨길 수 없는 사실이지만,「지도의 암실」은 이름 그대로 리얼리티가 전도된 어두운 상황과 생 측면에 대한 투영도로서 읽히는 것이다.

한편, 개인의 소외, 사회적 부적응, 죽음과 성적 욕망의 테마가 제시된「불행한 계승」의 경우에도 주격이 '나' '상(箱)' '그'로 삼분화된다. 이는 정체성의 전이적인 혼란을 암시하는 현상이며 상호 소원화(물화)의 표현이며 복합적 개성[28] 현상이다. 여기서

---

[27] 김주현, 앞의 책, p. 236.
[28] Jefferey Berman, "Personality(Double-split-Multiple)", Jean-Charles Seigneuret

분열적 이미지는 주로 그림자의 은유에 의해서 제시된다. 한스 크리스티안 안데르센의 「그림자」(1846)나 호프만슈탈의 「그림자 없는 부인」(1919)의 경우에서 보듯, 그림자는 흔히 의식의 빛과 대응되는 개인적 잠재의식의 어둠, 개성의 깊이 모를 측면을 상징하거나 한 개인의 이중성의 형태로 이해된다.

> 허나 언제나 상(箱)과 꼬옥 같은 모양을 한 바로 상 자신이 아니면 안 된다. 그림자보다도 불투명한 한 사나이가 그의 앞에 막아서면서 어정버정하는 것이 있다. 그는 그 빛바랜 세피아 색 그림자 앞에선 고개를 들지 못한다.
>
> 오늘 밤은 둘이 함께해야 하나 보다. 그 언짢은 **그림자**의 사나이와 상(箱)은 한 의자 위에 걸터앉고 이젠 요리도 아주 한 사람 몫이다.
>
> 이 언짢은 **그림자**의 사나이가 집게손가락으로 장난스러운 주름살을 만들면서 나를 쿡쿡 찔러대기 때문이다.
>
> 차라리 이렇게 하자. 저 언짢은 **그림자**의 사나이가 나중에 무엇이라고 나무라든 아랑곳할 것이 뭐냐.
>
> 언짢은 **그림자**의 사나이는 경악했다. 정녕 처음으로 그의 성낸 꼴이 무서웠던 것이다. (강조는 필자)

상 자신이 만나는 그림자나 그림자보다도 불투명하거나 언짢은 사나이로 비유된 대상은 다름 아닌 이상(상, 나, 그) 자신의 제2자아이며 분신이다. 즉 상(箱)과 그림자 또는 불투명한 사나이는

(ed.), *Dictionary of Literary Themes and Motifs*, Greenwood Press, 1988, pp. 963~64.

자아와 분신의 관계인 것이다. 한 사람과 그의 그림자로써 이중성을 시사하고 있는 것이다. 이들은 사랑과 죽음에 대응하는 의식적인 거소가 무의식적인 삶과의 갈등을 촉진하는 기능을 한다.

이는 '후회' '이성' '본얼굴' 대(對) '못된 짓' '잔인한 짓' '악마' '범죄' '죄악' '부도덕' '가면' 등의 어휘들이 지니고 있는 의미론적 대비와 대극에 의해서 이루어져 설사 잘 구성되지 못하고 난삽하게 이루어졌지만, 그 서사 구조가 뒷받침하기도 한다. 오토 랑크O. Rank는 현대문학은 이중 자아(분신)를 영원한 삶으로서가 아니라 죽음의 상징으로 제시한다고 지적한다. 이상의 경우 역시 거기에 가깝다. 어쨌거나 이상 문학에 있어서의 '더블'은 분열된 개성의 징후를 명시한다. 이상의 더블(이중 자아·분신) 문제는 심리학·미학에 근거하여 보다 심화된 연구나 보다 폭넓은 문학 주제학적 및 비교문학적인 검토를 요하고 있다. 그러나 이런 이상과 『구운몽』과는 직접적인 상호맥락성이 있는 것이 아니다.

2) 「구운몽」(최인훈)의 상호텍스트성과 이중 자아

최인훈의 소설 「구운몽」(1962)은 전통적인 리얼리즘의 소설방식을 해체하고 환상성을 주축으로 한 새로운 소설 미학을 확립한 매우 특이하고 난해한 소설이다. 일종의 미궁소설labyrinthine fiction이다. 그것은 서사적 담론의 미궁화, 즉 모티프나 서사 구조에 있어서 '미궁' 또는 미로가 중요한 서사적 구성 요소로서의 모티프가 되고 있는 데다가, 주인공 독고민이 찾고 있는 '숙'이란 여인의 존재 자체나 행방이 일종의 미궁성을 지니고 있으며 또 텍스트 자체도 미궁처럼 난삽하게 미로화되고 있어서 읽기와 해석이 그렇게 용이하지 않기 때문이다. 예컨대, 언어의 미로성, 도시에서의 방향 상실과 감옥과 관련되어 있는 시간과 공간의 미궁(미로) 현상이 그러한 것이다. 그런 데다가 J. 힐리스 밀러가 비유한 바 『아리아드네의 실 Ariadne's Thread』(1992)과 같은 미궁 탈출 과정에 있어서 실패와 같은 선조적 서사 논리의 분쇄 현상이 독자로 하여금 적지 않게 혼란스럽게 한다.

그러나 이 작품에 무엇보다 먼저 주목하게 되는 사실은 「구운몽」이라는 작품의 표제가 '표제학titrology'[29]의 관점에서 17세기의 고전 작품인 김만중의 소설 『구운몽』과 일치하고 있다는 점이다. 이것은 어쨌든 서로가 상호관계를 지니고 있음을 암시한다. 이러한 선행 텍스트인 전시대의 작품 표제와의 일치화 현상은 최인훈의 경우에 있어서는 비단 이 작품에 국한되는 것이 아니다. 그의 작품 「금오신화」「열하일기」「서유기」「크리스마스 캐럴」「소설가 구보씨의 일일」「춘향뎐」「옹고집뎐」「놀부뎐」 등이 모두 그러하다. 이것은 예사롭거나 우연한 현상이 아니라 최인훈의 문학 작품이 표제─상호텍스트성인 '상호표제성intertitularity'[30]에 의해서 특별한 상호텍스트성의 성격을 지니고 있음을 의미하는 중요한 단서이다. 여기에는 이른바 '문학적 유령 Literary revenants'[31]으로서 표현된 고전에서 제시된 인물이 그대로 재사용된(re-used) 상호인물성interfigurality도 포함되는 것이다. 따라서 이러한 고전과의 상호텍스트성이나 패러디화 현상, 환상성, 다원적 모티프 등은 이런 최인훈 문학의 전개와 해석을 위한 매우 중요한 기반임이 분명하다. 고전과의 상호텍스트성의 이 문제를 두고 「고전문학의 현대적 수용 양상」(1993)에서 박혜경이 린다 허천Linda Hutcheon의 패러디론을 연상하는 시각으로 다음과 같이 언급하고 있는데, 적절한 지적이다.

최인훈의 작품들이 지니고 있는 다층적이고 생동감 있는 패러디적 특성은 고전문학이 지닌 전통의 요소들을 단순히 부활시키는 차

---

29 Gerald Genette, "Structure and Functions of Title in Literature," *Critical Inquiry*, vol 14, 1988, pp. 692~720.
30 Wolfgang Karrer, "Titles and Mottos as Intertextual Devices," *Intertextuality*, Heinrich F. Pleet(ed.), Water de Gruyter, 1991, p. 122. 이와 관련된 논의로 오승은, 「최인훈 소설의 상호텍스트성 연구」, 서강대 대학원 석사논문(1997)이 있음.
31 Wolfgang Müller, "Interfigurality," *Intertextuality*, Heinrich F, Plett(ed.), p. 107.

원이 아니라, 그것에 대해 부단히 의문을 제기하고 그것과 대화를 나누고 더 나아가서는 그 전통의 요소들을 과감히 변형시키거나 전복시킴으로써 그것을 더욱 날카롭고도 풍부한 현대적 의미로 재구성해내는 것이다.[32]

요컨대 이런 지적은 최인훈 텍스트의 재현적 성격이 지닌 패러디적 상호텍스트성의 정치학의 의미를 보다 분명히 하고 있다.

그렇다면, 상호표제성을 지닌 선행텍스트로서의 『구운몽』(김만중)과 후행텍스트인 「구운몽」(최인훈)[33] 간에는 어떤 상호성 또는 연관성과 차이가 있는가.[34] 특히 이중성이나 이중 자아의 문제에 있어서 양자는 유사성, 치환, 대조의 어떤 양상을 지니고 있는 것인가. 실제로 스토리의 유사성이나 재현적 현상은 없으나 양자는 다음과 같은 밀접한 연계성이 있다.

첫째로, 김만중의 『구운몽』이나 최인훈의 「구운몽」 양자는 모두 그 구성 방식에 있어서 상감 기법에 의한 틀 짜기 방법인 액자화로 이루어져 있다. 즉 꿈과 틀 짜기의 액자소설 형식이다. 두 가지의 시공이 다른 세계를 배경으로 한다. 그러나 전자가 비교적 단순하게 몽환적인 세계를 내부화시키면서 현실과 환상의 이원구조로서 이루어진 반면, 후자는 몽환적 구성이나 다소 다층적이고 복합적인 서사에 의해서 이루어지고 있다. 즉 결과적으로는 김용길 박사 이야기 및 현재의 과거화인 「조선원인고(朝鮮原人考)」라 일컫는 고고학적인 영화 한 편 속의 다층적인 이야기와, 그 영화가 끝나고 난 뒤 극장을 빠져나온 두 연인(빨간 넥타이의

---

[32] 박혜경, 「고전문학의 현대적 수용 양상」, 『작가세계』 1993년 여름호.
[33] 이 작품에 대한 대표적 논의로는 다음과 같은 글들이 있다. 천이두, 『우리 시대의 작가 연구 총서: 최인훈』, 은애, 1979; 박선경, 「소설의 화자와 수화자: 최인훈의 「구운몽」」, 『현대소설시점의 시학』, 한국 소설학회 편, 새문사, 1996; 박정수, 『현대소설과 환상』 중 「최인훈: 현실내부에서의 방황과 풍문인의 탄생」, 새미, 2002, pp. 121~228.
[34] 이 문제에 관련된 선행 연구로서 설성경, 『구운몽 연구』가 있음. 국학자료원, 1999, pp. 254~80.

남자와 왼쪽 볼에 까만 점이 있는 여자)이 관음선사의 설법을 들으러 가는 길에 서로 깊은 입맞춤을 하는 현실의 외화(外話)로 이루어지고 있다. 박태원이 「소설가 구보씨의 일일」에서 '고현학(考現學)'의 퍼스펙티브로 현실을 인지함에 비해서 최인훈은 현실에 대한 '고고학(考古學)'의 퍼스펙티브로 도입한다. 그러나 전체적 서사는 그렇게 단순한 것이 아니라 상이한 서사들이 두 겹 세 겹으로 겹쳐지면서 다층적인 층위로 구성되어 있다. 즉 일차 서사는 주인공인 몽유병자 독고민이 옛 애인 숙을 찾아 미궁 같은 도시의 밀실과 광장을 쫓기듯 헤매는 이야기이고, 이차 서사는 김용길 박사와 불교적 비유담으로서의 법화 해석의 이야기, 삼차 서사는 앞의 모든 내화(內話)가 영화임이 밝혀지는 이야기 및 독고민의 '내생'인 현실적인 종결(에필로그)의 액자적 외화(外話)로 겹겹이 이루어져 있다. 영화 형식에 사용되는 틀 짜기 및 전이의 서사이다. 그 밖에도 꿈과 환몽, 방송의 스피커 소리, 토끼, 말, 코끼리의 종교적인 비유담(법화), 시, 영화 해설 등의 담론들이 복합적으로 상감되거나 삽입 또는 편집되어 있는 구조이다. 이 각 층위의 서사 전개는 전혀 상이한 서사임에도 불구하고 '민'이라는 인물과 그의 빨간 넥타이, '왼쪽 뺨에 까만 점'을 가진 여자들이 각 층위마다 등장하고 반복 제시됨으로써 각 서사 간의 모종의 상호 연관성을 시사하고 있다.

둘째, 핵심적인 관심인 이원성 또는 이중 자아의 문제이다. 「구운몽」의 간판사로서 낡아빠진 바라크 아파트에서 추위에 떨며 생활하는 독고민은 지난밤 누군가의 부름을 받으며 미라로 갇힌 관 속에서 나오는 악몽을 꾸고 나서 그다음 날 옛 애인인 숙으로부터 날아온 것이라 믿어지는 한 장의 편지를 받는다. 약속 장소인 '미궁' 다방으로 찾아가지만 결국 허행한다. 극장의 옆자리에 앉았던, 기시감(旣視感)이 드는 여자를 따라가다 미로 같은 광장에서 길을 잃는다. 거기서 다시 우연히 들른 찻집에서 숙의 신체적 특징(왼쪽 뺨에 까만 점)을 가진 여인들을 만나게 될 뿐 아니라 일군의 사람들, 젊은 시인들로부터 문학평론가 '선생님'으로서 불리면서 면식과 결단을 요구받게 된다. 이를 시작으로 하여 간판사인 그는 거리의 곳곳마다에서 은행사장, 안무가, 술집 여인의 기둥서방, 혁명군 수괴, 바티칸 교황 사절 등 자기 의지와 관계없이 전혀 낯선 정체성을 강요받다가 그들에게서 쫓기고 도망친다. 즉 젊은 시인들로부터는 비평가로, 은행 중역들로부터는 사장으로서 결정과 책임을 요구받고, 일군의 무용수들로부터는 안무가로서의 판단을, 감방에서는 정부 고관으로서, 술집 여급으로부터는 여급 에레나의 기둥서방으로서, 출처가 불분명한 스피커 방송으로부터는 혁명군 수괴 또는 바티칸이 파견한 교황 사절로서 집단이 안고 있는 난제의 해결을 위한 책임을 강요받는다. 독고민이란 고유명사가 있음에도, 다른 사람들에게 보이는 그의 호명은 끊임없이 변한다. 이렇게 쫓겨 다니다 숙이라 믿은 여인의 외면 속에서 광장의 분수대에서 총살당한다. 그는 다시 늙은 댄서에서 변신한 젊은 여인에 의해서 죽음에서 방탄복을 벗고 불사조처럼 소생하지만 동사한 주검으로 김용길 박사의 서사에 등장한다. 환상의 영역에서는 소생하지만 현실의 영역 쪽에서는 몽유병자로서 그는 얼어 죽고 만 것이다. 이 죽음은 초두 꿈에서의 관 속에서 나오기와 환상(環狀) 순환의 똬리 같은 연계성이다.

여기에서 특별히 주목하게 되는 것은 현실적으로 일개 간판사에 불과한 독고민의 정체성이 거리에서 만나는 여러 사람들로부터 집단과 저마다의 압력과 임의에 의해서 쫓기면서 8개의 다른 정체성이 일방적으로 규정되고 있다는 사실이다. 이것은 개인이 개인으로서 존재할 수 없는 상황, 개인의 존재가 집단의 의지에 의해서 함부로 강요되거나 억압되는 상황에 대한 은유이기도 하지만, 이렇게 자신이 규정하고 있는 간판사로서의 정체성과 타자들이 규정하는 정체성과는 어떤 일치도 없이 어긋난다는 사실이다. 이러한 정체성의 혼란 현상은 하나 속에서의 두 자아, 또는 제2자아로서의 이중 자아 현상을 훨씬 넘어서서 복합적인 정체

위기 상태의 현대적 자아 및 상실되거나 분열된 자아의 징후로 확대되어감을 의미한다. 이와 같은 분열, 해체 그리고 다중화된 개성으로서의 자아의 모습은 기실 변형된 분신 모티프의 현상이기도 하다.

이런 해체 상황은 몽유의 서사라고 할 일차 서사에서 독고민이 일군의 시인들을 만나고 돌아온 날 밤에 꾸는 꿈을 통해서 이미 상징적으로 예시된다. 그 꿈에서 독고민은 바다와 같이 망망한 강을 건넌다. 까마득히 먼 저쪽 언덕을 향해 헤엄치던 그는 자신의 사지가 조각조각 떨어져나가는 것을 보게 된다. 그 조각난 신체의 파편들은 제각기 흩어져 반대편 언덕을 향해 헤엄쳐 간다. 그때 저편 언덕에 한 떼의 병신 도깨비가 나타나 그 조각난 몸들을 낚아 올린다. 이 꿈속에서 조각난 신체, 즉 분신(分身)들은 분열된 자아의 물질적 표상이며, 그 분열된 몸들을 낚시질하는 도깨비들은 거리에서 그에게 낯선 자아상들을 강요하며 쫓아오던 사람들의 대리 표상[35]이다. 여기서 분명한 것은 독고민이 일종의 몽유병자라는 점이다.

그리고 고고학 서사 편인 이차 서사의 김용길 박사 이야기에서도 시사된다. 동사해서 주검이 된 독고민이, 현대인의 분열된 자아를 구원할 방법에 골몰하는 김용길 박사가 원장으로 있는 병원에서 발견되고 몽유병자로서 해부의 대상이 되고 있는 점이다. 여기에서 김박사의 신경외과라는 정신병리학적인 조건이 자아 해부의 암시성을 지닌다.

현대는 성공의 시대가 아니라 좌절의 시대며, 건너는 시대가 아니라 가라앉는 때며, 한마디로 난파의 계절이므로. 다음에 현대인의 인격적 상황은 극심한 자기분열이다.

---

[35] 박정수, 「최인훈: 현실 내부에서의 방황과 풍문인의 탄생」, 『현대소설과 환상』, 새미, 2002, p. 154. 환상을 주제로 한 이 책은 장용학, 최인훈, 박상륭의 작품 세계에 대한 본격적인 해석서이다.

자기분열Schizophrenia이란 도플갱어 현상과 연관되는, 정체성 위기의 결과로서의 자아의 분열을 뜻하는 정신병리학적 양상이다. 따라서 최인훈의 「구운몽」은 현대의 시대성에 대한 정치사회적 우의성만큼이나 정신병리학적인 작품이다. 그리고 김용길 박사 서사에서도 독고민은 김용길 박사와 4·19 혁명에서 죽은 간호부장의 아들, 김박사의 조수 민 등으로 분신화한다. 김만중의 『구운몽』에 비해서 이중 자아 또는 분신이 보다 다중화한다. 특히 독고민과 김용길 박사는 둘 다 고향과 성장 내력에 있어서 황해도 출신의 외아들이며 아버지가 포목점을 하는 부자이며, 학창시절에 미술에 관심이 많았다는 사실만으로도 서로 닮은 존재이다. 이 점에서 김용길 박사는 독고민의 다른 자아이며 이상화된 분신이며 독고민의 결핍 상태에 대한 대립적이고 보완적인 정체성인 것이다. 이름이 같은 결말 액자의 아마추어 시인 겸 해부학 의사 독고민도 현생에서의 분신이다. 이렇게 자아와 분신과의 이름의 동일성은 E. A. 포의 「윌리엄 윌슨」(1839)에서도 제시되는 현상이다.

이와 같은 분신화 또는 이중 자아의 다원화 현상은 김만중의 『구운몽』에서 팔선녀의 경우와 마찬가지로 독고민이 계속하여 찾고 있는 숙이의 분신들이 또한 모두 여덟 명의 여인들로 분화되고 다원화되어 있다. 이 여인들은 모두 독고민으로 하여금 '어디선가 많이 본 여자'나 '본 듯싶은 여자'라는 이미 있었던 것을 떠올리는 기억의 환각, 미확인 기시감을 환기시키거나 '왼편 뺨에 까만 점,' '허벅다리의 흠'이라는 원형적인 숙이의 신체적 지표가 모두 동일한 특징을 하고 있다. 이 기시감이나 중첩된 신체 이미지의 지표는 환상 속에서 서사를 연계시키는 접합화의 미학화 현상이다. 이런 기시감의 문제는 앞서 든 이상의 「12월 12일」에서 '그'의 C라는 간호부에 대한 반응에서도 제시되어 있다.

셋째, 김만중의 소설 『구운몽』이 양소유(성진)가 하나하나 팔선녀를 찾아가는 사랑의 이야기이듯이, 최인훈의 「구운몽」 역시 잃어버린 사랑의 여인 숙을 되찾고자 하는 독고민의 욕망이 불러온 환몽의 현실을 제시하고 있는 작품이다. 그가 추구하는 삶의 목적은 그에 대한 타자들의 터무니없는 요구와는 달리 숙이라는 자취를 감추어버린 한 여인과의 만남과 사랑이다. 그러나 양소유는 함께 지상에 유배된 욕망의 대상들인 팔선녀—여덟 명의 여자를 차례차례로 다 찾고 만나서 결혼의 인연을 갖지만, 미로와 같은 도시의 거리에 찾아 나선 독고민은 사랑의 미로에서 헤매듯 숙을 다시 만나지 못한 채 끝내 얼어 죽고 만다. 이것은 결국 사랑의 불능과 그 상황을 시사하는 것에 다름이 아닌 것이다. 그러나 이전과 마찬가지의 닮은 이미지의 지속적 연계성이 있는 마지막 에필로그에서 민이라는 같은 이름의 남자와 왼쪽 뺨에 까만 점이 있는 여자가 영화를 보고 나와서 '그런 시대에도 사람들은 사랑했을까?,' '……부지런히 사랑했을 거야. 미치도록. 그밖에 뭘 할 수 있겠어'라고 대화하면서 길고 긴 입맞춤을 한다. 결국 사랑의 불능이란 존재하지 않는 것이다. 고전 『구운몽』에서의 사랑은 현실계가 아니고 몽환의 세계에서 가능하지만, 현대 「구운몽」에서의 사랑은 몽환의 세계가 아니라 바로 현실의 세계에서 가능한 것이다. 이 점에서 고전 『구운몽』의 사랑의 패러디성이 현현되기도 하는 것이다.

넷째, 고전 『구운몽』과 현대 「구운몽」은 모두 내부 이야기가 아닌 바깥 프레임(틀)의 세계가 불교를 배경으로 하고 있다. 남악 형산의 불교 도량과 육관대사 그리고 성진으로 이루어지고 있듯이, 불교 비유담으로서의 법화, 관음선사, 독고민으로 이루어져 있다. 이는 종교적 세계관의 정신사적 측면에서의 상호연계성인 것이다. 그러나 현대 「구운몽」은 고전 『구운몽』에 비해서 우의성에 의한 시대성(시간성)의 기능이 훨씬 더 강화되고 있다.

어쨌거나 한국 현대문학에 있어서도 자아의 이중상 내지 분신상은 김만중의 『구운몽』에서 비롯되어 현저하게 드러나는 것이 사실이다. 의식적이고 필연적인 상호 연계가 있든 없든, 한국 문학에서의 분열된 자아와 제2자아의 이중상에 대해 내재적인 원형을 찾아간다면, 그것은 바로 자아를 '성진'과 '양소유'란 특유한 이름으로 달리하여 한 사람의 두 마음과 모습을 분화시키고 있는 김만중의 『구운몽』인 것이다. 이런 분신의 문제는 몽환적 환상미학과 이중 자아의 미학을 한국 소설에서 정립한 김만중의 『구운몽』의 경우가 그러하듯이, 특히 종교성을 띤 작품으로 연결된다. 정연희의 장편 『여섯째 날 오후』 및 이문열의 『사람의 아들』에서 제시되는 분신 현상이 그것이다. 가령 『사람의 아들』의 경우, 민요섭과 조동팔은 성진과 양소유처럼 서로 다른 두 인간이라기보다는 한 인간의 서로 다른 두 모습인 동시에 에고의 분열상이다. 그러나 최인훈의 「구운몽」에서의 이중상 또는 분신 양상은 단순한 유사성이나 반복이 아니라 그에 근거한 변형이라고 봄이 보다 정확할 것이다.

뿐만 아니라, 고전 『구운몽』은 오르페우스와 같은 하강과 복귀의 테마를 민담성의 한계를 넘어서 창작 문학작품으로서 형상화한 작품이다. 여기에는 변신의 하강-상승의 서사 동향이 제시되어 있다. 이런 변신의 모티프나 하강-복귀의 테마는 후대 문학에 대한 전상으로서의 문학적 의의를 지니고 있다. 최인훈의 「구운몽」은 바로 이런 고전의 중요성을 파악함으로써 그 재평가와 재해석에 의해서 새로운 모습으로 재편성한 것이다. 김만중의 『구운몽』의 의미는 사상사적 가치보다도 바로 이런 문예미학적인 몽환의 시학과 이중 자아(분신)로서의 자아 제시에 그 가치가 있다.

제14장
변신의 거울과 거울의 변신

1. 변신의 주제학

 국내의 어떤 유명한 철학자가 한국인의 의식구조를 논하는 글에서 한국(인)은 가정법이 발달하지 못했거나 없기 때문에, 꿈이 없는 민족이라고 지적한 적이 있다. 이를 보면서 참으로 안타깝다고 생각했던 것이 기억 속에서 어제인 듯 아직도 생생하다. 그가 만약 조금이라도 부지런하여 송강 정철(1536~1598)의 가사 「사미인곡(思美人曲)」만이라도 살필 기회가 있었던들, 그와 같은 그릇된 판단은 하지 않았을 것이다. 「사미인곡」의 마지막 대목에는 다음과 같은 아름다운 가정적 표현이 있기 때문이다.

 차라리 싀어지어(죽어져서) 범나비 되오리라/꽃나모 가지마다 간데 족족 안니다가/향 묻은 나래로 님의 옷에 옮으리라/님이야 날인 줄 모르셔도 내 님 쫓으려 하노라.

 죽음과 재생을 자연의 순환 질서와 연계시키고 있는 사랑[戀君]의 시적 상상력도 그러하지만, 죽어서 범나비가 되어 꽃나무 가지마다 옮겨 다니다가 향 묻은 날개로 임의 옷에 옮겨 앉겠다는, 이 절실한 전생 윤회Metempsychosis적 변신의 사고야말로 미적인 극치의 가정법(가상법)이며 꿈이 아니고 무엇인가. 이런 죽음을 초월한 임과의 재회와 끊을 수 없는 결합을 위한 미적 상상력과 꿈의 표출을 두고서도 어찌 가정법이 없고 꿈이 없다고 감히 속단해버릴 수 있는가. 너무나 잘 알려진 김소월의 시「진달래꽃」도 기실 임과의 이별을 전제로 삼은 가정의 수사학이다.

「사미인곡」은 이와 같이 가상의 표현 미학은 물론이지만, 원형적 사고로서 사후에 꽃이 되고 새와 나비가 되거나 돌이 되는 인화이물(人化異物)의 윤회적인 변신관이 그 기반이 되고 있는 것이다.

변신metamorphosis은 변형이라고도 일컬어지며 주로 인간이 동식물 또는 돌과 같은 다른 이류이물(異類異物)로 그 형태가 갑자기 또는 서서히 변하는 변화 현상이다. 바슐라르가 상상력의 최초의 기능은 짐승의 형태를 창조하는 것이라고 지적하고 있듯이, 자신의 타화(他化), 즉 인간이 자신과 짐승(동물)을 일치시키는 상상력의 결과인 것이다. 그러나 이 '인화이물' 및 '물화위인(物化爲人)'의 '화(化)'로서의 탈바꿈과 변화는 기본 형태인 인간→짐승(식물·돌〔망부석〕)뿐만 아니라, 동양의 변귀담(變鬼談)과 같은 짐승(귀신)→인간으로의 역의 변형도 있는 것이 사실이다.

인간은 근원적으로 변신에 대한 원망이나 강박적인 환상을 지니고 있다. 그것은 변신을 통해서 현실적인 삶의 제약과 한계를 지양하고 초극하려는 꿈이 있기 때문이다. 환상이나 상상을 만드는 서사문학의 근본 형태인 신화나 전설·민담 등 원초적 기층문학에서는 물론, 문학의 역사에서 수없이 되풀이되는 모티프인 것이다. 그런데 이 같은 변신이나 변형은 주로 동인으로서 신성 대리자에 의한 벌로 이루어지거나, 신성 대상이나 귀신 또는 인간이 스스로 또는 주술과 환술 또는 요술 및 법술을 이용함으로써 이루어진다. 전자가 '비자발성(타동적·타의적·타변〔他變〕적)' 변신이며, 후자가 '자발성(주동적·자의·자변〔自變〕적)' 변신'이다. 또 변신

---

1 Horst S. Daemmrich, Ingrid G. Daemmrich, *Themen und Motive in der Literatur*, Francke Verlag, 1987, p. 223. "Willentliche und ungewollte Verwandlungen"

은 시간적인 양상에 있어서 서행하면서 항구적인 변신과 빠르면서 잠정적인 변신으로 분화²되기도 한다. 이런 분화론적 관점에서 문학과 변신의 관계를 탐색한 어빙 마세이는 그의 책『절고 있는 돼지 The Gaping Pig』(1976)에서 루이스 캐럴의『앨리스』를 주 대상으로 하여 변신의 양상을 (1) 자연적 변신——신체적·생물학적 변화: 정체성의 변화, 자신의 공격적·수성적 자아로의 변신, 캐리커처의 변신 (2) 대립의 변신 (3) 언어에 관련된 변신 (4) 단어의 반란 (5) 인물의 작자로의 변신 (6) 반(反)변신적 원리 등으로 6분화³한다. 그러나 분류 체계에 주력하지는 않지만, 헤럴드 스컬스키의『변신론 Metamorphosis』(1981)의 경우는 또 다르다.

우리의 건국신화인 단군신화는 모라토리엄의 시효가 전제된 웅녀와 호랑이의 성패와 경쟁의 변신, 신격적 대상인 환웅의 잠정적 변신 등 비교적 다양한 양상의 변신이 다루어짐으로써, 변신-변형 모티프의 전상적(前像的)인 모형으로서의 의의를 지니고 있다. 단군신화는 서양적 변신의 기본 형태로서 인간이 짐승이 되는 형태가 아니라, 곰과 호랑이와 같은 짐승이 인간이 되려 하거나 되는 변신담이다. 이 변신담은 변신의 과정과 관련된 지속성(항구성)과 잠정성(임시성), 성패의 대조성, 변신 시간의 느리고 빠른 완급성은 물론 변신에 내재된 '가장·변환·진화'⁴와 같은 일련의 요소 양상들이 정교하게 교직되어 있는 변신담인 것이다.

그리고 우리 기층문학인 민담「우렁각시 이야기」는 '욕실 금기 설화'인「뱀서방」등과 함께 변신 또는 탈신의 이야기이다. 우리 전통 민담들의 변신 이야기와 공유의 면적이 넓은 유형의 보편성

(voluntary and involuntary transformation).

2 Harry G. Edinger, "Metamorphosis," *Dictionary of Literary Themes and Motifs*, Jeans-Charles Signeuret(ed.), Greenwood Press, 1988, pp. 842~50 참조.
3 Irving Massey, *The Gaping Pig: Literature and Metamorphosis*, University of California Press, 1976, pp. 76~97.
4 같은 책, p. 843.

을 대리하는 한 정점에 해당한다. 원래 천녀(天女)였던 그녀는 하늘나라에서 죄를 짓고 옥황상제의 노여움을 사게 되어 형상이 변하여 한 마리의 우렁이가 되어 지상에 유배 또는 추방된다. 그리하여 지상에서 오랜 기간 역전을 위한 속죄의 고행을 견디고 마침내 온전한 인간으로서 살아가거나, 천상으로의 회귀가 이루어진다는 탈신의 이야기이다. 이야말로 마법과 소외·죄와 벌에 관계된 변신의 전상·원형적인 모형인 것이다. 김만중의 중세적인 꿈— 교화의 꿈으로 교훈주의 서사이면서 영혼 수업의 지형도인 소설 『구운몽』의 환몽 구조도 바로 이 변신의 근본 형태 기반으로서 작용하거나 문학적 관심으로 투영된 한 후상postfiguration으로서의 의미를 지니고 있지 않을까. 변신 서사에 있어서 변신이 벌이나 죄 또는 마법과 연관되는 양상은 동서 모두 일치하는 현상이기도 하지만, 특히 벌이나 금기 위반의 주제로서 현저한 것은 중국 변신설화의 경우[5]이다. 우리의 전통적인 민담·설화에서 나타나는 변신 역시 중국의 『태평광기(太平廣記)』나 푸숭링(蒲松齡 [1640~1715])의 『요재지이(聊齋志異)』에서의 변신담들과 친화적인 평행 관계를 지니고 있다. 이는 특히 여귀담(女鬼談)이라는, 짐승 또는 귀신의 인간화 현상인 것이다. 여기서 요괴적인 변형인 둔갑lycan-thropy이라는 변신의 한 양상이 제기된다. 이는 추리·환상(판타지)문학의 원형으로 이해되기도 한다. 당대 작가인 윤홍길의 「장마」는 무속적인 환생관에 근거한 일종의 변신담이다. 여기서 무당이 예언한 날 찾아드는 구렁이는 죽은 삼촌의 현신으로서 속신 공동체 내에서 불신을 화해로 바꾸는 결정적 요인이 된다. 그렇다면 한국 문학에서, 민담적 기반 및 불교적인 전생 윤회관을 기반으로 하여 형성되는 변신 모티프의 전통적 성격과 양상은 어떠하며, 이런 모티프들은 현대소설에서 어떻게 재현되어 상관관계를 이루는지 알아보자.

---

5 Ann Birrell, *Chinese Mythology*, The Johns Hopkins UP, 1993, p. 190. 김선자, 『중국 변형신화의 세계』, 범우사, 2001, p. 289 참조.

1) 전진형과 퇴행형의 변신

신화학자 노드롭 프라이Northrop Frye는 『*The Secular Scripture*』 (1976)와 『*Spiritus Mundi*』(1976)에서 문학에서의 근본적 서사의 움직임을 높은 세계로부터 낮은 세계로의 하강(下降)과 보다 낮은 세계로부터 보다 높은 세계로의 상승(上昇) 두 유형으로 분화하고, 하강의 중심 상징을 변신으로, 상승은 변신의 역(逆)으로 간주하고 있다. 이는 인간이 신격 대상에 의해 벌이나 보상을 받아 동물이나 식물 또는 사물로 바뀐다는 변신의 기본 패턴을 기준으로 보면 정당하다. 그러나 단군신화는 물론 동양의 민담 등에서 흔히 나타나는 귀신·짐승이 인간으로 변화하거나 탈신하거나 가장하는 것, 즉 상승화를 변신의 역으로 규정한 것은 변신의 영역에서 그 다양성이나 역방향에 대한 고려가 배제된 것이다. 변신의 영역으로서, 인간의 변신·짐승으로서의 변신·'짐승의 인간화Vermenschlichung der Tiere'인 하강과 상승도 모두 변신의 과정과 전개에 있어서 밀접한 상관성을 지니고 있는 현상으로 볼 뿐 아니라, '인화위물'과 '물화위인'의 화(化)의 상태를 공히 변신으로 보기 때문이다.

변신의 양상은 크게 두 개의 유형으로 분화된다.[6] 즉 상승전진형 변신과 하강퇴행형 변신이 그것이다. 상승전진형은 이름 그대로 짐승·인간과 같은 낮은 상태에서 더 나은 상태로의 변환과 진화의 개념을 함유하고 있으며, 느리면서도 항구성을 갖는 변신이다. 이에 비해서 하강 퇴행형은 종(種)에 있어서 짐승→인간→짐승의 연쇄로 그 변화가 이어지고, 빠르면서도 잠정성을 지니고 있으며, 가장과 기만의 개념을 함유한 변신이다. 전자에 해당하는 것으로 징벌을 받아서 구렁이로 신체적 현상이 바뀐 상태에서 속죄와 탈신의 고통을 감내하여 마침내 등천하는 구렁이의 「뱀서

---

[6] 이재선, 『한국 문학 주제론』, 서강대 출판부, 1989, pp. 45~53.

방」 이야기나 김동리의 「황토기」의 설화적 기반이 된 등천하는 황룡의 이야기, 적강의 마법을 풀고 실낙원 같은 유배지에서 탈바꿈하는 우렁각시 이야기…… 이들이 모두 상승전진형의 변신이다. 중세기의 소설 『구운몽』의 변신도 이 계열이다.

후자에 해당하는 것은 짐승·귀신(여귀)과 같은 비인간적이고 비인격적인 대상들이 잠시 인간의 모습으로 탈을 바꾸는 것으로서, 설화적인 악마학Demonology의 중심을 이루고 여우와 뱀의 잠정적이고 가장적인 변신과 둔갑이다. 중국의 「수신기(搜神記)」 등 일련의 지괴소설(志怪小說)의 영향, 공포·범죄의 피 냄새가 나는 원귀와 여귀 등의 요괴 이야기, 구미호 이야기와 같은 민간 전승의 공포(호러) 이야기 등으로서, 그 문화적 적층 현상은 실로 두터운 상태이다. 「김현감호(金現感虎)」 「삼설기(三說記)」 『삼국유사』의 거타지 이야기, 『고려사』의 작제건(作帝建) 이야기, 기타 김시습의 『금오신화』 등에서도 제시된다. 이것은 짐승이나 귀신이 인간이 되는 현상, 즉 동물의 인간화가 더 현저한 증좌인 것이다.

그런데 여기서 간과해버릴 수 없는 것은, 이 같은 하강이나 또는 상승의 구분화가 결코 단정적이거나 또는 고정적인 것이 아니라는 사실이다. 예컨대 우렁각시 이야기나 욕신 금기 이야기 등에서 나타나는 것처럼, 죄로 인한 적강으로서의 하강과 다시 탈신·속죄의 고통을 견디면서 원래 있었던 곳이나 상태로 되돌아가기 위한 상승에의 동향이 함께 병행하여 짝을 이루고 있기 때문이다. 그리고 둔갑술에 의해서 인간이 됨으로써 비록 상승한다고 할지라도, 그것은 잠정적이고 임시적인 현상이어서 다시 원래의 자리나 위치로 하강해버리기 때문이다. 뿐만 아니라 짐승의 인간화가 꼭 상승 현상만은 아니며, 인간이 새 또는 나비가 되는 전생 윤회적인 변신이 곧 하강 현상이 아닌 상승이 되기도 한다.

한국 설화나 고전문학서의 변신 모티프에 대한 연구는 주로 이상일과 김미란 등의 연구자에 의해서 수행7됨으로써, 변신의 주제학적 연구를 위한 기반을 이루고 있는 점에 의의가 있다. 금후 변신의 의도와 형태에 대한 심리학, 인류학, 종교학, 미학 등의 학제적 연구 수행과 현대문학과의 연계 체계를 밝히는 작업이 요망된다. 변신은 신체적인 형태의 변화와 관련된 동물과 인간에 관한 토테미즘과 애니미즘적 사회적 정령의 사고와 불교적 윤회사상에 근거한 변화의 상호 교환 관계이다. 그리고 향상과 귀향을 위한 초월의 사상이며 자유의 사상인 동시에, 해원과 비판과 생존을 위한 위장이나 가장의 논리 또는 기능이기도 하다. 그렇다면 현대문학에서 변신의 주제와 모티프의 양상은 어떠한가.

2) 새 모티프와 비상(飛翔)으로서의 변신

상승적인 변신 모티프의 현대화 현상은 주로 비상(飛翔)과 초월 또는 '자유에의 탐색'으로 나타난다.[8] 이는 주로 '날개'나 새의 동물 상징화를 통해서 제시된다. 변신의 조류학적 상상력의 현상이다. 이상의 「날개」, 김동리의 「저승새」, 최인훈의 「광장」, 김원일의 「도요새에 관한 명상」, 이동하의 「새」, 이문열의 「금시조」가 모두 그러하다. 우선 「날개」의 경우는 어떤가.

이때 뚜우 하고 정오의 사이렌이 울었다. 사람들은 모두 네 활개를 펴고 닭처럼 푸드득거리는 것 같고 온갖 유리와 강철과 대리석과 지폐와 잉크가 부글부글 끓고 수선을 떨고 있는 것 같은 찰나, 그야말로 현란을 극한 정오다.

---

[7] 이상일, 「변신 설화의 이론과 전개」(1979), 성균관대 박사논문 및 『변신 이야기』, 밀알, 1994. 김미란, 『고대소설과 변신』, 정음문화사, 1984. 『한국 소설의 변신 논리』, 태학사, 1998.

[8] Harold Skulsky. *Metamorphosis: The Mind in Exile*, Harvard UP, 1981, p. 195. '유배 상태(귀양)의 마음'이란 부제가 붙은 이 책에서 스컬스키는 마법으로서의 변신, 형이상학적 의심으로서의 변형, 풍자와 미스테리로서의 변신, 소외·은혜로서의 변신, 죄의 상태로서의 변신, 추상과 모노마니아로서의 변신, 풍자와 형이상학으로서의 변신, 불가해로서의 변신, 은혜 없는 소외로서의 변신, 자유에의 탐색으로서의 변신으로 분화하고 있다.

나는 불현듯 겨드랑이가 가렵다. 아하 그것은 내 인공의 날개가 돋았던 자국이다. 오늘은 없는 이 날개. 머릿속에서는 희망과 야심의 말소된 페이지가 딕셔너리 넘어가듯 번뜩였다. 나는 걷던 걸음을 멈추고 그리고 일어나 한번 이렇게 외쳐보고 싶었다.

날개야 다시 돋아라. 날자 날자 날자. 한 번만 더 날자꾸나. 한 번만 더 날아보자꾸나.

한낮 정오라는 비등점의 시간을 정점의 축으로 한 날음, 즉 비상에의 시원적 충동은 분명코 하나의 변신 원망이다. 박제되고 퇴화된 지식인 및 인간의 존재로부터 스스로를 조류화함으로써 날개가 돋는 것을 상상하며 비상과 재귀(再歸)에의 원망을 드러내고 있기 때문이다. 여기서 주인공은 분명히 날개가 없으면서도 날개를 가진 새가 되어 날아보거나 또는 분명 날개가 있었던 과거로 되돌아가려고 비상 추구에 이끌리고 있는 상태이다. 뿐만 아니라 과거에는 스스로도 인공의 날개가 있었던 것으로 간주하거나 확신하고 있다. 그는 분명히 발전적인 변신 신화의 경험 원형을 기억하고 활용함으로써 현실의 미궁(미로) 탈출이나 초극의 문제를 재구성하고 있는 것이다. 그것은 확실히 전도와 가역의 논리이다. 이 변신 원망의 원형이 구체적으로 무엇인지 분명히 찾아내기란 아마도 불가능할지 모른다. 그러나 밖으로는 오비드에서 비롯하여 조이스로 이어지는 다이달로스Daedalus와 이카루스Icarus라든가, 안으로는 파랑새나 나비가 되어서 날아가는 변신, 천의(天衣)의 날개옷을 입고 오색 무지개를 타고 승천하는 선녀나 이무기에서 날개를 얻어 등천하는 용의 변신 및 징벌과 저주의 껍질을 벗어버리고 추방되었던 근원의 세계로 복귀하는 우렁각시의 탈신(脫身)의 이야기 등 선문학적(先文學的) 경험의 원형들이 혼성적으로, 복합적으로 투영되었음에는 틀림없다.

「날개」는 바로 이 비상의 변신 모티프를 활용하면서 식민지 도시 사회에서의 지식인의 박제·거세·전도된 삶이나 마조히즘의 상태로부터 생명과 몸의 정력(생식적 활력, virility)을 회복해보려는 남성적 재생 계획의 주제를 날개와 비상의 이미지를 통해서 투사하고 있는 것이다. 이는 절름발이이거나 파행의 전도 관계인 나(남)/아내(여) 관계의 구조 전복 현상으로도 자명해지는 것이다.

김동리의 「저승새」는 불교적인 전생 윤회와 환생의 관념에 기초된 상상력으로 이루어진 작품이다. 그 특유의 액자소설의 형태로 이루어진 이 작품은 '타그르르르' 하고 우는 영성의 저승새 새소리로 비롯된다. 세번째로 새소리를 듣게 되자 주름살투성이의 늙은 만허스님의 눈과 얼굴에는 야릇한 광채와 법열이 함께 감돌게 된다. 취한 듯한 얼굴로 저승같이 은은한 목탁새의 오색 빛깔을 바라보던 스님의 입에서부터 뜻밖에도 '오 가엾은 것…… 이제 나도 따라가야지'라는 연민과 갈망이 함께 섞인 잔잔한 독백이 흘러나온다. 스님은 이런 독백과 함께 지팡이를 따라 동구 밖 샘터로 발을 옮겨간다. 이와 같은 스님의 독백과 새소리와 함께 샘터로 찾아가는 수상한 거동이, 명시적이지는 않지만 스님의 과거와 의식의 심층에 어떤 깊은 비밀이 숨어 있음을 수수께끼처럼 암시함으로써 호기심을 촉발시킨다.

이런 비밀의 일단은 마침내 서술자를 바꾸어서 해명된다. 거기에는 계를 받아서 중이 되기 전의 스님의 속명이었던 경술(慶述)과, 샘터마을의 남이라는 여인과의 애욕과 생의 비밀이 얽혀 있다. 두 사람의 사랑이 비극적으로 끝나면서 헤어질 때, 남이가 '나 먼저 저승 가서 기다릴게' 하던 그 말이 잊을 수 없는 기억으로 되살아나서 만허스님의 독백과 반응이 전생과 윤회의 관념에 의해서 새소리와 연결된 것이다. 그러니까 저승새는 단순히 새가 아니라, 남이가 죽어서 새로 윤회 변신한 환생의 모습인 것이다.

「저승새」는 이러한 전생의 변신관에다 더하여서 업연(業緣)의 상속적인 끈질김, 즉 운명·혈연·윤회의 모티프와 주제가 작용하고 있다. 만허스님의 절에 사미동승이 되어 온 혜인의 할머니는 샘터마을 출신으로서 시집와 아들 하나를 낳고 죽은 여인이다.

그런데 그 과거의 비밀과 연유가 서술됨으로써 그 불행한 여인이 바로 다름 아닌 남이임을 시사한다. 여기서 암시되는 것은 혜인이는 만허스님과 남이와의 사랑에 의해서 태어난 피의 상속체, 즉 혜인과 만허는 조손의 관계로서 핏줄이 이어지고 있다는 사실이다. 그날 이후 만허스님의 모습은 어디에서도 다시 찾아볼 수 없게 된다. 한 노승의 「등신불」에서 보는 것 같은 구도자적 고뇌보다는 혈연과 윤회의 사슬에 매여 있는 인간의 운명을 새의 변신 모티프에 의해서 형상화해내고 있다. 김동리 문학의 이런 변신관은 특정한 시대성이 끼어들지 않은 원형적인 모티프이다.

최인훈의 「광장」은 윤흥길의 「장마」와 함께 새 모티프나 변신관의 상상력이 당대 소설에서 가장 효과적으로 제시된 작품의 하나이다. 바다 흰 새(갈매기)가 처음부터 끝까지 전 구조에 걸쳐서 통합적으로 작용하면서 미학적 의의를 발현하고 있기 때문이다. 주인공 이명준이 중립국을 향해서 항해하는 타골호의 뱃길에는 두 마리의 흰 갈매기가 줄곧 따르면서 마스트에 내려앉기도 하고 내리꽂히기와 치솟기를 부린다. 이를 보면서 이명준은 그 두 마리 갈매기가 지난날 사랑했던 두 여인의 변신이라고 환각하거나 연상한다.

그것은 마치 뒤에다 버리고 온 두 여인이 바닷새로 변신해서 도피해가는 그를 따라 바다 끝까지 따라오고 있는 것이라는 환상이 한순간 그를 아찔하게 만들었다.

이렇게 갈매기 두 마리는 의미 깊은 흰색의 연상으로 인해 생활사와 깊이 관련된 강윤애와 은혜라는 두 여인을 기억하게 되는 연상의 원리가 될 뿐 아니라, 역전적인 시공적 기억에의 서사 방법이 되기도 한다. 무엇보다도 중요한 점은 비록 환각이라는 '유혹의 놀라움'에 의해서나마 두 여인들과의 접합점을 찾고 있다는 사실이다.

이 접합점이 서사적으로 그의 사랑과 편력에 관련된 과거로의 후행적인 전기(轉機)를 가능케 한다. 서사 구조적 측면에서는 이것이 타당하다. 그런데 작가는 개작을 통해서 두 마리 갈매기의 짝을 '강윤애—은혜'에서 '은혜—딸(은혜의 전사로 사산)'로 바꾸어놓는다. 변신이든 환상이든 그 변형이 죽음을 거친 전생 윤회와 깊이 연관된다는 신화원형론적 관점에서 보면 모두 이미 죽은 은혜—딸이 짝을 이루는 편이 윤애—은혜보다는 더 그럴듯한 신빙성을 갖는다. '무덤을 이기고 온 못 잊을 고운 각시'들은 그냥 갈매기가 아니라 죽음에서 환생하여 갈매기로 변신하는 은혜와 딸의 재생인 것이다. 그런 점에서 이명준의 죽음은 단지 사자와의 화해를 의미하는 것이 아니라, 탯줄과 같고 자궁과 같은 생명의 원공간으로의 귀속이다. 이는 남북 분단과 전쟁시대의 문학이 제시하고 있는 변신 모티프를 대리한다. 어느 경우이든 한국 문학의 변신관에는 사후의 전생 윤회의 환생관이 그 기저를 이룬다.

「도요새에 관한 명상」과 「새」의 경우이다. 4·19에서 5·17까지 대학생들의 민주화 운동이 활발히 전개되던 1960·70·80년대 당시 우리 사회는 정치적으로 자유의 모라토리엄(Moratorium, 지불 유예 기간) 현상이 편재된 기간이다. 유신 군사 통치의 긴급조치법에 의한 자유의 일시적 정지 현상은 이에 거역하는 데모로 인해서 제적되는 추방자outcast가 많이 발생한 시기이다. 「새」와 「도요새에 관한 명상」은 모두 이런 시대를 배경으로 하여 생산된 것이다.

이동하의 「새」는 전생 윤회의 재생적 변신 사고의 음영이 투영되어 있는 작품이다. 작품의 마지막은 다음과 같다.

그랬다. 녀석이 남기고 간 오직 한 줌의 잿가루마저 차가운 강물에 흘려보내고…… 그 조그맣고 이름 알 수 없는 한 마리의 새는 강변의 저 스산한 저녁 하늘 높이도 떠올라서 무척이나 외롭고 하염없이 날갯짓을 너울대며 날고 있었던 것이다.

산골(散骨)과 한 마리의 새는 죽음과 재생을 표상한다. 관찰적 서술자인 '나'에 의해서 세상으로부터 소외된 불행한 삶을 추적하고 증언하는 작품이다. 주인공인 전지수는 '실연'과 '제적'이라는 두 형벌을 받게 됨으로써 어디에도 안착의 뿌리를 내리지 못한다. 거듭되는 방황 끝에 한 지방 도시에서 허망한 객사를 하고 만다. 그는 왜 소외되었으며 사회에로의 건전한 복귀를 하지 못하고 이렇게 비극적인 죽음을 맞아야만 했는가. 죽음과 부검 과정 등에 대한 서술자의 증언이 중심 서사를 이루고 있음에도 불구하고 전지수의 긴 방황과 죽음의 원인이 제적 처분이란 신산한 경험과 결코 무관한 것이 아님을 암시해주고 있다. 물론 이에는 약혼녀였던 이지혜와의 타의적인 결별에 의한 사랑의 상실이 매우 결정적인 요인이 되는 것도 사실이지만, 이 두 요인은 별개 사항으로서가 아니라 서로가 융합되어 있다. 두 사람의 기묘한 개인적 의식으로서의 약혼식이 바로 4·19 공원에서 이루어지는 것이 상징적 의미이다. 그것은 4·19 학생의거의 찬란한 정신과 역사적 의의가 5·16 군부의 위력에 의해서 외연적으로 밀려나고 있는 현실에 대한 좌절된 의식과 거부반응인 동시에, 그 가치를 자신의 삶과 이으려는 강박의식의 결과임을 암시하고 있기 때문이다. 4·19 공원의 '사광 속의 묘비들'과 죽은 지수의 얼굴에 완강히 굳어 있는 '비석에 새겨진 글자'의 묘비(묘명)의 이미지를 상호 연결·교차시키면서 작가는 4·19 혁명의 빛의 소멸 현상을 주인공인 지수의 죽음으로 대비시키고 있는 것이다.

어쨌거나 친구들과 사회로부터 잠적해버린 지수는 거듭되는 방황과 폭음·상한 폐로 인하여 결국 젊은 나이에 요절하고 만다. 지수를 이렇게 죽음으로 몰아간 것은 무엇인가. 작품은 이 죽음의 유언을 밝힘에 있어서 직설적이지 못하고 숨김과 실어증과 같은 주저와 조심스러움을 상당히 드러내고 있다. '어쨌든'이나 '모를 일이었다'와 같은 흐리기 어법이 그것이다. 이것은 분명히 통제 시대의 수사 현상이다. 그럼에도 그의 죽음 앞에서 서술자가

"이제는 허락하라. 용서하라. 그의 마지막 잠을……"이라고 말함으로써 그의 삶을 허락하지도 융합하지도 않고 옥죄기만 했던 시대 상황이 그를 죽게 했음을, 아니 죽였음을 간접적으로나마 시사하고 있는 것이다.

그런 점에서 앞에서 인용하였듯이, 마지막 장면에서 나타나는 새는 지수의 변신상이다. 이는 제약되고 전락한 삶으로부터의 초월과 자유에의 투사 현상이면서, 전생 윤회적 변신과 불멸의 환상으로서의 상징적 재생을 의미한다.

김원일의 「도요새에 관한 명상」은 표제 그대로 태양의 위치에 반응하는 철새인 도요새의 이주 본능, 즉 북극권과 남극권의 두 이질 공간을 순환적으로 옮겨 다니는 후조의 이주 생태에 대한 조류학적 관심과 이해를 기반으로 하여 이루어진 작품이다. 여기에다 강물이 실어 나른 철새들의 공간인 삼각주(델타)에 대한 지리적 포치와 환경공해론 등을 함께 연계하여 이 시대가 안고 있는 문제들을 다중적으로 해부하고 있는 문제 작품이다. 서술 시점의 다중적 변화에 의해서 보는 관점과 시각에 따라서는 분단, 자유의 제약, 산업화와 공해, 물질적인 가치관의 팽배 등 이 시대의 다양한 문제와 연결되어 읽힐 수 있는 소설이다. 근자에는 환경 생태소설로서 그 가치가 새롭게 재평가되기도 한다. 여기에 등장하는 중요 인물은 아버지, 병국, 병식 등 삼부자이다. 이들은 제각기 다르고 독특한 내력과 삶을 살아가고 있지만, 특히 주목되는 인물은 형인 병국이다. 그는 시위를 주동하다 1974년에 발동한 긴급조치법에 의해 대학에서 제적·퇴학당함으로써 날개가 퇴화된 새와 같은 제적자이다. 죄나 벌 및 마법에 걸려서 적강한 추방자요, 변신당한 유배자인 셈이다. 그는 낙향하여 산업공해 때문에 서식지를 빼앗기며 죽어가는 새들을 살피면서 실의의 암울한 나날을 달래고 살아간다. 그러니까 그는 현실의 벽에 부딪쳐서 좌절한 추방자이며 이상주의자이다. 이런 그에게 있어서 새는 초월과 해방 그리고 자유와 위안의 비전이며 순수하고 안락한 자연의 표상이다. 병국의 새에 대한 반응은 남달리 각별하다. 이는 타자와 자신에 의해서 다음과 같이 표출된다.

형은 새처럼 자유인이고 싶어 했다. 숫제 한 마리의 나그네새가 되고 싶어 했다.

실의의 낙향 생활로 술만 죽여내던 내 깜깜한 생활 안으로 나그네새의 울음소리가 화톳불처럼 살아나기 시작했다. 새가 내 머릿속으로 자유자재로 날아다녔다…… 나의 일상이 너무 권태스러울 정도로 자유로우면서 전혀 자유스럽지 못한 내 사고의 굳게 닫힌 문을 도요새가 그 날카로운 부리를 쪼으며 밀려들었다. 그리고 떠남의 자유와 고통에 대해 여러 말을 재잘거렸다.

……나는 정말 새가 되고 싶었다. 새처럼 모든 구속으로부터 나를 해방시키고 싶었다. 내 고통의 근원을 심어준 이 땅을 떠나 멀리로 완전한 자유인이 되어 이상의 세계로 떠나고 싶은 마음이 나그네새를 볼 때마다 간절하게 사무쳤다. 윤회설을 믿지 않지만 이승에서 새로 변신할 수 없다면 내세에서도 새가 되어 태어나고 싶었다. 인간이 되고 싶어 하는 새가 있다면 나는 기꺼이 그 새와 나를 바꾸고 싶었다. 선택권을 준다면 새 중에서도 시베리아와 저 툰드라가 고향인 도요새가 되어 날고 싶었다.

이렇듯 새는 '자유'와 '해방'의 표상이며 모티프이다. 초월적인 변신 원망의 대상인 동시에 현실 탈출과 자유의 징표이며, 또한 산업화 과정에서 수반된 환경공해와 자연 생태에 대한 훼손이 낳은 희생물이다. 이 점에서 새는 날고 싶으나 날 수 없는 자신의 꿈과 현실이 동화·일치되는 존재이며 대상이기도 하다. 병국은 '새가 되고 싶다'는 원망을 통해서 자유와 해방을 위한 탐색의 변신을 꿈꾸고 있는 것이다. 이것은 스컬스키가 그의 『변신론』(1981)

에서 전제하는 '유배 상태의 마음the mind in exile'으로서의 정신적인 변신, 즉 자유에의 탐색으로서의 변신인 것이다.[9]

이문열의 「금시조」(1982) 역시 회상의 역전적 또는 역행적인 시간 서사 속에 예술적 창조를 위한 신화 전설적인 조류학으로서의 변신 원망을 투영시킨 작품이다. 즉 금시조라는 상상의 새를 끌어와서 극미한 예술의 완성을 지향하는 한 서예가의 고뇌와 집념의 삶을 형상화한 예도론(藝道論)에 근거한 일종의 예인소설 Künstleroman이다. 표제인 '금시조'는 본문에서도 밝히고 있듯이 가루라(迦樓羅), 곧 불법 수호 8부 중의 여섯째로, 밀교 도상학에서 새의 왕이며 영명한 대괴조이다. 수미산의 사해(四海)에 살며 조두인신(鳥頭人身)의 상상의 새이다. 머리는 매와 비슷하고 여의주가 박혀 있으며 금빛 날개가 있는 몸은 사람을 닮고 입에서는 불을 내뿜으며 용을 잡아먹는다고 전해진다. 서사 내용은 한말에 태어난 고죽(古竹)이라 일컬어지는 한 서예가의 예술을 위한 일생을 다룬 것이다. 그 중심 서사는 불행한 성장기에 숙부에 의해서 마지못해 맡겨진 스승 석담(石潭) 선생과의 사제 관계 사이에서 거듭되는 불화와 이들 양자 간의 타협할 수 없는 예술관의 대립과 갈등이다. 이는 중세적 예도론과 근대의 유미적 예술관과의 대립을 의미한다. 고죽은 어려서 부모를 잃고 삼촌에게로, 다시 석담에게로 넘겨져서 자란 인물이다. 이와는 달리 석담은 퇴계와 추사의 학통을 이은 명유(名儒)의 후예로서, 웅혼한 필재와 유려한 문인화로 한말 삼대가의 한 사람으로 칭송되는 인물이다. 이들 사제 간에는 서화 내지 예술에 대한 예도론의 본질적인 대립이 생겨난다. 미적 범주론에 있어서 서화는 석담에게 있어서는 예나 법이 아니라 도(道)인 반면, 고죽은 그런 이념적인 예술관으로부터 벗어나서 독자적 예술관을 세우려고 한다. 석담은 글씨에 있어서 힘을 중시하고 기(氣)와 품(品)을 숭상함에

---

[9] Harold Skulsky, 앞의 책, 이 책의 부제가 바로 「유배 상태의 마음(정신)」임.

비해서, 고죽은 아름다움을 중히 여기고 정(情)과 의(意)를 드러내고자 한다. 그림에 있어서도 석담은 심화(心畵)에, 고죽은 물화(物畵)에 충실하려고 한다. 여기에서 양자의 갈등과 방황은 필연적일 수밖에 없는 것이다.

그래서 스승 석담이 그가 너무 재예(才藝)로만 흐르는 것을 경계하여 써준 '金翅劈海 香象渡河'를 보고, 고죽은 동양적 이념미의 상징인 스승의 금시조로부터, 오대산의 벽화에서 본 금시조를 통해서 자신의 독자적인 미적 성취와 예술적 완성의 궁극적인 상징으로서의 금시조로 변용을 시도하고 지향하게 된다. 이 변용은 곧 창조적인 변화이며 고죽의 금시조는 서화론의 바다에서 출발하여 미적 완성을 향해 솟아오르는 관념의 새인 것이다. 세월이 흘러서 죽음을 생각해야 할 나이에 고죽이 마음속에 간직하고 있는 서원(誓願)의 하나는 자기의 붓끝에서 날아가는 그 금시조를 보는 것이다. 이것은 예술가로서의 고죽의 창조적 일생이 그의 스승으로부터 탈피한 독자적인 예술관의 완성이며 구극인 금시조로의 지향적 변신 원망으로 이어지고 있음을 의미한다. 비록 금시조가 상상의 새이기는 하지만, 짐승과의 일치에 의해 이루어지는 변신의 상상력이 작용하고 있기 때문이다.

그러나 치열한 추구에도 불구하고 고죽은 죽음의 순간에 이르도록 단 한 편의 작품도 그런 완벽의 경지에 이끌어놓지 못했음을 절감할 뿐만 아니라, 오히려 자기 작품 속에서 예술이라는 이름으로 자만하고 세상을 기만한 자신의 허위를 발견한다. 그래서 그는 200여 점에 이르는 모든 작품을 모조리 불질러버린다.

　　그때 고죽은 보았다. 그 불길 속에서 홀연히 솟아오르는 한 마리의 거대한 금시조를, 찬란한 금빛 날개와 그 힘찬 비상을.

　　철저한 자기부정의 순간에, 역설적이게도 그 소진의 불길 속에서 고죽은 마침내 금시조로 표상되는 미적 완성과 성취를 보게 되는 것이다. 허위와 기만을 긍정적으로 불살라버리는(방화 모티프) 철저한 자기부정의 엄격함을 통해서만 비로소 미적 완성이 가능하다는 예술혼 내지는 역설의 미학을 투사하고 있다. 이 작품은 금시조처럼 '날고' '솟아오르는' 상승적 초탈과 비상, 승화로서의 변신의 사고를 그 저변 기층으로 하고 있다. 그리고 이러한 변신은 고전적인 신체적 변모와는 큰 거리를 지니고 있다.

변신과는 관계가 없지만, 새 모티프가 중요한 기능을 하는 작품에는 김동리의 「까치 소리」, 황순원의 「학」, 오영수의 「새」, 이청준의 「잔인한 도시」 등이 있다.

3) 가면놀이로서의 변신

변신의 부정적 하강, 원형적 양상은 이른바 설화로 전승되는 변귀담(變鬼譚) 및 여귀담과 관련된 괴기한 둔갑의 양상이다. 둔갑은 변환·순환이 용이한 잠정적(임시적)이고 형태 변형적인 변신이다. 이런 변신은 해리 G. 에딩거가 지적하고 있듯이, 본질적으로 변장적이거나 가장적이다.[10] 즉 본래 정체의 은폐를 통한 가장Verkleidungen의 모티프로서 위장·변장이 작용하는 것이다. 여우와 뱀이 요술이나 환술에 의해서 잠시 인간으로 바뀌는 요술변형담이다. 그런 점에서 이는 현대적으로 해석하면, 처세와 임기응변을 위한 이중성으로서의 가면술과 위장적인 기만의 모티프에 다름이 아니다. 가면이나 가장은 '거짓된 얼굴'이기 때문에, 얼굴이나 진짜 자아가 아닌 것이다. 그래서 박지원의 「호질」과 같은 '가면 쓰기'와 '가면 벗기기' 작업을 수행한다. 시대를 국한하여 1945년 해방을 전후한 급격한 변환기를 배경으로 하고 있는 인간 행태의 해부로서 이런 가면놀이Maskenspiel와 같은 변신을 주요 모티프로 한 것으로는, 채만식의 「미스터 방(方)」(1946)과 김영석의 「코」(1946), 그리고 전광용의 「꺼삐딴 리」(1962), 손장

---

10 Jean-Charles Seigneuret(ed.), *Dictionary of Literary Themes and Motifs*, Greenwood Press, 1988, p. 844.

순의 「낮과 밤의 신(神)」 등이 있다. 이들은 모두 해방기 전후에 있어서의 가면 벗기기 또는 가면놀이의 문화적 연출 내지 사회적 작용과 관련되어 있다.

채만식의 「미스터 방」은 미군의 진주와 더불어 영어의 위력이 도저해지는 시대성을 반영하는 표제이다. 시대가 탄생시킨 낮도깨비〔망량〕상과 세태를 도해한다는 뜻으로 「주출망량지도(畫出魍魎之圖)」라는 도상학적 부제가 붙어 있는, 풍자와 그로테스크 리얼리즘계의 작품이다.

주인공 방삼복은 시골의 미천한 짚신 장수의 후예이다. 가난하여 머슴살이로 지내다 일본으로 상하이로 동양 삼국을 떠돌아다니는 중에 연합군 포로수용소에서 일하게 된다. 해방 후 귀국해서 다시 일시적으로 신기료 장수를 하며 지내던 그는 미군이 진주하고 통역관이 위세를 드날리는 세상이 되자, 유랑 중에 익힌 하찮고 얕은 영어 지식 덕분에 미군 장교의 통역으로 벼락출세를 하게 된다. 이런 방삼복의 영어 실력은 미군에게 '경회루'를 '킹 듀링크 와인 앤드 땐스 앤드 씽 위드 땐서'(King drink wine and dance and sing with dancer)라고 설명, 소개할 정도의 한심한 실력이다. 이런 위인이 그 정도의 영어 실력으로 미군정에 관여하는 자리와 연계됨으로써 호화로운 적산저택에 살면서 떵떵거리며 허세를 부리는 계층으로 살아가게 된다.

이와는 대조적으로 양반 출신이며 일제시대에는 경찰서 경제계 주임인 아들을 두었던 동향의 백주사네는 호화롭던 삶이 해방 뒤에는 신분적 경제적으로 형편없이 몰락한다. 이야기는 이렇게 급상승하거나 몰락한 두 부류 간의 결탁과 유착 관계로 진전된다. 믿고 믿었던 일제 체제가 해방으로 폐물화됨으로써 삶의 안전판을 완전히 잃게 된 친일파 백주사는, 자기들을 친일파로 협박하는 마을 사람들을 처벌해달라고 기세등등한 미스터 방에게 간청하는 신세가 된다. 미스터 방은 거들먹거리며 이 청탁을 쾌히 받아들인다. 그러나 결정적인 순간에 미국 치약에 이끌리게 된 그가 자기 집으로 찾아온 미국 장교의 얼굴에다 양치질한 물을 뱉어버리는 결정적인 실수를 함으로써, 그렇게 도저한 위세의 감투 같은 권력을 그만 잃어버린다. 이렇게 그로테스크한 과장의 이야기를 통해서 「미스터 방」은 낮도깨비처럼 이 시대에 튀어나온 변신상들의 저속한 시대적 역리(逆理)의 단면을 풍자적으로 희화화한다. 그리고 다소 과장적인 이 같은 변신의 해부를 통해서 당시의 특권적인 위치의 허위와 기만성은 물론 미 군정청의 무원칙과 무지에 대한 비판도 함께 드러내고 있는 것이다.

김영석의 「코」는 처세와 관련된 기만적인 가면의 허위와 가장을 엽기적일 만큼 통렬한 수법으로 풍자화하고 있는 작품이다. 고골리의 「코」(1836)의 변신과 풍자가 무색할 정도이다.

대청에 걸렸던 천황 폐하의 사진과 일장기, 그리고 육군대신이 보낸 국방헌금의 감사장 이런 것들을 떼어버리고 그 대신 큰 태극기 한 폭을 달았다. 정총대의나 기문패와 야스이 하지메(安井一)라고 창씨했던 문패를 싹 떼어버리고 크게 안희국(安喜奎)이라 써 붙이었다. 아이코라고 부르던 딸을 애자, 긴짱이라고 불르던 아들 놈을 건호라 하고 십여 년 사용하여 몸에 퍽 어울리는 유카타랑 게다도 하루 저녁에 벗어버릴 수 있었다.

이렇게 집 안에서 완전히 일본 냄새를 없애어버리기는 했으나, 그러나 심히 적적한 노릇은 영어를 조금도 못하는 거와 매달 애국일이면 동리 사람을 모아놓고 짐승 같은 미영(米英)이라고 소리치던 일과 그리고 제일 유감인 것은 원체 코가 맹꽁이 소리를 내게 할 만치 찌부러진 일이었다. 지난 일을 변명한다든가 또 말을 배운다든가 하는 것은 차차 좋은 도리가 나서겠지만 코 생김으로 말하면 필경 죽었다 다시 생겨나기 전에 어쩐다는 재간이 없을 성싶었다.

이처럼 철저한 친일파인 야스이 하지메는 해방이 되자, 재빨리 창씨개명 전 안희규로 개명할 뿐만 아니라 자신의 주변에서 일본의 잔재를 깡그리 청소해버린다. 그는 과거 자신의 과오를 철저히 은폐하고 새로운 시대에 적응하려는 변신과 호신술에 능한 전형적인 인간 부류이다. 그는 자신의 안전을 위한 우선 수단으로 과거에 일어를 배웠듯이, 영어를 배우는 일을 급선무로 삼는다. 그러나 그보다 더 긴요한 것은 못난 자신의 코를 성형수술하거나 바꾸어버리는 일이다. 코를 바꾸기 위해서 고심하던 그는 행랑채의 문덕 아범의 잘나고 큰 코와 자신의 코를 바꾸어버릴 결심을 한다. 때를 엿보다 문덕 아범이 툇마루에서 잠자는 틈에 예리한 면도칼로 도려내어 자신의 코와 바꿔치기를 해버린다. 그러나 워낙 창황 중에 결행한 것이라, 결과는 문덕 아범의 코가 아니라 옆에 자고 있던 개의 코를 자신의 코와 바꿔치게 된다는 이야기이다. 개코가 되어버리고 마는 변신술의 실패를 과장과 인간의 동물로의 강등화degradation 수법에 의하여 풍자한 가면 벗기기이다. 이렇게 개와의 비유적 일치화 또는 개 만들기caninization는 그가 염탐꾼이고 아첨꾼이며 앞잡이이고 주구(走狗)이며 추악한 존재임을 의미화하는 일종의 '문학적 시놀로지literary cynology'[11] 현상이다.

전광용의 「꺼삐딴 리」는 상황 변화에 따라서 언제나 그때그때 변신하는 인간 처세술의 속물근성을 풍자하고, 정신의 뿌리를 잃고 부동(浮動)해야 하는 역사와 우리의 정신사를 함께 비판한 작품이다.

이인국이란 의사는 권력과 돈에 철저히 집착하는 사람이다. 그렇게 처신함으로써 종합병원을 방불케 하는 큰 개인병원을 소유하게 된 장본인이다. 어느 날 그는 도미를 위해서 미 대사관 브라운 씨를 만날 시간을 맞추려고 회중시계를 꺼내 본다. 이야기는 30년 전 제국대학을 졸업할 때 받은 수상품인 이 시계 속에 숨겨진 과거의 기억을 회상하고 연상하는 시간적 역전 현상으로 이루

---

[11] Thedore Ziolkowski, *Varieties of Literary Thematics*, Princeton UP, 1983, p. 95.

어진다. 해방 전 일제시대 때 그는 아이들을 일본인 소학교에 굳이 보냈고, 언제나 일본어만을 사용하였을 뿐만 아니라, 일본인에게만 친절한 의사로서 헌신했다. 그는 조선인 사상범의 치료도 거부할 만큼 철저히 친일파였던 것이다.

그러나 해방이 되자 그는 다시 임기응변의 변신을 한다. 소련군이 진주하여 러시아어가 위력이 있는 시대가 되자 어느 사이 그는 러시아어를 공부하고, 아들을 소련에 유학시킨다. 일제시대의 친일 행각으로 연행당한 감방 속에서도 러시아어 회화를 공부하며, 그의 의술을 전염병에 걸린 소련군 장교에게 시술함으로써, 소련군 병사에게 탈취당한 시계를 찾아냄은 물론, 그로 인해서 오히려 위기를 행운의 기회로 전화시킨다. 또 1·4 후퇴 때 남쪽으로 월남을 하고서부터는 그의 처세술은 다시 발휘되어 영어를 공부하며, 병원의 고객은 권력층이 아니면 재벌들만으로 한정한다. 그리고 또한 그는 미 국무성의 초청을 받고 도미하기 위해서 청자 화병 골동품을 가져다 바치며 어학적인 재질을 과시한다. 시계가 없어지지 않는 한 그는 이런 카멜레온과 같은 변신에 변신을 거듭 되풀이해나갈 것이다.

이 땅에서의 외국 군대들의 역할 교대와 외국어 위력의 변천사가 바로 우리 근현대사의 변칙적인 한 모습이다. 이러한 시대적 변화에 민감하게 반응하고 적응해가면서 처세의 호신술과 변신술을 거듭하는 인간이 바로 이인국과 같은 부류의 인간이다. 변신의 부정적 또는 하강적 현상으로서 둔갑술의 서사적 경험 원형이 문학적으로 화육(化肉)된 현상이다. 이와 같은 기만적인 변화의 양상은 특히 시대적 상황의 격변과 관련된 인물에게서 더욱 현저히 나타난다.

이 밖에도 위의 두 양상에 귀속되지 않고 우리 현대소설에서 제시된 매우 특수한 변신의 현상은 조세희의 『난장이가 쏘아올린 작은 공』의 경우이다. 여기서는 난장이화 또는 왜소화 등 동화 세계의 현대문학적인 인유를 통해서 거대한 조직 사회의 비인간화를 비판하는 효과를 낸다. 이때 성인 잡역부인 김불이가 117센티미터의 왜소한 난장이로 변형·축소화되어 나타난다. 김불이는 변형된 대상으로서의 짐승은 분명 아니지만, 정상적인 인간 조건에 대한 인간 전복 기능을 수행하는 변신이라는 의의를 지니고 있다. 그 밖에도, 풍자나 해학을 위한 인물의 과장적인 희화화나 그로테스크화 및 '여우 같다,' '매구 같다' 등 인간을 동물과 일치화하고 강등화하는 동물 비유의 수사학 역시 수사학적 변신 현상이라고 할 수 있을 것이다.

2. 거울의 비유·상징론

하버드 대학 명예교수인 도릿 콘Dorrit Cohn은 그녀의 근저 『소설의 특징 The Distinction of Fiction』(1999) 제10장 「소설에 있어서의 광학과 권력」에서 시각적 광학 이미지들의 언어가 전통적으로 소설 비평가들이나 이론가들의 언어에 두루 편재되어 있는 현상을 지적한다. 창과 거울, 현미경과 망원경, 렌즈(퍼스펙티브)와 엑스레이, 원근 시각과 초점화, 반영과 투명 등 일련의 시리즈가 바로 그것이다. 거기에다 근자에는 미셸 푸코의 이른바 '파놉티콘panopticon'의 비유까지 비평적 시각화 현상[12]에 덧붙여지고 있음을 밝힘으로써, 그녀의 말대로 소설 이론에 있어서의 광학화 현상은 계속 증식 단계에 있는 것이 분명하다.

이중에서 특히 거울은 이런 광학적인 비유에서 가장 길고 오래된 역사를 지녔다. 『공화국』에서 소크라테스의 거울 유추를 비롯하여 스탕달의 『적과 흑』에 나오는 유명한 현실 반영적 거울, 뤼시앙 델런바흐Lucien Dällenbach의 '미장아빔mise en abyme' 수법과 누보 로망 연구서인 『거울 이야기 Le Recit spéculaire: essai

---

[12] Dorrit Cohn, *The Distinction of Fiction*, The Johns Hopkins UP, 1999, p. 163.

sur la mise en abyme』(1977)의 텍스트의 거울, 라캉의 '거울 단계'에 이르기까지 거울 상상력의 궤적과 연혁은 아주 깊어서 도무지 그 종착점을 예측할 수가 없을 지경이다.

'거울〔鏡, 鑑〕'은 '조형취영지구(照形取影之具),' 즉 빛을 반사하고 사람의 모습이나 사물의 형상을 비추는 도구이다. 이런 범속한 반사의 매개이면서 모사성·포용성·즉각성의 기능을 지닌 거울은 예로부터 인간적 욕망의 만화경으로서, 도덕적인 비유 대상으로서, 혹은 두렵고 불가사의한 피사길상(避邪吉祥)과 마귀 퇴치의 경이적인 영물로서 심리학·종교학·철학·문학·예술과 여러 세기에 걸쳐서 긴밀하게 연계되어왔다. 그만큼 내면과 외면의 문턱, 다른 세계로 들어가는 문으로서 자아—객관화, 대상—주관화의 수단으로서 거울은 인간에 의해 만들어진 가장 신비한 발명품인 것이다.

그래서 거울은 문학 작품에서 반사하고 숨기고 도치시키고 이중화하고 폭로하는 수단으로 많이 이용된다. 이렇듯 거울은 특별히 중요하다. 왜냐하면 거울이 없이는 인간은 그의 얼굴, 즉 가장 정신적이고 표현적인 자신의 부분을 보지 못할 뿐 아니라, 이 핸디캡이 자신을 알 수 없는 인간의 무능력을 비유하기 때문이다. 아드 드 브리스의 『상징과 이미지 사전』(1974/1976)에 의하면, 거울은 반사, 현상세계의 출몰, 진실과 지혜, 주시, 신, 생식력과 사랑, 내적 자아의 반사, 영혼, 처녀성, 예술, 모범(본), 이원체, 여성적 자만, 유혹, 아이, 인생 등[13]을 표상한다. 그리고 장 슈발리에 등의 『상징사전』(1994)에 제시된 거울의 의미에서 우리 문화와 친화성이 있는 동양적인 상징에 해당하는 양상만을 추려보면, 진리와 지혜의 상징, 교화의 도구, 신의 말을 알리는 점의 도구, 먼지 낀 더러운 거울은 무명(無明)에 의해서 어두워진 영혼의 상징이다. 일본의 경우 거울은 3종의 신기(神器)의 하나로서

---

[13] Ad de Vries, *Dictionary of Symbols and Imagery*, North-Holland Publishing Co., 1974, p. 323.

태양의 여신(아마테라스 오미가미)의 상징이고 영혼의 완전한 순수의 상징이다.[14] 이에서 유추해보면 BC 2000년 말 이전부터 사용된 동양의 동경은 지혜와 깨달음에 이르는 정진, 티끌이나 먼지 하나 없이 자아의 거울을 닦는 수행, 감(鑑)의 뜻을 압축하고 있는 성심의 도덕적·윤리적 자각과 모범의 전형, 그리고 주술적이거나 마술적인 초자연의 영력으로서 표상된다. 여기에서 제기되는 것이 문화적 상호 연계 속에서 한국 문학과 문화에서의 상징·비유학의 정리 작업이다.

1) 거울의 상징과 비유 체계

먼저 한국 문학과 문화에 있어서 거울 비유나 상징의 도상학적 갈래 분류를 시도해본다.

(1) 모사와 자아 검증의 예술·문학적 거울 비유: 지올코우스키는 영속적으로 매력 관계에 있는 3개의 거울 비유를 예술의 거울, 신의 거울, 그리고 인간의 거울로 3분화한다. 이들은 천상 세계를 반영하는 플라톤의 예술 거울, 신을 반영하는 기독교의 영혼의 거울, 다른 사람을 반영하는 낭만적인 자아의 거울을 뜻하는 것으로, 이는 수세기 동안 문학과 사상에 막강한 영향력을 미친 비유이다.[15] 여기서 예술의 거울은 바로 예술의 모방이론 또는 미메시스 이론으로서, 스탕달의 소설과 거울과의 유추에 의한 현실 모사론이다. 이는 20세기 초 이해조의 '빙공착영(憑空捉影)'의 거울론과 이어지며 우리 리얼리즘 문학론의 현실 효과나 핍진성 미학의 기반이 된다. 거울의 문학예술적 비유는 이런 묘사론에만 국한된 것이 아니다. 거울의 존재성과 관련되어서 자기 검

---

14 Jean Chevalier, Alain Gheerbrant, *A Dictionary of Symbols*, Blackwell, 1994, pp. 657~61 참조.
15 Theodore Ziolkowski, *Disenchanted Images: Literary Iconology*, Princeton UP, 1977, p. 150, 157.

증이나 자아 성찰 및 자기 반사의 매개로 작용한다. 이는 특히 「자화상」류의 시에서 구체화된다.

(2) 초자연적 능력과 경점적인 거울 catoptromantic mirror의 비유: 거울은 원초적으로 영혼과 초자연적 능력을 갖고 있는 존재로 인지되어온 것이 사실이다. 동화 『백설공주』에 나오는 벽의 거울은 말을 하고, 스티스 톰슨 Stith Thompson의 『민속문학의 모티프―인덱스 Motif-Index of Folk Literature』(1955)에는 투시하는 거울, 변신하는 거울, 보는 자를 안 보이게 하거나 젊게 하는 거울, 대답하는 거울 등 많은 설화 속 거울들의 기능이 제시된다. 중국이나 한국의 고경은 그 소지자를 악령으로부터 막아주거나 물리치는, 놀람과 외포(畏怖) 같은 신성성을 지닌 경우가 많다. 중국의 『연감유함(淵鑑類函)』에는 액금(液金)으로 지은 신물(神物)인 거울의 신통력은 '故能與日月合其與鬼神通其意以防魑魅以整疾病'[16]라 하여 도깨비와 질병을 막는 것이라고 기술되고 있다. 지울코우스키가 일컫는 바, 정보를 주고 미래를 예언하는 샤먼과 같은 영혼 세계의 권위를 지닌 거울 이미지인 '경점적 거울'[17]의 기능 및 영성적 속성과 유사하다. 당대(唐代) 초기 왕도(王度)의 『고경기(古鏡記)』는 이런 고경의 영성(靈性)을 보여주는 고대서사이다. 그 일부를 옮긴다.

수(隋)나라 분음(汾陰)의 후생(侯生)은 천하의 특별한 선빈이다. 왕도(王度)가 언제나 그를 스승의 예로 섬기자 임종 시에 왕도에게 오랜 거울을 주면서 말하기를 "이것을 가지고 있으면, 온갖 나쁜 것이 사람에게서 멀어질 것이다"라고 하니, 왕도가 받아서 귀중하게 여겼다. 〔……〕
대업(大業) 7년 5월에 왕도가 어사 일을 마치고 하동(河東)으

---

16 『淵鑑類函』, 康熙御製, 海東文化社, 1985, 영인본, 「鏡一」항목, p. 6687.
17 T. Ziolkowski, 앞의 책, pp. 162~63.

로 돌아가다가 마침 후생의 죽음을 접하고 이 거울을 얻었다. 그해 6월이 되자 왕도는 장안(長安)으로 돌아가다가 장락(長樂) 고개에 이르러 주인 정웅(程雄)의 집에 묵었다. 정웅은 새로 여종 한 명을 받아들여 머물게 하였는데, 매우 단정하고 예뻐서 이름을 '앵무(鸚鵡)'라고 했다. 왕도가 말을 빌린 뒤에 갓과 신을 가지런히 정돈하면서 거울을 가져다가 자신을 비춰보았는데, 앵무가 멀리서 쳐다보고는 바로 머리를 두드리고 피를 흘리면서 "이곳에 살 수 없습니다"라고 말하는 것이었다. 왕도는 이 때문에 주인을 불러 그 까닭을 물어보았는데, 정웅이 말하기를, "두 달 전에 한 손님이 이 여종을 데리고 동쪽에서 왔습니다. 그때 여종의 병이 심하여 손님은 여종을 맡겨두고 다음날 데려가겠다고 말해놓고는 지금까지도 오지 않아서 이 여종에 관한 사연을 알지 못하겠습니다"라고 했다. 왕도는 도깨비가 아닐까 의심하여 거울을 가져다 가까이 대니 바로 "목숨만 살려주시면 형체를 바꾸겠습니다"라고 하는 것이었다. 왕도가 즉시 거울을 가리고, "네가 먼저 자신에 관하여 이야기한 뒤에 형체를 바꾸면 반드시 너의 목숨을 살려주겠다"고 말했다. 여종이 재배하고 자신에 관하여 이야기했다.

"저는 화산부군(華山府君) 사당 앞의 큰 소나무 아래에 사는 천년 묵은 늙은 너구리인데, 변신하고 미혹된 짓을 크게 행하여 그 죄가 죽음에 이르러도 마땅한 지경이 되었기에, 마침내 부군에게 잡히어 쫓겨나서 하수와 위수 사이로 달아나, 하규(下邽) 지방 진사공(陳思恭)의 의로운 딸이 되어 매우 따뜻한 대우를 받으며 자랐습니다. 저를 같은 고을 사람인 시화(柴華)에게 시집보냈는데, 저는 시화와 뜻이 서로 맞지 않아 달아나서 동쪽으로 가다가 한성현(韓城縣)을 벗어나면서 행인 이무오(李无傲)에게 잡혔습니다. 무오는 거칠고 사나운 장부라서 마침내 저를 데리고 여러 해 동안 돌아다녔는데, 지난번에 따라서 이곳에 와서는 갑자기 머무르게 되어 뜻하지 않게 천경(天鏡)을 맞닥뜨렸으니, 형체를 숨기려 해도 도리가 없게 되었습니다."

왕도가 다시 말했다.

"너는 본래 늙은 여우인데, 형체를 바꾸어 사람이 되었으니, 어찌 사람을 해치지 않았겠느냐?"

여종이 말했다.

"형체를 바꾸고서 사람을 섬기니 해치지 않게 되는 것입니다. 다만 요사스러운 것을 감추는 것은 신도(神道)가 싫어하여 저절로 죽음에 이를까 봐서입니다."

왕도가 또 말했다.

"너를 놓아주고 싶으나, 그래도 되겠느냐?"

앵무가 말했다.

"분에 넘치게 공의 후사(厚賜)를 받고서 어찌 감히 은덕을 잊겠습니까? 그러나 천경(天鏡)을 한번 마주 대하면 자취를 숨길 도리가 없으니, 잠깐 동안의 목숨이지만 한평생의 기쁨을 다 누리기를 바랄 뿐입니다."

왕도가 올라갈 때에 여종을 위하여 거울을 상자에 넣어두고 술을 내어 정웅의 근방에 사는 사람들을 모두 불러 잔치를 베풀어 즐겁게 해주니, 여종이 잠시 매우 취하여 옷깃을 떨치고 일어나 춤을 추며 노래했다.

"보배로운 거울, 보배로운 거울이여!

애처롭다, 나의 목숨.

내 형체를 떠나서,

지금까지 몇 성(姓)이나 거쳤던고?

살아서 즐길 수 있다지만,

죽는다고 꼭 슬픈 것만은 아니지.

어쩌다가 사모의 정 간직하여

이 한 곳을 지키게 되었던가?"

노래를 마치고 재배하고 나서 늙은 너구리로 변하고 죽자 자리에 있던 사람들이 모두 놀라 탄성을 질렀다.[18]

앵무라는 단아한 여비의 정체가 사실은 천 년 묵은 늙은 여우인 것을 밝혀낸다는 거울 이야기이다. 이와 같이 거울은 영물로서 받아들여졌던 것이다. 한편, 영혼의 영역과 관계되는 무속(샤머니즘)에서 무경(巫鏡)의 경점(鏡占)은 시간적·공간적인 투시력을 갖고 예언과 치유의 능력을 함께 지닌 무당의 기능을 상징한다.

불국사 무영탑의 그림자 전설에 얽힌 그림자의 현상학, 즉 먼 곳에 있는 영지(影池)에 탑의 그림자를 비춘다는 경면주술Hydromancy 수점(水占)에 의한 예언 역시, 거울의 신성성 내지 거울점 catoptromancy의 고대적 원형 사고를 투영하는 양상이다.

(3) 심성·지혜·수양·모범의 윤리, 종교적 비유: 맑고 밝은 거울은 성심(誠心)의 자각이나 담연한 마음 상태이고 깨달음과 수양, 수행의 상징이며 또 모범의 상징이다. '명경(明鏡)' '명경대(明鏡臺)' '명경지수(明鏡止水)'라는 말이 있다. 우리나라 많은 사원의 절 기둥 주렴에서 '월(月)'이나 '경(鏡)'과 같은 글자를 많이 보게 된다. 유학이든 불교든 모두가 맑고 밝은 거울과 잔잔한 물을 끌어와서 맑고 밝은, 그리고 흐림이나 먼지 티끌이 없는 거울 상태와 비유한다. 아무런 사념(邪念)이 없는 깨끗한 마음의 상태의 심성과 수행 상태를 지향하는 마음의 발로 현상인 것이다. 육조 선종의 혜능대사(慧能大師)는 '明鏡本淸淨 何處染塵埃'라 했다. '거울은 본래 맑고 깨끗한데 어느 곳에 티끌과 먼지가 묻겠는가'란 뜻이다. 이렇듯 불교는 먼지나 티끌 하나 없이 거울을 맑게 닦는 이미지를 끌어들임으로써 지혜와 깨달음에 의한 철저한 자아 수행의 경지를 비유한다. 그래서 고승들의 법어나 게송에는 거울, 달, 그림자와 같은 상징 이미지가 적지 않다.

한 생각도 생기기 전과 한결같이 참되어 망녕됨이 없는 때에는,

---

18 저본은 『古今小說精華』神怪類物異門, 北京出版社, 1992, pp. 1685~86. (번역: 조용희(한국학중앙연구원 교수)).

옛 거울의 광명이 물들거나 더러움이 없는 것과 같고…… (나옹:
『나옹집(懶翁集)』)

맑은 거울과 같다. 때[垢]를 떠나 영상(影像)을 나타내는 때문이
다(如淨境者 離垢現影). (원효:『대승기신론소(大乘起信論跣)』)

고요한 큰 허공에/뚜렷한 광명이 홀로 드러나나니 그림자는 깊
은 못에 떨어지고/빛은 넓은 물결에 갈라진다. (보우:「월담(月
潭)」『태고집(太古集)』)

마음[心]은 거울의 바탕과 같고 성품[性]은 거울의 빛과 같은
것이다. 성품이란 스스로 청정(淸淨)한 것이므로 즉시 깨치면 곧
본심(本心)을 얻는다. (휴정:『삼가구감(三家龜鑑)』)

이렇게 동경인 거울은 지혜와 깨달음과 마음의 비유이며 그 거
울을 닦고 가는 것은 수기(修己)와 수덕을 의미한다. 서경덕(徐
敬德)은 그의 지경 관리(持敬觀理)에 있어 사물을 인식할 때에
는 그에 일심전념하고 마음의 흔들림을 없애야 하며, 인식이 끝
난 다음에는 과거지사에 사로잡힐 것이 아니라 맑은 거울과 같이
담연한 마음으로 돌아가야 한다고 했다. 고대 동경에「以銅爲鑑
可整衣冠 以古爲鑑 可知興替」라는 경명이 있다. 동경으로써 차림
의 정돈이 가능하고 옛것(과거, 역사)으로써 흥망을 안다는 뜻이
다. 여기서 '감(鑑)'은 곧 액금(液金)으로서 거울이다. 윤리적·
역사적 교훈과 경계로서의 '귀감'과 '감계'가 모두 이 거울 비유에
근거한 말이다. 이 (3)항의 비유는 주로 종교, 철학, 윤리 사상
의 영역에서 이루어진다.

(4) 사랑, 순결, 여성성의 비유로서의 거울: 거울이 사랑의 징
표가 되는 한국 서사문학의 대표적인 사례는 가실과 설녀의 이야

기이다. 『삼국사기』 열전 「설씨녀(薛氏女)」 조에는 가실과 설녀라는 사랑하는 두 남녀의 이합(離合)에 대한 아름다운 이야기가 있다. 두 사람이 서로 헤어질 때 그들은 거울을 꺼내어 절반으로 나누어 가지며 다시 만날 때에는 각자의 반쪽 거울을 서로 맞추는 이야기이다. 율리의 설씨노인이 북방의 이적(夷狄)을 막는 징발에 소집을 당하게 된다. 딸이 대신할 수 없음을 한스러워하는데, 이웃의 소년 가실이 대신 가기를 원한다. 부친은 그가 돌아오기를 기다려 딸을 시집보낼 것을 허락한다. 거울을 쪼개어 신표로 삼고 말 한 필을 남긴다. 떠난 뒤 6년이 되어도 돌아오지 않자 처음에 3년을 기약하였으니, 다른 곳에 시집가는 것이 옳겠다고 한다. 그러나 딸이 듣지 않는다. 하루는 마구간에 가서 말이 우는 것을 살펴보았더니 가실이 돌아와 있다. 행색이 너무 초췌하여 가실임을 알아보지 못하는데 쪼개어진 거울을 내보인다. 이에 부친이 마침내 딸을 시집보낸다. 이 사랑의 이야기는 이광사(李匡師)의 「파경합(破鏡合)」이란 한문으로 된 긴 사랑의 서사시를 탄생시킨다.

이처럼 거울은 순결과 사랑의 신표이며, 따라서 '파경' 행위는 사랑과 결혼의 파기를 의미한다. 사랑의 상태가 거울로서 이미지화하는 우리의 대표적인 고전작품이 「추풍감별곡(秋風感別曲)」이다.

　소상강 어느 날에 고인을 다시 만나
　봄 바람 가을 달에 거울같이 마주 앉아
　이런 일 저런 말씀 정회 중에 넣어두고……

이처럼 거울은 사랑의 합일을 위한 꿈의 투사체이다. 현대시 서정주의 「거울 앞에서」는 거울이 전통적인 여성성이나 여성의 삶을 압축하고 있다.

그립고 아쉬움에 가슴 조이던/머언 머언 젊음의 뒤안길에서/
이제는 돌아와 거울 앞에 선/내 누님같이 생긴 꽃이여.

여성의 삶은 이렇게 거울과 친밀하게 동화된다. 이런 현상은
반 에이크의 「아르놀피니의 결혼」이나 귀스타브 쿠르베의 「J의 초
상」과 같은 회화 세계에서도 그러하다. 그래서 버지니아 울프는
『자기만의 방 A Room of One's Own』(1929)에서 여성과 거울의
관계를 다음과 같이 제시한다.

여성은 실체의 두 배 이상으로 남성의 모습을 반영하는 마술적이
고 오묘한 힘을 가지고 있는 거울로서 수백 년 동안 봉사해왔다.

이렇듯 거울은 사랑과 여성성의 표상인 것이다.

(5) 자아의 이중성(이중 신상Doppelgänger) 또는 분신 모티프
로서의 비유: 거울상 체험은 곧 분신 체험이다. 이런 이중신 또
는 분신의 문제는 문학 관습에서 처음에는 신체적인 닮음의 이중
성에서 비롯되지만, 외화(外化)에서 내화(內化)로 바뀜으로써
심리화되며 또 모티프에서 상징으로 바뀌게 된다. 이 이중상 모
티프는 주로 주관적 리얼리즘 시대라고 일컬어지는 낭만주의와
표현주의 시기에 특히 현저해진 것으로, 잠재의식의 현상에 매료
된 작가들이 잠재적인 '제2자아'를 외화하는 문학적 수단을 찾게
된 결과이다. 장 폴의 「티티안」(1920~23), 호프만의 「악마의 연
금약액」(1815~1816), 도스토예프스키의 「이중인격」(1846) 및
E. A. 포의 「윌리엄 윌슨」(1839/1845) 등이 모두 이의 중요 작품
들이다. 도스토예프스키의 「이중인격」은 주인공 골리야드킨
Golyadkin이 어느 날 아침, 잠에서 깨어 거울을 보면서 그 거울
상에다 자신의 분신 원망을 의탁하는 것으로 이야기가 시작된다.
그래서 어떤 눈 오는 밤에 자신의 분신과 대면하는 잊을 수 없는

체험을 하게 된다. 이중상의 이야기인 포의 「윌리엄 윌슨」에서의 표제 인물은 이름, 버릇, 생일까지도 같은 인물을 학교의 거울상에서 마주친다. 이러한 이중—분열—복합의 이중 성격을 제시함에 있어서 중요한 매개가 되는 것이 그림자와 거울의 이미지이다. 거울이 지니고 있는 이중화의 효과 때문이다. 그림자나 거울은 분신 체험의 원형인 것이다. 이런 이중상의 문학적 현상은 한국 문학에서도 이상(李箱)의 거울 상징이나 거울 모티프로서 뚜렷하게 출현하고 있다.

그 밖에도 거울은 전도, 빛, 유물, 감옥, 불가입성, 공포, 분열증 등을 상징한다.

그렇다면 거울은 한국의 현대문학에서, 상징과 비유로서 그리고 모티프로서 어떤 성격을 지니고 있으며, 문학 전통이나 다른 문학과는 어떤 연계성을 지니고 있는 것일까.

2) 현대시의 '캐톱트로마니아(거울 마니아)'

원효, 나옹, 보우, 지눌, 휴정과 같은 옛 고승들의 게송, 법어에서부터 당대의 오세영, 정현종의 시에 이르기까지 한국의 문학에서 거울의 비유와 상징화 현상은 뚜렷하다. 시적 상상력에 있어서 일종의 '캐톱트로마니아Catoptromania'[19] 현상이다. 이는 열정적으로 거울에 이끌리거나 매혹되는 성향을 일컫는 말이다. 이 같은 거울 애호성은 무속신앙에 있어서는 거울의 예언성, 즉 경점(鏡占) 상태로 강화되기도 함으로써 거울에 관련된 한국인의 심성의 원형과 그 폭은 적지 않게 다양하다. 수경(水鏡)과 동경의 거울상에서 시작하여 유리거울에 이르기까지 거울상의 양상과 궤적은 다양하게 전개되는 것이다.

숱한 자화상 시에서 보듯이, 현대시에 있어서 자기 표출의 매체로서 거울 및 거울상의 문제는 주제학적인 중요 관심 사항이다.

---

19 T. Ziolkowski, 앞의 책, p. 194.

거울상에 대한 심리학적 현상학적 관점을 지닌 메를로퐁티는 '인간은 경상(鏡像)을 통해서 비로소 자기 자신의 관객'이 된다고 지적한다. 그것은 거울 속의 자아나 경상이 자아—기능의 형성자로서의 상징적인 매트릭스가 되기 때문이다. 한국 현대시사는 비유적으로 지적해서 두 개의 서로 다른 거울을 지니고 있다. 이상(李箱)의 거울과 윤동주의 거울이 그것이다. 이들은 경시(鏡詩) 또는 영경시(詠鏡詩)의 현대적 후예이다. 전자의 경우가 광학기구로서의 유리거울이며 의식에 있어서도 서구적-현대적 분열형의 거울인 데 비해서, 후자는 구리로 만든 동경인 데다가 동양적-고전적 통합형의 거울이다. 크리스티안 니브릭Christiaan L. Hart Nibrig의 거울과 자아의 단계 양상을 적용하면, 이상의 거울과 자아는 '거울 앞에서의 자아분열Selbst-Spaltung vor dem Spiegel'[20] 이며, 윤동주의 거울과 자아 관계는 '거울 속에서의 자아 찾기 (탐구)Selbst-Suche in Spiegel'[21]다. 어느 경우이든 두 사람은 거울을 철저히 자아 검증이나 자아 인식의 시적 매개로서 받아들이고 있을 뿐만 아니라, 한국 현대시사에서 남달리 거울에의 친화성을 가지고 이를 통하거나 이용해서 그들의 시적 자화상을 그려낸다.

자아분열의 거울: 이상의 경우, 그의 시 「거울」「명경」「시 제15호」 등이 모두 거울의 시편들이다. 이상의 거울에 대한 강박성 내지 집착이 노출된 시편들이며, 이를 통해서 그의 거울에 대한 애착과 더불어 대경 증상(對鏡症狀, Signe du miroir)을 엿볼 수가 있다. 대경 증상이란 거울에 대한 이상한 대응과 이상한 집착을 드러내는 징후 현상이다.

20 Christiaan L. Hart Nibrig, *Spiegelschrift: Spekulationen über Malerei und Literatur*, Suhrkampf, 1987, p. 16. 이 책은 고대에서 현대까지의 서구의 철학, 문학, 회화에 제시된 거울상을 다채롭게 투시, 분석하고 있다. 그림에 있어서는 레오나르도 다 빈치에서 반 에이크, 달리까지, 문학은 단테에서 무질, 릴케, 카프카까지가 대상이다.
21 같은 책, p. 17.

거울속에는소리가없소
저렇게까지조용한세상은참없을것이오

거울속에도내게귀가있소
내말을못알아듣는딱한귀가두개나있소

거울속의나는왼손잡이요
내악수를받을줄모르는—악수를모르는왼손잡이요

거울때문에나는거울속의나를만져보지는못하는구료마는
거울이아니었던들내가어찌거울속의나를만나보기만이라도했겠소

나는지금거울을안가졌소마는거울속에는거울속의내가있소

잘은모르지만참나와는반대요마는
또꽤닮았소
나는거울속의나를근심하고진찰할수없으니퍽섭섭하오

「거울」이란 시이다. 반사의 매개체인 거울 앞에서의 외로운 나—나 관계, 즉 인식 주체로서의 자아(I)와 대상으로서의 자아(me)의 대비된 상황을 통해서 자아의 이중성 내지 분신과 분열 상태를 해부하고 있다. 거울은 자아를 이중화하며 동시에 자아를 분열시키는 것이다. 그래서 아주 철저하게 양자는 근사성 속에서의 비근사성으로 대비되어 있다. 이중신 Doppelgänger 또는 다른 자아로서의 분신 체험이란 외계의 실상인 '거울 밖의 나'와 내면에 반영된 허상인 '거울 속의 나'와의 대립 현상이며 '거울 밖의 세계'와 '거울 속의 세계'와의 공존적 대립 현상이기도 한 것이다. 시 「거울」은 분명 자아의 신체상에 대한 응시의 시각적 인식이나 경험을 통해서 직접적인 '나'와 거울 속에 보이는 '나' 사이의 분열과 대립을 지각하고 있다. 위치와 방향의 전도와 뒤바뀜, 차단에 의한 촉지 불능과 그 속에 들어갈 수 없는 불가입성(不可入性, Unbetretbarkeit)의 상태가 대립되고 있기 때문이다. 1연과 2연에서는 소리(말)의 유무와 그 소리에 반응하거나 못하는 귀와 귀의 대립이, 3연과 4연에서는 악수 즉 서로 손을 잡을 수 없는 위치의 뒤바뀜과 자위가 나타나 있다. 이와 같이 이 작품은 어긋남의 관계, 즉 서로가 화합될 수 없는 자아의 이중화 현상으로써 현대인의 자아의 분열을 진단하고 있는 것이다. '진찰'이니 '촉진(명경)'이니 하는 의학적인 용어가 제시되는 현상은 일련의 거울시가 분열적 징후성에 대한 진단으로서의 성격을 지니고 있음과 함께 이상의 대경 증상을 드러내는 근거이기도 하다. 한편 거울시 「시 제15호」에서는 "내가 그 때문에 영어되어 있듯이, 그도 나 때문에 영어되어 떨고 있다"라거나 "나는 지금 거울 속의 나를 무서워하며 떨고 있다"고 함으로써 "거울감옥"으로서의 거울 속 = 영어(囹圄)란 감금 의식에 의해서 "무서워하며 떨고 있다"는 거울 공포증catoptrophobia을 드러내 보이기도 한다.

이처럼 거울은 자아 검증과 인식을 위한 상징적인 광학 기기이다. 이 점에서 「날개」에 등장하는 돋보기와 같은 유희적인 광학기기와는 다르다. 특히 이상은 거울상을 통해서 분신 또는 이중신Doppelgänger의 경험에 강박된다. 즉 거울 앞에서 자신의 분신과 대면하는 상황에 강박되고 있는 것이다. 이것은 그의 일련의 거울시에서뿐만 아니라 「지도의 암실」 등 소설에서도 이런 자아의 이중상 또는 분신이 제시된다.

자아 찾기의 거울: 이상의 거울에 비해서 윤동주의 거울은 대비적이고 이질적이다. 윤동주 역시 거울과 함께 우물을 반사상으로 하여 자기객관화self-objectification의 매체로 하거나, 거울 속의 자아상을 중시하고 있다. 그의 시적 상상력에 대해서 필자는 이

전에 '그림자의 현상학'이라고 지적한 바가 있다. 이는 동경으로서의 거울의 형이상학적 비유나 암시의 기능을 근거로 하였기 때문이다. 윤동주의 거울은 주로 동양의 고경인 동경(銅鏡)이다. 이는 거울에 대한 그의 심상의 원형이 동양적인 것과 연계되어 있음을 뜻한다. '명경'이나 '명경지수'라는 말이 있듯이, 불교나 유교를 그 정신적 바탕으로 하는 동양 문화권에서 맑은 물과 먼지 하나 없이 잘 갈고 닦인 맑은 거울은 티끌 같은 잡됨이 없는 깨끗한 마음의 상태에 비유된다. 따라서 동경인 거울을 갈고 닦음은 곧 자기 수양과 정진, 죄와 부끄러움의 정화를 의미하는 행위이다. 지눌(知訥)의 「보조국사 법어(普照國師 法語)」에는 다음과 같은 거울에 대한 비유가 있다. "신통의 지혜는 불심을 바로 믿는 법의 힘을 따라 더욱 수행하여 공을 쌓음으로써 얻어지는 것이다. 마치 거울을 갈아서 때가 차츰 없어지면 차츰 밝아지고 밝음이 나타나면 거기 비치는 영상은 천만 가지나 되는 것과 같다."

    파란 녹이 낀 구리거울 속에
    내 얼굴이 남아 있는 것은
    어느 왕조의 유물이기에
    이다지도 욕될까.

    나는 나의 참회의 글을 한 줄에 줄이자
    ─만 이십사 년 일 개월을
    무슨 기쁨을 바라 살아왔던가

    내일이나 모레나 그 어느 즐거운 날에
    나는 또 한 줄의 참회록을 써야 한다.
    ─그때 그 젊은 나이에
    왜 그런 부끄러운 고백을 했던가

밤이면 밤마다 나의 거울을
손바닥으로 발바닥으로 닦아보자

그러면 어느 운석 밑으로 홀로 걸어가는
슬픈 사람의 뒷모양이
거울 속에 나타나온다

시「참회록」의 전문이다. 거울 속에서의 자아와의 만남 상태이다. 도무지 참회록이 써지지 않는 이 땅의 정신 풍토에서 신선한 충격의 표제이다. 여기서 각별히 주목되는 것은 "밤이면 밤마다 나의 거울을/손바닥으로 발바닥으로 닦아보자"는 연이다. 자기 확인과 성찰, 정진, 수행의 매개를 갈고닦는 구리거울로 삼고 있기 때문에, 동양적 사유 즉 수도자나 군자의 자기 정진과 수양의 자세와 일치되고 있는 것이다. 구리거울을 갈고닦음이 진작부터 수기(修己)와 수성(修省), 수덕 및 수행의 보편적인 비유의 매개가 되어왔듯이, 녹이 낀 거울 속에 남아 있는 욕된 얼굴→참회→거울 닦음→자아 현현으로 이어지는 이 시의 구조는 자아 성찰의 정진 단계를 보여주면서 부끄러움과 오욕된 삶을 씻고 맑고 밝은 마음과 삶의 길로 정진하려는 각성과 자아실현의 준엄한 자세가 함축되어 있다. 한마디로 참회와 수행의 시인 것이다. 이로 인해서 윤동주의 거울은 불교 사상과 직결되는 것은 아니지만, 자아의 윤리적, 정신적인 정화와 수행을 바탕으로 하는 통합형의 거울인 것이다.

그의 시「서시」역시 같은 맥락 속에 있다. "죽는 날까지 하늘을 우러러/ 한 점 부끄럼이 없기를/ 잎새에 이는 바람에도/ 나는 괴로워했다" 여기서 '한 점의 부끄럼'이란 곧 거울에 묻은 한 점의 티끌이나 먼지와 동일하다. 그렇다면 죽는 날까지 한 점의 부끄럼도 없이 살겠다는 의지의 결연함이나 엄숙성은 한 점의 티끌도 없게 거울을 닦아가는 수행의 태도와 전혀 다름이 없다. 삶이 곧 타협이요, 치욕일 수밖에 없는 식민지의 시대 상황에서 눈곱만큼이라도 자세를 흐트러뜨리지 않는 의지의 표백이다. 잎새에 이는 바람과도 같은 사소한 흐트러짐이나 미동도 용인하지 않는다. 한편, 그의 시「자화상」은 우물에 투영된 물거울의 거울상을 이용한 풍경화인 동시에 자화상이다. 말하자면 물에 비친 그림자를 가시적 자아로 혹은 자기와 동일시하고 있는 가운데 그림자 사나이에 대해 거듭되는 애증을 교차시키고 있는 그림자의 현상학이다. 여기에서 '사나이'는 자아 물거울에 의한 객관화이면서 동시에 '객체―주관화object―subjectification'의 현상이기도 한 것이다.

3) 현대소설과 세 거울 표상

현대소설사와의 친화력을 지니고 있는 거울의 은유나 모티프는 경점적catoptromantic인 주술의 거울과 반영과 모사의 거울 그리고 응시의 거울이다. 서사체 역시도 그 경향이나 서사 방법에 따라서 이렇듯 자주 거울과 비교되곤 한다. 그래서 우리 현대시사에 있어서 분열형과 통합형의 거울이 존재하고 있듯이, 거울 비유에서 초점 개념으로 이어지는 현대소설사에 있어서도 '경점―반영―응시'라는 세 거울의 비유표상이 존재한다.

제1유형: 주로 김동리 소설의 경우이다.「만자동경(卍字銅鏡)」등 우리 문화와 정신사의 신화시학 내지 신성사(神聖史)가 투영되어 있는 유형이다. 거울은 영혼의 물질 기원론을 연상시키는 영적 특성[22]으로서의 거울이다. 이들 작품에서 제시되는 거울은 모두가 동경으로서, 무당의 예언적 신통력과 통하는 시간적 공간적인 투시력clairvoyance과 함께 정보를 주는 점(占)의 능력을 지닌 것으로 신성화된다. 그러니까 무속이나 인류학, 민속학으로부터 차용된 거울에 의한 점치기, 즉 경점(鏡占)의 모티프

---

[22] T. Ziolkowski, 앞의 책, p. 159. 지올코우스키는 마술적 거울의 두 형태를 '영적 특성'과 '물리적 특성'으로 분화한다.

인 것이다. 이는 한국 문화의 원형인 무속에 대해서 남달리 황홀해하고 있는 동리 문학의 뚜렷한 징표이다. 무당의 무구(巫具)인 구리쇠 거울 또는 명도 거울은 영혼과 사자의 영역을 나타내는 것이다.

연달래는 쇠붙이를 두 손으로 가슴에 싸서 안은 채 작은 오두막으로 갔다. 거기서 그것을 대야에 담고 오랫동안 깨끗이 씻은 뒤 명주 수건에 기름을 묻혀서 닦기 시작했다. 흙이 다 씻기고 꺼먼 때가 벗겨지자 푸르스름한 녹이 나타나고 녹이 씌워진 사이사이로 유리알같이 반짝이는 부분도 군데군데 보였다. 신어머니(시악무당)한테서 여러 번 들어온 옛날의 구리쇠 거울이란 것에 틀림없다고 헤아려졌다.

거울을 얻은 뒤부터 연달래의 푸념과 춤엔 신바람이 두드러졌고 굿이나 푸닥거리의 효험도 현저하여 그녀의 이름은 온 고을에 떨쳐졌다.

「만자동경」(1979)에 제시되는 무당, 즉 샤먼과 그 무구인 마법 거울과의 관계를 그린 장면이다. 몸주와 내림굿의 입무 과정 및 영혼 거울이며 무경인 거울 찾기, 그리고 무당의 무험성이 제시되어 있다. 「만자동경」은 김동리 문학에서 그 체계적인 갈래로 보면 「무녀도(巫女圖)」 계열이다. 무녀 모화와 마찬가지로 연달래라는 무당이 주인공으로 등장할 뿐 아니라, 주제 역시 변화의 거대한 소용돌이 앞에서 소멸되어가는 옛 신화적 세계의 비극적인 운명을 그리고 있기 때문이다. 반복적인 액자 구조 속에 무당 연달래(영희 어머니)와 그의 은밀한 남자 석씨— 석탈해의 후손—와의 동반 자살, 그리고 무녀의 딸이기 때문에 결혼에 실패한 영희의 자살 등 비극적인 죽음의 이야기들이 상감되어 있다. 신통력과 영력을 지녔다고 믿었던 만자동경마저도 연달래의 죽음과 함께 수렁진 개천 물 위에 내던져지고 만다.

도시 개발은 성을 허물어버리고 고도인 경주(慶州)의 옛 모습마저 소멸시키고 바꿔버린다.「만자동경」은 바로 급격하고 도도한 변화의 물결 앞에서 원형 문화의 망각과 소멸 현상을 아쉬운 향수의 기억을 가지고 그리고 있다. 이를 무녀 연달래의 죽음과 신성한 거울의 폐기로써 표상한다.

『을화(乙火)』(1978)는 김동리의 대표작의 하나인「무녀도」(1936)의 확장적인 개작이다. 이 개작의 영역은 여러 영역에서 변화를 지니고 있지만, 특히 작가의 무속에 대한 관심의 확대와 심화가 주목되는 부분이다. 동리는 무녀 을화의 인물화와 서사적 입상화를 위해서 을화의 빙신(憑神) 과정과 그녀의 생의 내력을 치밀하게 묘사한다. 즉 누진적인 불행과 고통 때문에 을핫골 서낭당에 찾아가서 빌던 옥선이는 드디어 선도산 선왕마님과 접신함으로써 내림굿에 입문하게 된다. 입무 과정은 그야말로 혼절의 아픔과 죽음에 맞닿는 시련과 고통을 경험하고 이를 통과함으로써만 비로소 가능하다. 이른바 '통과제의'로서의 아픔을 겪음으로써 신열(神悅)인 무(巫)에의 영혼 차원이 마침내 열리는 것이다. 옥선은 이런 내림굿의 의식을 겪고 선왕마님을 몸주(수호령)로 하는 무당이 되어 빡지할멈의 신딸이 되고, '일월대명두(日月大明斗)'의 각명이 양각된 명도거울을 땅속에서 찾아냄으로써 무서운 영력을 발휘하게 된다. 이 명도거울은 무녀의 무구로서 지올코우스키가 지적하고 있는 '경점적인 catoptromantic 거울'인 것이다. M. 엘리아데의『샤머니즘』(1951/1964)에 의하면 거울은 '영혼 그릇 panaptu'이다.

이렇듯 어찌 보면 단순한 미신에 불과할지도 모르는 거울의 신성성과 예언성을 오늘의 작품 속에 끌어들이는 것은 무엇 때문인가. 그것은 급격하게 변화하고 문화의 고형이 소멸하는 시대에, 이전에 존재했던 설화의 원형적 경험이나 세계관에 대한 향수와 복원 그 자체에도 의미가 있지만, 그것들의 틀과 반사작용을 통해서 현실을 보는 밑그림을 삼고자 함에 있는 것이다. 그래서 동리의 소설시학은 고전과 현대가 표리 관계로 혼성·공존하고 있다. 이것이 바로 마술적 리얼리즘과 통하는 김동리 문학의 신화학 내지 신화시학이다.

제2유형: 주로 현실 반영적인 리얼리즘 소설론의 기반인 미메시스, 즉 현실 모사나 반사의 거울 비유이다. 소설이란 장르는 마치 거울과 같은 것이어서 사회적 현실과 시대를 있는 그대로 재현한다는 리얼리즘 소설관이다. 리얼리즘이란 거울처럼 일상적인 삶에 관한 진실 말하기를 지향한다. 수전 E. 스위니가 서사체와 거울이 비유되는 두 양상을 다음과 같이 의미 있게 지적하고 있다.

> 서사체는 현실의 충실한 재현을 위하여—자연에 거울을 드러나 보이게 한다는 문학의 고전적 설명에서부터 르네상스 책 표제에 빈번히 이용되는 거울, 거리를 따라가는 거울이라는 스탕달의 유명한 소설의 정의까지—가끔 거울과 비유되곤 했다. 그러나 모더니스트 서사에 있어서는 거울 즉 mirror와 닮지 않고 거울 즉 looking glasses와 닮은 것이다. 모더니스트 서사는 모사적인 표면을 강조하는 것이 아니라 하나를 응시하는 행위를 강조한다. 제임스와 여타의 모더니스트들은 이전의 작가들보다도 훨씬 더 서술의 심리학에 주의를 했으며, 그것을 '숙고'의 과정으로 묘사하기까지 한 것이다.[23]

스위니의 이런 간명한 지적은 소설에서의 거울 비유의 제3유형

---

[23] Susan Elizabeth Sweeney, "Mirror, Mirror on the Wall: Gazing in Elith Wharton's 'Looking Glass'", *Narrative: The Journal of Society for the Study of Narrative Literature* vol. 3, no. 2., May 1995, p. 148. 여기서 '거울'인 mirror와 looking glass는 본질적으로 유사한 것이지만, 『옥스퍼드 영어사전』에서 mirror는 '물체(대상)의 상을 반영하는 닦인 표면'인 데 비해서, looking glass는 '한 사람 자신의 얼굴이나 형상을 보기 위해서 들여다보는 거울'이라고 구별한 데 근거한 것이다.

과도 부합된다. 이 글의 논리가 제2유형 및 제3유형과 일치하기 때문이다. 반사 또는 모사로서의 거울의 비유는 스탕달이 『적과 흑 Le rouge et le noir』(1831)에서의 유명한 거울 은유 ─ 소설은 거리를 따라가는 거울, 때로는 하늘의 색을 반사하고 때로는 길의 진흙탕의 오물을 비추기도 한다 ─ 에서 비롯하여 게오르크 루카치의 현실 반사론에 이르기까지 소설의 비유론으로서 가장 위력적인 전파성을 갖추고 있다. 이는 한국 소설론의 경우, 신소설 작가인 이해조의 「빙공착영(憑空捉影)」의 반사적 소설관에서 비롯되는 현실 재현의 시학이다. 신소설이나 20세기 전환기의 교훈주의적인 계몽 담론이 극복되고, 1920년대 전후에 이르러 당대 현실을 여실하게 묘사하고 재현하여 평범한 삶의 진실을 말하는 핍진성이 새로운 리얼리즘의 소설시학으로 정립되면서부터, 거울은 오늘에 이르기까지 한국 현대소설사에서 주조를 이루는 광학적인 이미지인 것이다.

제3유형: 응시적 거울로서의 모더니스트 소설의 경우이다. 스위니의 지적처럼 미메시스적인 표면을 강조하는 단순 반영이 아니라 거울 속을 들여다보듯이 심리적 내면 투시와 응시 행위 그리고 의식의 흐름으로서 기억과 연상을 강조하는 소설이다. 최인훈의 「광장」에서 빈번하게 등장하는 거울은 자기 반사의 기능을 넘어서서 응시하는 기능을 지니고 있다. 모더니스트는 서사의 심리학에 주력하면서 거울 속의 심연을 들여다보는 것 같은 내면 보기로서의 '미장아빔' 효과를 강조한다. 그리고 자기 반사적이다. 1930년대 한국의 심리 지향적인 모더니즘의 소설은 단순한 외면 보기를 넘어서서 다분히 이러한 거울 응시와 같은 그늘진 내면 보기, 반사적 의식, 내면적 자아, 무의식적인 기억 등과 깊은 연계성을 보인다.

이런 기억과 과거 들여다보기 내지 내면 보기로서의 심연 응시의 시학은 오정희의 소설에서 제시되는 트라우마의 그림자 들여

다보기라는 시학으로 이어진다.

오정희 「동경」에 있어서의 거울 상징의 3원소: 오정희의 소설 「동경」은 표제가 시사하고 있듯이 일종의 거울 소설이다. 거울이 한 작품에서 이만큼 다양하게 거울 은유학으로서 그리고 서사기법으로서 이용되는 경우는 드물다. 노년 소설이라 일컬을 정도로 적요한 정년병에다 틀니에 의존하는 노년의 삶, 20년 전 4·19로 죽은 아들의 망자로서 땅속에 갇힌 세월, 한낮 흰 공간을 만들며 자전거 페달을 밟고 가는 아이의 눈부신 유년 생활로 짜인 삶의 풍경을 점묘화처럼 섬세하게 그린 작품이다. 이런 작품이 우리에게 감동의 파장을 일으키는 것은 만화경·유리거울·동경 그리고 틀니의 이미지가 일으키는 광학적인 섬광 현상 때문이다. 여기에는 세 개의 거울 이미지가 서로 다른 질서 속에서 다른 현실의 상징으로 조합되고 있다.

아이로 대리되는 유년은 만화경으로 비유된다. 아름다운 것은 무엇이든 볼 수 있는 만화경은 환상적인 꿈과 욕망 및 변화무쌍과 동요의 상징이다. 이에 비해서 죽은 과거나 죽은 사람들의 부장품인 동경은 죽음이나 어둠, 죽음의 기억과 연결된다. 「동경」에서의 동경은 노부부에게 있어서는 기억 속에서 불멸하는 죽은 아들 영노이며 땅속에 있는 영노에 대한 기억의 빛이다. 그리고 아이가 미장원 층계나 마당을 뛰어다니며 장난처럼 비추는 유리거울의 빛은 광학 현상이며 늙은이를 무력한 공포에 몰아넣는 재미있는 아이들의 놀이로서 반사적이고 유희적인 거울이다.

그는 아이의 눈이 되어 눈에 비친 모든 것을 보고자 하는 욕망으로 만화경을 집어들었다…… 뭐든지 볼 수 있대요. 그는 아이의 말을 흉내 내어 중얼거리며 빠르게 만화경을 돌렸다.

그것은 토우(土偶)나 동경(銅鏡) 따위 죽은 사람들의 부장품들만을 진열한 방이었다. 땅속에 묻혀 천 년 세월을 산 이제는 말끔히 녹을 닦아낸 구리거울을 보라. 그는 자신이 아주 오래전에 죽은 옛사람인 듯 느껴졌었다. ……영노를 묻었을 때 그는 그가 묻고 돌아선 것이 미쳐가는 봄빛을 이기지 못해 성급히 부패하기 시작한 시체가 아니라 한 조각 거울이었다고 생각했었다.

빛은 이제 눈물에 젖은 아내의 조그만 얼굴과 그의 눈시울, 무너진 입가로 쉴 새 없이 번득였다. 그것은 어쩌면 아득한 땅속에 묻힌 거울 빛의 반사일 듯도 싶었다. 아이는 보다 재미있는 놀이를 찾아낼 때까지 손에서 거울을 놓지 않을 것이다.

「동경」을 구성하고 있는 3원소로서의 각기 다른 거울 이미지이다. 거울 장난하는 이웃 아이의 눈부신 빛을 매개나 광원으로 하여 4·19에 죽은 지 이십 년이 된 아들과 그를 매장한 기억을 생생하게 떠올리고 있다. 즉 유리거울과 구리거울의 빛 반사 현상과 조응에 의해서 어둠과 망각에 묻힌 시간들이 투시될 뿐 아니라, 빛과 어둠을 연계하는 명암 대조chiaroscruo의 도법을 통해서 죽음과 삶의 단절된 시공의 원근(遠近)을 잇고 있는 것이다. 아들을 잃은 채 늙어가는 적요하고 외로운 노년의 삶과 그리움과 소망 그리고 쓸쓸한 최후가 3개의 거울상의 효율적인 상징적 조응에 의해서 제시된 작품이다. 여기에 더하여 맥(貘)과 틀니의 상징과 이미지가 이에 가세함으로써 소설 속 이미지의 미학적 효과를 절묘하게 발휘한다. 작가의 이런 문학적 상상력이, 일그러진 거울이 제시되는 「옛 우물」과 같은 걸작을 마침내 만들어내는 것이다.

제15장
현대소설의 탈출과 방랑의 모티프

1. 서사주제학의 관점

1993년 워너 솔러즈가 편저한『주제비평의 복귀 *The Return of Thematic Criticism*』(1993)는 주제비평 또는 주제학의 소생을 확연하게 인증하는 의미를 지니고 있다. 형태주의 내지 구조주의 비평이나 연구 방법의 도도한 위력 앞에서 그 존재 기반을 상실하면서 파문 상태에 처해 있던 주제비평이, 1980년대의 다양한 시도와 접근법을 거치면서 새롭게 다시 복귀하는 실상을 구체적으로 보여 주고 있기 때문이다.[1] 이어서 클로드 브레몽 등이 편저한『주제학: 새로운 접근 방법 *Thematics: New Approaches*』(1995), 프랭크 트롬러 편『재고되는 주제학 *Thematics Reconsidered*』(1995), 그리고 빌리 반 페어 편『주제학 : 학제적 연구 *Thematics: Interdisciplinary Studies*』(2002) 등 새로운 주제학 논저들이 출현한다. 주제학 내지 주제비평은 문학작품의 기본적인 구성소가 되는 테마와 모티프[2] 및 상징과 인물 형상 등을 탐색하면서 이러한 요소들이 작용하고 있는 문학사와 텍스트에서의 분포 · 반복 · 지속 · 변형의 양상과 의의 및 체계를 살피는, 주제적 읽기의 작업이다. 따라서 이는 한국 문학의 연구를 위한 공시 · 통시적 분야에서도 두루 바람

---

[1] 이에 관한 소개는, 이재선 편,『문학주제학이란 무엇인가』(민음사, 1996) 참조.
[2] Horst S. Daemmrich · Ingrid G. Daemmrich, *Spirals and Circles: A Key to Thematic Patterns in Classicism and Realism* Vol. 1, Peter Lang, 1994, p. 1.

직한 시각이지만, 특히 일반사를 넘어서 특수사의 개발과 같은 통시적 고구에서 유용한 시각임에 틀림이 없다. 물론 개별적인 작가·시인론의 경우도 그러하다.

    그러나 주제학은 문학 연구에서 바람직한 관점이지만, 아직 그 술어 개념이나 규정에 있어서 무정부적인 확산 현상과 불일치가 적지 않은 것이 사실이다. 중요한 핵심 술어인 '테마' '주제' '모티프' '소재(주제, Stoff)'에 대한 규정에 있어서도 이질과 논쟁 현상이 적지 않다. 또한 주제학은 문학 연구에 있어서 그 자체만의 고유한 방법론을 아직은 확보하지 못한 상태로 주관적 전략과 불확실성을 갖고 있는 것도 사실이어서, 원용에 있어 면밀한 배려를 요하는 한계점이 있기도 하다. 요컨대 방법론에 있어서 미숙함이 없지 않다. 현재는 이런 정립 작업이 지올코우스키, 뎀리히, 볼페르스 등의 학자들에 의해서 수행되고 있는 추세이다.

    L. 돌레첼은 문학주제학을 크게 보아서 두 개의 양식으로 분화하고 있다. 선택적 주제학과 구조적 주제학이 그것이다.[3] 전자는 다시 민속학적인 주제사 Stoffgeschichte 연구와 관련된 역사적 주제학(톰슨, 프렌첼), 영역의 국제화와 관련된 비교(문학)적 주제학(바이스슈타인, 트루송, 프렌첼, 레빈) 및 근래적 변형으로서의 프랑스의 주제비평(바슐라르, 리샤르 등)의 세 가닥으로 분화된다. 내용의 구조화를 지향하는 후자, 즉 구조적 주제학에는 서사적 주제학을 두어 이를 서사의미론과 연계시킨다. 이는 ① 주제는 전체 문학적 구조의 구성 요소로 간주되어야 하며, ② 주제는 의미론적 불변소로서 형성되어야 한다는 두 개의 인식론적 원리에 근거하고 있는 것이다. 돌레첼의 시각이 이에 해당한다. 이로 보면 『문학주제학의 다양성 *Varieties of Literary Thematics*』 (1983) 이래 이 시대에 있어서 문학주제학 연구에 가장 왕성하고

---

3 Lubomir Doležel, "A Semantics for Thematics," ed., Claude Bremond · Joshua Landy · Thomas Pavel(eds.), *Thematics: New Approaches*, SUNY Press, 1995, pp. 90~92.

탁월한 성과를 거두고 있는 지올코우스키의 주제학적 자리는 두 양식을 함께 겸비한 양상일 것이다. 그리고 H. 뎀리히의 일련의 연구는 포스트 뉴 크리티시즘과 후기 구조주의의 독자 지향적 해석학을 지향하고 있다.

이 글은 이런 문학주제학의 관점에 근거하여 우리 현대소설에 대한 주제학적 접근을 시도하는 서사주제학의 케이스 스터디, 즉 사례 연구이다. 탈출과 방랑 또는 방랑자의 모티프가 한국의 현대소설 작품에서 어떻게 구성소로서 의미를 지니며 또 시대적으로 전개되는지를 추적하여 분석해보려는 것이다. 이에는 앞에 든 구조적 주제학이 그러하듯이, 서사시학Erzählpoetik과 서사주제학Erzählthematik,[4] 즉 서사에서의 형식과 내용 탐구를 함께 융합하려는 관점에 근거하려는 것이 기본 입장이다.

2. 현대소설과 탈출 모티프

어느 시대의 소설에서나 그러하지만, 특히 현대소설은 그 구성 양상이나 주제가 탈출과 매우 긴밀한 관계를 갖는다. 그것은 현대소설이 공간의 상상력에 있어서 감옥이나 유폐의 비유나 감금의 테마를 매우 두드러진 현상으로 하기 때문이다. 탈출은 현대소설의 서사시학이나 서사주제학 양자에서 매우 중요한 특성의 하나이며, 역동적이고 역설적인 긴장을 이루는 감금과 자유Begrenzung-Freiheit[5]의 주제 간의 변증법적 상호 관계에서 작용하는 행위이거나 의식의 상태인 것이다. 탈출은 분명 도피나 도망의 개념을 지니면서도 동시에 의미론적으로 자유에의 행정을 함축하고 있는

---

[4] Jürgen H. Petersen, *Der Deutsche Roman der Moderne, Grundlegung-Typologie-Entwicklung*(J. B. Metzler, 1991), p. 62. L. 돌레첼도 앞의 인용된 글에서 같은 의미의 'narrative thematics'란 용어를 사용하고 있음.

[5] Horst S. und Ingrid Daemmrich, *Themen und Motive in der Literatur*, Francke, 1987. p. 60. ff.

것이다.

　탈출은 사전적인 일반 개념으로는 '몸을 빼쳐 도망함'이나 '피하여 달아남'이라는 단순한 뜻을 지니고 있는데, 더 넓고 깊은 의미로는 그 사회와 사회의 특수한 악(惡), 즉 전쟁·불의와 개인적인 감성에의 침해와 제약 등으로부터 벗어나는 것이며, 이전의 순진한 자아로부터의 달아남이며 새로운 현실의 발견이기도 하다.[6] 뿐만 아니라, 부수적으로 탈출은 이전의 가치와 삶에 대한 의식적인 거절이거나 부정인 동시에 성숙과 새로운 삶, 새로운 정체성을 향한 지향적인 도주로 이해되기도 하는 것이다. 그래서 틴달은 『제임스 조이스 James Joyce』(1979)에서 문학에 있어서의 탈출을 견딜 수 없는 상황으로부터 달아나는 부정적인 탈출, 창조하기 위해서 자유로의 탈출을 감행하는 긍정적인 탈출 및 낭만적이고 바이런적인 확장이나 탐구적인 확장을 시도하는 탈출[7] 등으로 분화시키는 것이다. 그런데 이 탈출은 흔히 좌절하거나 실패하는 경우가 허다하다.

　한편, 문학주제학 사전인 세이그너릿 편의 『문학주제와 모티프 사전』(1989)의 '탈출(Escape)' 항은 그 개념·유형·양상에 관한 요지를 대략 다음과 같이 규정하고 있다. 탈출 테마는 문학 작품에서 상이한 종류의 함축을 지닐 수 있다. 탈출이란 용어는 단순한 의미로서는 위험·추적·구금 또는 여타 위험한 상황으로부터의 도피나 도주 행위를 뜻한다. 이러한 종류의 탈출은 보다 진지한 문학에서와 마찬가지로, 서스펜스와 모험의 서사에서 흔히 일어난다. 탈출의 다른 유형은 가족·일·공동체 또는 나라—어쨌든 강압적이고 견딜 수 없는 것들—와 같은 상황으로부터의 떠남(벗어남)이다. 탈출은 그 본성에 있어서 심리적이거나 정신적일 수도 있다. 그리고 백일몽이나 환상 또는 여타의 정신적인 행위의 형태를 취할 수 있는데, 이는 물리적(신체적) 탈출이 실행

6　Sam Blufarb, *The Escape Motif in the American Novel*, Ohio State UP., 1972, p. 155.
7　William York Tindall, *James Joyce*, The Noonday Press, 1979, pp. 57~58.

될 수 없을 경우에, 내적 갈등, 불안, 죄책감 또는 적합지 않은 외적 상황으로부터의 구원을 마련해준다. 탈출의 의의는 긍정적·부정적일 수도 있고 또 모호하기도 하다. 대체로 탈출은 상찬할 만한 것으로, 주인공의 용기·훈련·또는 자아실현의 예증으로 보이기도 하며, 다른 맥락에서는 도피·도피주의 내포로서 다루어지며, 유약·비겁·비인간성 또는 현실 대처에의 실패를 지시하기도 한다. 탈출은 모든 시대의 문학에서 빈번히 되풀이되는 플롯이지만, 19세기와 20세기에 특히 사회적 지각변동과 전환기를 맞아 가장 주요한 테마로서 공유되고 있는 것이다.[8] 이렇게 전제하고 서구의 고대와 중세로부터 20세기 문학에 이르기까지의 탈출 테마(또는 모티프)의 전개 양상을 서술하고 있다. 이에 의하면, 고대와 중세에서는 탈출이 서스펜스적 서사의 중요한 플롯 장치로서 감금이나 위험으로부터의 탈출은 신화나 민속학 등의 범속한 관례가 되었으며, 18세기에는 정서적 정신적 기능보다는 풍자나 사회적 논평의 요소로서 이용되었다는 것이다. 그리고 19세기 낭만주의 운동의 시작과 더불어 탈출은 보다 의의 있고 지속적이며 문학적인 테마가 되기 시작했으며, 20세기에는 이전보다도 더 현대적인 성격으로서 강화되었다는 것이다. 이는 20세기 초 제1차 세계대전의 발발이 인간과 세계의 관계를 급변시킴으로써 공동의 가치 체계가 사라지고 이로 인한 부조리·사회적 무질서·무정부 상태·자포자기·개인의 소외가 탈출을 필요로 하게 되었다는 것이다.

 그렇다면 20세기의 출발과 더불어서 국권 상실과 실향, 36년에 걸친 식민지 통치의 억압과 통제를 경험한 한국의 시인과 작가들은 어떤 세계로의 탈출을 몽상하였던 것일까. 그리고 해방 이후로는 분단에 의한 이념의 양극화 현상과 사상적 갈등, 전쟁과 구류의 상황, 도시화 산업화 사회화와 계층적 소외, 군사 정부의 인

---

[8] Jean-Charles Seigneuret(ed.), *Dictionary of Literary Themes and Motifs*, Greenwood Press, 1988, p. 460.

권·자유의 통제, 가부장적 남권 사회의 횡포 등을 경험하면서, 한국의 현대문학은 이에 어떻게 대응하였으며 어떤 탈출을 기도한 것일까. 우리 현대소설에서 탈출의 모티프 내지 현상은 외적—이향 공간에의 지향이 매우 강한 20세기 전환기의 신소설에서 이미 비롯되고 있는 것이 사실이다. 신소설은 개화되거나 문명화된 타자(他者)의 공간을 지향하기 때문이다. 그러나 그와 같은 계몽 담론을 지향하는 현대소설에서 본격적인 의미의 탈출 원형은 20년대의 최서해·이익상 등의 이향문학(離鄕文學) 작품들과 염상섭의「만세전」(1924)과 최서해의「탈출기」(1925)이다. 1910년대 전후를 배경으로 하는 이 두 작품은 모두 그 서사 방법이 서간 형태 내지 서사의 시간성과 관련된 것으로, 식민지 시대의 삶의 조건과 지배적인 분위기를 반영하고 있는 작품들이다. 이후 우리 현대소설에서 탈출 모티프는 주요한 주제학적 성격으로 자리한다. 이상의「날개」, 황순원의「카인의 후예」, 곽학송의「녹염」, 김동리의「까치 소리」, 최인훈의「광장」, 이청준의「잔인한 도시」,『당신들의 천국』, 조세희의『난장이가 쏘아올린 작은 공』, 황석영의「장사의 꿈」, 최윤의「문경새재」등이 모두 이 탈출 모티프를 중요 구성 요소로 하고 있는 대표적인 작품들이다.

1)「만세전」과 무덤 빠져나가기

염상섭의「만세전」(1924/1948)은 동경 유학생인 서술자(화자)—보는 이(이인화)의 눈의 지각을 통해서 식민지 공간에 대한 관찰과 이에 따른 인식의 변화·심화 과정을 제시한 작품이다. 원작 및 개작의 두 텍스트가 존재하는 이「만세전」은 거시구조적 측면에서 보면 귀향과 탈출이란 두 개의 모티프를 양 축으로 하고 있다. 즉 초반부는 유학 중인 주인공 이인화가 서울에 있는 조혼한 아내가 위독하다는 전보를 받고 귀국하는 도정이며, 후반부는 그 아내가 끝내 죽은 뒤 다시 "구더기가 들끓는 공동묘지" 같은 조선을 벗어나는 탈출 행위를 주축으로 하고 있는 이야기이다. 이

두 모티프는 어느 것이나 여행이라는 공간에서의 이동과 지향을 근거로 하는데, 이 이동의 장소가 조선/일본, 즉 식민지화된 피식민지 공간과 식민지 지배 공간의 두 공간이 이질성을 갖고 상호 대비된다. 동경(東京)과 서울(京城)은 이 여정의 시발점과 종점으로 상호 교차된다. 동경-고베-시모노세키-부산-김천-대전-서울 등 7개의 지명적 단면으로 이어지는 이 주인공의 여정을 유도하는 것은 조혼한 아내가 위독하다는 전보이다. 즉 전신 전보가 1인칭의 화자인 동시에 주인공인 '나'로 하여금 여행을 하게 한 것이다. 그렇다면 주인공은 최대한 빠른 방법에 의해서 동인이 되는 아내가 있는 곳에 도착해야 하는 것이 죽어가는 아내에 대한 기본적인 의무요, 여행의 일차적 목적이 되어야 할 것이다. 그런데 정작 주인공은 오히려 화급한 상태가 아니라 최대한 늑장을 부리면서 계속적으로 앞뒤, 좌우 공간을 살피거나 관찰하고, 여러 곳에서 지인과 인척을 만나면서 여정을 지체시킨다. 사실 이런 지연 행위의 강조와 지체의 다발적인 공간 효과는 무엇인가. 그것은 주인공으로 하여금 이 여행이 그러한 일차적 목적 이상으로 조선의 식민지화 과정과 식민지 지배의 위력과 피식민지 상태에 있는 조선 사람들의 삶의 양태들을 살피고 지각케 하려는 의도된 다른 목적을 갖고 있음을 뜻하는 것이다. 이 귀향의 여행은 주인공이 죽어가는 아내와 공동묘지 같은 조선의 식민지 현실로 유도되는 이중 목적이 장치된 여행인 것이다.

'무이상한 감상적 방탕적 기분'의 정치적 영점 상태와 정자·을라 등 여인과의 난잡한 유희적 연정 관계에 있던 '나'는 여행이 시작되고 식민지 지배와 피지배의 두 세계를 횡단하거나 경계 짓는 시모노세키(下關)와 부산(釜山)의 접점에 이르면서부터 '인버네스Inverness(옷)'로 제유화된 형사와 헌병들의 감시와 검색을 받고, 비로소 조선의 현실과 지배적인 제국의 힘을 체감적으로 지각하기 시작한다. 이것이 바로 양계를 가르는 경계선에서이다. 이 경계선은 동시에 '나'의 의식의 변화를 가져오는 경계선이기도 하다. 이 경계에 접근하면서부터 감시와 검문 검색, 노예 매매 같은 일본인들의 조선 노동자 인신매매를 알게 된다. 그리고 식민지 도시 부산에서의 경제 침투와 조선 사람의 탈중심적 주변화 현상, 이어지는 김천(金泉)에서 목격한 환도를 찬 보통학교 훈도로 표상되는 식민지 무단(武斷) 교육 및 감시와 규제의 총독정치 등 갈수록 심해져가는 식민지화의 상황들을 지각한다. 뿐만 아니라 이처럼 심화되는 식민지 체제하에서 '고식·미봉·굴복·비겁……'을 유리한 생활 방도로 삼으면서 살아가고 있는 주변과 고루한 가족제도, 기회주의 등에 파묻혀 사는 조선 사람들의 각양각태의 행태들을 접함으로써, '나'는 거기서 질식과 죽음만이 존재하는 '공동묘지'로 비유된 상황에 갇혀 있음을 지각한다. 이것이 '나'로 하여금 식민지 상황에 대한 의식과 지각을 재편성케 하는 것이다.

무덤이다. 구더기가 끓는 무덤이다!
공동묘지다! 구더기가 우글우글하는 공동묘지다!
이 방 안부터 여부없는 공동묘지다. 공동묘지에 있으니까 공동묘지에 들어가기를 싫어하는 것이다. 구더기가 득시글득시글하는 무덤 속이다. 모두가 구더기다.

다른 것은 고만두더라도 나의 주위는 마치 공동묘지 같습니다. 생활력을 잃은 백의의 민(民)=망량(魍魎) 같은 생명들이 준동하는 이 무덤 가운데에 들어앉은 지금의 나로서는 어찌 '꽃의 서울'을 꿈꿀 수 있겠습니까…… 이러다가는 이 약한 나에게 찾아올 것은 아마 질식밖에 없겠지요. 그러나 그것은 방순(芳醇)한 장미꽃송이에 파묻히어서 강렬한 향기에 취하는 벌레의 질식이 아니라 대기와 절연한 무덤 속에서 구더기가 화석하는 것과 같은 질식이겠지요.[9]

---

9 이 인용문 전부는 원전인 고려공사판 『만세전』(1924)에 근거하였으며, 표기만 현대어로 한 것이다.

작품의 본문 가운데 '총독부에서 공동묘지 제도를 설정한 것'[10] 이라 지적하고 있는 것처럼, 일제에 의해서 강제적으로 제정된 집단 매장지인 공동묘지는 그대로 집단적이며 다중적인 죽음의 장소를 상징한다. 현실이 이렇게 질식과 죽음의 상황이라면 삶이나 재생을 위한 '나'의 무덤 탈출은 필연적인 행위일 수밖에 없다. 탈출이란 거절과 회피이면서 새로운 가치나 상황을 위한 탐색이다. 귀국의 여행을 부른 아내가 끝내 죽게 되자, '나'는 동경에 있는 애인인 카페 여급 정자, 즉 니시무라 시즈코에게 자기 반사적인 형태의 탈출의 편지를 쓴다. 그 편지 속에 '신생'과 '자유롭고 진실된 생활'을 위한 탈출 원망과 신념이 고백되고 있다. 그래서 감금과 자유의 두 테마가 교호한다. 그런데 원작과 개작에서 서간의 내용은 상당한 차이를 지니고 있다. 특히 원작에서는 죽은 아내에 대한 책임감과 의무와 '씨(종자)'의 상징성이 강조되는 데 비해서, 개작에서는 아내는 없이 정자(시즈코)가 대상화되고 또 보다 큰 차원을 향한 그녀와의 결별을 위한 다짐이 암시된다. 어쨌든 이런 탈출과 탈출 충동은 곧 '나'의 공동 무덤 같은 '무덤 속 빠져나가기'로 이어지게 된다. 그런데 왜 이런 고백의 수신 대상이 굳이 정자여야만 하는가. 그리고 질식과 공동묘지 같은 식민지의 상황과 낡은 누습의 세계를 탈출하여 지향하는 공간이 조선을 식민지화한 일본의 중심부이자 꽃인 동경일 수밖에 없는가. 여기서 탈출의 비전이나 지향에 대해서 비판적인 시각이 제기될 수도 있다. 그러나 대상이 정자가 되어야 하는 것은 서사 프로그램상에 있어서 필연적인 귀결이다. 정자가 수신자가 되어야 할 서사 전개상의 합리성이 있고 또 정자는 시즈코로서의 개인만이 아

---

10 『염상섭 전집』 I(민음사, 1987), pp. 69~70. 이 공동묘지에의 문학적 반응은 같은 시대의 현진건의 「고향」에도 제시되어 있다. 공동묘지법은 1912년 6월 조선총독부령으로 「공동묘지척령」으로 공포된 이후 1920년에 개정되었다. 동아일보 1920년 9월 3일자 2면 참조.

니라 일본인이다. 따라서 이 서간은 3·1 운동과 독립선언문에 함축된 것과 같은 조선인의 대일 메시지 성격이 투사되어 있다. 탈출의 지향이 결과적으로 동경행인 것은, '나'가 독립투사가 아니라 수련 과정에 있는 문학의 도(徒)로서의 유학생이기에 그런 것이다.

2) 「탈출기」와 이중의 탈출

체험의 작가인 최서해의 문학은 단적으로 지적해서 자전적이며, 굶주림이나 기아의 서사이다. 따라서 음식 담론alimentary discourse의 분광 현상이 두드러진다. 이렇게 결핍으로서의 배고픔이나 굶주림이 중심 테마이기 때문에 정념의 기호학적 현상에 있어서 가난하고 배고픈 이들의 분노와 미움과 보복적인 카니발리즘이 크게 투사되고 있는 것이 사실이다. 동시대의 현진건의 「운수 좋은 날」의 경우가 그러하듯이, 최서해의 작품은 먹이나 먹기에의 본능적인 충동 요소가 크게 작용하고 있다. 식(食)과 기아(飢餓)의 정치학이다. 이것은 그의 작품 세계가 이른바 '사회희생자소설 victim in the society novel'로서, 돈도 땅도 없고 음식과 옷이 없는 사회적 희생자와 그들의 가난하고 불평등한 삶의 조건 및 그로 인한 행동의 저항적 경향을 수용하고 있음을 의미하는 것이다. 그래서 필자는 진작에 수사학적으로 「'불'과 '피'의 수사학」인 점을 지적한 바 있다.

「탈출기」[11]는 「전아사(錢俄辭)」와 함께 '욕망 담론의 특별 배달 형태'(카우프만)인 서간체 양식으로 구성된 작품이며, 따라서 '자유로운 자기 폭로의 최고 형식'(바흐친)인 고백을 서사 방법으로 택하고 있는 형태이다. 즉 '탈가' 상태에 있는 발신자 '박'이 가족을 위해 귀가하기를 종용하는 '김'의 편지에 대한 답신의 형식을

---

11 이에 대한 대표적 논의로는 윤홍로, 『한국근대소설연구』(일조각, 1980), pp. 235~40; 김병익, 『최서해의 「탈출기」—개체적 존재로부터 사회적 자아로의 발견』 등이 있다.

서술 방법으로 하여 탈가의 필연성과 자신의 입장을 밝히고 있다. 모두 6개의 서사 장절로 서사 단위가 분절되어 있는 이 작품에는 두 번의 탈출이 들어 있다. 2분절에서의 이향(이국) 내지 타자의 공간으로의 탈출과 6분절에서의 가족으로부터의 탈가가 그것이다. 전자는 5년 전에 실행된 것으로서, '나'와 가족의 고향으로부터 간도로의 탈향이다. 이는 고향과 고국으로부터의 탈향인 동시에 이주의 땅이며 타자의 공간인 간도로의 이동이다. 간도는 일제에 의해 나라를 잃은 조선 사람들이 옮겨간 가장 보편적인 공간이다. 후자는 간도에서의 참을 수 없는 제도를 쳐부수기 위한 집에서의 탈출이다. 겨울→봄→여름→가을→겨울로의 계절 순환을 서사적 전개 방법으로 취하기도 한 이「탈출기」에서 그 탈출의 요인이 되는 것은, 어느 것이나 '너무도 절박한 생활'이나 속고 학대받는 삶으로서의 철저한 결핍과 부재 상태이며 험악한 제도의 희생자로서의 상황이다. 고향에서의 절박한 생활 때문에 간도를 결핍 해소와 욕망과 이상 실현의 지향 공간인 '전부금탕'의 지향의 가치 있는 땅으로 기대하고 탈출한다. 그러나 정작 간도라는 타자 공간의 냉혹한 현실 앞에 마주치면서 그 상상과 기대가 무참하게 좌절되는 어려움의 과정을 계절의 순서를 따라가면서 제시하고 있다. 농사를 지으려 해도 땅이 없고 일자리가 없고 두부 장사도 안 되고 산에서 나무를 하다가는 주인에게 맞고 경찰에 끌려간다. 구조주의자 브레몽의 이른바 악화—개선의 서사 구조적 관점에서 보면 악화에서 개선에의 기대가 거듭 악화로 목록화되면서 이어지는, 점점 나빠지는 상태의 형국인 것이다. 그야말로 불운이 거듭되는 설상가상의 과정이다. 이러한 욕망하는 대상인 먹을 음식이 없는 가난과 그것의 신체적 현실인 배고픔의 극치에 이르는 과정이 제시된다. 모두 음식 담론으로 이루어진 것으로 임신한 아내가 배가 고파서 아궁이 앞에서 훔쳐 먹는 귤 껍질 이야기, 호구를 위해 몇 날을 고생하여 만든 두부가 이십 전 삼십 전의 이윤을 배반하고 쉬어버리자 그 두붓물로 때를 에우는 이야기가 그것이다. 이러한 철저한 음식의 결핍 상태에서 필연적으로 유발되는 것은 치미는 분노의 정념이다. 그리고 그 대상은 제도가 된다.

우리는 우리로서 살아온 것이 아니라 어떤 험악한 제도의 희생자로서 살아왔다.
나는 더 참을 수 없었다. 〔……〕 험악한 이 공기의 원류를 쳐부수려고 하는 것이다.

사회적인 희생자로서의 자각이 마침내 '나'로 하여금 사회적인 불평등을 제거하기 위한 '××단 가입'과 'X선'에 서게 하는 항거의 길에 뛰어들게 하는 것이다. 그래서 '나'가 "남의 집 행랑어멈이나 아범이며 노두에 방황하는 거지를 무심히 보지 않는다"고 고백하고 있듯이, '나'의 탈출의 궁극적인 목표는 궁핍의 사슬로부터 가난한 사람들을 해방시키는 것이며, 사회 경제적 불의와 싸우는 마르크스주의자의 길을 가는 것이다. 그래서 희생자의 항거의 정치학과 시학을 수용하고 있는 「탈출기」는 근원적으로 한 마르크스주의자의 탈출의 고백으로 읽히는 것이다.

3) 「날개」의 비상과 탈출 원망

이상의 소설 「날개」는 그 표제가 시사하는 것처럼 변신 원망이나 탈출 원망이 투사된 작품이다. 표제가 되는 비상의 상징인 날개는 향상·고양·열망의 표상이며, 제약된 인간 조건을 초월하려고 애쓰는 상황이나 상태를 상징한다. 따라서 탈출의 상징이기도 한 것이다. '박제'와 '날자(날기)'란 용어로 서사 구조의 수미가 전도perversion와 역전reversion의 역학적인 긴장 관계로 대칭·대립되는 이 「날개」를 구성하는 두 개의 기본 모티프는 파행(跛行) 모티프와 탈출(비상) 모티프이다. 행위의 양태가 잠자기-걷기-날기로 변이한다.

먼저 파행 모티프의 경우, '나'와 아내의 어긋난 관계가 절름발이 상태에 의해서 상징적으로 구현되고 있다.

우리 부부는 숙명적으로 발이 맞지 않는 절름발이인 것이다. 나나 아내나 제 거동에 로직(논리)을 붙일 필요는 없다. 변해(辨解)할 필요도 없다. 사실은 사실대로 오해는 오해대로 그저 끝없이 발을 절룩거리면서 세상을 걸어가면 되는 것이다. 그렇지 않을까.

이웃과의 사회적 관계가 배제된 「날개」 속에서 유일하고 기본적인 관계인 '나'와 '아내'의 관계마저도 약하고 발이 맞지 않는 '절름발이,' 즉 파행의 상징적인 상호 관계로 제시되고 있다. 결코 발이 맞는 정상 관계가 아니다. 파행의 문학적인 상징을 살핀 피터 헤이즈는 절름발이의 상징을 변식·불모·인간 한계 등[12] 세 가지 범주로 분화하고 있다. 「날개」의 절름발이 상태가 자녀가 없는 불임 상태라는 점에 있어서는 두번째와, 불완전한 불구의 조건이란 점에서는 세번째와 관련된다. 사실 「날개」에 있어서의 부부 관계는 모든 면에 있어서 발이 맞지 않는 불균형의 부부 관계로 일관되고 있다. 관계성의 불구화 현상이다. '위,' '아래' 같은 방의 배치에서부터 시작하여 서로가 '반만을 영수하는' 기이한 부부로서의 의사적 결합의 공생 관계로서 생활하는 방법이 대조적이다. 뿐만 아니라 돈을 매개로 하여 아내/나의 관계는 증여자/수령자의 관계이며, 내객을 불러들이는 매춘하는 아내에 비해서 '나'는 음위, 즉 남성의 거세된 존재나 다름없다. 사육함과 사육받음의 관계이며 정절의 가치가 끼어들 수 없는 물화된 인간관계이며, '박제'의 천재 상태가 표상하듯이 남성 마조히즘 현상이 역연한 것이다.[13]

---

[12] Jean-Charles Seigneuret(ed.), *Dictionary of Literary Themes and Motifs*, Greenwood Press, 1988. 'Lameness' pp. 697~701. 'Crippling' pp. 295~98.

[13] 이에 대한 해석과 논의는 이재선의 『현대소설의 서사시학』(학연사, 2002), pp. 76~

이러한 관계의 파행 현상은 이상이 그 '서사'에서 지적 놀이로서의 위트·아이러니·패러독스를 운위하고 있듯이, 사실적인 재현으로서가 아니라 뒤틀림의 왜곡을 지향하는 우의성이 작동한 무력한 지식인 '나'의 아내에 대한 기이한 공생 관계를 제시함으로써, 1930년대 식민지 도시의 물질주의 앞에서 소외되고 박제된 지식인의 권태롭고 거세된 삶을 읽게 한다. 매춘 행위와도 같은 비정상적인 경제적 현실 아래에서 가족의 삶이 남자보다는 창녀 노릇을 하는 여자에게 의존되거나 부과된 상황, 지식인 남자의 물질의 부재와 해고된 상태와 다름없는 무력성을, 파행의 부부 관계라는 의식적으로 왜곡된 상황에 등가화하는 것이다. 이러한 파행 관계는 '나'의 보행으로 거듭되는 외출로 인한 거리와 거리의 외부 세계와의 접촉과 연계에 의해서 점진적으로 변화와 지양의 계기를 이룬다. 그 전기가 정오의 사이렌 소리인 것이다.

이때 뚜 하고 정오의 사이렌이 울었다. 사람들은 모두 네 활개를 펴고 닭처럼 푸드덕거리는 것 같고 온갖 유리와 강철과 대리석과 지폐와 잉크가 부글부글 끓고 수선을 떨고 하는 것 같은 찰나! 그야말로 현란을 극한 정오다. 나는 불현듯이 겨드랑이가 가렵다. 아하, 그것은 내 인공의 날개가 돋았던 자국이다. 오늘은 없는 이 날개, 머릿속에서는 희망과 야심이 말소된 페이지가 딕셔너리 넘어가듯 번뜩였다. 나는 걷던 걸음을 멈추고 그리고 일어나 한번 이렇게 외쳐보고 싶었다. 날개야 다시 돋아라. 날자. 날자. 날자. 한 번만 더 날자꾸자. 한 번만 더 날아보자꾸나.

정오를 기점으로 해서 겨드랑이에 날개를 달고 한 번만 더 날아보자는 이 비상을 위한 독백적인 담론은 분명코 변신 원망이다. 그리고 권태와 박제된 현실로부터의 벗어남인 탈출 모티프이다.

90에 구체적으로 나타나 있다.

현실에 없는 '희망'과 '야심'의 과거('던'이란 과거시제)로 복귀하고자 하고 있다. 비상에의 원망은 곧 현실 탈출의 원망인 것이며, 건강한 삶으로의 재생 기획이다. 박제된 상태나 다름없는 정신만 있고 육신이 무력해진 남성의 거세 상태로부터, 정기virility 지향의 역동적이고 활력적인 남성으로의 회복을 기도하는 것이다. 「날개」가 지닌 이 역동적 생식력 찾기의 수사학은 지성이 무력화된 식민지 시대의 정치·경제·사회적인 조건을 함축하고 있다. 아울러 이 탈출 원망은 정신에 대응하는 '육신,' 즉 몸의 상승적인 회복 원망이기도 한 것이다.

이후 우리 현대소설에서의 탈출 모티프는 다각적으로 전개된다. 탈출 테마의 중요한 작품으로서 김동리의 「까치 소리」와 이청준의 「잔인한 도시」, 황석영의 「장사의 꿈」 등이 있다. 「까치 소리」의 봉수는 진정한 삶과 사랑이 있는 곳을 향해서 자기 손가락을 절단하는 자해까지를 하면서 '마련된 죽음'만이 편재하고 있는 전장을 탈출한다. 살육의 전장으로부터 사랑과 삶으로의 지향이란 점에서 이 탈출은 의미 있는 선택이다. 그러나 사랑의 배신에 당면하면서, 그는 끝내 조건반사에 걸린 살인자가 되어버리고 만다.

그리고 이청준의 「잔인한 도시」는 구속과 자유가 조작적으로 되풀이되고 있는 정치적 시대 상황을 특유한 상징적 의장에 의해서 형상화해낸 작품이다. 덫에라도 걸리듯 거듭 감옥행을 해왔던 늙은 사내가 출소하여 목격하게 된 방생(放生)의 허구성―가겟집 새장수가 강력한 전짓불로 일단 낮에 방생된 새들을 다시 사냥질하는 행위, 그리고 멀리 날지 못하게 날개를 자르는 행위―앞에서 분노하여 노역의 품삯으로 받아두었던 돈으로 그 새를 사서 잔인한 도시를 결별하고 새와 함께 탱자나무 울타리와 푸른 대숲이 있는 남쪽의 고향 땅, 즉 자유의 원적지에서 원망 공간(願望空間, wunschräume)을 향하여 탈출을 감행한다. 이 탈출은 감금과 조작된 자유로부터 무제한적인 자유의 공간으로의 지향인 것이다.

황석영의 「장사의 꿈」은 1960~70년대 산업화·도시화 이후의 거대 도시가 지닌 인간 불모화 현상에 대한 묵시적 비판이 함축되어 있다. 즉 현대 도시가 발산하는 양면 가치로서의 역광(逆光) 현상을 역연히 드러내준다. 주인공 일봉이는 장사 모티프에 어울리게 남다른 우람한 체격에 걸맞는 거대한 꿈의 실현을 위해서 도시로 입성하지만, 기대와는 달리 부도덕한 쾌락주의의 대상이 되어 자연적이고 야성적인 활력을 상실하고 남성 상실의 무력화, 즉 거세의 황막한 존재가 되어버리고 만다. 그래서 주인공은 회생하는 생명력을 확보하기 위해서 눈물을 철철 흘리면서 파멸의 도시를 탈출한다.

그러나 20세기 후반기 한국 현대소설의 탈출 테마는 최인훈의 「광장」(1960)과 조세희의 『난장이가 쏘아올린 작은 공』(1978)으로 대표된다고 하여도 그리 과언이 아니다.

4) 「광장」의 탈출과 환각의 현상학

최인훈의 소설 「광장」은 공간적인 소설이다. 그 표제는 물론이고 거의 강박화되다시피한 두 비유적 공간 용어인 '광장'과 '밀실'의 질적 구분만으로도 그러하다. 이 두 이질 공간 이미지는 「광장」에 있어서 최인훈의 문학적 퍼스펙티브의 카토그래픽한 표현으로서, 외적 확장과 내적 봉쇄를 의미하는 상징적인 공간 윤곽이다. 그리고 부채꼴 또는 부채의 원심적인 펴기(바깥 테두리) 및 구심적 접기(안쪽)의 존재 방향의 비유가 시사하고 있는, 공간적인 확산Diastole과 수축systole을 위한 은유적 의미 또한 그러하다. 이런 몇 가지의 공간적인 현상만으로도 서사텍스트로서 「광장」의 공간성 내지 공간적 상상력은 결코 예사롭지가 않다. 서사적 구성소로서나 인물의 공간적 경험, 공간의 이동 등 서사 전개에 작용하고 있는 공간의 의미 구조로 보아 「광장」은 분명히 일종의 공간소설이다. 여기에 기억과 역전의 시간 구조와 관련된 서사 시간의 진동 현상과 작가 특유의 환각의 현상학이 융합되어

「광장」은 독특한 소설미학을 형성한다.

1961년, 4·19 이후에 씌어진 이래로 아주 여러 번 개작된 바 있는 이 「광장」은 정치 이념적으로 분화, 양극화된 남북한 체제를 모두 경험한 고독한 철학도 출신의 전쟁 석방 포로 이명준이 휴전 이후 포로 교환에서 남도 북도 아닌 중립국을 택해서 항해하는 선상에서, 출발과는 아주 다른 전복성을 지닌 자살, 즉 바다로 투신해버리는 이야기이다. 이로써 두 사상 체계에 대한 거부 및 도전적이기까지 한 주인공 이명준의 제3의 선택과 인식의 전환을 보여준다. 그래서 발표 당시부터 이데올로기의 극화와 배타성에 옥죄이고 제약되어 있던 한국 현대문학의 상황에서, 「광장」은 감금과 자유라는 두 테마에 매우 역동적인 파장과 폭풍을 일으킨 작품으로서 각별히 주목되어 왔던 것이다. 이후 작품은 빈번한 개작에 의한 변화, 특히 갈매기 짝과 연상적인 관계에 있는 여성 짝(강윤애, 은혜→은혜, 태아)의 변환, 환각 모티프와 상징적인 미래 예시성의 연계적 강화, 현란한 색채 상징 등 문예미학성이 보다 현저하게 노출된다. 이에 따라서 「광장」에 대한 해석 관습 또한 방법과 관점에 따라서 여러 갈래로의 분화를 보여왔던 것이다. 「광장」은 현대문학사에서 그만큼 그 지진의 진폭이 어느 작품보다도 넓고 깊었던 작품이다.

여기서는 초점을 아주 좁혀서 「광장」에서의 탈출의 모티프 즉 '낱'의 기본 입장을 고수하는 철저한 개인주이자이며 철학적 관념론자인 이명준이 행하는 탈출의 의미와 양상을 공간현상학적 관점[14]으로 살펴본다. 이명준은 막힌 상태에서 출구를 향해서 끝없이

---

14 이 공간현상학 관계에서 다음과 같은 문헌들을 참고하였다.
- Bruno Hillebrand, Mensch und Raum in Roman, Winkler Verlag, 1971.
- Elisabeth Ströker, *Philosophische Untersuchungen zum Raum*, Vittorio Kolstermann, 1964/1976.
- Daniel Frank Chamberlain, *Narrative Perspective in Fiction: A Phenomenological Mediation of Reader, Text and World*, University of Toronto Press, 1990.
- Otto Friedrich Bollonow, *Mensch und Raum*, W. Kohlhammer, 1963.

탈출하거나 도망하고 있기 때문이다. 이명준의 이 같은 탈출은 분단 상황과 전쟁의 실존적 경험과 기본적인 질서에서 이탈하여 자유에의 출구를 모색하고 찾으려는 전후 젊은 세대들의 시대적 고뇌를 함축하는 의의를 지니고 있다. 탈출은 곧 「광장」의 제1주제인 것이다.

「광장」 전체에서 이명준은 크게 두 번의 지지적(地誌的)이고 공간적인 탈출 또는 도피를 감행한다. 북한행(월북)과 중립국행이 그것이다. 그리고 '동굴'행의 탈출과 '푸른 광장'인 바다에의 탈출—투신 행위가 더 이루어짐으로써 그의 탈출은 전편을 통해서 도합 네 번이나 반복된다. 그 밖에도 부권(父權)이나 이데올로기, 사회조직체, 사랑하지만 끝내 폐쇄적인 여인(윤애)으로부터의 탈출인 정신적인 탈출마저도 감행함으로써, 그 규모에 관계없이 탈출은 「광장」에서 중요한 모티프나 플롯 요소로서 작용한다. 이명준이야말로 어느 경우보다도 더 뚜렷한 탈출자(도망자)이며 정주를 거부하고 도상에 있는 존재로서의 방랑자이고 호모 비아토르Homo viator(길손)인 것이다. 그리고 그는 사상적인 좌우간에서 보편적인 동작장애apraxia의 증상을 초월하고 있는 인간이기도 하다.

아버지가 거기서 **탈출**하신 건 옳았습니다. 그리고 제가 거기서 **탈출**한 것도 옳았습니다.[15]

저는 새로운 풍토로 **탈출**하기로 결정했습니다. 월북했습니다.[16] (강조는 필자)

이명준의 1차 탈출을 말하는 대목이다. 탈출은 근원적으로는 현실과 직면하고 있는 딜레마, 즉 감금이나 억제된 상황으로부터

---

[15] 『새벽』 7권 10호, 1960. 11월호, p. 274.
[16] 앞의 책, p. 275. 『광장』(정향사, 1961) 판과 대조하여보아도 거의 변동 없이 일치한다.

이탈하고 벗어나는 모험이나 도피의 행위이다. 따라서 탈출에는 '어디서(체재 공간 출발)'에서 '어디로(지향 공간 도착)'에의 방향 결정〔定向〕과 장소(상황)의 목적론적 이동이 전제되며, 이 양 공간으로 그 가치와 차원에 있어서 기능적인 불일치와 대립이 전제된다. 즉 탈출의 방향적 대립은 위상학적으로 이원론적이며 양자의 체계 양상은 상호 이질적인 것으로 구별되는 것이다.

그래서 남과 북은 '광장/밀실'의 '외향적/내향적' 대립만큼이나 가치의 기호학적인 대조가 완연하다. 즉 이명준의 탈북 이전의 현재적 체재 공간 또는 환계(環界)로서의 정치 공간인 남한은 부정적인 공간이다. 그 위상 구조가 미군 부대 식당에서 나오는 쓰레기로 환유되고 추악, 탐욕, 배신, 살인, 사기 등 온갖 부정적인 의미와 가치로 짜인 체계로 재현된다. 그리고 월북한 아버지로 인해서 형사가 이명준을 경찰서 지하실에서 취조하고 고문하는, 폭력이 현존하는 살벌한 공포로 지각되는 공간이다. 이 경찰서 지하실에서의 고문이라는 결정적인 동인에 의해서 이명준은 인천 부두에서 이북으로 가는 밀항선을 타고 탈출, 월북하게 된다. 물론 이명준의 이 탈출은 순전히 공간적이거나 지지적인 방향 결정뿐만이 아니고 이념·사상적인 공간성에의 이끌림과 선택이 함께 함유되어 있는 것이 사실이다. 그리고 또한 아버지 찾기로서의 상징적인 편력의 의미도 함께 포함되어 있다.

아무튼, 이명준은 남과는 대비되게 북에 대해서 들뜬 기대와 희망으로 모험적인 탈출을 결행한 것이다. 여기에는 물론 동기와 결정이 작용할 뿐 아니라, 북에 대한 낭만적인 기대와 동경이 작용한다. 그곳은 때 묻지 않은 '새로운 광장'으로 가는 선택의 길이며, 보람 있게 청춘을 불태우고 '삶다운 삶'을 영위할 수 있는 '자랑스러운 정열의 공간'이라는 환상적인 기대와 동경이다. 백귀야행하는 도시 알 수 없는 난장판인 '남조선 사회'와는 대척적인 지향의 공간으로서, 순진할 정도로 북조선 사회를 원망 공간으로 지각하고 있는 것이다. 그의 탈출은 남한 사회에 대한 불신과 함께 북한 사회에 대한 견딜 수 없는 신뢰와 인력에 끌린, 남으로부 터의 이탈이며 탈출인 것이다.

그러나 이명준은 북에서도 마찬가지의 환멸과 실망을 겪게 된 다. 북은 부정했던 남한과 대등한 공간으로 전화한다. 반일 투사이며 이름 있는 코뮤니스트로서 높게만 생각해왔던 아버지(부권)도 이미 종말을 고해버린 한낱 무기력한 월급쟁이로 전락해 있음을 발견한다. 그래서 그런 아버지와 결별을 해버린다. 그리고 적응하고 노력함에도 어둡고 모조적이며 공산당이 타락해버린 북조선 사회의 실체를 너무도 분명하게 보아버린다.

명준이 북녘에서 만난 것은 잿빛 공화국이었다.
신명이 아니고 신명난 흉내였다. 혁명이 아니고 혁명의 흉내였다. 흥이 아니고 흥이 난 흉내였다. 믿음이 아니고 믿음의 소문뿐이었다.
인민이란 그들에겐 양 떼들입니다. 그들은 인민의 그러한 부분만을 써먹습니다. 인민을 타락시킨 것은 그들입니다. 그리고 북조선 공산당원들은 치사하고 비굴하고 게으른 개들입니다.

북의 이러한 공허하고 혐오스러운 상황에 대한 현실 지각과 함께 기자로서 '코르호즈 탐방 기사' 사건과 관련하여 심한 자아비판—이 사건은 남에서의 S경찰서 지하실에서의 형사 고문 사건과 상응된다—을 겪게 됨으로써 이명준의 의식으로서의 존재 형태 내지 '공간 부착적 의식Raumsetzenden Bewußtseins'은 이미 북과는 이탈적인 먼 거리를 갖게 된다. 그럼으로써 그로 하여금 정전 이후의 포로 교환에서 북을 "맺어질 아무것도 없는 사회," "그 사회 자체에 대한 믿음조차 잃어버린 지금"이라고 단정해버릴 정도이며, 그 때문에 '남도 북도 아닌 중립국에의 선택' 즉 제2의 탈출을 지향하게 된다. 이와 같이 이명준은 남과 북을 다 같이 부정해버리고 제3의 나라를 선택함으로써 거기서 다시 '새 삶의 길'로 향하는 '희망의 뱃길'로의 방향 결정을 시도한다. 이명준은 선상에서 다음과 같이 독백한다. 역사적 공간과 정치적 공간을 벗어나고자 하는 도망자 및 탐색적 모험가 이명준이 그리도 바라왔고 또 도달하고자 하는 공간의 원점이 모습을 드러낸다.

　　나는 영웅이 싫다. 나는 평범한 사람이 좋다. 내 이름도 물리고 싶다. 수백 마리 사람 중의 이름 없는 한 마리면 된다. 다만 나에게 한 뼘과 한 마리의 벗을 달라. 그리고 이 한 뼘의 광장에 들어설 땐 어느 누구도 나에게 그만한 알은체를 하고 허락을 받고 나서 움직이도록 하라. 내 허락 없이 그 한 마리의 공서자를 끌어가지 말라는 것이었지. 그런데 그 일이 그토록 어려웠구나.

　이것은 곧 누구의 간섭이나 침해도 받지 않는 자기 자신만의 공간과 단순한 삶을 향유하려고 해온 원초적인 생에의 열망을 투영하고 있다. '무리' 지향의 집단 및 조국과 국가주의에 반역하거나 대응이 가능한 철저한 개인주의와 자유에의 지향이다. 이것은 진정한 삶의 가치와 자유를 배반해버린 세계에 대한 결별인 동시에, 탈이데올로기적이고 자유로운 인간적 삶의 가치를 지향하려고 하는 모색적인 탈출에 다름이 아닌 것이다.
　이러한 이명준의 지향적 공간으로의 탈출의 퍼스펙티브는 남과 북 및 중립국이라는 지지성(地誌性) 내지 이념성의 정치적 공간을 넘어서 동굴과 바다라는 자연적 또는 신화적인 공간으로 지향되기도 한다. 상징학에서 보면, 동굴은 원초적인 집으로서의 자궁과 어머니이며, 묘지이고, 부활이며, 생식력과 사랑 만들기, 무의식, 안전, 잠재의식의 난공불락, 그리고 은둔[17]을 상징한다. 그리고 바다는 삶의 역동성의 상징이며 생과 변화와 재생의 장소이며, 무형의 잠재성과 유형의 현실 간의 덧없는 조건, 죽음과 삶

---

[17] Ad de Vries, *Dictionary of Symbols and Imagery*, North-Holland Publishing Co., 1976, pp. 87~88.

의 동시적 이미지를 표상하는[18] 상징 공간이다. 그리고 모든 흐름의 합일화와 생명의 원천으로서의 대모Great Mother, 여성적인 것, 생명의 모태, 생명의 원천이면서 동시에 사자의 돌아갈 고향이기도 하다.

인민 군대로서 전쟁 속에 뛰어든 이명준은 온갖 파괴와 살육을 경험할 뿐 아니라 광적인 가해자로서의 경험에 지친 나머지 전쟁에 대한 극도의 혐오에 빠진 가운데, 낙동강 전선 가까이서 자기만의 밀실이 되는 동굴을 발견하고, 수시로 전장을 이탈함으로써 '거창한 죽임의 마당'과 무기에의 결별을 고하면서 동굴로의 탈출에 침잠한다. 그가 숨어드는 이 동굴은 '거창한 죽임의 마당' '전차와 대포와 사단과 공화국이 피를 흘리는 바깥세상' '기관총 소리' '포 소리' '땅바닥을 씹는 전차의 바퀴 소리' '폭격기 엔진 소리'와 같은 적대적이고 협박적인 전쟁과 문명과 기계의 외부 공간과 요란한 살육 무기들의 음향 공간과는 격절되고 대비되는, 그야말로 안전하고 행복한 비호성Geborgenheit으로서의 내부 공간이며 원초적인 자연의 공간이다. 이 밀실 같은 동굴 공간에 간호병으로서 참전, 해후한 북녘의 애인 은혜를 불러들여 두 사람은 알몸의 적나라한 사랑에 몰입함으로써 '사랑이 있는 공재의 공간'을 이루어간다. 사랑의 힘이 공간을 창조하게 되는 것이다. 사랑의 무제약성이랄까, 두 사람은 이 동굴 안에서 탈출의 반역자로서만 가능한 뜨거운 사랑을 하는 것이다. 「광장」에서의 이명준과 여인과의 사랑의 관계는 남북의 대립적 공간에서 이루어지는 강윤애, 은혜 이렇게 이중 포커스의 사랑으로 이루어지지만, 서사 프로그램에 있어서 북의 은혜와의 사랑이 더 중요성을 지닌다. 이명준과 은혜의 이 동굴에서의 사랑을 두고 천이두는 "그들의 육체는 그 동굴 속에서 작열한다. 상처받은 짐승의 몸부림처럼 그들의 사랑은 애처롭다"[19]고 지적하고 있다. 빈스방거는 "사랑하는

---

[18] Jean Chevalier, Alain Gheerbrant, *A Dictionary of Symbols*, Blackwell, 1994, p. 838.
[19] 천이두, 『한국 소설의 관점』, 문학과지성사, 1983, p. 227.

사람들이 함께 만들어내는 공간은 그들의 고향이다"라고 표현했다. 그렇듯이 「광장」의 작가인 최인훈은 이 동굴의 사랑을 그리면서 이상화의 시 「나의 침실로」의 한 구절인 "사람이 안고 뒹구는 목숨의 꿈이 다르지 않으니"를 인유적으로 차용 표현하고 있다. 그만큼 이명준과 은혜 두 사람의 사랑은 목숨만큼 치열하다. 그래서 사랑은 「광장」의 제2주제이다.

그러나 이렇게 이명준과 은혜가 서로 사랑한 동굴도 그들의 고향 같은 사랑의 공간도 그다지 오랫동안 지속되지는 못한다. '낙동강에 물이 아니라 피가 흘렀다'는 피의 치열하고도 처참한 전쟁은 끝내 잉태한 은혜를 전사케 할 뿐 아니라, 이명준 역시 전쟁포로로 잡히게 한다. 결국 그의 동굴에의 탈출과 사랑은 더 이상 지속되지 못하고 여기에서 끝난다.

이명준의 마지막 탈출인 중립국행마저도 그 일보 직전에서 실패로 끝난다. 적어도 외형적인 측면에 있어서는 출발과는 다른 전복의 구조인 점에서 좌절이며 실패인 것이 사실이다. '푸른 광장'인 바다에 투신하는 자살을 감행함으로써 사실상 현실세계로부터의 사멸로 끝나버린다. 그러나 이는 단순한 죽음이나 좌절이나 자살이라기보다는, 신비한 묵시록적인 탈출로서의 의미를 지니고 있다. 이태동이 이를 두고 "생애 대한 부정이 아니라 긍정"[20]이라 평가한 것도 이 까닭이다.

이명준의 죽음 또는 죽음의 탈출이 전혀 우발적인 돌발 현상인 것처럼 이해될 수도 있으나, 처음부터 그런 예조, 즉 예시적인 징표들이 잠재하고 있다. 그리고 서사의 진행 과정에서도 그러한 필연적인 요인들이 함께 작용하고 있음을 간과해버릴 수 없다. 인도로 항해해 가는 타고르호가 동중국 바다를 지나면서, 이명준은 줄곧 허깨비 또는 헛것, 그림자, 얼굴이 없는 눈의 출몰과 같은 환각에 시달리게 된다. illusion 또는 hallucination인 이 환각은

---

20 이태동, 「나목의 꿈」, 『한국현대소설의 지평』, 민음사, 2005, p. 94.

저지와 인력으로서 마지막까지 이어지면서 중요한 서사적 상징 작용을 일으킨다. 지각의 현상학이라기보다는 환각의 현상학이다. 환각이란 외계로부터 자극을 받지 않아도 자극을 받은 것같이 느끼는 일종의 이상 감각이다. 환시, 환청, 환후, 환미 등이 그것이다. 메를로-퐁티에 의하면 환각은 실제 환경으로부터 분리된 것이며, 지각이 세상에 대해서 열린 상태임에 비해 환각은 폐쇄적이다. 그리고 환각은 지각의 타성을 벗어낸다는 것이다. 이명준은 배를 타고 나서부터 정체 모를 헛것 같은 환영 또는 환각에의 강박 현상에 시달린다. 환각으로서 그를 괴롭히는 헛것과 그림자의 정체가 실은 배를 따라오고 있는 흰 바닷새인 갈매기 두 마리요 이들의 비상이 일으키는 환시 현상임에도 불구하고, 이명준은 처음에는 이를 지각하지 못한 채 그저 두려워하며 방해하고 있는 그림자에 대해서 살의를 느끼기까지 한다.

　이런 환각은 의식의 일탈 현상이기도 하지만, 이명준의 의식 속에 잠재하고 있는 전쟁의 후유증으로서 일종의 심적 대상(트라우마) 현상과 무관하지 않다. 갈매기로 인한 환각의 비중은 원작에서보다 개작으로 옮겨갈수록 더욱 강화되고 징후화된다. 배를 따라오는 흰 갈매기 두 마리는 원작에서부터 연상적인 회상기법으로서의 시간 역전 및 상징적 매개로서의 기능을 하고 있는 것이 사실이다. 흰 빛을 통해서 남북에서 사랑한 강윤애와 은혜를 떠올리게 할 뿐 아니라 서사적인 기억의 역전을 통해서 현재와 과거를 결합시키고 공존케 한다. 그런데 이 두 마리 갈매기(새) 모티프가 '윤애― 은혜'를 위한 표징으로부터 '은혜―사산 태아'로 바뀌면서, 환각의 강세성은 훨씬 드세어진다. 이는 이념 내지 정치 이데올로기적 양극 현상과 연관된 주제의 탈색, 즉 탈이데올로기의 주제화로 전환한 것을 의미하기도 하지만, '은혜― 태아'와 연관된 초현실적인 비전으로서의 환각 현상이 이명준으로 하여금 쉽게 이질적인 중립국으로의 이행을 용인하지 않게 하는 요인이 된다. 사실 환각으로서의 그림자나 헛것은 처음부터 제3국으로 가고 있는 이명준을 감시하고 방해하고 암시하면서 괴롭히고 또 인력으로서 끌어들이고 있기 때문에 살의를 느껴 총을 겨누기도 하지만, 그 그림자인 갈매기가 단지 연상적인 기억의 매개상(像)만이 아니고 바로 은혜나 태아와 일치하는 변신상이자 사자(使者)라는 사실을 받아들이면서부터는 적의의 대상이 아니라 애착의 대상으로 바뀐다. 이명준은 이들 '무덤을 이기고 온 못 잊을 고운 각시'들이 손짓해 부르는 인력을 거부할 수는 없는 것이다. 결국 이명준이 그녀들이 마음껏 날아다니는 푸른 광장인 바다에의 투신을 결행하게 되는 것은, 흰 새들을 통해서 방금 태어난 아기를 한 팔로 보듬고 다른 한 팔로 무덤을 깨뜨리고 하늘 높이 치솟는 은혜——은혜는 잃어버린 자신의 반쪽, 즉 분신이며 자기의 몸이다——와의 사랑으로 되돌아가 마치 몸과 물결이 하나 되듯이 함께 동화하는 신화적 재귀의 행위인 동시에 재생을 위한 탈출이며 이데올로기적인 일체의 과거를 망각의 깊이 속으로 침잠시켜버리는 행위인 것이다. 여기서 간과할 수 없는 것은 배 안에서도 이명준이 특히 선미(船尾)의 공간에 특별히 애착하고 있는 현상은 매우 상징적인 것이다. 전/후 차원vorn-hinten dimension에서 후방은 시간·공간 구조에서 미래보다는 과거에의 방향과 연계되기 때문이다.

  이와 함께 이명준이 바다에 투신해버림으로써 처음에 지향했던 중립국행을 중단하는 데에는 또 다른 하나의 원인이 작용한다. 그것은 홍콩 상륙을 두고 선상에서 벌어졌던 이명준과 동행 석방자들과의 충돌 사건이다. 이 사건을 겪으면서, 움직임을 같이하는 '무리'의 집단 앞에서, 이명준은 '낱'의 개인이 지닌 한계를 절감한다.

  한 사람 한 사람을 따지지 않는, 그 광장에서 움직임은 낱이 아니라 더미로 이루어진다. 이명준도 그 광장에 있다. 그러면서도 거기서 벗어나려고 애쓴다. 살기마저 띤 이 소용돌이가 걱정스러웠기 때문이다.

전체라는 이름으로 협박하고 강요하는 집단 의사에 반하고 대응하였기 때문에 이명준은 그들 무리로부터 비난받고 폭력적인 짓밟힘을 당하고 무릎 꿇기를 강요당한다. 이를 통하여 이전에 경험하였고, 그것 때문에 멀리 벗어나고자 하는 집단주의의 망령을 보면서 이들과 동행하는 길의 의미에 대해 회의하게 된다. 그리고 이와는 달리 이 사건으로 선원들의 반응에서 암시되듯이, 자의적으로 개인을 영웅으로 만들어버리는 행태를 접함으로써, 이런 요인들이 알지 못하는 나라, 아무도 자기를 알 리 없는 먼 나라로 가서 완전히 새로운 사람이 되어 정착하기 위한 이명준의 꿈과 발길을 좌절시키고 묶어버리는 것이다.

그러나 중립국행을 막고 있는 결정적인 요건은 무엇보다도 두 마리 갈매기의 환상적인 상징 기능이다. 이명준은 갈매기에 대한 반응으로 "모든 일이 잘 될 터이었다. 다만 한 가지만 없었다면"이라고 전제하고, 그 한 가지 조건이 바로 "두 마리 새들을 방금까지 알아보지 못한 것"이라고 고백하고 있다. 환각의 정체를 알기 이전에 이명준은 수시로 출몰하는 환각의 그림자나 헛것 및 수직 비상하는 흰 갈매기들에 대해서 다만 섬뜩한 두려움, 방해, 증오 및 살의의 대상으로까지 느낀다. 하지만 결말에서 환청이나 환시, 환각에 의해서 그 두 마리 흰 새를 온몸으로 사랑한 은혜와 그 사산된 딸의 변신이나 혼 또는 분신인 것으로 알아보게 될 뿐 아니라 그들의 몸짓이 자기를 '손짓해 부른다'는 부름의 암시라는 것도 알아보게 된다. 이것은 끊을 수 없는 인연의 밧줄과 사랑의 인력에 대한 환상적인 이끌림의 지각 현상이다.

바다, 그녀들이 마음껏 날아다니는 광장을 명준은 처음 알아본다.

여기서 이명준이 마지막으로 지향해 가야 할 탈출의 귀착점이 인도가 아니고 생명의 근원으로서의 공간인 바다여야 함은 너무

나도 자명해진다. 사랑과 죽음에 대한 신비주의적인 투시법이다. 바다야말로 융합의 원망 공간인 것이다. 김현은 이를 두고 "바다는 단순한 죽음의 장소가 아니라, 자신의 몸을 던져 뿌리를 내려야 할 우주의 자궁이다"[21]라고 지적한다. 풍요성과 번식성이 내재하고 있는 신화·원형론적인 해석 관점이다. 그 바다는 재생의 의인화로서의 새—아니마의 코스모스인 것이다. 그리고 환각의 현상학과 미학이 주제시학으로서 각별히 강조되는 현상은 분단과 한국전쟁이 만들어낸 우리 현대사의 정신증 증상—기억과 망각의 메커니즘으로서의 트라우마—과 결코 무관한 현상이 아니다.

5) 『난장이가 쏘아올린 작은 공』과 달나라 비행

조세희의 『난장이가 쏘아올린 작은 공』은 열두 편의 연작소설이다. 매우 특수하게 작도된 이 연작소설의 각 서사 단위들을 통해서 1970년대 산업화 시대의 빈부 격차와 소외된 도시 근로자의 가난과 아픔을 다각적으로 그린 작품이다. 연재 출판이라는 자본주의의 '문학 생산 양식'과 밀접한 관련성이 있는 이 연작은 반복적이기는 하지만, 현실 사회에 대한 제시의 일관성, 다양성, 확장성을 갖고 있으며, 또 각 이야기들이 상호 병렬성을 갖고 있는 소설 형식이다.

『난장이가 쏘아올린 작은 공』은 짧은 단문장의 문체와 이러한 연작을 유기적인 연속 체계로 하면서 1970년대라는 한 시대의 일상적이며 사회적인 모순에 대해서, 서사의 형태와 주제적 배려를 함께 함으로써 독특한 서사미학뿐만 아니라 고도로 효과적인 정치적 스펙트럼을 발산하고 있는 작품이다. 이 형식미학과 날카롭고 독특한 현실 인식에서부터 『난장이가 쏘아올린 작은 공』은 소설사에서 매우 특이한 존재로 평가되고 있다. 그리고 특히 주목되는 사실은 이들 연작의 주된 인물들이 모두 앉은뱅이나 꼽추 그

---

[21] 김현, 「사랑의 재확인—『광장』 개작에 대하여」, 최인훈, 『광장/구운몽』(1976/2001) 초판 해설. 문학과지성사, p. 321.

리고 난장이와 같은 기형적인 소외 계층 및 구조적 열성의 결손 인간들과 '회색'에 감싸인 가족들의 이야기라는 점이다. 이것은 말할 것도 없이 김병익의 글을 위시한 타당한 해석들에서 지적되고 있듯이, 그들과는 매우 다르거나 대립적인 사람들의 세계 또는 그들을 그렇게 만든 세력인 거인으로 상징되거나, 우성의 가진 자들과의 대립적 세계관[22]을 상정하거나 전제하고 있음을 암시한다.

그런데 이러한 대립의 세계관이나 현상은 사회적 계층과 집단의 한계를 넘어서고 있음을 주목할 수 있다. 공간의 현상학이나 시학에 있어서의 현실 효과와 동화적인 환상 효과가 대립하고 있는 것이 그것이다. 즉 공간 상징의 차원에 있어서 현실적인 공간과 환상적인 공간의 이중적인 공간 포물선이 타자와 나, 감금과 자유 간의 긴장과 함께 공유되면서 이원론적인 대립의 공간 도식을 만들고 있는 것이다.

네번째의 연작이면서 대표 표제가 된 「난장이가 쏘아올린 작은 공」을 대상으로 이 문제를 살펴본다. 여기서 난장이 김불이가 지향하는 공간은 '죽은 땅'인 지상이 아니라 '달나라'이거나 '하늘'이다. 달나라와 하늘이 바로 그의 원망 공간인 것이다.

"그런데, 이게 뭡니까? 뭐가 잘못된 게 분명하죠? 불공평하지 않으세요? 이제 이 죽은 땅을 떠나야 됩니다."
"떠나다니? 어디로?"
"달나라로!"
"얘들아!"
어머니의 불안한 음성이 높아졌다. 〔……〕 나는 방죽가로 나가 공장 하늘을 쳐다보았다. 벽돌 공장의 높은 굴뚝이 눈앞으로 다가왔다. 그 맨 꼭대기에 아버지가 서 있었다. 바로 한 걸음 정도 앞

---

[22] 김병익, 「대립적 세계관의 미학」, 『문학과지성』, 1978; 우찬제, 「대립적 초극미 그 카오스모스의 시학」(1997), 『난장이가 쏘아올린 작은 공』 신판 해설, 문학과지성사, 1997, pp. 277~309.

에 달이 걸려 있었다. 아버지는 피뢰침을 잡고 발을 앞으로 내밀었다. 그 자세로 아버지는 종이비행기를 날렸다.

아버지는 돌아가셨어. 벽돌 공장 굴뚝을 어느 날 알았단다. 〔……〕 우리들은 마당에 서서 하늘을 쳐다보았다. 까만 쇠공이 머리 위 하늘을 일직선으로 가르며 날아갔다. 아버지가 벽돌 공장 굴뚝 위에 서서 손을 들어 보였다.

김불이 일가의 가장인 난장이 김불이가 벽돌 공장의 굴뚝 위에 올라가서 달나라를 향하여 동화 속의 난장이 마술사처럼 종이비행기를 날리고 또 쇠공을 쏘아올리다 끝내 추락하여 죽는 장면을 묘사한 대목이다. 이 김불이는 어른이지만 117센티미터의 극히 작은 신장과 체중 32킬로그램의 왜소한 난장이이다. 그는 마치 귄터 그라스의 소설 『양철북 Die Blechtrommel』의 난쟁이 화자 오스카 마첼라트처럼, 거대한 사회적 위력 앞에서 위축되거나 소외된 개인과 소시민의 표상에 다름 아닌 존재이다. 그가 평생을 통해서 해온 일은 채권 매매, 칼 갈기, 고층 건물 유리 닦기, 펌프 설치하기, 수도 고치기 등이 고작일 정도로 극도의 저임금에 시달리는 단순노동으로 그는 산업사회의 생산·소비 및 분배 구조 하에서 소외된 삶을 살아가는 존재일 뿐이다. 그리고 화자를 그의 자식들—영수, 영호, 영희—로 변주하여 보여주는데, 인쇄소, 철공소, 공원, 부동산의 안내원으로서 살아가는 가족 구성원의 삶 역시 어렵고 곤비하기는 마찬가지다. 공장은 공원들에게 일방적으로 원하기만 하고, 공원들은 탁한 공기와 소음 같은 나쁜 작업 환경에 시달리며 낮은 보수와 여러 형태의 해고 압박에 시달리는 등 노동자들이 겪는 일상의 조건들이 평이하고 사실적인 리얼리즘의 수법에 의해서 핍진성 있게 제시된다. 이를 통해서 빠른 경제 성장과 산업화 과정의 그늘인 빈부 격차와 소외, 그리고 그 상대적 대립항인 거인의 위력이 선명하게 노출된다. 이와 같은 사회적 노출 현상은 여기에만 국한된 것이 아니다. 1970년대 도시 재개발 사업과 관련하여 강제력에 내몰리는 도시 빈곤 지대의 영세 철거민과 이들의 아파트 입주권을 이용하는 탐욕스러운 인간 부류들이 엮어내는 투기 행태가 여실하게 노정되기도 한다.

이러한 소외의 극점에 있다는 현실 지각 때문에, 김불이는—비록 지섭이의 교화에 의한 수동성이 있기는 하지만—죽은 땅인 지상을 떠나서 이계행이라는 원망 공간으로의 탈출을 기획하게 된다. 그래서 대기권 밖 달나라로 가고자 하여 벽돌 공장 굴뚝 위에 올라가서 종이비행기를 날리는 것이다. 어쩌면 동화의 주인공과 같은 유치하기까지 한 이 환상적인 행위는 절박한 백척간두에서 벗어나고자 하는 원망 공간을 향한 일종의 탈출 원망을 투사한다.

이렇듯 난장이 김불이로 하여금 달나라로의 탈출(비상) 원망을 갖게 하는 결정적인 요인은 무엇인가. 그것은 바로 김불이가 살고 있는 현주소인 '낙원구 행복동 46번지의 1839' 주택에 대한 구청장의 철거 계고장 때문이다. 여기서 권력의 두려움이 시사된다. 어떤 형태의 집이든 머물러서 사는 wohnen 집은 바슐라르가 『공간의 시학』에서, 볼노프가 『인간과 공간』에서 천명하고 있듯이, 인간의 생활에 대한 비호 기능을 하는 '방호 가치'로서의 행복한 공간이다.[23] 약간은 아이러니를 함축하고 있는 수사학일지라도, 김불이의 동네와 집 주소가 바로 '낙원구 행복동'이라는 것은 집이나 장소가 갖고 있는 바로 이런 인간 삶에 대한 보안성을 내포하고 있는 것에 다름 아니다. 그렇기 때문에 철거 계고장의 두려운 위엄 앞에서 그런 집을 잃게 되는 김불이는 지상에 절망하고 굴뚝에 올라가서 지상과는 '카운터 월드 counter-world'인 외계와 달이란 지향 공간을 향해서 종이비행기를 날리고 작은 쇠공을 쏘아대고 있는 것이다. 이렇게 종이비행기를 날린다는 것은 일종의 도피주의를 표현하는 한 행태이기도 하지만, 최악의 현실

---

23 Bruno Hillebrand, *Mensch und Rum in Roman: Studien zu Keller, Sifter, Fontaine*, Winkler-Verlag, 1971, p. 36.

적인 고통이 주는 위급함과 절박함을 알리고 상상의 세계로 탈출하고자 하는 원망(바람)을 표현한 것이다. 난장이가 쏘아올리는 '작은 공'도 지상에서 그가 마지막으로 벌이는 요술로서 상징적인 몽상의 의미도 지니고 있지만, 동시에 권력과 거인의 존재 등에 대한 그의 마지막 분노와 저항의 팔매질이라는 상징적 의미를 중층적으로 함께 지니고 있는 것이다. 난장이의 죽음, 즉 고통과 소외로부터의 공중 탈출을 몽상하다 끝내 지상으로 추락사하는 김불이의 비극적 죽음은, 경제 성장의 심층을 가로지르는 그림자와 도시 개발에 따르는 추악한 시대적 탐욕에 대해서 던지는 매우 희한한 커브의 투구이다.

이렇게 『난장이가 쏘아올린 작은 공』은 공간의 현상학이나 시학적 측면에 있어서의 대립을 그 구조적인 기간으로 하고 있다. 즉 지상과 달, 위와 아래의 공간 현상학적 대립, 그리고 현실 효과와 환상 효과를 혼성하고 있는 시학의 대립적인 이중화가 그것이다. 즉 지상의 현실성을 제시함에 있어서는 리얼리즘의 기법을 채택하면서도 지향적인 외계나 현상을 제시할 때는 환상적이고 반리얼리즘적인 카운터 리얼리즘counter-realism의 수법을 구사하고 있다. 비현실적이고 그로테스크한 것이다. 현실 탈출의 몽상은 이렇듯 반리얼리즘적이다. 이처럼 탈출은 현실의 거부이면서 새로운 가치와 상황의 탐색이다. 따라서 문학은 본질적으로 시대나 상황에 따른 모티프를 지속·변이하면서 그 성패와는 상관없이 탈출을 지향하거나 꿈꾸고 있는 것이다.

3. 떠돌이 또는 방랑자 모티프

떠돌이 또는 떠돎의 보편적인 의미는 모험이나 탐색의 찾기를 경험하기 위해서 이 세상에서 쉬지 않고 헤매거나 여행하고 있는 행동 상태나 그런 인간의 인물 개념을 위한 중심 의미이다. 물론

이 떠돌이는 집 없는 상태의 유랑자를 포함할 수도 있다. 그런데 이 떠돌이의 문학적인 전개에 있어서는 기쁨의 경험에 해당하는 떠돎과 고뇌의 경험인 떠돎의 상반 현상이 있다. 세계를 향한 즐거운 편력으로 모든 소망이 충족되는 것이 전자이며, 후자는 강요되는 떠돎인 동시에 정처 없이 헤매는 편력이다. 요컨대 전자는 주인공이 자기 형성과 찾기의 도정에 있는 데 비해서 후자는 죄를 범하여 속죄 과정에 있는 것이다. 이 장의 초점은 특히 전자의 길 가기보다는 후자에 두고 있다.

떠돌이 또는 방랑자 모티프의 두 주요한 양상은 '떠도는 네덜란드인(선장)fliegende Holländer; flying Dutchman'과 '방황하는 유대인wandering Jew'이 있다. 목표 없는 떠돌이의 성격을 지닌 양자는 모두 이른바 '끝없는 편력unendlichen Fahrt'의 모티프로서,[24] 해방을 위한 기본적인 인간의 열망을 표현하기 위해서, 그리고 무절제한 존재에 대한 경로를 표현하기 위해서 쓰여온 것이다. 이러한 끝없는 편력은 어쩌면 인간 영혼의 무한성에 대한 편력과 같은 것인지도 모른다. 목적 없는 방황, 순례자의 편력, 생의 여행과 같은 끝없는 편력의 모티프는 수백 년 동안 문학에서 다양한 변형을 만들어낸다. 한국 현대소설에서 이러한 방랑자로서의 모티프 및 인물상으로서의 두드러진 인물의 입상화가 이루어지고 있는 대표적인 작품은 김동인의 「배따라기」와 이문열의 『사람의 아들』이다.

1) 「배따라기」와 '떠도는 네덜란드인' 모티프

김동인의 단편소설 「배따라기」(1921)를 구성하는 주요 모티프는 형제 갈등·질투·변덕과 함께 방랑 또는 떠돎과 예인(藝人), 방랑자의 모티프 등이다. 특히 작품의 후반부를 차지하는 바다 떠돌기는 이른바 끝없는 편력의 모티프인 '떠도는 네덜란드인'과

---

[24] Manfred Frank, *Die unendliche Fahrt: Die Geschichte des Fliegende Hollanders und verwandter Motive*, Reclam Verlag, 1995, p. 69. ff.

친족 모티프이며, 이의 한국적 또는 김동인적인 변형이다. 사실
「배따라기」의 구조는 회한과 뉘우침이 섞인 방랑과 아주 밀접하게
관련되고 있는 것으로, S. T. 콜리지의 「고수부의 시 The Rime of
the Ancient Mariner」(1798)와 견주어 볼 수 있는, 늙은 수부(水
夫)의 정처 없는 바다 떠돌기와 노래의 이야기로 이루어지고 있
기 때문이다. '떠도는 네덜란드인' 모티프는 신에 항거하면서 제
나름대로 희망봉을 항해하려 함으로써 최후의 심판 때까지 바다
를 떠돌도록 저주받은 네덜란드 선장의 이야기이다.[25] 바그너의
동명의 오페라에서도 제시된 이 모티프는 S. 톰슨의『구비문학의
모티프·색인』(블루밍턴, 1966)에서는 '유령선 선원과 여행자'로
등장하며, 만프레드 프랑크는 이 전설에 5개의 주요한 대표적 변
형[26]이 있다고 지적한다. 이는 우리의 경우, 「날아가는 화란인(和
蘭人)」이란 항목으로『세계고사사전』(1971)에서 다음과 같이 소
개된 바 있다.

    비교적 근대에 이르기까지 선원들은 다음과 같은 이야기를 믿고
있었다. 폭풍이 부는 날 아프리카 남단에 있는 희망봉 근거를 항해
하고 있으면 돛을 가득히 단 구식 범선이 가물거리며 나타나고 때
로는 그 유령선에 탄 이상한 선원으로부터 고국에의 편지를 전해
받은 일도 있다고 한다. 이 유령선 전설은 옛날부터 유럽에 전해
내려오는 것으로 어느 화란인의 배가 폭풍우를 거역하고 항해를 하
려고 했기 때문에(또는 선내에서 살인이 있었기 때문에) 신의 노
여움을 사 영원히 해상을 방황하는 운명을 짊어지게 되었다는 것이
다. 그래서 그 배 자체 또는 선장인 완다뎃켄을 가리켜서 '날아가
는 화란인 flying Dutchman'이라고 부른다. 항해술이 불충분했던
시대에 이러한 전설이 생긴 것은 당연한 노릇이다.[27]

---

25 Horst S. und Ingrid Daemmrich, *Themen und Motive in der Literatur*, Francke, 1987, p. 147. 영문판, p. 116.
26 Manfred Frank, 앞의 책, p. 78. ff.

신에 대한 거역 때문에 네덜란드 선장이 최후의 심판의 날까지 끝없이 바다를 떠돌게 되는 저주를 받듯이,「배따라기」의 주인공인 형은 그의 질투와 변덕 때문에 아내를 죽게 하고, 아우를 떠돌게 한 죄책감 때문에 험한 '운명'의 힘에 이끌려 뱃사람이 된다. 그는 분명히 안주하거나 되돌아갈 고향을 잃고 20년의 세월을 정처도 없이 물길 위에서 끝없이 배따라기를 부르면서 떠도는 방랑자이며 떠돌이 예인(藝人)인 것이다. 그런 점에서 그의 이 떠돎의 이유는 떠도는 네덜란드인(선장)의 신에 대한 배반이나 거역과 같은 죄의 원한의 경우와는 상당히 거리를 두거나 변이된 것이 사실이다.

「배따라기」에서 방랑의 모티프는 액자소설로 이루어진 구조의 도입-내부-종결 액자로 연계되어 제시된다. 먼저 도입 액자의 경우 예조적인 정보에 의해서 제시되는데, 어떤 원의 아내가 자기의 모든 영화를 낡은 신발같이 팽개치고 뱃사람과 정처 없이 물길로 떠났다는 노래에 얽힌 이야기를 전제함으로써 전경화하는 것이다. 여기에다 배따라기를 부르며 떠도는 주인공인 한 늙은 수부와 그의 삶의 내력을 접속시켜서 현실화한다. 고백 형태를 다시 객관 서술로 변형하는 서사법을 택한 내부 이야기가 방랑과 떠돎의 사연으로 제시된다. 특히 20년 또는 그 이상의 이야기된 시간 내지 서술된 시간이 걸린 삶의 경험담이 토로되는 내부 이야기의 후반은, 거의 전적으로 주인공의 방랑의 시간이 급진적인 단축 서사 방법에 의해서 이루어진다. 질투 때문에 아내가 아우와 부정 또는 불륜 관계인 것으로 오해하여 그 결과로 아내를 죽게 하고, 아우마저 행방을 감추어 정처 없이 떠돌게 한다. 이후 주인공의 삶 자체는 죽은 아내와 아우에 대한 죄책감으로 방랑과 추적을 위한 끝도 없는 떠돎으로 이어진다.

27 『세계고사사전』, 동민문화사, 1971, p. 266. '완다뎃켄'으로 표기된 인물은 선장 Van der Deuken임.

그도 마침내 뱃사람이 되어 적으나마 아내를 삼킨 바다와 늘 접근하여 가는 곳마다 아우의 소식을 알아보려고 어떤 배를 타고 물길을 나섰다. 그는 가는 곳마다 아우의 이름과 모습을 말하여 물었으나 아우의 소식을 알 수가 없었다.

이런 주인공의 방랑의 삶을 영유를 출발점으로 하여 연안 바다-해주-강화도-인천 등의 서해 바다를 20년 동안 끝도 없이 떠돌며 이어지는 것이다. 이 20년 동안 형제는 배의 난파로 인한 꿈결 같은 한 번의 만남과 두 번의 만남이 가능할 뻔한 기회를 되풀이하면서 끝없는 방황만 이어갈 뿐이다. 종결 액자에서의 문답에서 이런 목표 부재의 끝없는 방랑 상태가 거듭 확인된다.

"노형의 제수는?"
"모르디요. 이십 년을 영유는 안 가봤으니까요."
"노형은 이제 어디루 갈 테요?"
"것두 모르지요. 정처가 있나요. 바람 부는 대로 몰려댕기디요."

여기에서 암시되고 있듯이, 고향인 영유로의 귀향은 끝없이 유예되어 있고, 바람 부는 대로 물결치는 대로 떠도는 비극적인 운명의 힘에 이끌려 바다 위를 떠도는 삶이 끝도 없이 이어질 뿐이다. 이야말로 신의 저주와 상응하는 운명의 저주이다. 이 끝없는 떠돌이는 어쩌면 인간 영혼의 무한성에의 여행(항해)과 유사할지 모른다. 바그너가 방랑의 모티프를 오페라화하고 있듯이, 김동인은 이 방랑을 '속절없는 애처로움'을 수반하는 '배따라기'의 초월적이고 불멸의 음악을 문학적 모티프로 끌어들여 정한이 실린 일종의 예인소설로 전개하고 있는 것이다. 이처럼 「배따라기」는 떠돎의 서사미학 내지 떠돌이 방랑자의 상을 뚜렷하게 형상화해놓은 작품이다. 이 '떠도는 네덜란드 선장'의 모티프의 변형이 비교문학적인 시각에서 보다 폭넓은 고구가 이루어질 것을 기대해본다.

2) 『사람의 아들』과 '방랑하는 유대인' 모티프

(1) 끝없는 편력의 아하스페루스

이문열의 작품 세계를 이루는 모티프는 다양하다. 탈출, 변신, 도시, 영웅과 반영웅, 가족, 아버지와 부재(不在), 예인(藝人), 고향, 익명성 등이 그의 문학작품에서 긴요한 역할을 하고 있는 모티프나 테마들이다. 여기에 또 하나 큰 비중을 지닌 것이 떠돌이나 길 가기 내지는 이와 긴밀히 연계되는 방랑과 편력의 모티프이다. 3부 연작으로 이루어진 『젊은 날의 초상』에서 「그해 겨울」은 자아 탐구의 생철학과 자연의 우미(優美)와 숭고를 찾는 미학적 성찰을 위한 겨울 여행기로서의 길 가기 작품이다. 길게 이어지는 탐색과 편력의 길 가기와 만남의 구조 짜기로 이루어진 일종의 성장소설이요 형성소설이다. 그뿐이 아니다. 정확히 일종의 '가족 해체사'[28]로 평가되는 그의 장편 『변경』의 제3부는 실은 길 위에 떠도는 방랑의 서사인 것이다. 그래서 제3부의 소제목이 바로 「떠도는 자들의 노래」이며, 그럴 만큼 제3부 전체는 1960년대 전후를 시대적 배경으로 하는 길 가기, 길 찾기와 같은 '떠도는 영혼의 방랑의 궤적'인 것이다. 길·편력·방랑의 모티프는 이문열의 소설 세계에 있어서 매우 중요한 서사적 요소이며 초석이다.

이와 같은 이문열의 방랑 또는 길 위에서의 떠돎에 대한 경사는 이미 그의 출세작 『사람의 아들』(1979/1987)에서 비롯되고 있다. 제3회 '오늘의 작가상'을 수상한 『사람의 아들』은 궁극적으로는 신과 인간 영혼의 무한성을 향한 끝없는 편력을 그린 이야기이다. 이제까지 이미 많은 해석과 평가[29]가 수행되었지만, 천상 지향 대

---

28 김주연, 「아버지 상징과 그 파괴의 서사적 힘」, 『변경』 해설, 문학과지성사, 1998, p. 237.
29 대표적 해설과 평석의 글은 다음과 같다.
  · 곽광수, 「사랑과 배리―기독교적 비극성」, 『사람의 아들』 해설, 민음사, 1981, pp. 282~85.

인간 지향이라는 두 세계의 대비와 종교적인 실천과 초월성의 문제를 대비적으로 다룬 이 작품의 주제학적 관점에서 내가 특히 주목하는 것은 서구 문학의 모티프에서 상당한 비중을 갖고 수백 년 동안 다양하게 거듭 다루어지고 있는 끝없는 편력의 모티프인 '방랑하는 유대인Wandering Jew'의 모티프 또는 '아하스페루스 모티프Ahasverus Motive(또는 Ahasver Motive)'[30]가 이문열에 의해서 적극적이며 현시적으로 한국 문학에서 새롭게 수용·활용되고 있다는 사실이다.

『사람의 아들』은 한 독실한 신학도의 신앙적 회의와 방황, 그리고 죽음을 통해서 사도적 삶에 내재하는 이원성의 갈등 내지 고뇌의 문제를 다룬 작품이다. 그런 점에서 중세의 김만중의 소설 『구운몽』과 그 문학사적 위상을 견주어볼 만한 작품이다. 서사적인 틀 짜기 기법으로서의 액자소설의 형태와 미스터리 소설의 정보 지연과 추적의 서사시학을 함께 융합하면서, 시공이 아주 다른 민요섭과 2천 년 전 옛 전설의 인물 아하스페르츠 등 두 사람을 표리의 주인공으로 하여 한 서사 공간에 공존시키고 있다. 따라서 구도적으로 두 사람의 이야기이며 두 세계의 이야기로 이중화되어 있다. 즉 민요섭은 외부 액자의 주인공이며 내부 이야기의 주인공은 아하스페르츠이다. 민요섭은 처음에는 확고한 신앙과 천재적인 지능을 겸비하였지만, 어느 순간 해방·민중신학 또는 실천신학의 강렬한 현실 구제에 이끌려서 기존의 교회에 거역

- 이남호, 「신의 은총과 인간의 정의」, 『사람의 아들』 개보판 해설, 민음사, 1987, pp. 269~86.
- 서영채, 「소설의 열림, 이야기의 닫힘」, 류철균 엮음, 『작가연구: 이문열』, 살림, 1993, pp. 177~87.
- 김욱동, 「고독한 신성」, 『이문열: 실존주의적 휴머니즘의 문학』, 민음사, 1994, pp. 69~109.
- 이동하, 「예수 부활 문제에 대한 소설적 접근의 몇 가지 유형」, 『한국 소설과 기독교』, 국학자료원, 2003, pp. 91~101.
30 작품 『사람의 아들』에서는 '아하스페르츠'라고 표기하고 있으나, 이글에서는 원명의 표기인 'Ahasverus(Ahasver)'를 따라서 '아하스페루스'로 표기한다. 단 작품의 인용일 경우는 '아하스페르츠'라고 쓴다.

하고 사회의 현실 문제에 관심을 두어 혹은 노동자로서 혹은 의적같이 행동하면서 이탈자로서 새로운 신을 찾아 전국을 방황한다. 이런 새로운 신 찾기의 과정이 자기 자신의 정신적 방황기를 연상시키는 아하스페르츠의 일대기를 내부 이야기로 기록해나가는 것이다. 이렇게 힘들여서 찾고 만든 새로운 신이 결국은 급진적인 행동주의와 결합된 '조악한 형태의 무신론'임을 자각함으로써 교회와 '신의 안'으로 다시 회귀해 돌아오는 민요섭 오디세이를 이루게 된다. 그러나 민요섭은 그를 따르던 과격한 행동주의자이며 자신의 분신이자 고독한 신성(神聖)의 신봉자인 조동팔에게 살해당하고 만다.

그래서 작품은 서사 방법으로서 바로 이 살인 사건을 전제해놓고 이 미결된 살인 사건을 풀어가는 남경호 형사의 수사와 추적에 의해서 그 단서의 실마리가 되는, 즉 민요섭이 써놓은 아하스페르츠의 전기 문서가 발견, 공개되는 이중 삼중의 상감 방법과 서사 층위를 택하고 있다. 그리고 액자화의 형식도, 일반적이고 보편적인 기능인 인증·기연·목적·거리화[31]보다는 안과 밖의 세계와 서사 내용을 대등하게 이중적으로 대비시키고 상응시키는 독특한 구도이다. 그러니까 민요섭과 아하스페르츠가 상대를 통해서 서로를 알게 하는 양날의 수법이다. 보다 정확히 지적하자면 일종의 후상적postfigurative 인물인 민요섭을 위해서, 그가 지향하는 사람의 아들로서의 아하스페르츠를 우의적으로 전상화prefiguration하는 방법이다. 그런데 여기 민요섭을 통해서 제시되는 내부 이야기 형식으로 된 아하스페르츠의 일대기는 실은 작가 이문열에 의해서 이루어진 아하스페루스의 '허구적 변형'[32]이며, 새로운 소설적 형상화임에서 주목되는 서사적 사항이다. 이점 때문에 비록

---

[31] 이재선, 『한국 단편소설 연구』, 일조각, 1975, pp. 122~29.
[32] 이 '허구적 변형'이란 용어는 예수의 상(像)의 문학적인 변형을 살핀 지올코우스키 Theodore Ziolkowski의 *Fictional Transfiguration of Jesus*, Princeton Up, 1972.에서 그 중심 용어를 따온 말이다. '허구적 변형'의 '변형transfiguration'은 '후상postfiguration'과 어원적으로 일치하는 것으로 인식하고 있다. p. 7.

민요섭과 아하스페르츠를 겉과 안 이야기의 주인공으로서 상응적으로 이중화하고 있지만, 보기에 따라서는 아하스페르츠가 주인공으로서의 비중을 더 넓고 무겁게 갖고 있다. 이것은 1987년의 개보(改補)가 주로 아하스페르츠의 편력 서술에 초점을 두고 있는 데다 「쿠아란타리아 서(書)」가 첨가됨으로써 더욱 그렇게 기울어지는 요인이 된 것이다. 사실 아하스페르츠의 내부 이야기가 배제된다면, 『사람의 아들』은 그 깊이를 거의 상실하게 된다. 물론 민요섭 및 조동팔의 액자의 겉 이야기로 제시되는 액자소설로서의 이중 구조가 아니고, 아하스페르츠의 이야기로 단일 소설이 된다면, 그 또한 시대성과 사회성이 없는 종교적 관념소설이나 역사소설이 된다. 이문열은 비상한 문학적 활력과 상상력으로 저주받은 방랑자 아하스페루스 이야기의 원천을 아주 버리지는 않은 채 창의적으로 새롭게 바꾸어버림으로써 다른 차원의 편력자(방랑자)로서 허구적 변형을 이루어낸 것이다.

(2) 아하스페루스 모티프와 허구적 변형

아하스페르츠의 생애는 또다시 그 시대의 기록에서는 찾을 길이 없다. 그의 삶은 온전히 그에 대한 기독교도들의 악의에 충실한 전설에 맡겨져버려 오직 그 뒤집기를 통해서만이 가능해져버린 것이었다.[33]

아하스페르츠의 형적은 터무니없이 왜곡되었다. 인간의 눈에는 슬프고 외롭게만 보이는 그의 기나긴 기다림의 길은 기독교도들의 악의에 힘입어 처형의 날 아침 예수가 내뱉는 저주 때문으로 해석되었으며 그의 모습도 당시의 천한 화공(靴工) 그대로 전해졌다. 기약 없는 예수의 재림을 기다리며 끝없이 이 세상을 떠돈다는 것

---

[33] 이문열, 『사람의 아들』, 민음사, 1987, p. 197.

이었다.[34]

　이 인용의 문맥에서 시사되고 있듯이, 이문열의 작품 『사람의 아들』은 이른바 '뒤집기'를 통해서 왜곡으로 엄폐된 아하스페루스의 생애와 아하스페루스 모티프의 허구적 변형과 의미 전환을 시도하고자 한다. 흔히 '방랑하는 유대인 Wandering Jew' '영원한 유대인 Ewigen Juden' 및 '아하스페르 Ahasver 또는 아하스페루스 Ahasverus'는 흔히 알려지고 있듯이, 전설적인 인물로서 인류 최초의 살인자인 카인과 마찬가지로 형장으로 가는 예수를 모욕하고 휴식을 거부함으로써 영원히 기다리고 방랑하도록 저주받았다는 인물[35]이다. 이 끝없는 방랑자는 최후의 심판 날까지 쉬지 않고 방랑하도록 선고받았기 때문에, 이 지상에서의 불사(不死)라는 가장 무서운 벌을 받고 있으며, 인간의 사랑으로부터 격리되고 주변 모든 것들의 소멸과 재생을 억지로 보게끔 강제되어 있는 상태인 것이다. 그러니까 그는 끝없는 기다림과 방랑을 통해서 예수를 홀대한 그의 죄를 속죄하고 있는 것으로 알려지고 있다. 여기에 대한 이문열의 관점과 해석은 아주 비판적이다. 이는 어디까지나 기독교인들의 악의에 의해서 터무니없이 날조된 것에 지나지 않는다는 것이다. 이것은 아하스페루스의 근원적인 핵심을 찾고 '날조'된 것과는 다른 특성을 부여함으로써 그의 방랑 또는 편력의 성격을 달리 뒤집기로 바꾸어놓겠다는, 새 아하스페루스에의 강한 변형의 의지를 내포하고 있다. 여기서는 방랑이나 방랑의 모티프가 단지 벌과 연관되는 한계가 해체되기도 한다.
　그렇다면 방랑하는 유대인 신화와 아하스페루스 모티프는 서구의 문화와 문학에서 어떻게 전개되었는지, 그 개괄의 역사를 간단히 살펴볼 필요가 있다.

---

34 앞의 책, p. 219.
35 Horst S. Daemmrich · Ingrid Daemmrich, *Themes and Motifs in Western Literature*, Francke Verlag, 1987, pp. 248~49.

방랑하는 유대인 전설의 가장 오래된 기록은 13세기 세인트 올번스 수도원의 베네딕트 수도사인 매튜 패리스Mathew Paris의 「대연대기 *Chronica Majora*」(1259)이다. 여기서 예수를 박해하는 사람은 카르타필루스Cartaphilus이다. 그는 예수의 수난에 관여된 법정 수위로서, 갈보리로 가는 예수의 등을 떠밀어서 빨리 가라고 박대한다. 이에 예수는 그를 뒤돌아보며 말한다. "나는 가고 있다. 그러나 너는 내가 돌아올 때까지 기다리게 될 것이다." 그로 인해서 이 인물은 예수 재림의 날까지 기다리도록 선고 받게 됨으로써 백 년마다 사건이 일어난 그때의 나이로 되돌아가게 된다. 죽음을 잃었기 때문에 삶을 더 이상 잃어버릴 수가 없게 된 것이다. 신에 대한 모욕과 무기의 기다림이라는 두개의 모티프를 내포하고 있는 이 이야기는 후회와 인종의 의미를 가르쳐준다. 그다음은 16세기 말 종교개혁 당시인 1547년 독일 함부르크 교회에 나타난 방랑하는 유대인에 관해서 파울루스 판 아이첸 Paulus van Eitzen이 듣고 이야기한 것을 출간(1744)한 것으로, 구두장이 아하스의 이야기이다. 그가 십자가 처형장으로 가는 예수가 제 집 앞에 머물렀을 때 빨리 가라고 재촉해 내몰며 비웃자, 예수는 그를 돌아보며 말한다. "나는 곧 멈추어 쉬게 될 것이다. 그러나 너는 방랑하게 될 것이다 Ich werde stehen und ruhen, du aber soltst gehen." 세번째는 1774년 브라반트 발라드에 등장하는 방랑하는 유대인 이삭 라케뎀Issac Laquedem의 이야기이다. 이와 같이 13세기에서 18세기에 이르기까지 방랑하는 유대인은 주로 'Cartaphilus' 'Ahasverus' 'Isaac Laquedem' 등 각각 다른 이름으로 그 이야기가 전개된 것이다. 이것이 전사(前史)이다.

18세기 후반에 이르면서 이미지의 결정적인 변화가 일어난다. 방랑하는 유대인은 자신의 열정의 수인인 개인에 의해서 임의의 힘에 대항하는 반역의 내면화를 겪으며 보편화에의 주제가 되는 것이다. 아하스페루스의 방랑은 작가들에게, 저주를 속죄로 바꿀 수 없는 시공을 직면한 모든 인간의 조건을 상징할 수 있는 극적

캔버스를 암시하게끔 된 것이다. 19세기 동안에 후기 낭만적 허무주의와 역사적 유대교 독립의 영향하에 신화에서 출발한 철학적·종교적 문제의 관심이 성장하게 된다. 그래서 '카르타필루스' '아하스페루스' '이삭 라케뎀'은 점증적으로 개인의 경우든 집단의 경우든, 모든 주변적 삶을 상징하게 된다. 그래서 예수 수난극에서 부정적 가치를 구현하는 인물에서 공포와 위안, 양자의 원천인 이야기의 신화적 모호성으로 바뀌어버린다. 의심과 생에의 갈망 사이에서 분열된 인간의 뿌리 없음(불안정)을 암시하기 때문이다. 초기 낭만주의와 더불어 '새로운 아하스페루스'의 상징에 있어서 세 개의 본질적 방향은 신비, 반역, 구원의 베일 벗은 원초적 이미지로 나타나게 되는 것이다.³⁶ 이 상징의 세 방향은 방랑하는 유대인의 신비, 방랑하는 유대인의 반란, 방랑하는 유대인의 구원이다.

한편 뎀리히에 의하면, 아하스페루스는 서구 문학에서 혁명적인 신성 모독자(P. B. Shelley, "The Wandering Jew," 1810, Jean Richepin, *Le Blasphemes* 1884), 경건한 성인(Adalbert von Chamisso, *Neuer Ahasverus* 1825)으로 묘사되기도 하고, 또는 세상에서 재치 있는 사람(Goethe "Ahasverus" 1773, Friedrich Schiller, *Der Geisterseher* 1794, Eugène Sue, *Le Juif Errant* 1846), 악마적으로 무서운 거인(Christian F. Schubart, *Der Wandernde Jude* 1785), 신비하게 출몰하는 국외자, 순간적인 거부의 결과로 영원히 방랑하는 인간의

---

36 이 기술에 참고한 책 및 '방랑하는 유대인' 관련 문헌은 다음과 같다.
- Marie-France Rouart, "The Myth of the Wandering Jew" in Companion to Literary Myths, Heroes and Archetypes, Pierre Brunnel(ed.), Routledge, 1992, pp. 827~29.
- Manfred Frank, Die Unendliche Fahrt: Die Geschichete des Fligenden Hollanders und verwandter Motive, Reclam Verlag, 1995, p. 69~77.
- 세이바인 베어린 구드, 에드워드 하디 엮음, 이길상 옮김, 『중세의 전설』, 현대지성사, 1997, pp. 13~22.
- Geroge K. Anderson, *The Legend of the Wandering Jew*, Providence, 1965.
- Joseph Gaer, *The Legend of the Wandering Jew*, Mentor Book, 1961.
- Gaist Hasan-Raokem and Alan Dundes(eds.), *The Wandering Jew*, Indiana UP, 1986.

상징 Edgar Quinet, Les Tablettes du juif errant[37]으로서 그리고 사려 깊지 않은 죄의 결과에 대한 경고, 예수의 전설적인 지배력에 대한 증인으로 제시됨으로써, 떠돌거나 방랑하는 유대인의 모티프는 매우 다양한 변형을 이루고 있는 것으로 지적한다.

이렇게 서구 문학에서 '새 아하스페루스'에로의 변화가 이루어지고 있듯이, 이문열은 작중의 민요섭을 내세워서 그 나름의 새 아하스페루스로의 변형 내지 이질적인 형상화를 하고 있다. 가장 두드러진 점은 크게 두 가지이다. 그것은 아하스페루스의 방랑 또는 편력이 죄에 대한 벌이 아니라 자신의 새로운 신을 찾기 위한 자의적인 선택에 의해서 이루어진다는 점과, '신의 아들' 예수와 '인간의 아들' 아하스페르츠를 일곱 번씩이나 만나서 서로 논쟁케 하고, 아하스페르츠로 하여금 골고다로 가는 예수에게 "어서 당신의 길을 가시오. 당신은 신의 아들이니 당신의 안식도 신의 나라에서 구하시오. 이곳은 인간의 땅이오"라고 재촉하면서 예수 그리스도를 부정하게 한다는 점이다.

아하스페르츠의 방랑은 유대교의 신에 대한 거부와 새로운 신을 찾으려는 기대의 극적 대결과 변증법에 대한 그 자신의 자의적 선택과 해답으로 요약된다. 그는 유대교의 신에 절망하여 그 신을 버리고 새로운 신을 찾기 위해서 고향을 떠나 이집트, 가나안에서 시작하여 페니키아·소아시아·북시리아·바빌론·페르시아를 거쳐서 인도, 로마에 이른 다음 다시 고향으로 돌아오게 된다. 열여덟 나이에 집을 떠나 서른세 살에 귀향함으로써 10여 년에 걸친 길고긴 이방에서의 방랑이다. 그야말로 끝없는 편력의 모티프인 동시에 인간 영혼의 무한성에로의 편력이다. 아하스페르츠의 방랑은 여기에서 끝나지 않고, 다시 쿠아란타리아 광야로 이어지며 거기서 그는 '위대한 지혜의 영'과 만날 뿐 아니라, 예수 그리스도를 만나게 된다. 이렇게 『사람의 아들』에서 방랑의 모티

---

[37] Horst Daemmrich, Ingrid Daemmrich, 앞의 책, p. 250.

프는 범죄와 연계된 벌의 결과라는 한계를 넘어서 탐색과 앎의 끊임없는 추구의 상징으로서 이어진다. 이것은 오리지널의 전설로부터 방랑의 성격을 완전히 바꾼 것을 의미한다. 이름하여 이문열의 '새 아하스페루스'이다.

그리고 쿠아란타리아 광야에서의 만남 이후, 위경(僞經)에 근거하여 아하스페르츠가 다섯 차례나 예수를 만나서 논쟁하는 것으로 그려지고 있다. 이 논쟁은 종교의 근원인 천상 지향과 인간 지향 간의 대결과 관련되어 있다. 이는 「쿠아란타리아 서」로 연계된다. 예수는 기독교의 초월적인 기본 입장에 근거해 있는 반면에, 아하스페르츠는 그의 회의와 방랑에 근거한 인간 지향의 논리로 예수에 대항해서 공박하고 반항한다. 사람의 아들로 자처하는 아하스페르츠는 예수에게 인간의 죄란 야훼가 만들어낸 "불필요한 관념"에 불과하다고 말하며, 예수를 "자식에 대한 부양 의무를 저버리고 효도만 강요하는 무정한 아버지의 대리인"으로서 비난한다. 이것은 '신의 아들'인 예수 그리스도보다는 '사람의 아들'인 아하스페르츠가 인간에 대해서 더 구원적인 주체의 상(像)으로 형상화되고 있음을 의미한다. 이는 기독교에 대한 적대적인 앤타고니즘이다. 그래서 예수는 이에 대해서 "모든 지상의 가치는 헛된 것이고, 오직 천상의 왕국만이 진정으로 가치 있는 영원한 것"임을 주장한다.

이런 방랑, 예수와의 대결이라는 기독교의 기본 체계 전복과 관련하여 이문열의 이른바 '새 아하스페루스'에서 아하스페르츠는 앞에서의 개괄과 마찬가지로 반항과 불복의 이미지로 나타날 뿐만 아니라, 민중의 동지이자 인간 구원의 상징으로 동일시되고 있다.

이와 같이 『사람의 아들』은 서구 문학의 매우 보편적인 모티프인 '방랑하는 유대인' 또는 아하스페루스 모티프를 새롭게 한국 문학에 끌어들임으로써, 인간 존재의 근원과 그 초월, 신과 인간의 관계, 지상과 천상의 관계에 얽힌 종교적인 이항 대립 또는 이원성의 물음을 문학 영역 속으로 깊숙이 이항시킨 의의를 지니고 있는 작품이다. 이 점 때문에 『사람의 아들』이 지닌 종교학적 측면에서는 물론 충분히 비교문학적인 탐색의 대상이다. 현 단계에서는 도스토예프스키의 『카라마조프가의 형제들』에서 나타나는 '대심문관'과의 대비적 논의들[38]이 이런 시각의 전부이지만, 영원한 방랑자 아하스페루스의 모티프를 중심으로 하여 아하스페루스의 이야기가 어디서 어떻게 이문열의 문학에서 연유하는지 보다 폭넓고 깊고 진지한 연구가 수행될 필요가 있는 것이다.

(3) 전상과 양면성의 구조와 주제

주로 신화론적 비평에서 연유된 것이기는 하지만, '전상 prefiguration'이란 기법이 있다. 보다 넓고 큰 얼개로 주제의 함의를 확장하는 방법이다. 현대적 관점에서 고전 또는 중세 신화를 다시 말하거나 동전의 양면처럼 현대의 이야기가 전통적 신화의 주형에 넣어지기도 한다. 이에 대하여 현대문학에서 돋보이는 기법이 곧 전상이다. 에리히 아우얼바하에 의하면 구약의 인물과 사건은 신약과 그 구원사의 전상이라는 것이다. 그래서 그 고전적 예증의 하나가 구약에서 아브라함이 그의 아들 이삭을 하나님의 제단에 바치는 행위가 곧 신약에서 예수가 십자가에 못 박히는 것의 전상이 되는 것이다.[39] 『사람의 아들』은 바로 이런 동전의 양면 같은 전상과 후상의 구조로 이루어져 있는 작품이다.

남형사의 수사 활동이 전개되는 외연의 큰 틀 속에 포함되어 있는 첫째와 둘째의 내부 이야기들, 즉 민요섭·조동팔의 플롯과 아하스페르츠의 플롯에서 후자는 전자의 전상이며 전상적인 플롯이다. 양자는 비록 시공의 차이가 있지만, 서로가 동전의 양면이다. 즉 두 이야기는 각자가 다 독자성을 지니고 있는 '더블 노블'이지만, 아하스페르츠의 이야기는 민요섭의 일종의 상징적인 자

---

[38] 이 점은 서영채, 김욱동 등의 위의 글에서 제시되어 있다. 『사람의 아들』이 지닌 종교적인 경박성의 문제는 앞의 이동하의 글에서 제시되어 있다.
[39] 이재선 엮음, 『문학주제학이란 무엇인가』, 민음사, 1996, pp. 115~20.

전(自傳)으로서의 성격을 늘 지니고 있다. 민요섭의 삶의 편력과 정신이 아하스페르츠의 일대기 속에 그대로 반영되어 있기 때문이다. 그만큼 아하스페르츠와 민요섭은 많은 일치점을 지니고 있다. 우선 이들은 기존 교회에 반발하여 새로운 신을 찾아 떠도는 방랑의 편력자라는 점이 일치한다. 유대에서 제일가는 '랍비'가 되기를 기대하는 부친의 뜻과는 달리 아하스페르츠가 위대한 섭리의 부름〔召命〕에 이끌려버린 것이다. 양자로 거두어준 토머스 D. 앨런 목사를 따라가지 않는 실천신학자이자 사회개혁 노동운동가인 가가와 도요히코에 이끌려 신학교를 그만두고 노동운동에 가담하는 민요섭의 행적이 일치한다. 대상 아삽의 젊은 아내 사라와 아하스페르츠의 불륜의 사랑과, 두 남매까지 슬하에 둔 교회 장로의 젊은 후처와 민요섭의 불륜 관계가 또한 일치한다. 작품의 외연 틀에서 수사 활동하고 있는 남형사가 민요섭의 노트에 기록된 아하스페르츠의 일대기에 특별한 관심을 갖고 있는 이유도 바로 이런 일치에 있다.

따라서 『사람의 아들』은 전상과 후상을 함께 서사 공간에 공존시킨 형태의 소설이다. 첫째의 이야기인 민요섭·조동팔의 플롯은 이런 관점에서 보면 일종의 후상소설 postfigurative novel[40]이다. 즉 현대의 모델로서 과거가 송환되는 상관론적 기법의 소설이다. 민요섭의 행동 모델인 아하스페르츠의 이야기가 주제적인 병렬로서 초청되는 것이다. 비록 아하스페르츠에 대한 새로운 재평가가 소설의 공간에서 동시적으로 이루어지고 있지만, 그가 영원한 편력의 모티프로서의 전상임은 분명한 것이다.

이로 보아서, 『사람의 아들』에서 중심적이고 주도적인 서사는 민요섭과 조동팔의 이야기이다. 물론 표제에서부터 시작하여 이문열의 '새로운 아하스페르츠'를 만들기 위한 구조 원리에의 편

---

40 Theodore Ziolkowski, "Introduction" in *Thematic Reconsidered*, Frank Trommler (ed.), Rodopi, 1994, p. 6. 및 John J. White, *Mythology in the Modern Novel*, Princeton UP, 1971, pp. 11~14.

중, 액자의 주변이 아하스페르츠의 이야기를 주도적으로 만드는 등 이중 소설로서 보게 하는 서사학적 요인이 없지 않다. 그러나 과거를 끌어오는 것은 현재를 위한 모형으로서의 이용이며, 전통적인 모티프와 테마의 탐구는 현재를 살피기 위한 강력한 인식의 틀을 마련하려는 것이다. 방랑의 모티프인 아하스페루스 모티프를 서사적 기간으로 활용함으로써, 작품의 주제의 깊이와 구조가 보다 확연해진다. 이 점에서 『사람의 아들』은 주제학적으로 보면, '방랑하는 유대인' 또는 '아하스페루스 모티프'를 한국 문학 모티프의 가능성으로서 수용·개편하고 있는 작품인 것이다.

그리고 『사람의 아들』은 구조 원리의 이중성과 함께 그 기능과 시대에 있어서도 시간성과 초시간성의 양면성을 함께 지닌 작품이다. 신과 인간 영혼의 무한성에의 편력이라는 종교의 근원적이고 초월적인 문제와 인간의 비참, 노동 현실이라는 현세적 시대성과 사회성의 문제가 공존하고 있다. 김욱동이 이를 두고 "한편으로는 형이상학적 차원에서 신학적·종교적 문제를 다루면서도, 다른 한편으로는 사회학적 차원에서 당대의 사회적 현실을 다루고 있다"[41]고 적절히 지적한다. 사실 『사람의 아들』은 1970년대의 곤궁한 한국의 사회적 상황과 현실이 역연하게 제시되어 있다. 이는 재론의 여지가 없는 자명한 사실이다. 보다 중요한 사실은 이러한 시대와 사회를 보는 종교의 이중 지각이다. 이것이 민요섭의 길과 조동팔의 길로 상호 병치되면서 날카로운 대립으로 나타나 있다. 사회적 정의의 실천을 위한 실천신학, 민중(해방)신학에 기반하는 이들의 활동은 처음에는 서로가 일치하고 있지만, 그 전개 과정에서 이 관계는 회귀와 행동이라는 두 개의 노선, '신의 안'과 '우리의 신(고독한 신성)'이 대립하는 두 개의 목소리로 분열되어갈 뿐만 아니라, 끝내는 민요섭이 그의 분신인 조동팔의 칼에 찔려 죽는 파국에 이르고 만다. 이것은 온건 보수주의와 종

---

[41] 김욱동, 앞의 책, p. 75.

교의 급진 행동주의의 만성적인 이원론의 반사 현상이기도 하지만, 예수/아하스페르츠, 민요섭/조동팔의 이항 대립에서 암시되듯이, 종교가 현실을 보고 해결하는 방법에 있어서의 이중 지각의 평행선을 특수하게 제시하고 있는 점으로 해석된다. 이런 상감적 삽입과 액자화에 의한 병렬의 서사 구조는 이 시대의 상호 처형의 정치적 상황을 우의화한 근작 『호모 엑세쿠탄스』(2006)로 이어지기도 한다. 그러나 종교문제를 다룸에 있어서 학술논문이 무색할 정도로 수많은 각주에서 보여주는 것처럼 경주된 노력에 비해, 아하스페루스의 전기는 현재도 미진한 점이 없지 않다. 민요섭의 회귀와 아하스페루스의 상태는 상관적으로 병렬되기에는 연계상의 틈이 있기 때문이다. 또 굳이 반기독교적인 관점을 취한 것도 아쉬움으로 남지만, 세계적 모티프를 한국 문학 속에 끌어들여서 자기화하고 있는 점은 긍정적으로 평가될 만한 요소인 것이다.

제16장
타자 · 그로테스크 · 보복
── 이인직과 세기 전환기의 소설

　신소설은 19세기에서 20세기로의 전환기 또는 한말 개화기에 등장한 서사 양식이다. 개항과 근대화를 위한 일련의 정치 · 사회 · 문화적 개혁 및 인쇄술 도입 등 시대 상황적인 변동과 함께 전통적인 기존 소설 양식의 해체와 더불어 근대성과 관련된 새로운 소설 미학의 출현이 이루어지는 계면(界面)에 존재하는 소설이다. 즉 세기의 끝과 다른 한 세기의 시작으로서의 문화적이고 문학적인 패러다임의 변이가 이루어지는 시대의 소설이다.
　따라서 전근대소설의 양상과 근대소설로 전개되는 잠재성을 함께 공유하고 있는 소설이며, 또한 정신사적 측면에 있어서도 타자/자아의 대응 관계에 대한 의식의 외향성과 내향성을 함께 지니기도 한 소설이다. 그리고 이런 신소설은 개화기 시대의 두 주요 서사 양식인 허구적 서사체(허구성)와 경험적 서사체(역사성) 가운데 전자에 해당한다. 이런 신소설은 지각변동과도 같은 가치와 세계 질서의 변동기에 삶의 양식이나 지향이 어떻게 자리 잡아야 하며, 또 당대의 시대적 욕망과 즐거움이 어떤 것인가를 담아내고 있는 문학적 상상력의 그릇인 동시에 사회 문화적 담론의 목소리로서 의의를 지니고 있다.
　이인직은 이와 같은 신소설의 작가 가운데서 가장 빼어나고 선각적인 작가의 한 사람이다. 『혈의 누』를 비롯해서 『은세계』 『귀의 성』 『치악산』 『모란봉』 등 세기말의 빛과 같은 작품을 남김으로써, 세기 전환기의 한국 소설사에 커다란 족적을 남기고 있다.

특히 『혈의 누』와 『은세계』 『귀의 성』은 그의 작품 세계의 진면목을 보여주는 대표적인 작품들이다. 이들 세 작품은 문학주제학적인 측면에 있어서 각각 타자, 그로테스크, 보복 등의 테마와 모티프를 주요한 서사적 구성소로 하고 있다. 그리고 「빈선랑의 일미인」은 그의 대표적 단편이다.

1. 성장과 타자의 현상학 · 바다의 근대성

『혈의 누』(1906)는 국초 이인직이 1906년 7월 22일부터 그해 10월 10일까지 50여 회에 걸쳐서 『만세보(萬歲報)』에 연재 발표한, 최초의 본격적인 신소설이다. 그 이전에도 「일념홍」 「용함옥」 「여영웅」 「명월기연」과 같은 작품들이 대한일보(1904)와 중앙신보(1906) 등 민간 신문에 발표되었지만, 그 서사 방법과 구성 형태 및 제시 방법 등에 있어서 근대소설의 단계에 미치지 못하거나 확인 불능 상태에 있다. 따라서 이 『혈의 누』가 20세기 근대 전환기의 새로운 서사 양식으로서 신소설의 공식적인 출발로서 평가되고 있다. 하편은 2종이 있는데, 그 하나가 1907년 5월 17일부터 6월 1일까지 제국신문에 짧게 연재된 바 있으나 미완으로 중단된 것이 『혈의 누』 하편이며, 다른 하나는 1913년 2월 5일부터 1913년 6월 3일까지 매일신보에 연재한 『모란봉』이 그것이다. 이 역시 미완결 작품이다.

『혈의 누』는 단적으로 표현하면 한 전쟁고아의 여정이며 모험담이다. 전쟁으로 인한 가족 이산 내지 부모와의 이산 결별 과정이면서, 타자와 타자적인 것과의 만남으로 해서 이루어지는 성장 과정의 이야기인 것이다.

청일전쟁(1894)으로 폐허가 된 평양성에서 부모와 떨어지고 총상을 입은 김옥련은 일본군 군의관의 호의와 도움으로 양녀가 되어 일본에서 자라고 교육받게 된다. 그러나 군의관이 전사한 뒤 그 아내인 의모가 변심하자 어찌할 줄 몰라 방황하던 옥련은, 조선 청년 구완서와 만나서 그와 더불어 미국으로 유학을 가게 된다. 거기서 전쟁 통에 헤어졌으나 미리 미국에 유학 와 있던 아버지 김관일과 다시 상봉하게 된다. 뿐만 아니라 옥련은 부친 앞에서 구완서와 당사자 간 자유 선택에 의한 결합 형태로서 약혼을 하게 되며, 평양에 머물고 있던 옥련의 어머니는 행방을 알 수 없던 미국의 딸 옥련으로부터 편지를 받게 된다.

그리고 제국신문에 짧게 연재된 하편 『혈의 누』에서는 옥련의 어머니인 최씨부인이 그의 부친인 최주사와 더불어 남편과 딸이 머물고 있는 '화성돈(워싱턴)'으로 가서 가족 서로가 상봉하고 삼주일간 머물다 귀국하는 여행의 이야기이다. 가족의 이산과 재회는 여기서 끝나게 된다.

『혈의 누』는 해석적 관습에 있어서 종래에는 주로 옥련과 구완서의 개화기적 담론 형태인 토론적인 대화에 초점을 두어서 남녀 개체의 자유 선택에 의한 결혼이나 애정 문화나 여성 교육의 의의와 가치에 대해서 평가한 것이 해석의 중심이 되어왔다. 소설의 문화사에 있어서 남녀간의 자유결혼이나 자유연애관 및 여성 존중은 부권 또는 아버지의 법칙이나 이름이 지배하는 전통 사회로부터의 의식과 행동의 전환을 불러오는 것이라는 점에서 확실히 주목해보아야 할 사항임이 틀림없다. 세기 전환기의 신여성과 새로운 연애·혼인관이 제시되고 있기 때문이다.

그러나 보다 먼저 우리가 주목하게 되는 중요한 사실은 『혈의 누』의 서사적 발단 부위, 즉 시작이 전쟁이라는 참담한 장면에 의해서 전경적으로 제시되고 있는 점이다. 이것은 서사가 전쟁의 절실한 경험과 밀착되고 있음을 암시한다. 이 근대적인 전쟁 장면은 전대 소설이 지니고 있는 제시 방법인 '처음부터 시작하기 ad ovo'를 지양하고 당대의 경험적인 시공성을 근접적으로 제시하고 있다는 점에서 서사학적인 큰 변혁을 의미한다. '가운데서 시작하기 in medias res' 방법이 등장한 것이다. 이것은 담론의 시공과 스토리의 시공이 각각 멀리 격절되어 있지 않음을 뜻하는 것이다.

　　일청전쟁의 총소리는 평양 일경이 떠나가는 듯하더니, 그 총소리가 그치매 사람의 자취는 끊어지고 산과 들에 비린 티끌뿐이라.
　　(일청전쟁의 총소리는 평양 일경이 떠나가는 듯하더니 그 총소리가 그치매 청인의 패한 군사는 추풍에 낙엽같이 흩어지고 일본군사는 물밀듯 서북으로 향하여 가니 그 뒤는 산과 들에 사람 죽은 송장뿐이라.) ─ 만세보

이렇게 소설의 발단이 전경화된다. 이 땅 조선에서 강대 외세인 청국과 일본 양국이 조선의 지배를 목적으로 무력 충돌의 격전을 일으킨 청일전쟁(1894)을 배경으로 하고 있다. 인위적인 재난으로서 가장 비극적이고 치열한 재난인 전쟁은 어떤 전쟁이든 무수한 인명을 살상하고 삶의 근거와 기반을 초토화시키는 폭력이다. 더구나 전쟁 당사국도 아닌 제3의 땅인 조선에서 제3자인 조선 사람의 삶이 고래 싸움에 새우 등 터지는 격으로 외세의 전란에 휩쓸리고 강한 힘의 논리 앞에 희생자가 된다는 것은 참으로 어처구니없는 일이다. 소설의 표제가 『혈의 누』, 즉 피눈물인 이 유도 아마 이를 함축하고 있을 것이다. 전쟁 속에서 남자의 운명은 죽는 것이고, 여자는 운명을 한탄하고, 아이는 특별한 어려움을 겪으며 삶에 적응해간다는 이야기가 있다. 『혈의 누』에서 청일전쟁에 휩쓸린 한 가족의 운명도 이와 그리 다를 바가 없다. 남편과 아내와 딸이 모두 흩어지는 가족 이산의 상태가 되어버리기 때문이다. 이런 가족의 운명은 외세 열강의 힘의 논리에 억압된 약소국 조선의 상황과 현실을 그대로 압축하여 보여준다.

　　……간 곳마다 발에 밟히고 눈에 걸리는 피란군들은 나라의 운수런가…… 땅도 조선 땅이요, 사람도 조선 사람이라…… 우리나

라 사람이 남의 나라 싸움에 이렇게 참혹한 일을 당하는가.

무죄히 죄를 받는 것도 우리나라 사람이요, 무죄한 목숨을 지키지 못하는 것도 우리나라 사람이라.

이처럼 국민의 운명으로서 전쟁이 지닌 자체의 속성과 함께 외국 군대의 군사적 유린과 여기에 짓밟히는 약한 민족의 트라우마와 무력함이 모두 제시되고 있다. 그런데 조선 사람으로 하여금 무고한 희생자를 만드는 이 전쟁은 이 작품에서 양가적 의미를 지니고 있다. 즉 가족에 대한 잔혹과 파괴의 표상이면서 동시에 서사적으로 주인공의 운명 전환의 표상이 되고 있는 점이다. 전쟁은 결과적으로 김관일의 일가가 따로따로 새로운 세상에 길 가기를 하는 계기를 만든다. 전쟁 속에서 청군의 총을 맞았으면 죽었을 여주인공 옥련이 일본군의 총을 맞아 죽지 않고 총상을 입고 부모를 잃는 등 거듭되는 서사적 악화에도 불구하고, 그것이 오히려 일본군의 구출을 받고 일본으로 그리고 미국으로 진출하는 개선의 전이 과정을 밟아가게 된다.

김관일 역시 전쟁을 계기로 현실 체험을 통한 각성에 의해서 미국 유학길을 떠날 뿐 아니라, 그 때문에 이산된 부녀가 미국에서 상봉하게 된다. 전쟁은 이렇게 비극적인 재난이면서도 동시에 운명의 새로운 전기와 변이를 가져다주는 전기로 작용한다. 옥련은 공간적인 확산과 전이로 옮겨가는 유리와 모험 과정을 통해서 20세기에 한국인으로서 생존하기 위해 무엇을 해야 할 것인가를 진지하게 생각하는 인격적인 개체로서, 여성의 사회적 역할을 생각하는 여성으로서 성장해가고 있는 것이다. 이 점에서 서사는 여성 수난 서사에서 일종의 성장소설적 성격으로 변주한다.

그런데 여기서 우리가 결코 간과할 수 없는 것은 세기 전환기에 있어서 이른바 '나/남'의 국제 관계에 대한 의식이나 관점이 강하게 투사되고 있는 점이다. 특히, 이 『혈의 누』를 필두로 하는 이인직의 신소설은 '타자fremde'와 '타자적인 것fremdes'의 현상학이 두드러진다. 이는 타자, 즉 외국에의 반응을 의미하는 것으로서, 외국·외국 사람·외국어·외국 문화를 총체적으로 일컫는다. '나/남(타자)self-other'의 관계 대응에 있어서 『혈의 누』는 '나'에 대한 의식이 비교적 비판적이거나 나약한 데 비해서 '남'에 대한 긍정적인 반응의 강도가 상대적으로 강하게 제시된다.

　우리나라 사람이 제 몸만 위하고 제 욕심만 채우려 하고 남은 죽든지 살든지 나라가 망하든지 흥하든지 제 벼슬만 잘하여 제 살만 찌우면 제일로 아는 사람들이라.
　우리나라 사람들이 짐승같이 제 몸이나 알고 제 계집 제 새끼나 알고 나라를 위하기는 고사하고 나라 재물을 도둑질하여 먹으려고 눈이 벌겋게 뒤집혀서 돌아다니는 것이 다 어려서 학문을 배우지 못한 연고라.

이렇게 서술자나 인물이 공히 개화론자의 입장에서 '나'나 '우리'를 비하·부정하고 비판한다. 자기 개혁과 혁신을 위한 기반으로 이 같은 자아비판이 전제되는 것은 어쩌면 정당할는지도 모른다. 개화운동은 자아—타자의 관계에서 자아비판적 성찰을 할 수 있어야 하기 때문이다. 그래서 구습의 모순을 지적함에서 비판은 역동적일 만큼 두드러지게 나타난다. 그러나 이러한 혹독한 자기 비하와는 달리 『혈의 누』 등은 타자와 타자적인 것의 현상학에 있어서는 너무나 지나칠 만큼 타자 애호 의식xenophilia의 반응이 현저하게 나타나고 있다. 물론 힘을 잃은 청국이나 청군에 대한 강한 타자 혐오 의식xenophobia이 제시되고 있기는 하지만, 일인과 서양인 등 외국인은 주인공들이 불행한 처지에 빠졌을 때 협조하고 보호해주는 선의의 협조자나 증여자의 상으로서 제시된다. 부모를 잃은 여주인공을 구원하여 일본에 가게 한 사람은 일본 군인이거나 군의관이며 그 어머니가 불량자의 겁탈의 위협으로부터 벗어나고 보호를 받는 것도 일본 헌병에 의해서이다. 뿐만 아니라, 구완서와 옥련이 처음 미국에 도착했을 때 학업에 도움을 준 사람은 서양인들이거나 미국에 머무는 청국 개혁당의 강유위(康有爲)이다. 타자와의 만남을 통해서 자아 정립의 진행 과정이 마침내 이루어지는 것으로 인지하고 있다. 이와 같은 타자에의 긍정적 반응은 개화의 긍정적 준거 모형과 문명사회에 대한 강한 의식의 한 결과이다.

신소설에서 이러한 타자 애호 의식과 지향은 주로 유학이라는 형태로 제시되는데, 『혈의 누』에서도 김옥련·김관일·구완서 등의 인물이 모두 외국 유학생이다. 타자 애호는 바깥으로 나가는 의식이며, 타자의 문화를 향한 지향적 투사이며, 이에 바탕하고 있는 유학은 타자에게서 배우고 긍정적 타자에 가까워지는 관계를 통해서 자아를 새롭게 구성하려는 출발 과정으로서 이해된다. '나라 만들기'에의 지향이다. 이것이 여행 또는 선박 여행의 서사로 이루어지는 것이다. 따라서 유학생이 이렇게 많이 등장하는 현상은 우리가 생존하기 위해서는 무엇인가를 해야 한다는 개화에의 욕망이나, 미래에의 비전이 열리고 있는 시대 의식의 반영 현상임에 틀림없다. 그리고 국가의 개념인 '나라'에 대한 의식이 전에 없이 팽창되는 현상도 주목되는 점이다.

그러나 외부의 타자와 타자적인 것을 무조건 부정하거나 침략 세력으로 단정해버리는 것도 문제지만, 여기서는 오히려 타자 애호의 양태가 지나친 나머지 타국인을 선의의 파송자로서만 형상화하는 것이 문제가 된다. 이에 주인공들의 자아는 남의 보호만 받는 지나치게 피동적이고 의타적 의존적인 존재로 나타난다. 이들은 자신의 운명을 스스로 타개하지 못하고 언제나 보호자를 필요로 하는 나약한 존재들로 형상화되고 있다. 이런 의식과 행동이 타자를 긍정적 대상으로만 모형화하고 타자로서의 서구적 가치에 대해서 맹목적인 채택과 집착으로 흐르게 하는 국면이 없지 않다. 이는 패권적인 역할인 타자에 의한 지배와 식민화 시나리오에 거의 맹목적으로 말려들고 동화하는 결과를 초래할 소지가 있는 것이다.

그래서 유학생들이 유학의 여정과 모험을 거쳐서 자기의 땅이나 나라로 돌아오는 자기 귀환 자체는 오디세이의 경우나 수구초심(首丘初心)의 상태와 같이 의의 있는 것이긴 하지만, 정작 미래라는 상상적인 리얼리티에 대한 독자적 비전을 확보하지 못한 비주체적인 이들은 투철한 현실 의식을 갖지 못할 뿐 아니라 일본에 의한 조선의 지배와 개화 정책에 무비판적으로 연루되는 주도적인 역할을 하게 되는 것이다.

여기에서 친일 의식 내지 식민지 지배 정책에의 동조 또는 친화로서의 신소설의 한 면모가 구현되는 것이다. 정치적 문화사적 구분을 위해서 외국이나 타자를 실제와 상관없이—물론 경험해 보지 못하였기 때문이겠지만—지고지선하게 그리고 있는 점은 민족적인 연대성의 기본 코드와는 먼 이향주의를 지향케 하는 근거가 된 것이다. 이것은 개화의 당위성을 넘어서 개화 지상주의에 지나치게 이끌린 결과이다.

『혈의 누』는 물론 우연성의 원리와 꿈의 미래 예시성 같은 전근대적 서사 방법을 청산하지 못한 부분도 있으나, 그럼에도 서사 체계에 있어서 시간성·공간성·인과성이 근대소설의 양상을 지니고 있음을 시학적으로 간과해버릴 수 없다. 그리고 공과는 있지만, 근대적 시계시간의 구조·타자와의 만남을 통해서 근대 또는 근대성에 대한 지향을 제시한 점도 또한 그러하다.

『혈의 누』에 있어서 우리가 놓치고 있는 또 하나의 현상은 바로 '바다의 근대성 modernity at sea'이다. 이른바 '바다의 근대성'은 19세기의 바다 서사를 다룬 세사레 카사리노 Cesare Casarino의 동명의 책(2002)에서 연유하는 용어이다. 20세기는 바다의 시대이다. 우리의 근대 또한 바다와 긴밀하다. 『혈의 누』는 그 상편이나 하편 할 것 없이 특별히 주목되는 것이 '바다'와 '항구'가 서사의 공간적 배경으로서 빈번하게 제시되고 있으며, 이와 연계하여서 해상 교통 운송 형태인 '화륜선(火輪船)'의 항해가 나타난다. 이는 1870년대 이후 '개항(開港)'의 문호 개방과 더불어 나타나게 된 근대적 공간 경험인 항구와 바다의 이질적 공간 위상을 반영하는 새로운 바다 서사이다. 19세기 말과 20세기 초의 바다의 근대성은 곧 개항과 항해에 의한 통상과 여행의 근대성이다.

만리 항해에 살같이 빠른 배가 인천서 떠난 지 나흘 만에 대판에 다다르니, 대판에서 내릴 선객들은 각기 제 행장을 수습하여 삼판에 내려가느라고……

항구에는 배 돛대가 삼대 들어서듯 하고 저잣거리에는 이층 삼층 집이 구름 속에 들어간 듯하고 지네같이 기어가는 기차는 입으로 연기를 확확 뿜으면서 배는 천동지동하듯 구르며 풍우같이 달아난다.

그길로 횡빈(橫濱)까지 가서 배를 타니, 태평양 넓은 물에 마름같이 떠서 화살같이 밤낮없이 달아나는 화륜선(火輪船)같이 삼 주일 만에 상항(桑港)에 이르러 닻을 푸니 이곳부터 미국이라. 조선서 낮이 되면 미국에는 밤이 되고, 미국에서 밤이 되면 조선서는 낮이 되어 주야가 상반되는 별천지라.

상편에 제시된 바다와 배의 장면과 항구의 풍경들이다. 모더니티를 보이는 바다 현상이다. 조선의 전근대에서 근대로의 이행은 '해국도지'와 양선(洋船)의 출몰 등 바다와의 상호 교차나 교섭에 의해서 비롯된다. 바다는 환경적으로 우리의 근대나 근대성의 공간적 축선이다. 그리고 이 바다와 밀접한 삼투적 관계를 지니고 있는 것이 항구이며 화륜선 또는 기선이다. 아직 비행기가 출현하지 않았던 시대에 이들을 통해서 외부와 내부의 국제적 접촉, 문명과 경제의 교역, 순항, 여행, 유학이 이루어짐으로써 인식 공간을 확장함은 물론 새로운 근대성이 출현할 수 있는 것이다. 개방 또는 개항이란 바다의 열림이며 항구의 열림이다. 이는 근대성 속도의 징표로서의 동시대의 철도와 기차의 기능과도 상응한다.

서구의 경우에서 보듯이, 바다는 제국주의적 이념의 징후를 담은, 자본주의나 제국주의의 확장을 위한 기능적인 중심 역할을 하기도 하지만, 이질적인 공간과 공간을 상호 연결하고 문화를 실어 나르는 배의 공간이기도 한 것이다.

그리고 열린 항구는 '타방=서양'을 향하고 출발의 출구인 동시에 타자와 타자적인 것이 정박되고 받아들여지는 입구이다. 우리의 개항기 또는 개화기에서 근대성에의 지각은 제국주의의 확장적 시각과는 정반대로 항구나 배와 관련된 인지와 밀접하게 관련되어 있다.

사실 이 시기에 있어서 해양 세력과 서양의 표상이기도 한 바다의 세계는 유길준의 『서유견문』과 같이 문명개화를 위한 서구와의 접촉이 가능한 중심적인 영역이었다. 그래서 당대의 문학인 신소설의 서사 구조에서 항구와 배가 많이 출현하는데, 이는 이러한 시대적 상황과 구조적인 상동성을 지니고 있다. 주인공인 수많은 해외 유학생이 근대국가를 만들기 위해서 바닷길을 떠나게 된다. 이인직의 작품은 그 본보기가 된다. 『혈의 누』상편에서 주인공인 옥련의 삶의 역정은 타방을 향한 이중적인 항행으로 이어진다. 이 항행에 의해서 그는 문명화될 뿐 아니라 성장하게 된다. 이는 그의 『은세계』에서도 이어진다.

이런 바다와 관련된 항구 및 화륜선의 의미가 보다 현시적으로 제시된 것이 제국신문(1907. 5. 17~6. 1)에 연재된 『혈의 누』의 하편이다. 전통적인 공간성이 아니라 근대 초기적 지도로서의 부산 항구와 항해의 장면이 그려진다.

부산 절영도 밖에 하늘 밑까지 툭 터진 듯한 망망대해에 시커먼 연기를 무럭무럭 일으키며 부산항을 향하고 살같이 들이닫는 것은 화륜선이다. 오륙도·절영도 두 틈으로 두 좁은 어귀로 들어오는

데 반 속력 배질을 하며 화통에는 소리가 하늘 당나기 내려와 우는지, 웅장한 그 소리 한 마디에 부산 초량이 들썩들썩한다. 물건을 들이고 내는 운수회사도 그 화통 소리에 귀를 기울이고 사람을 보내고 받아들이는 여인숙에서도 그 화통 소리에 귀를 기울이는데, 화륜선 닻이 뚝 떨어지며 삼판배가 벌떼같이 드러난다.

　물속에 산이 솟고 산 아래는 물만 있는 해협을 끼고 달아나는 화륜선은 어찌 그리 빠르던지…… 부산항에서 떠나서 대마도·하관·신호·대판을 지내놓고 횡빈으로 들어가는데…… 이 배같이 크고 빠른 것은 다시없으려니 하였더니 그 배는 횡빈에서 닻을 주고 태평양 내왕하는 배를 갈아타니 그 배는 먼저 탔던 배보다 더 크고 빠른 배라…… 타고 앉은 배는 밤낮 쉴 새 없이 달아나는데, 지낸 곳에 보이던 일본 산천은 자라 목 움츠러드는 것처럼 점점 잦아지더니 태평양을 들어서면서 산 명색이라고는 오뚝이만 한 것 하나도 보이지 않고 보이는 것은 물과 하늘뿐이라.

　이렇게 전환기인 개화기의 화륜선 출현과 속도감 있는 항해를 비롯한 항구의 묘사와 재현 양식은 상업자본주의 체재의 환경으로 급격히 터 잡아가고 있는 조선의 근대적 항구의 풍정을 핍진성 있게 전경화한 것이다. 단적으로 바다의 근대성이 가시화되는 증좌이다.

2. 그로테스크한 폭로소설로서의 『은세계』

　소설 『은세계』(1908)는 1905년을 전후한 경험적 현실을 배경으로 하여 작가의 역사적인 시대 구획과 해석에 대한 분기의 도법과 정치적 비판을 투사하고 있는 작품이다. 그래서 그 구조가 패러다임이 서로 다른 신/구 두 세대(부자)와 세계를 대립시킨, 일종의 세대소설 내지 가족사소설 성격을 동시에 지니고 있다. 즉 『은세계』의 서사 내용은 주인공인 최병도 가(家)의 2대에 걸친 가족사의 서술인 것이다. 전반부는 개화 이전 구시대의 부패한 관료들의 압제 아래에 있는 백성들의 무방비한 삶을 제시하고 있으며, 후반부는 전이와 개화를 지향하는 새 시대의 잠재성에 대한 작가의 비전을 다루고 있다.

강원도 강릉 경금마을에 사는 최병도는 개화당의 김옥균을 숭배하는 인물로서, 재산 모으기에 힘써서 가세가 넉넉하다. 이를 안 탐욕스러운 강원 감영의 정감사와 그 장차들이 재물을 긁어 들이려고 아무 죄도 없는 최병도를 붙잡아 고문을 한다. 이에 항거하던 최병도는 끝내 숨지게 되고, 그 아내도 이로 인해서 정신착란 현상에 빠지게 된다. 이것이 아버지 세대인 1대의 이야기이다. 말하자면 전근대 세대의 이야기이다.

후반부는 2세대인 옥순·옥남이가 성장하여 미국 유학을 마치고 돌아오는 아들 세대의 이야기이다.

아버지 부재 상태에서 부친의 지기로서 대리 같은 역할인 김정수의 재산 관리와 보호 아래 성장하면서 부친의 유지대로 남매는 미국 유학을 떠난다. 이들과 함께 후견인으로서 유학을 떠났다가 귀국한 김정수는 아들의 낭비와 허랑한 과오로 인해서 관리하던 재산이 모두 파산하자 번열증으로 죽어버린다. 김정수의 죽음으로 외국 생활에서 생활비가 동결된 사고무친 상태의 옥순 남매는 자살을 기도한다. 그러나 미수로 끝나고 이들의 자살 미수의 신문기사를 접한 한 미국인의 호의와 도움으로, 이들은 학업을 성공적으로 마치고 때맞추어 단행된 고국의 정치 개혁 소식을 들으면서 귀국한다. 자식 남매와 다시 만나게 된 어머니도 드디어 착란 상태에서 정신을 회복하게 된다. 그러나 이튿날 아버지의 명복을 빌기 위해 절에 다녀오던 가족 일행은 도중에 의병들에게 붙잡힌다. 이에 옥남이 천연히 그들 앞에 나서서 설유하려 들자 의병들은 설유사의 심부름꾼으로 오인하고 이들을 잡아가버린다.

아버지는 부패한 관료들에게 붙잡혀가고, 2대의 아들딸들은 의병에게 붙잡히는 셈이다.

이에서 보는 것처럼 『은세계』는 2대의 가족사적인 서사 과정을 통해서 전후(前後) 두 시대의 차이를 대비적으로 그리고 있으며, 이 정치적 지도 그리기를 통해서 완고 시대를 비판하고 개화 또는 근대화에의 지향 효과를 거두려 하고 있다. 근대화의 근저는 철저히 반전통적이기 때문에 옛 시대가 다루어진 전반의 세계는 부정적인 가치인 반면에, 후반에서 주인공들이 지향하고자 하는 바는 가시적으로는 보이지 않으면서 긍정적인 가치로 제시된다.

따라서 『은세계』는 구조상 분열적인 성격을 지니고 있는 소설이다. 사회 비판적 폭로소설로서의 성격을 지니고 있는 전반부는 전통적인 서사 양식의 계보를 이으면서, 문예적으로 묘사의 생동성과 전개의 역동성으로 현실 효과를 충분히 거두고 있다. 그에 비해 후반부는 훈계적이고 과다한 연설적 담론과, 이와는 달리 장면이 배제된 단축적 제시와 이념적인 현시성이 현저함으로써 전체적으로 전후가 서로 어긋난다. 그래서 지양되어야 할 구시대를 제시함에 미학적인 생동성을 지니고 있는 반면에, 지향해야 할 새 시대에의 지각이 오히려 문학으로는 생동감이나 신선함을 보이지 못하는 것이다.

이와 같이 『은세계』는 루쉰(魯迅)이 명명한 중국 청대 말의 이른바 '견책소설(譴責小說)'과 마찬가지로, 부패한 관료들과 사회 체계의 불합리에 대한 비판과 폭로를 제시한 전반부가 문학적으로 훨씬 성공하고 있다. 그것은 폭로에 적합한 판소리풍의 어법과 과장 및 추하게 만들기와 같은 '그로테스크한 폭로 grotesque exposé'라는 미학적 방법에 의해서 표현되기 때문이다. 그러나 그것은 현실을 보고 씀에 있어서 존재하는 방법을 그대로 이용하고 있다기보다는 형태를 바꾸고 있음을 의미한다.

특히 폭로를 위한 시학적인 효과로서 민요를 적지 않게 원용하고 있는 점이 가장 두드러진 현상이다. 서사와 시를 혼성하고 결합시키는 민요의 시학이라고 일컬을 수 있다. 민요는 이름 그대로 민중의 노래로서, 민중들의 삶과 정서, 마음의 상태를 그 속에 내포하고 있음은 물론, 압제에 대한 저항과 항거의 욕구를 이를 통해서 발산하기도 하는 매체이다.

> 내려왔네, 내려왔네 / 불가사리가 내려왔네.
> 무엇 하러 내려왔나 / 쇠 잡아먹으러 내려왔네.

동요와 같은 이 노래에서 쇠를 먹는 불가사리로 매우 그로테스크하게 비속화되고 있는 대상은 말할 것도 없이 백성의 재산을 탐욕스럽게 강탈하는 부패한 강원 감사이다. 그로테스크는 희극적—무서운 요소로 구성된 이접적(離接的) 이미지나 장면 구조이면서 거칠고 변형된 현실의 초상이며, 원용되고 있는 농부가·초부가·상두소리(장송가)로의 전개는 폭로와 비판의 강도와 역동성을 고조시키면서 항거를 위한 연대적인 규합을 유발하는 역할을 한다.

> 순사도는 쇠귀신 / 호방 비장은 구렁이
> 예방 비장은 노랑 수건 / 병방 비장은 소경 불한당
> 공방 비장은 초라니 / 회계 비장은 갈강쇠
> 별실마마는 계집 망나니 / 수청 기생은 불여우

봉건 관료와 그 체계와 연계된 가치와 조직 일체가 그로테스크한 이미지를 통해서 우스꽝스럽게 비속화되거나 강등되어 추하게 만들어진다. 바흐친이 일컫는 '그로테스크 리얼리즘'의 미학화 현상인 것이다.

> 염려되네 염려되네. 박첨지 집 염려되네. 지붕 처마 두둑하고 볏섬이나 쌓였다고 앞뒤 동네 소문났네, 관가 영문에 들어가면 없

는 죄에 걸려들어 톡톡 털고 거지 되리, 여어허 여어허 어여라 상 사디이야.

우리 동네 최 서방님 굳기는 하지마는 그른 일은 없더니라, 베 천이나 하는 죄로 영문에 잡혀가서 형문 맞고 큰 칼 쓰고 옥궁에 갇혀 있어 반년을 못 나오네, 여어허 여어허 어여라 상사디이야.

우리 동무 내 말 듣게. 이 농사를 지어서 먹고 입고 남거든 돈 모을 생각 말고 술 먹고 노름하고 놀대로 놀아보세, 마구 뺏는 이 세상에 부자 되면 경치느니……

이상은 농부가의 몇 구절이다. 이런 노래 속에는 탐학한 관료의 학대에 대한 저항의 감정은 물론이지만, 이른바 내일을 전혀 예측할 수 없으니 그저 '오늘을 즐기자'는 '카르페 디엠carpe diem'의 암담한 정서도 투영되어 있다. 학정이 민중으로 하여금 죄 없이 고통받게 하고 내일 없는 삶 속에서 건실한 삶보다는 술 먹고 노름하고 놀 대로 놀아버리는 퇴폐적인 향락적 삶의 양태를 조장하고 있음을 함축하고 있는 것이다. 나무꾼의 노래와 상두 노래에서는 학정의 대리자인 관리를 '금관자'로 환유화하면서, '강원도 두멧골에 살찐 백성을 다 잡아먹어도 되똥도 아니 누고 뱃병도 없다네'라고 추악하고 사악한 대상으로 과장·변형·강등화하기도 하며 '학정'을 직접적으로 지적하기도 한다.

뿐만 아니라 『은세계』의 전반부는 민중적인 항거를 위한 주도적인 인물로서 '장두(長頭)'를 형상화함으로써 20년대의 경향소설에서의 이른바 '긍정적 인물positive hero'의 전상(前像)을 제시하고, 또 항거자가 항거하다가 끝내는 비극적인 죽음을 맞게 되는 좌절의 종말은 전대 문학과는 구별되는 차별성이기도 하다.

이런 전반부에 비해서 2세대가 다루어진 후반부는 서양으로의 역정의 여행소설 형태와 토론이나 연설의 근대적 담론체로 이루어져 있다. 즉 옥남과 옥순 남매가 미국으로 유학을 떠나는 데서 비롯하여 그 기간 동안에 겪는 곤경과 타자의 원조로 학업을 마치고 나라에 유익한 사업을 하겠다는 포부를 안고 귀국하여서 끝내는 의병을 설유하다가 잡히는 이야기이다. 문명사회나 근대적인 개화사회로 가는 전이적 단계의 세계를 연출하는 부분이다. 그런데 이렇게 개화 및 근대성을 제시하기 위한 문학적인 장면을 지향하려는 이 후반부가 토론적 수사학의 과잉에 의해서 역설적으로 오히려 전반부에 비해 문학적 형상력과 서사적 활력을 지니지 못하고 있다. 이는 작가 스스로가 전혀 경험해보지 못한 이질 공간인 미국의 생활양식이나 장면을 제시하고 묘사하는 데 무지로 인한 어려움이 따르기 때문이며, 문화적·정치적인 식민지 정책과 이어지는 이념적인 미숙성이나 맹목 현상이 노출된 결과이다. 그래서 묘사의 핍진성이 그만큼 떨어지고, 소설의 세계가 모호하고 불확실성을 지닐 수밖에 없는 것이다.

물론 정치적으로 그리고 문화론적으로 전시대의 패러다임으로부터의 전이의 퍼스펙티브를 소설의 새로운 형식을 통해서 시도해본다는 것은 의의 있는 일이다. 그래서 '자아/타자(타국)'를 상정한 가운데, 개화의 모형을 향한 여정이 하나의 이유가 될 수도 있지만, 여기에다 여행(유학)을 통해서 외국으로 떠나는 과정과 다시 자아로 돌아오는 떠남―귀환의 과정을 제시한 자기 회귀의 서사적 경과는 충분히 의미 있는 서사적인 방법임에 틀림이 없다.

그리고 소설의 제시 방법이 연설이나 토론과 같은 당대의 담론 형태를 지니게 된 것 역시 그러한 그 시대의 특유한 사회적인 담론 방법이 그러했던 것을 반영하고 있다는 점에서 이해될 수 있다.

그러나 이미 앞에서도 지적한 것처럼, 이인직의 소설은 '나/남(타자)'의 만남과 그 반응에서 타자의 가치에 대한 맹목적인 채용과 빌붙기 현상이 심하게 드러난다. 물론 '나'를 형성하고 아는 데 있어서 '남'이란 존재의 역할과 기여는 불가결한 것이며 또 바람직한 모형이다. 타자에의 경험을 갖고 받아들임은 그만큼 중요하다. '타산지석(他山之石)'이라고 하듯이, 자신의 가치를 증대함에 있어서는 타자의 부재와 현존이 밀접하게 연계되기 때문이다.

그런데 이인직의 소설에서는 이러한 타자나 타자 애호 양상이 너무 강하여서 지나치게 타자 지향적이기까지 하다. 이것이 바로 그의 소설에서 일종의 고아 의식의 양태로 나타나게 되는 것이다. 이것은 『혈의 누』도 그러하지만, 이 『은세계』에서 옥남 남매의 경우 역시 그러하다. 이들은 고아이기 때문에 언제나 타자(외국인)의 도움이나 보호를 받으면서 피동적으로 살아간다. 그래서 옥련이가 일본인의 도움과 보호를 받고 옥남 남매가 미국인의 도움을 받는데, 이것이 보호자적인 권위상이 되어 이들을 타문화나 타자의 가치에 편향적·맹신적으로 기울어지게 하는 것이다.

이러한 종속적·의존적인 태도로 인해 작품의 말미에서 옥남은 국권의 회복을 위한 의병 투쟁에 나선 민족주의적 세력인 의병들을, 다만 "흉기를 가지고 산야로 출몰하며 인민의 재산을 강탈"하는 시대착오의 난포한 무뢰배들로 비하한다. 작가인 이인직에게 있어서 의병은 타자와 타자적인 것을 무조건 부정하거나 침략 세력으로 간주해버리는, 시대착오적이고 타자 혐오적이며 반사회적인 집단으로 형상화된다. 이렇듯 개화―선진화만을 역설함으로써 결과적으로 그의 근대화를 위한 우호적 타자 지향의 제노필리아는 조선에 대한 일본의 식민지화 전략에 고스란히 이용당하고 휘말려들었던 것이다. 불행하게도 타자성의 간섭, 식민성에 대한 보다 냉철한 인식이 그에게는 결여되어 있었기 때문이다. 이것이 신소설의 대표 작가로서의 영광을 지닌 이인직의 개화 지상주의의 한계이며 비극이기도 하다. 그는 이미 지나가거나 힘을 잃은 내재적 대상에 대해서는 비판력이 강하지만, 살아 있는 현실의 외압 앞에서는 상대적으로 무력함을 드러낸다.

3. 보복의 플롯: 죄와 벌로서의 『귀의 성』

위의 두 작품과는 상당한 이질성을 지니고 있는 것이 복수 모티프 revenge-motif로 구성된 『귀의 성』이다. 『만세보』에 연재된 이 『귀의 성』(1906. 10. 14~1907. 5. 31)은 신소설의 현저한 성격인 이념 지향적인 교화성보다는 흥미 위주의 대중성을 더 많이 함유한 작품으로서, 범죄와 보복의 구조를 서사적 경과의 중심으로 하고 있다. 질투와 음모, 간책과 계략 및 유괴와 잔혹한 살인 행위와 이에 대한 불법적인 보복인 동태복수법(同態復讐法)이 구성의 원리와 요소가 된다. 그럼으로써 법과 정의가 무력해진 어두운 사회의 삶에 대한 현실주의적 관점 및 범죄와 폭력과의 친근성을 지닌 신소설의 흥미 위주인 대중성의 면모를 함께 여실히 보여주는 작품이다.

단적으로 말해서 여성 차별적이고 호색적인 문화인 남권사회 제도가 조성하는 처첩 간의 갈등을 기반으로 하여 거기서 빚어지는 피의 복수담이다. 그래서 발표 당시에 대한매일신보의 논설은 이 작품과 연관하여서 "……즉시모리적 기견으로 위첩변호(爲妾辯護)의 『귀의 성』과 여한 소설을 저하여 사회상의 도덕만 파괴하고……"(1908. 11. 8. 논설)라고 하여 작가를 혹평하기도 하였던 것이다.

춘천 솔개〔松峴〕 동네에 사는 평민 강동지는 돈과 양반 신분에 대한 탐욕스러운 욕망 때문에 자신의 딸인 길순을 춘천 군수 김승지의 첩이 되게 한다. 이런 변칙적인 공여 행위로서의 결혼 관계를 통해서 강동지는 '큰 수'가 나기를 기대한다. 그런데 곧 김승지가 비서승으로 서울로 옮겨가게 되자, 낭패한 강동지는 임신한 딸을 데리고 상경한다. 그러나 질투심이 강한 김승지의 본부인은 첩인 길순(춘천집)을 시기하고 미워하여 비복인 점순이·최춘보 등과 간계로 모의한 나머지, 김승지의 병을 사칭하여 길순과 그 아들 거북이를 산속으로 유인하여 참혹하게 살해한다. 본처의 자기 방어를 위한 불법적인 범죄 행위이다.

한편, 딸의 안부가 궁금한 강동지 내외가 서울로 딸을 보러 찾아왔다가 점순이 등의 수상한 정황과 범죄의 단서를 통해서 딸의 죽음을 알게 되고 이어서 탐정적 탐사 끝에 시체를 확인한 뒤 복수를 계획한다. 범인들을 추적하려고 점쟁이 장판수와 함께 변장하여 그들이 은신한 부산에 나타나 강동지는 최춘보와 점순이를 점술로 유인하면서 차례차례로 죽이고는 다시 상경하여 김승지 부인을 살해한다. 이 행위는 어느 것도 법이나 재판 제도가 개입되지 않은 사적이고 법 외적 응징이다. 동태의 복수를 단행한 강동지 내외는 도망하여 종적을 감추어버리고 만다.

이렇게 폭력적인 잔혹성이 유례없이 제시되는 『귀의 성』은 우선 한국 소설사의 문맥에서 보면 처첩 간의 갈등과 쟁총(爭寵) 모티프를 다루고 있는 중세의 가정 소설 계통과 그 맥락을 같이하고 있는 것이 사실이다. 특히, 결말에 있어서의 원혼의 새소리 "시앗 되지 마라……, 시앗 시앗"은 처첩 문화에 대한 비판적인 관례에 있어서 전대의 처첩 갈등형 소설과 유사성을 지니고 있다. 그러나 그럼에도 불구하고 이전의 처첩 갈등형 소설과는 전혀 이질적인 구조의 독창성과 내용의 특수성을 지니고 있다. 그것은 인물화 과정과 대립 양상에 있어서 처첩 관계의 가치론적 표상인 선악의 도식적인 체계가 오히려 그 역의 전도 관계로 전이되고 있을 뿐만 아니라, 행실이 선하고 착한 길순의 불행하고 비극적인 죽음을 제시함으로써 이른바 권선징악에 대한 서사적 구도에의 강박성에서 벗어나고 있는 것이다. 특히, 악행의 주체와 응징의 대상이 되는 것이 첩이 아니라 양반가 출신의 처(본처)로 상정되고 있는 점은 인성과 사회적 본질에 대한 인식에 있어서 매우 뚜렷한 이동도를 드러내주는 양상이다. 선인이 끝내 행복해지거나 보상을 받는 결말이 아니며 또 개화기 소설에 흔히 나타나는 재판이나 법의 본질적인 정당성의 강조와도 상당히 이질적인 것이다. 여기서는 합법적인 응보로서의 재판 형식이 원천적으로 배제되어 있는 것이다.

『귀의 성』은 물론 일부다처의 전통문화나 사회적 계급 모순에 대한 비판의 시각 내지 양반 지배층에 대한 폭로와 비난을 적지 않게 드러내고 있는 것도 사실이지만, 근대적 대중문화와 연계된 소설의 한 원천으로서의 의미를 더 뚜렷이 하고 있는 작품이다. 범죄소설의 담론이 지니고 있는 인간의 폭력적인 특성의 제시가 너무나 현저하기 때문이다. 오락성을 지향하는 대중소설 내지 대중적 서사는 그 본성에 있어서 사랑이나 이러한 범죄 행위의 제시를 그 중심으로 하는 것이 사실이다.

따라서 『귀의 성』의 서사 구조나 구성 형태는 범죄와 보복 행위로 이루어진다. 즉 그 구성 방식은 A 대(反) B와 B 대(反) A로의 대치(또는 대체)이다. A나 A편이 B에게 범죄나 폭력을 행하는 것이 전제되고 그다음은 역으로 B가 A에 대해서 행하는 응보로서의 동일한 범죄가 이루어지는, 피가 피를 부르는 복수와 응보의 플롯이다.

범죄는 보편적으로 사회적이고 도덕적인 질서로서 상정된 정당성에 대한 도전 행위이며 일탈이다. 첩실 길순이 등장하자 질투심이 강한 김승지 부인은 자기 방어의 한계를 넘어서서 첩의 존재를 원천적으로 제거해버리려 한다. 여기에 돈과 속량(贖良, 신분해방)을 열망하는 점순이가 가담하여 간계와 공모로 '구레나룻'으로 대칭된 최춘보를 하수인으로 끌어들여서 길순이를 죽임과 동시에 그 아들인 거북이까지도 죽이는 잔혹한 유아 살해infanticide를 행한다. 이런 범죄 과정의 전개를 제시하는 대표적인 서사 전략은 은폐(매복)/현시(실행)의 방법이다. 즉 정보를 숨기고 드러내는 방법의 교차로서, 간계의 '소곤소곤' 또는 '수군수군'이 지닌, 구체적으로 무엇인지 알 수 없는 의태적인 정보의 은폐성과 범행의 실행으로 비로소 알 수 있게 되는 것이 그것이다. 그리고 또 다른 방법은 동물을 끌어들이거나 악몽의 전경적인 상징화 내지는 예시의 기능이다.

예컨대 한밤중에 우는 닭을 잡아 죽이는 장면 제시에서는 미래에 일어날 사건에 대한 미래가시적 예시 방법이 작용한다.

부인이 작은돌이를 불러서 우는 암탉을 잡아 없애라 했는데, 본래 김승지가 재미 본다고 묵은 닭 한 쌍을 두었더니 며칠 전에 시골 마름의 집에서 씨암탉으로 앙바틈하고 맵시 좋은 암탉 한 마리를 가져왔는데, 저녁마다 닭이 오를 때면 묵은 암탉이 햇닭을 어찌 몹시 쪼던지 묵은 닭 한 쌍은 나란히 있고 햇닭은 홰 한구석에 가서 따로 떨어져 자더라.

하룻밤에는 부인의 영을 듣고 남종 여비가 초롱불을 들고 우는 닭을 찾으려고 닭의 홰 밑에 가서 기다리고 있는데, 밤중이 다 못되어 묵은 암탉이 깩깩 운다.

부인이 미닫이를 열며,

"이애, 어느 닭이 우느냐?"

계집종들이 일제히 하는 말이,

"고 못된 묵은 닭이 웁니다. 여보 순돌 아버지, 어서 그 닭을 잡아 없애버리시오."

(부인) "이애 그것이 무슨 소리냐. 아무리 날짐승이라도 본래 한 쌍으로 있던 묵은 암탉을 왜 없앴단 말이냐. 고 못된 햇암탉 한 마리가 들어오더니 묵은 암탉이 설워서 우나 보다. 네 그 햇암탉을 지금으로 잡아 내려서 모가지를 비틀어 죽여버려라."

작은 돌이가 햇닭을 잡아 죽이는데 짐승의 소릴지라도 밤중에 닭 잡는 소리같이 쌀쌀한 소리는 없다.

사건의 전조로서의 닭에 대한 이런 반응은 미래에 어떤 사건이 전개되어 나갈 것인지에 대한 예시 기능을 한다. 즉 첩인 춘천집에 대한 적의와 분노는 물론, 배제의 살의와 함께 전개될 살인 사건의 전경화가 이루어지는 것이다. 묵은 암탉은 자신의 분신이며 햇암탉은 춘천집의 분신이 되고 있는 것이다. 이런 동물 상징화로서 까치·까마귀를 원용하기도 한다. 악몽 역시 서사적 예조의 중요 기능을 하고 있다.

이런 범행의 서사는 응보나 벌을 향해서 추동한다. A/B 간의 대결의 상황이 역전하면서 동일한 폭력적인 보복의 행위가 대치되는 단계로 전이하는 것이다. 『귀의 성』의 전편이 범죄의 구성소로 이루어져 있다면, 그 하편은 보복 또는 복수의 구성이다. 그런데 이 복수를 수행시키기까지는 『귀의 성』은 전형적인 범죄소설 또는 탐정소설이나 공안소설(公案小說) 그 자체는 아니지만, 탐정소설(미스터리 소설)의 요소를 적지 않게 원용하고 있다. 범죄의 절대적인 단서가 되는 가락지, 시체의 발견, 그리고 미신을 이용한 범행의 자백과 같은 것이 그 증거이다. 딸의 죽음을 확인한 강동지는 속임수와 모함과 유괴로 범행을 모의하고 실행한 최춘보와 점순이·김승지 부인에 대한 분노와 적의로 앙분하여 마침내 동태의 복수를 감행하게 된다. 점치는 판수를 가짜로 동원하고 변장술을 구사할 뿐 아니라 조력자들의 도움 등으로 부산에 은신하여 있는 최가와 점순이를 차례차례로 유인하여 처참하게 살해한다. 그러고는 다시 서울로 올라와서 주모자인 김승지 부인을 죽임으로써 피의 복수담, 즉 복수의 역동성을 끝내게 되는 것이다.

이와 같이 법이 부재하는 범죄와 동태적 복수를 지배적 구조로 취한 『귀의 성』은 인간관계나 상태가 인성은 본질적으로 악이라는 성악설에 근거하고 있는 듯이, 악행의 행태와 폭력으로 얽혀 있다. 뿐만 아니라 법이나 사회적인 제어의 규범이 영락되거나 황폐해져 있다. 그래서 소설을 만드는 언어나 인물들의 언어 행위 또한 한결같이 폭력적이며 음산하고, 간과 피를 씹고 마시겠다는 정서적인 카니발리즘(식인육)이 노출되면서 엽기적이기까지 하다. 이 때문에 동시대의 언론이 이인직의 작품을 '위첩 변호'나 '사회상의 도덕 파괴'로 비판하였던 것이다.

이러한 폭력적인 구조로 이루어진 『귀의 성』은 처첩 관계로 인한 가정 모순에 대한 고발이라는 점에서도 의의가 있는 것이 사실이지만, 다른 한편으로 절제되지 않은 욕망의 두려움에 대한 서사란 점에서도 주목된다.

『귀의 성』에 등장하는 많은 인물들의 공통점이 있다면, 탐욕스러울 만큼 욕망에 과도하게 이끌리고 있다는 점이다. 강동지의 경우, 그는 무엇인가 보상이나 대가를 바란 나머지 그의 딸인 길순이를 상층 지배계급인 김승지의 첩으로 보낸다. 길순이의 불행과 비극은 양반과 돈을 따르는 아비 강동지의 탐욕스러운 욕망에 근원적인 원인이 있다. 그리고 정식으로 결혼한 아내(본처)를 두고서 권세를 빙자하여 백성의 딸을 첩으로 달라고 요구하는 춘천 군수 김승지의 성적인 탐욕 또한 길순이의 비극을 가져오는 중요한 요인이 된다. 뿐만 아니라, 인물 제시의 관상법에 있어서 전형적인 악인으로 형상화되는 비복인 점순이 역시 재물과 신분 해방으로서의 '속량'을 얻기 위한 그릇된 탐욕 때문에 간악한 간계와 악행의 대리자가 되었다가 마침내는 그 죄로 인해 죽음을 당한다.

　신분 구조에 대한 이중의 감정 구조가 투사된 이 작품에서 주목하게 되는 점은, 엽기적이고 잔혹 취향의 대중 지향적인 재미와 함께 불합리한 전근대적인 제도나 문화에 대한 폭로를 함께 보여준다는 점이다. 『귀의 성』은 부권적이고 남성 위주적인 성향을 청산하지 못하고 있다. 처첩 제도가 일으키는 비극을 보여주면서도, 남자에 의해 결정되는 여성의 존재나 몸에 대한 억압 양상이 상당히 넓게 드리워져 있는 것이다. 그리고 마지막 장면에서 죽음 직전의 김승지 부인에게 강동지가 떠보는 토죄와 부인의 허신(許身)할 듯한 반응은 양반과 정절의 허위를 폭로하는 성격을 지니고 있다.

　끝으로 이인직의 단편 「빈선랑의 일미인」은 1912년 3월 1일 매일신보에 발표된 단편 서사 작품이다. 이인직의 자전적인 삶의 단면이 투사되기도 한 이 작품은 국제 결혼한 부부가 당면한, 기대와는 다른 현실 속 궁지와 절박한 가난의 실상 및 이를 이용하려는 탐욕스럽고 가식적인 우정 등을 매우 현실감 있게 제시하고 있다. 전통적인 전(傳) 형태가 아니라 대화적인 장면으로 시작하며 체감적 현실을 전경화하고 심리적 추이를 드러내는 점에서, 이는 근대적 단편소설의 형성 과정에서 주목해볼 수 있는 작품이다.

이상에서 탐색되는 이인직 소설에서의 긍정과 부정의 양의성을 지닌 타자, 해양세력(서양)과 연계되는 바다의 근대성, 그로테스크, 복수의 테마와 모티프는 동시대의 서사 형태인 신소설이 공통적으로 지니고 있는 문학주제학적 성격이기도 하다. 그리고 이인직 소설에서 한 가지 더 주목하게 되는 사실은 그의 문학의 지지성(地誌性)이 강원도와 깊은 친근성을 지니고 있는 점이다. 이는 이효석이나 김유정 문학의 선행 형태이다.

에필로그
세계화 시대의 문학 연구와 문학주제학

1. 지역성과 세계성의 긴장과 조화

　새로운 세기의 전개와 함께 '세계화' '문화의 세계화' '세계적 혼성화' 등 거의 모든 분야에서 세계화의 담론이 편재되어가는 추세이다. '세계화'는 그 대응 개념인 '지역화'와 충돌 관계인가, 그렇지 않은가. 이제 문화적 지역주의나 민족 중심적 이데올로기의 역사와 경계는 끝장이 나고, 초국가적인 체계에의 지향점을 찾아야 하는 시대가 도래하는 것인가. 세계화란 과연 어떤 지향의 공통성이 있는가. 이런 물음이 제기된다.
　어쨌거나 인문학으로서의 한국 문학 연구나 비평의 현재와 미래도 이런 모호하기조차 한 세계화의 확산 현상과 함께 한국 문학을 세계사적인 '공동의 장'에서 바라보아야 하는 상태에 직면하고 있는 것이 사실이다.
　우리는 '지역적인 것/세계적인 것' 및 '특별한 것/보편적인 것'과의 양자 사이에 존재하는 긴장 속에 자리하고 있다. 지역적 귀속의 내향적 시각을 그대로 고수하느냐, 범지역화의 외향적 시각으로 배려의 영역을 넓혀가는 비교론자가 되느냐 하는 문제에 당면하고 있는 것이다. 그러나 이것은 결코 양자택일의 문제가 아니다. 땅과 하늘을 연계하는 연줄의 역학 관계처럼, 연구의 지역화와 세계화를 긴장감 있게 상호 연계하고 결합시키는 과제가 긴요하기 때문이다. 내재적·역사적 탐색과 외향적·세계적 탐색을 통한 문학의 상호문화적intercultural 대화 내지 비교나 대비에 대한 비평적인 응답이 요구되는 것이다. 이를 위해서 우선 긴요한 것은, 보다 먼저 인문학으로서의 한국 문학 연구가 그 권역 내에 있는 동아시아 문학의 지역적 상호성과 동질성에의 탐구를 수행하면서 이를 기반으로 동서 문학의 비교문학적 대화나 해석학의 시도를 전개하는 것이다.

텍스트 내적으로는 자국 문학에 대한 내재적인 분석과 탐색의 연구를 수행하면서 이와 병행하여 텍스트 맥락상으로는 외향적인 상호 관계의 대비·유추와 비교·연계의 연구를 수행함으로써 한국 문학의 보편성과 특수성을 비로소 밝힐 수 있다. 지역화 연구에의 역동성 없이 세계화가 이루어질 수는 없으며, '세계화'나 보편성에 대한 연계적 이해가 없는 폐쇄적인 지역 지상주의로 치닫는 것은 시대착오적인 문화적 착시 현상에 지나지 않는 것이다. 우리에게 필요한 것은 '세계를 집 안으로 끌어오기와 집을 세계로 끌어가기'라는 균형 있는 시각이다.

이러한 내외 연구 시각의 양면성을 발전적 진취적으로 융합하는 한국 문학과 문화 연구를 가능케 하는 시각의 하나가 바로 새롭게 대두되는 문학주제학 내지 주제비평의 방법인 것이다.

2. 문학주제학적 관점의 양면성

『비교문학의 도전』(1993)을 쓴 클라우디오 기옌은 문학 연구의 제양상을 ① 장르: 장르학genology ② 형태: 형태론morphology, ③ 테마: 주제론thematology ④ 문학 상호 관계: 국제성 inter-nationality ⑤ 사적 배치: 역사학historiology으로 5분화하고 있다. 이 다섯 개의 유형 가운데서 문학의 국제적 상호 관계의 해명 내지 비교시학을 지향하는 것이 비교문학의 영역이다. 모티프와 주제(테마), 그리고 상징의 해석과 관련되는 주제론(학) 또는 주제비평은 반드시 국제성이나 문학의 초국가성과 직결되는 영역만은 아니다. 그러나 주제 연구 역시 비교문학의 한 영역으로서 현저한 위치를 차지하고 있는 것이 사실이다. 뿐만 아니라 이 연구 영역을 선구적으로 이끈 E. 프렌첼의 『세계문학의 모티프』 (1976/80)—54모티프의 문학적 종단 투시—와 『세계문학의 소재(주제)』에서 시사되고 있는 것처럼 '세계문학'이란 국제적인 상호 관계와 비교론에 근거하고 있다. 따라서 문학주제학(주제론)은 문학의 지역성과 세계성을 함께 연계하는 양면적 투시주의에 근거하는 비평과 학문 분야이며, 형태·구조주의로 인해서 한때는 파문되었다가 다시 새롭게 문학 연구로서 복귀'하게 된 것이다. 다시 복귀한 주제학은 이제 급격하게 영역을 확산하고 방법론을 가다듬어가고 있다. 오늘의 문학주제학은 보 페테르슨Bo Pettersson의 지적처럼, 요소 연합의 주제, 모티프에의 초점, 소통적 해석적 양상에서의 초점, 텍스트와 세계와의 상호 관계로서의 주제, 인문주의 주제학, 컴퓨터 콘텐츠 분석, 경험적 주제학 등 7개의 경향으로까지 발전하고 있는 것이다.

　문학주제학 또는 주제비평은 간략히 지적해서 테마(주제)를 위한 읽기에 근거한 문학 연구와 비평의 방법으로서, 특히 작품의 주요 구성소인 테마와 모티프 및 상징의 탐구를 중심 과제로 하는 연구 영역이다. 문학주제학은 장기간의 시대에 걸쳐 있는 주제(테마)나 모티프의 전개를 추적하고, 한 작가나 한 시대의 작품

---

1 이런 현상을 보여주는 근래의 문학주제학 연구서 작업으로서 다음과 같은 대표적인 논저가 있다.
- Theodore Ziolkowski, *Varieties of Literary Thematics*, Princeton UP, 1983.
- Werner Sollors(ed.), *The Return of Thematic Criticism*, Harvard UP, 1993.
- Horst S. Daemmrich & Ingrid G. Daemmrich, *Spirals and Circles*, Peter Lang, 1994.
- Claude Bremond, Joshua Landy, Thomas Pavel(eds.), *Thematics: New Approaches*, SUNY Press, 1995.
- Max Louwerse, Willie Van Peer(eds.), *Thematics: Interdisciplinary Studies*, John Benjamin Publishing Co., 2002.
- Frank Trommler(ed.), *Thematics Reconsidered*, Rodopi, 1995.

에서 특별한 테마와 모티프를 살피면서, 광대한 전통·선택·문학 유산의 창조적 변형에서 작가가 받는 충격을 지적하는 것을 주요한 배려로 한다. 주제학의 결정적 관심은 테마들이 오랜 시간에 걸쳐서 흩어진 상태(산개)로 발생할 수도 있고, 어떤 특정 시기에 집중될 수도 있다는 인식, 이들에 대한 재평가를 유발하는 변화에 대한 작가의 지각이 있을 때, 오랜 기간의 비사용을 거쳐서 재생할 수 있다는 인식에 주목하는 것이다. 그래서 주제적 분석은 시간과 장소에서 멀리 떨어진 작가들에 의해서 씌어진 작품의 성격적 차이는 물론, 진정한 문학적 상수, 의의 있는 모티프의 변형 및 유사성을 보여주기도 하는 것이다. 문학주제학은 반주제적인 정서가 강한 작품 내재적 형태론 비평의 황금기였던 1960년대에는 퇴색하거나 파문 상태였으나, 이제 이러한 파문의 시대는 지나고 문학 연구의 고무적인 방법으로서 새롭게 복귀하고 있는 현실이다. 여기에는 그렇게 되어야 할 필연적인 두 개의 요인이 있다.

첫째, E. 프렌첼, R. 트루송, 조스트, 레빈, T. 지올코우스키, H. 뎀리히와 같은 탁월한 학자들의 출현이다. 이들로 인해서 주제학에 관련된 새로운 이론과 방법론이 숙고되었을 뿐 아니라, 이에 근거한 실제적 연구 성과가 많이 축적될 수 있었던 것이다. 즉 해석적 잠재력과 그 방법의 사상사와의 본질적 부합이다.

둘째, 1980년 이후 주제학과 주제비평을 위한 여러 학술회의 및 콜로키엄의 활발한 전개와 기여이다.

지올코우스키는 문학주제학이 우리 시대의 분편화된 문학 연구를 위한 '역사—미학적 종합'이라고 평가한 트루송의 지적을 넘어서, "문학주제학의 연구는 좁게 맞추어진 목표를 넘어서서 문학작품의 예기치 않았던 차원을 드러낼 수 있다고 믿는다. 시간을 통한 연속성을 강조하면서 오래된 신화와 이미지를 긴급히 현대성으로 연계하여 우리를 경각시킨다. 동시에 이들의 치환을 설명하기 위한 다양한 훈련을 작성함으로써, 어떻게 그 테마와 모티프가 그것들의 영속적인 유혹에 사로잡힌 사회를 넓게 반영하고 또 차례로 형성되는가를 보여준다"고 지적한다.

테마와 모티프는 문학 작품의 기본적인 구성소이다. 이들 테마와 모티프의 배열·분배·반복과 변이는 텍스트 구조의 통합적인 부분인 관계의 복잡한 체계를 형성한다. 테마와 모티프는 한 작가의 텍스트에서뿐만 아니라 당대나 먼 시대의 다른 작품에서도 되풀이되기 때문에, 시간과 지역을 뛰어넘는 문학적 전통을 만든다. 다른 시대와 다른 나라의 작가들이 새로운 패턴을 형성하는 유용한 그물망의 실마리를 파악한다. 이들은 개별 작품을 특성화하지만 역시 오랜 기간에 형성된 모형을 지속시킨다. 그래서 테마와 모티프의 연구는 문학사가나 비평가들에 의해서 예사롭게 서로 연계되지 않던 문학 작품 간의 예기치 못한 상호 관계를 드러내주는 것이다. 지올코우스키는 주제학의 관심 영역을, 모티프·테마 및 이를 넘어서 상징(이미지)으로 확대시킴으로써 문학 도상학을 시도하기도 한다.

그러나 이 '테마'나 '모티프'에 대한 개념은 현재까지도 나라와 개인에 따라 일치되지 않고 상당한 불일치와 편차를 보이고 있다. 시어도어 볼페르스에 의해서 문학 모티프의 재인식과 분류화가 시도되고는 있지만, 주제(테마)는 작품을 통해서 구체적으로 제시되는 추상적인 이념으로서 작품의 근본 사상이나 상징적 이미지로 이해되는가 하면, 트루송에 의하면 그의 '프로메테우스 테마'가 암시하듯 모티프의 개인화, 즉 신화적·역사적인 인격화나 상황, 곧 인물 관련 테마와 상황적 테마로 규정된다. 모티프 역시 '주제 구성의 최소 단위' '서사에서의 최소 요소' 또는 '일반적인 상황'으로 규정된다. 또 혹자는 두 여인 속의 한 남자와 같은 기본적 상황이라 지적한다. 그리고 일차·이차 모티프를 구분하는 경우도 있다.

그러기 때문에 프렌첼의 주제 연구의 6개 전략— ① 선조적 전개(예: 서구 문학에 있어서의 율리시스 테마), ② 시대적 단면

(예: 낭만시의 모티프인 나이팅게일), ③ 국민문학의 한정된 연구(예: 영문학에 있어서의 나폴레옹), ④ 인류학적으로 확장된 연구(예: 신화·문학 및 심리학에 나타난 신성한 아이), ⑤ 개별 작가에 초점을 둔 연구(예: 토마스 만의 작품에 나타난 치아 이미지) ⑥ 시학적 연구(예: 서사시·드라마·오페라에 있어서의 니벨룽겐 테마의 처리) 및 S. 프라워의 주제 5군 ── ① 자연현상(바다)의 문학적 재현, 인간 존재의 근원적 조건(꿈) 및 영속적인 인간 문제, ② 문학과 민속학에서 반복·순환하는 모티프(세 가지 소원, 마술반지), ③ 반복·순환하는 상황(부자 갈등), ④ 사회적·직업적·도덕적 유형(신사·죄인·여행자), ⑤ 신화·전설 또는 문학에서 연유하는 인물(프로메테우스, 지그프리트, 햄릿) 등의 틀은 이 분야 탐색에 대한 기본적 방향과 항목화를 암시하는 의의를 지닙니다. 주제학의 다른 특별한 한 지류로서 바슐라르·풀레·리샤르 등 프랑스의 제네바 스쿨의 주제비평이 포함되기도 한다. G. 풀레는 작품에서 지배적 생각과 문학 형식을 연계하는 것을 주제로 보고 있다. 그래서 특히 시간·공간·원과 같은 보편적 주제에 관심을 둔다. 바슐라르는 '불,' '물,' 리샤르는 말라르메 시의 '묘지,' '빛'의 테마에 주목한다. 서구의 문학주제학이 다루는 테마나 모티프의 항목은 그 대상과 범위가 각각 다음과 같이 넓다. 대표적인 주제학사전에 수록된 목록표들이다.

『세계문학의 모티프』(1976/1980, Elisabeth Frenzel)[2]
  간부의 남편·간통·강간·강요·거지·결투·경쟁·계집종·고등사기꾼·고리대금업자·고상한 야만인·교화된 여자 죄인·구혼 시험·귀염둥이·귀향자·근친상간·기아(棄兒)·기인·꼭두각시·노총각·도둑맞은 아이·독신녀·독재자·독재 정치자와 폭군 살해·동경·동태 복수·두 여자 사이의 한 남자·뒤바뀐 아

---

[2] Elisabeth Frenzel, *Motive der Weltliteratur*, Kröner, 1976.

이·똑똑한 바보·마녀·마법사·매춘부·모반(자)·미지의 혈통 출생·바람직한 섬의 삶·반역·배반자(밀고자)·버려진 여인·복수·부랑자·부자 갈등·불평불만자·비밀 결혼·비방·비방받는 아내·사랑에 빠진 노인·사악한 유혹녀·선보기 여행·손상된 주인의 명예·순교자·순진한 바보·신의 심판·신탁·실연한 여인·실존에서의 도주·아비 죽이기〔殺父〕·아비 찾기·악녀·악마와의 동맹·악한·알려지지 않은 적대자·신부 탈취(약탈혼)·이중 연애·여성 약탈·여성의 순결·여순교자·여자적·예시적 꿈·예언·요부·우울증 환자·우월적 하인·우정 증명·위법자·위선자·유아 살해·유혹자—유혹에 넘어가는 사람·밀애·은자·의식하지 않은 임신·의적·이상향·이주자·이중 자아·염세자·구두쇠(인색한)·예인·잘못된 충고자·놀이꾼·적대적 형제(형제 갈등)·전조적 꿈·조상(影像)에 생명 주기·종(종복)·줏대 없는 매춘부·신의 지상 방문·지옥(지하) 여행·찬탈자·창부·창피당한 지배자·추행·퇴폐·투기업자·하녀·혈통이 원인이 되는 사랑의 갈등·환시·수전노·흡혈귀

프렌첼은 『세계문학의 소재(Stoff der Weltliteratur)』(1962)에서 '아담과 이브' 소재—이는 트루송의 개념으로는 테마—등 모두 350개 항을 포함시키고 있다.

『문학의 주제와 모티프』(1987, Horst S., Ingrid Daemmrich)[3]
가면·마음(가슴)·간통·기로·감방·감옥·갑작스레 발병하거나 죽는 아이·개·개울·거울·거지-동냥질·결투·경계선·경계(숲, 강, 다리 갈등의 교점)·계시·고상한 야만인·고독·고립·고양이·곰·공격·공장주·공포·광기·괴물·구름·권태·그리스도·그림자·근친상간·황금 모피·기로에 선 헤라클레스·기

---

[3] Horst S. Daemmrich, Ingrid G. Daemmrich, *Themen und Motive in der Literatur*, Francke Verlag, 1987.

만(속임)·길·꿈·자아 탐닉·나이팅게일·나폴레옹·낙원·노동·노동자·놀이·눈·다리·다윗·달·대양·대화–침묵·도시·도취·돈 후안(호색한)·동물계(동물상징)·돼지·떠도는 네덜란드인(방랑자)·타아(他我)·로빈슨(섬의 삶)·마법걸기·말〔馬〕·피의 복수(동태복수)·멋쟁이·메데이아·메를린·메피스토펠레스·명예·모르는 친족의 살해·모험·무(無)·묵시·미로(미궁)·바다·밤(어둠)·방랑자(방랑)·배–난파–항구·백조·베케트·변신·변장·별·병(질병)·보헤미안·벌·부자(父子)·불(불꽃)·불안·불합리·빛·사냥·사랑·사탄(악마)·산·삶의 거리·색채·섬·성(城)·삶의 여정(여행)·서광·성배·성숙·성장(발전)의 주제·세계 몰락·소외·손·숲·식인육·실낙원·실업가(상인)·심연·잃어버린 아들·아르고네트·아마겟돈·아브라함·아침·낙원(아카디언)·아하스페루스(영원히 방랑하는 유대인)·악·악마·악어·악한·안개·안티고네·간부의 남편·암흑·야만인·양성인·양탄자·어릿광대·어스름·에로스·엘렉트라·새벽·여우·여행(여로)·연금술·영웅·예술가(예인)·오디세이와 율리시스·오레스트·오르페우스·완전성·오이디푸스·요나·요부(운명적 여인)·욥(수난당하는 자)·용·우물(샘)·골계·우연·우정·원–원운동·유아 살해·유아 제물·유혹녀·은사·의태·이상향·이중 역할·이중 자아·익살 광대·잃어버린 아들·자기 사랑·자기주장·자동 로봇·자살·자아분열·자아실현·자연·자유·자제–자기 부정·잔 다르크·소경·저녁·적대·순응·전쟁·정오(대낮)·정원·제물·제우스·제한–자유·조신·종·죽음·질주하는 말·집·창·체념·침묵·카인과 아벨·탐색·태양·퇴폐·파우스트·판도라·폐허·포위·표장·푸른 꽃·푸른 하늘·풍경·프로메테우스·피그말리온·행운의 여신(운수)·동태 복수·형제 갈등·대학살·홍옥·환각·환경 적응·황혼·권력(힘) 등

문학에 있어서의 테마와 모티프에 대한 연구에 가장 왕성하게 주력하는 뎀리히 부부는 이 책 다음으로『나선과 원 Spirals and Circles』(1994)에서 고전주의와 낭만주의 두 시기의 모티프와 테마를 대비한다.

『문학 주제와 모티프 사전』(1988, Jean-Charles Seigneuret 편)[4]
가족 · 거울 · 겁탈 · 디스토피아 · 결혼 · 묵시 · 고결한 범죄인 · 고상한 야만인 · 곰 · 공포 · 과학 · 괴물 · 괴상한 범죄자 · 그로테스크 · 그리스 로마 문학의 사랑 · 크리스천 · 영웅 · 그림자 · 극적 불합리 · 근친상간 · 기독교 신앙 대 기독교계 · 나비 · 난쟁이 · 내세 · 대화 · 도시 · 돈 · 동굴 · 동성애 · 여성 동성애 · 등산 · 로봇과 컴퓨터 · 르네상스 문학의 예술가 · 르네상스 이후 극의 예술가 시인 · 음식 먹기 · 모반(반역) · 몽마와 마녀 · 무서움 · 문학 속의 문학 · 미국 문학 속의 악한 · 미국 문학에 있어서의 역사 · 미로(미궁) · 바보 · 반지성주의 · 반(反)영웅 · 반유대주의 · 방탕 · 난봉꾼 · 법 · 변명 · 변신 · 부모와 자식(부자) · 불안 · 밀애 · 비트 제너레이션 · 사랑의 삼각형 · 사랑의 죽음(Liebestod) · 사상 · 사자 · 사춘기 · 상형문자 · 선한 마음 팔기 · 성(이성애, 성애) · 성격(이중-분열-복합) · 소설 속의 농민 · 소외 · 속죄양 · 스파이 · 시간 · 신적 후견인 · 실존주의 · 마음의 풍경 · 사이렌 · 아마존(여성 전사) · 아비 찾기 · 이상향(아르카디아) · 악 · 악마 · 악마와의 계약 · 악마적 음악 · 악마적 음악가와 영혼새 · 언어 · 여행 · 역할놀이 · 연금술 · 영웅의 사회적 신분 · 영웅의 탄생 · 영화 · 오이디푸스 콤플렉스 · 외설 취향 · 용 · 우둔(어리석음) · 우울 · 우주 · 우표 수집 · 운 · 웃음 · 대부(大父) · 유토피아 · 유혹 · 은자 · 은행가 · 고리대금업자 · 의상(옷) · 이름과 이름 짓기 · 이성 · 늑대인간 · 인식론 · 일각수 · 자랑 · 자본주의 · 자아 분석 · 자연 · 자웅동체 · 자전적 충동 · 숭고 · 절

---

[4] Jean Charles Seigneuret(ed.), *Dictionary of Literary Themes and Motifs*, Greenwood Press, 1988.

름발이(파행) · 불구 · 죽음과 개인 · 죽음의 춤 · 쥐 · 지도자 · 지옥으로의 하강 · 지하 인간 · 질투 · 책임 · 춤 · 가면 · 탈출 · 탐정 · 탑 · 은퇴(퇴각) · 페미니즘 · 반전 평화주의 · 표장(엠블렘) · 피카레스크 · 허무주의 · 허풍쟁이 · 흡혈귀 · 희극 · 희극인물 · 희비극적 영웅 · 히피 등

이는 진 찰스 세이그너릿이 편집인으로 미국에서 발간한 것으로, 98명의 학자들에 의해서 143개 항목이 다루어진 방대한 사전이다.

문학주제학은 지역성/세계성 지향의 내향성과 외향성의 연구 시각의 양면성을 지니고 있다. 그 밖에도 이와 같은 사서로서, '공기'에서 '황도십이궁'까지 68개 항의 상징과 주제를 다룬 클로드 아지자 등의 『문학의 상징 · 주제사전』(아지자 · 올리비에리 · 스크트릭 공저), 『문학 인물과 유형 사전』[5]이 있다. 이런 주제학이 탐구하는 모티프나 주제 및 상징(이미지)의 항목은 거울 · 변신 · 가족 · 욕망 · 시간 · 의적 · 꿈 · 악 · 사랑 · 돈 · 죽음 · 형제 갈등 등 실로 수많은 항목으로 열거된다. 자폐적 시각을 넘어 열린 국제화 시대에 있어서 한국 문학 연구의 대상이나 방법 모색으로서 한국 문학의 이런 모티프나 테마 및 상징의 항목화 작업을 수행하고 이를 상호 연계하여 지역 간의 상호 동질성과 이질성을 찾고 살피는 작업은 긴요한 과제인 것이다.

테오도르 볼페르스의 「문학 모티프의 인지와 분류」(1993)에서 모티프는 '텍스트 내에서의 작은 의미 있는 구조적 내용 단위'이며 문학작품에서 '도시적 배치의 구체적 연출'이다. 이는 작가의 상상력에 의해서 만들어지기도 하며 전통 속에서 기억되거나 전

---

5 Claude Aziza, Claude Oliviéri, Robert Sctrick, *Dictionnaire des symboles et des themes litteraires*, Fernand Nathan, 1978, 장영수 역, 『문학의 상징 · 주제사전』, 청하, 1989/1997 및 이들 공저자의 *Dictionnaire des types et caracteères littéraires*, Fernand Nathan, 1978.

승되기도 한다. 그리고 텍스트에 전개된 중심 기본 사상인 테마는 텍스트의 형성력이며 텍스트의 주도적 사상이다.[6]

3. 모티프·테마의 모형화와 실천적 케이스 연구

이상의 테마·모티프 목록표에서 보듯, E. 프렌첼의 세계문학의 주제(소재), 모티프 매뉴얼 이래 아지자, 사이드 엘크하뎀 및 H. 뎀리히, 그리고 J. C. 세이그너릿(143개)에 이르기까지 제시된 테마나 모티프의 항목 만으로도 주제비평이나 문학주제학의 대상과 영역은 실로 풍요하고 광대한 것이 사실이다. 문학작품의 기본 구성소인 테마와 모티프를 배제해버린다면, 문학은 텅 빈 집이나 다름없게 되어버릴 정도로 테마와 모티프는 단순한 소재나 소재사 연구의 대상이 아니다. 중요한 구성 원소이며 이야기를 생성하는 구조 원리요 형태적 양상으로부터 출현되는 의미이며 구조적 분모인 것이다. 비록 현재에도 기본 용어인 이 테마/모티프의 명확한 구별이 모호한 것이 사실이지만, 그런 가운데서도 이들 서지에서 작성 제시된 그 항목들만으로도 문학주제학은 문학 연구의 방향에 있어서 새로운 지평과 자극이 아닐 수 없다. 이들 항목들은 문학 연구에 있어서 일종의 광석이며 광맥과 같은 의미 있는 대상들임이 분명한 것이다. 그리고 볼페르스에 의하면 특히 모티프는 근본 모티프(1차), 문학 특별 모티프(2차), 행동(사건) 모티프, 인물 모티프, 의식 모티프, 대상 모티프, 장소 모티프, 시상 모티프 등으로 분류된다.

이를 근거로 하면서 우리 나름의 이론적인 강화와 함께 한국 문학의 테마·모티프·인물·상징 등의 항목을 작성하고 또 이에 대해서 실천적이고 체계적으로 연구를 수행한다는 것은 참으로 바람

---

[6] Theodore Wolfers, Recognizing and Classifying Literary Motifs, Frank Irommler(ed.), *Thematic Reconsidered*, Rodopi, 1995, p. 33, 45.

직한 일이다. 이에 나는 나의 저서인 『한국 문학 주제론』(1989) 및 『현대 한국 소설사』(1991)을 집필하면서부터 한국 문학 특히 현대소설과 관련된 개척적인 작업으로서 다음과 같은 테마·모티프 항목들에 관해서 주목하고 특별한 관심을 가져왔다.

- 한국 현대소설에 있어서의 질병 모티프와 그 은유·상징성
- 한국서사문학에 있어서의 이중 자아 또는 '도플갱어'
- 현대문학에 있어서의 거울 상징과 모티프 — 자아의 거울상
- 한국 문학과 변신 모티프 및 그 전개 양상
- 죽음의 사유와 한국문학사
- 현대문학에 있어서의 길과 공간의 시학
- 모더니즘 문학에 있어서의 권태ennui의 테마
- 현대소설에 제시된 감옥과 자유의 주제학
- 현대소설과 탈출·방랑의 모티프
- 현대소설과 도시의 시학
- 동물 상징으로서의 '시노필리아cynophilia'
- 한국 문학과 사랑의 문화
- 현대소설과 음식 및 식(食)의 상상력
- 한국 문학과 문화에 있어서의 공포(무서움)의 도상학
- 현대문학과 기상 상징
- 한국 소설에서의 정서적 카니발리즘과 보복(범죄성)
- 현대소설에 있어서의 성장(성장소설)
- 한국 문학과 소외Alienation의 테마
- 한국 근현대문학에 있어서의 타자와 타자적인 것
- 한국 문화와 그로테스크의 미학
- 「장끼전」과 '카산드라 신드롬Cassandra Syndrome' — 여성성
- 문학과 회화의 상동 구조 또는 구조적 상동성
- 현대문학과 시간의 구조와 테마
- 현대소설의 여성feminie 주제학
- 수감의 주제학

- 1930년대 소설과 데카당스의 상상력
- 한국 소설과 꿈의 변형
- 부성(父性)의 주제학과 갈등
- 한국전쟁의 모티프 유형과 테마 탐구

 이와 같은 항목들이 바로 나의 관심 항목이다. 모두가 문학주제학이나 주제비평의 대상 영역이다. 이중에서 질병, 이중 자아, 변신, 거울, 방랑, 탈출, 타자, 그로테스크, 보복 등의 모티프와 테마에 대한 실천적 해석으로서의 사례 연구가 바로 이 책의 중심 내용이다.

 특별히 질병의 모티프나 은유 해명에 주력함으로써 20세기 전환기인 개화기에서 오늘에 이르기까지, 천연두(마마), 결핵, 성병(매독, 임질), 암(위암), 나병(한센병), 콜레라(호열자)가 한국 문학작품의 모티프로서 어떤 은유적·상징적인 이미지와 의미를 지니고 있는가를 샌더 L. 길맨의 경우와 같이 질병의 자연적 측면에서 폭넓게 탐색코자 하였다. 그리고 자아의 이중성의 테마 또는 이중 자아Doppelgänger의 모티프 해석으로서 17세기 소설인 김만중의 『구운몽』의 특성과 구조를 밝히고 이의 문학적 후상(後像)이 어떻게 전개되었는가를 현대소설과 연계하여 구명하였다. 그리고 방랑과 탈출의 테마나 모티프의 트래킹에 있어서 서구 문학의 '방랑하는 네덜란드 선장' 및 '방랑하는 유대인'(아하스페루스) 모티프와의 비교문학적인 연계성을 분석하였다. 뿐만 아니라 한국 문학에 있어서 자아의 거울상과 변신 양상을 해석하였으며, 개별적인 작품에 대한 새로 읽기로서의 주제학적 읽기를 통해서 독자적 해석 시각을 분명히 하기도 하였다. 이런 테마와 모티프의 연구는 개별적인 작품에 대한 해석은 물론 일반적으로 서로 군화(群化)될 수 없는 작품들을 서로 연계시킬 수 있었으며, 또 시대와 시공적 차이를 의외로 극복하고 연계할 수도 있었던 것이다. 이런 작업을 실천하면서도, 문학 연구의 내재적 분야인 비유학·서사학 내지 서사시학적 관점을 견지하거나 유념하는 데 있어서 결코 소홀하지 않으려고 노력한 것이다. 사실 이론적 독자성이 아직도 뚜렷이 형성되지 않은 상태에서 문학주제학은 형태·서사·구조·현상학·기호학 이론과의 중개·조정이 긴요하기 때문이다.

4. 문학주제학의 기대

주제학은 문학 자체의 일람표를 제시하는 것이다. 이와 같은 주제·모티프·상징의 목록을 탐색하고 넓혀가는 것은 문학의 학구적 수행에 있어서 본질적인 부문이다. 그렇다면 결론적으로 복권과 함께 새로운 문학 연구와 비평적 실천의 새 방향을 잡아가고 있는 문학주제학의 방법과 시각은 세계화 시대의 한국 문학 연구나 비평에 있어서 어떻게 기여할 수 있으며 또 어떻게 전개해나가야 할 것인가.

① 고전문학과 현대문학을 자체의 내적 연계와 체계 속에서 살피게 하며 지속성과 변화를 투시하는 다양한 문학 특수사의 기술을 가능케 한다.
② 주제학은 문학 자체의 연구이면서 비교문학 연구와 비교민속학, 기타 민속적 기층 문학 연구와도 발생론적으로 직결되어 있기 때문에 가까이로는 동아시아의 문학, 나아가 서구 문학과 비교하고 연계하는 문학의 비교시학적 연계가 필연적인 방법이다. 따라서 한국 문학의 세계화 문제와 가장 밀접히 연관되어 있다. 이를 통해서 한국 문학의 인접 문학 내지 세계문학과의 보편성 및 특수성 파악의 근거가 되며, 또 이를 검증하는 시각이다.
③ 문학주제학의 중심 과제나 근거가 되는 주제(테마)·모티프·상징·이미지 등을 면밀하게 탐색함으로써 작품 해석의 근거

를 삼을 수 있음은 물론 각 시대의 특성과 성격을 파악하고 대비 고찰을 하게 한다.

④ 한국 문학에 대한 주제학적 연구를 활성화하기 위해서는 테마·모티프·상징에 대한 공동 연구가 활발히 전개되어야 하며 인문학 영역의 인접 학문이나 서사학 문화연구 등 인접 문학 연구와 연계하는 학제적 상호 관심 및 상호 작업이 긴요하다.

⑤ 한국 문학을 연구하는 전국 규모의 다수 학자들이 공동 참여하여 주제 사전·모티프 사전·상징 사전과 같은 서지 작성과 사전 편찬 작업을 추진해야 하며, 이에 대한 장기적 학술 지원이 전개되어야 한다.

⑥ 언어학, 역사학, 민속 인류학, 철학사상사 및 심리학, 예술사, 종교사 등 인접 학문과의 비교 연구와 비교시학의 전개는 물론, 주제학에 대한 국제적 학술 교류와 더불어 자체적 이론과 방법론의 천착도 함께 수행 강화되어야 한다.

⑦ 주제학은 막스 루베르스 빌린 반 페어가 편집한 『주제학: 학제적 연구』(2002)의 내용 목차가 암시한 것처럼 7개의 경향[7]을 가질 만큼 다양해지고 있다. 요소 연구 및 해석적 주제학은 물론 미래의 연구를 위해서 다차원화한다. 컴퓨터 주제학computational thematics까지도 등장하고 있다. 컴퓨터 자료에 의한 텍스트 분석으로, 관심을 두어야만 할 영역이다.

이런 서사주제학과 텍스트 및 언어존재론적인 서사시학을 통합하는 시각은 바람직스런 소설 연구와 비평으로 통하는 새로운 패러다임을 위해서 매우 중요한 통로이다.

---

7 보오 패테슨의 『근대 주제학의 일곱 경향과 사례 연구』에서는 주제학의 전개를 (1)요소 결합으로서의 주제, (2)모티프와 불연속성에의 초점, (3)소통적 해석적 양상에의 초점, (4)텍스트와 세계와의 상호 관계로서의 주제, (5)인간주의 주제학, (6)컴퓨터 내용 분석, (7)경험론적 주제학으로 분류·스케치한다. Max Lonwerse, Willie van peer (ed), *Thematics: Interdisciplinary Studies*, John Benjamin Publishing co., 2002, pp. 238~43.

■ 찾아보기(작가―작품)

ㄱ

강경애, 『인간문제』 124
강용준, 「광인일기」 61, 275~79
김교제, 「현미경」 18
김동리, 「까치 소리」 108, 237, 356, 389, 398
――, 「두꺼비」 107~12
――, 「등신불」 221, 237~42
――, 「만자동경」 378~79
――, 「무녀도」 61, 107, 237
――, 「바위」 220, 229~33
――, 「저승새」 346~48
김동인, 「광염 소나타」 49, 51, 57~59
――, 「광화사」 49, 51, 57~61
――, 「배따라기」 59, 415~18
김만중, 『구운몽』 298, 325, 337~39, 420
김영석, 「코」 356, 358~59
김원일, 「도요새에 관한 명상」 346, 350, 352~54
김유정, 「금 따는 콩밭」 140
――, 「금」 140
――, 「노다지」 140
――, 「따라지」 114
――, 「만무방」 113
김정한, 「옥심이」 221, 229~33

ㄴ

나도향, 「벙어리 삼룡이」 61
――, 「피 묻은 편지 몇 쪽」 74, 80
――, 『환희』 62~63, 74~82, 96

ㄷ

도쿠도미 로카, 「불여귀(호도도기스)」 65~67, 72~74

ㅂ

박경리, 『토지』 258~73
박영희, 「월광으로 짠 병실」 80
――, 「이중병자」 62
박태원, 「골목 안」 140
――, 「소설가 구보씨의 일일」 116~43, 334
――, 「악마」 178, 182~91
――, 『천변풍경』 118
백신애, 「광인 일기」 49
보들레르, 『악의 꽃』 53

ㅅ

샌더 L. 길맨, 『질병과 재현』 15, 17, 468
서정주, 「거울 앞에서」 369~70
――, 「문둥이」 220
――, 「화사」 220

선우일, 「두견성」 63~69, 73~74
손장순, 「낮과 밤의 신(神)」 357
심훈, 『상록수』 190
―――, 『직녀성』 178, 190

ㅇ
염상섭, 「너희들은 무엇을 얻었느냐」 57, 63, 81~84, 96
―――, 「만세전」 57, 389~93
―――, 「표본실의 청개구리」 49~57, 62, 324~25
오규원, 「시인 구보씨의 일일」 120
오성수, 「새」 356
오정희, 「동경」 382~83
―――, 「옛 우물」 383
유항림, 「부호」 194, 205~09
윤동주, 「서시」 376
―――, 「참회록」 376
윤흥길, 「장마」 349
이광수, 『무정』 32~36, 46, 155, 324
―――, 「H군을 생각하고」 84
―――, 『재생』 155, 190
―――, 『흙』 155, 190
이기영, 『광산촌』 190
―――, 『대지의 아들』 190
―――, 『동천홍』 190
―――, 『처녀지』 190
이동원, 「염인병환자」 62
이동하, 「새」 346, 350~52
이문열, 「금시조」 61, 346, 354~56
―――, 『변경』 419
―――, 『사람의 아들』 324, 339, 415, 419~23, 425~31
―――, 『젊은 날의 초상』 419
―――, 「호모 엑세쿠탄스」 431
이북명, 「요양원에서」 115
이상, 「12월 12일」 325~26, 337
―――, 「거울」 373
―――, 「공포의 기록」 102
―――, 「날개」 103, 124~28, 325, 346~47, 374, 389, 395~98
―――, 「봉별기」 100~06
―――, 「불행한 계승」 326, 329
―――, 「시 제15호」 374
―――, 「오감도」 327
―――, 「종생기」 326
―――, 「지도의 암실」 325~30, 374
이인직, 「빈선랑의 일미인」 454
―――, 「귀의 성」 432~33, 448~54
―――, 『은세계』 49, 61, 432~33, 441~48
―――, 『혈의 누』 23, 49, 61, 432~42
이청준, 『당신들의 천국』 222, 229, 243~57, 282, 389
―――, 「별을 보여드립니다」 282
―――, 「병신과 머저리」 282
―――, 「섬」 282
―――, 「소문의 벽」 282, 290
―――, 『언어사회학서설』 290
―――, 「이어도」 282
―――, 「잔인한 도시」 356, 389, 398
―――, 「전짓불 앞의 방백―가위 밑 그림의 음화와 양화·2」 280
―――, 「조만득씨 282~87」
―――, 「퇴원」 282
―――, 「황홀한 실종」 282, 287~90
이태준, 「까마귀」 63, 84~88, 96
―――, 「영월영감」 140
이해조, 「구마검」 18, 23~30, 42, 46
―――, 「빈상설」 18
이효석, 「장미 병들다」 155
―――, 『화분』 190

ㅈ

장자(정봉갑), 「掃迷箒」 24
전광용, 「꺼삐딴 리」 356, 359~60
정철, 「사미인곡」 340
조세희, 『난장이가 쏘아올린 작은 공』 360~61, 389, 399, 410~14
조정래, 『아리랑』 158~59
주인석, 「소설가 구보씨의 하루」 120

ㅊ

채만식, 「금의 정열」 140
———, 「당랑의 전설」 159
———, 「미스터 방(方)」 356~58
———, 「역로」 37~38, 46
———, 『탁류』 155~60, 162~77
최명익, 「무성격자」 192~205
———, 「봄과 신작로」 192, 214~18
———, 「비 오는 길」 193
———, 「심문(心紋)」 193
———, 「역설」 193
———, 「폐어인(肺魚人)」 192, 210~14
최서해, 「탈출기」 389, 393~95
최윤, 「문경새재」 389
최인훈, 「광장」 325, 346~50, 381, 389, 399~410
———, 「구운몽」 324, 331~39
———, 「소설가 구보씨의 일일」 120

ㅌ

토마스 만, 『마의 산』 93
———, 『베니스에서의 죽음』 260
———, 『파우스트 박사』 152

ㅍ

플로베르, 『보바리 부인』 53, 168

ㅎ

한설야, 「종두」 46
허균, 『홍길동전』 314
현진건, 「고향」 155
———, 「B사감과 러브레터」 324
———, 「빈처」 204
———, 「사립정신병원장」 49, 62
———, 「운수 좋은 날」 393
———, 「타락자」 178
황석영, 『손님』 37~46
———, 『장길산』 259
———, 「장사의 꿈」 389, 398~99
황순원, 「카인의 후예」 389
———, 「학」 356

■ 찾아보기(인명)

ㄱ

가라타니 고진 65~66, 72~73
가스통 바슐라르 341
게오르그 짐멜 103
그레마스 270
김동리 231, 377
김동인 53, 62
김만중 305
김유정 112
김윤식 74~75, 100
김현 100, 245, 281

ㄴ

나도향 61~62, 75, 79, 81
노드롭 프라이 344

ㄷ

도릿 콘Dorrit Cohn 361

ㄹ

로라 오티스Laura Otis 15, 69, 181, 267
루보미르 돌레첼Lubomir Doležel 310, 324, 385
릴리언 페더Lillian Feder 49, 56

ㅁ

미셸 푸코 48, 50, 167, 219, 276, 361
미하일 바흐친 445

ㅂ

박영희 62, 75
박태원 94, 96, 97
박혜경 332~33
발터 벤야민 118, 130
백신애 61
백조파 75
버지니아 울프 370
보오 패테슨Bo Pethersson 470

ㅅ

샤를 보들레르 53
샤를 모롱Charles Mauron 280
수전 손택 15, 17, 50, 63, 68, 75, 80, 106, 150~51, 199, 203
스티스 톰슨Stith Thompson 364

ㅇ

앙토냉 아르토 275
에드거 앨런 포 85
에드먼드 윌슨Edmund Wilson 14
에리히 아우얼바하 428
에리히 프롬 281

염상섭 57, 62, 81
오정희 381
오토 랑크Otto Rank 331
윤동주 372, 374~75
이경훈 99
이광수 36, 62, 325
이문열 419
이 상 95~99, 102, 105~06, 112, 329, 372
이상화 80, 406
이익상 61, 389
이청준 247, 257, 279~80, 284
이태준 84
이해조 363, 381
일레인 쇼월터 150
임화 94
잉그리드 뎀리히 16

ㅈ
자크 라캉 314
장자(정봉갑) 24
정과리 247
지석영 21
지올코우스키 48~49, 137, 323, 459

ㅊ
채만식 177
최명익 96~97, 192, 218
최서해 389
최학송 61

ㅋ
카렌 호나이Karen Horney 281
클라우디오 기엔 457
클라우스 쉐르페Klaus Scherpe 117
클레멘스 헤젤하우스Clemens Heselhaus 15, 33, 81

클로드 브레몽 384, 394

ㅌ
테오도르 볼페르스Theodore Wolfers 415, 466
토마스 만 14, 69, 110
토마스 안츠Thomas Anz 13, 15

ㅍ
플로베르 53
피터 브룩스 316

ㅎ
한하운 221
현진건 61, 62
홀스트 뎀리히 16

■ 찾아보기(용어)

ㄱ

가운데서 시작하기 in medias res 434
가족 이산 모티프 433
거울 마니아 371
겁탈(정절 훼손) 모티프 32
결핵 63, 65, 67~81, 84, 88~100, 105~06, 113~14, 196~98, 211~13, 218
광기 48~49, 50~52, 55~62, 75, 274, 279
굿 41~42, 45, 47
그로테스크 리얼리즘 445
긍정적 인물 positive hero 446
기독교 40, 44~45
기만의 모티프 251
기억 41, 129, 135
기차 여행 모티프 32

ㄴ

나병(나환) 219, 223~29, 232~33, 236, 256~57
낭만주의 51, 61, 96, 137

ㄷ

데카당스 193~94, 196, 198, 218
도시 123, 126, 142
도시서사(도시소설) 116~17, 126

도플갱어 298, 309, 327
떠돎(방랑) 414, 417~18

ㅁ

마르크스주의 40, 44
마마(손님) 19~21, 32, 37~38, 40, 43~44, 47
매독 33, 150~54, 156, 166, 171, 173
모친 살해 284
모티프의 분류 466
문학 모티프 465
문학주제학 458~61, 468~70

ㅂ

바다의 근대성 439~41
방랑하는 네덜란드인 모티프 415~16, 418, 468
방랑하는 유대인 모티프 415, 420, 423, 468
변신 344~46, 356
복수 모티프 449
부르주아 141~42, 204

ㅅ

사랑(연애) 35~36, 81
산책 flâneurie; 산보; 소요; 보행; 배회 116~19, 122~23, 128, 136,

144, 149
산책자 flâneur; 산보자; 소요자; 보행자; 배회자 117~21, 125, 127, 129, 130, 142
상감적 삽입 431
상호인물성 243
서간체 80, 83
신경쇠약 145~47, 212
신소설 18, 24, 27, 389, 432

ㅇ
아이러니 51, 101
아하스페루스 모티프 422~27
악마 58, 187~88
악마학 178, 186
알레고리 208, 222
액자화 431
언어존재론 470
예술가 51, 58~61, 145
오리엔탈리즘 217
이니시에이션 35
이상성 insanity 48, 53, 61~62, 246~47, 292
이중 자아 298, 324, 326, 328, 334~35, 370, 373, 468
일상생활 소설 119
일상성 119
임질 178, 183~84

ㅈ
재판소설(공안소설) 30
쟁총 모티프 450
전상 prefiguration 323, 421, 428~29
전짓불 공포증 290, 292
전/후 차원 vorn-hinten dimension 408
정신병 50, 57, 274
종두법 18~19, 21, 47

주제학의 일곱 경향 469~70
지노귀굿 40

ㅊ
처음부터 시작하기 ad ovo 434
천연두 18~19, 21, 23, 27, 31~34, 37, 46~47
천재성 51~52, 60
침범의 은유 37, 47, 174, 181, 216

ㅋ
카운터~리얼리즘 414
캐톱트로마니아 catoptromania 371
콜레라(호열자) 259~60, 263~70, 273

ㅌ
타자 44, 46~47, 214, 437~38
타자애호 xenophilia 437~38, 447~48
타자의 양의성 455
타자혐오 xenophobia 38, 47, 218, 262, 437
탈출 모티프 387~88, 392, 395, 400
테마와 모티프 460~68

ㅍ
푸코 이펙트(푸코 효과) 277
PTSD/셸 쇼크 Shell Shock 49, 290

ㅎ
호구별성 19, 21~22, 27~28, 46
환각 406~07
황금광 137~40
회상기법 Erinnerungstechnik 135
후상 postfiguration 343